观念的探险

[英] 阿尔弗雷德·诺思·怀特海 ◎ 著
杨富斌 ◎ 译

图书在版编目（CIP）数据

观念的探险 /（英）阿尔弗雷德·诺思·怀特海著；杨富斌译. -- 北京：中央编译出版社，2025. 4.
ISBN 978-7-5117-4890-4

Ⅰ．B017

中国国家版本馆CIP数据核字第20255P2Y35号

观念的探险

责任编辑	李媛媛　王　岗
责任印制	李　颖
出版发行	中央编译出版社
网　　址	www.cctpcm.com
地　　址	北京市海淀区北四环西路69号（100080）
电　　话	（010）55627391（总编室）　（010）55627307（编辑室） （010）55627320（发行部）　（010）55627377（新技术部）
经　　销	全国新华书店
印　　刷	佳兴达印刷（天津）有限公司
开　　本	880毫米×1230毫米　1/32
字　　数	326千字
印　　张	17
版　　次	2025年4月第1版
印　　次	2025年4月第1次印刷
定　　价	118.00元

新浪微博：@中央编译出版社　　微　信：中央编译出版社(ID: cctphome)
淘宝店铺：中央编译出版社直销店（http://shop108367160.taobao.com）
　　　　　（010）55627331

本社常年法律顾问：北京市吴栾赵阎律师事务所律师　　闫军　　梁勤
凡有印装质量问题，本社负责调换。电话：(010) 55627320

献给：
朱莉娅·伊沙姆·泰勒和亨利·奥斯本·泰勒

多亏了他们的友谊，
我才有那么多的快乐时光

"七张面孔的思想家"怀特海：
时代坐标下的智慧之光

杨富斌

身处21世纪，我们不禁要问：为何要翻译、编辑并出版《怀特海全集》？又为何要研习与探究怀特海的思想？或许，从人类文明演进的宏大视野，特别是从我们全力推进的生态文明建设、中国式现代化建设以及积极构建人类命运共同体的角度出发，来解答这些问题，才能让怀特海思想所蕴含的时代意义与当代价值更加彰显。

一、怀特海的传奇人生

在现代西方哲学的舞台上，与年少成名的弟子罗素相比，身为老师的怀特海堪称大器晚成。再看作为罗素弟子的维特根斯坦，其一生创立了两个观点截然不同且影响深远、拥趸众多的哲学学派；而怀特海这位师爷，却始终围绕自己创立的过程哲学，不断雕琢完善理论体系，思想脉络一以贯之。

怀特海全名为阿尔弗雷德·诺思·怀特海（Alfred North Whitehead，1861年2月15日—1947年12月30日）。他的人生经历极富传奇色彩，理论贡献也十分卓著，主要体现在以下几方面：

其一，怀特海堪称兴趣广泛、思想独树一帜，且在多学科领域建树颇丰的大师级人物。日本怀特海研究专家田中裕教授赞誉他为"七张面孔的思想家"，认为他兼具数理逻辑学家、理论物理学家、柏拉图主义者、形而上学家、过程神学创立者、深邃生态学家以及秉持教育家立场的批评家等多重身份。这些评价或许并非无可挑剔，但也从侧面展现出怀特海作为综合性大思想家的特质。

其二，怀特海一生未师从任何哲学家，也未曾聆听过哪位哲学家系统性的课程或讲座，却在哲学思想领域凭借自学自成一派，独立创立了过程哲学，亦称有机体哲学。由于在数学哲学和科学哲学研究方面成绩斐然，在从伦敦帝国理工学院数学教授席位退休后，他被哈佛大学哲学系聘为讲座教授；哈佛大学甚至打破原定一年的聘期惯例，任由他讲学多年。结果，他在哈佛一讲就是十年，直至73岁因身体缘故才"二次退休"。正是在哈佛期间，他开创了具有深远影响的过程哲学学派。从怀特海算起，历经查尔斯·哈茨肖恩、小约翰·柯布、大卫·格里芬、菲里浦·克莱顿、杰伊·麦克丹尼尔等，过程哲学思想已传承了四五代，并且在21世纪展现出愈发强劲的发展态势，这对现代西方哲学家发展而言极为罕见。大卫·格里芬甚至大胆预言，哲学发展的 21 世纪或将成为"怀特海世纪"。

其三，怀特海在大学学习与工作时专攻数学，随后从纯粹数学转向应用数学，进而涉足理论物理学，又从理论物理拓展至形而上学与哲学领域。虽说他的数学研究从纯数学角度而言并无重大突破，但他与罗素合著的《数学原理》，却是数理逻辑，即符号逻辑的奠基之作，也是哥德尔提出"哥德尔不完全性定理"的重要研究蓝本，该书因此跻身 20 世纪西方最具影响力的 100 部英语学术著作之列。

其四，对于达尔文进化论、麦克斯韦电磁学、爱因斯坦相对论以及普朗克量子力学，怀特海给出了深刻且系统全面的哲学概括与总结，在现代西方哲学家中，他是对这些科学学说反思最为透彻的思想家之一。尤其是在《相对性原理》一书中，他大胆质疑爱因斯坦相对论的时空观，依据"矢量学说"与"事件学说"，批评以爱因斯坦为代表的科学家只认可"钟表时间"，却否认自然界存在客观时间持续性的观点。这一观点在当下宇宙学、物理学以及哲学的"时间理论"研究中，依旧具有重大现实意义。

其五，自怀特海逝世后，哈佛大学哲学系设立了以"怀特海讲座"命名的系列讲座，以此缅怀这位伟大的哲学家。每两年左右举办一届的"国际怀特海大会"，同样以他的名字命名，至今已成功举办 13 届。最近一届，即第十三届国际怀特海大会，于 2023 年 7 月在德国慕尼黑举行。基于怀特海哲学创立的建设性后现代主义学说，被我国著名哲学家汤一介先生赞誉为"19 世纪末 20 世纪初西方最具创新性的学派之一"。

二、怀特海思想发展的三阶段

1861年2月15日，怀特海诞生于英格兰的一个教育世家。幼年时，他身体孱弱，父母出于对其健康的担忧，在他到了入学年龄时，选择让他在家自学。在那段时光里，他尽情遨游在自己喜爱的各类书籍之中；同时，常听家中园丁讲述故事，并在园丁的引导下，细致观察庭院里的各种植物、花卉与昆虫。这般早年经历，深深烙印在他心中，对他毕生亲近自然、敬畏生命的品性产生了极为深远的影响。

从10岁起，怀特海踏上自学拉丁文的征程。12岁时，他开始自学希腊文。他不仅痴迷于广泛阅读，对数学、历史和文学作品满怀热忱，还乐于与他人探讨问题，这使得他一生都广结善缘，无论面对何人，包括自己的学生，都能以平等的姿态展开讨论。

1875年，14岁的怀特海身体逐渐强壮起来，他的父亲便将他送入一所声名远扬的中学——位于英格兰南部多塞特郡的舍伯恩中学。相传，阿尔弗雷德大帝（849—899年）也曾是这所学校的学子。这所中学以修道院建筑作为校舍，怀特海有幸能够使用修道院长的书房，这为他打开了知识的宝库，让他有机会饱览大量自己喜爱的书籍。这一经历对他日后在学术研究中，秉持不拘泥于单一学派观点与思想的治学风格，起到了至关重要的塑造作用。

1880年，年仅19岁的怀特海凭借优异成绩考入剑桥大学三一学院，主攻数学专业。然而，他的兴趣广泛，对政治、宗教、哲学和文学同样兴致盎然，尤其钟情于文学，这促使他阅读了海量的著作。众所周知，剑桥三一学院可谓人才辈出，牛顿、麦克斯韦、卡文迪许等众多著名科学家皆曾于此求学。怀特海后来曾提及，在社交能力的培养与知识的训练方面，剑桥大学，尤其是三一学院，给予了他极大的助力。晚年，他前往美国马萨诸塞州坎布里奇的哈佛工作，有趣的是，此地英文原名也是"Cambridge"，为与英国剑桥区分，才音译为"坎布里奇"。从这个层面来说，怀特海的大学学习以及最初的教学和研究工作生涯，皆始于剑桥。

怀特海曾评价道，剑桥大学教学规范严谨，教师们不仅素质卓越，还风趣睿智。在大学期间，他不仅认真听课、聆听讲座，还热衷于与人交流，常常与同学、老师和朋友探讨各类问题。这些讨论通常从傍晚六点或七点的正餐时分开启，一直持续到晚上十点左右。结束讨论后，他往往还会再钻研三个小时的数学。尤为特别的是，他的朋友圈子并非依据所学专业划分，大家讨论的话题五花八门，涵盖政治、社会、宗教、哲学、文学等诸多领域，而他对文学的偏爱更是溢于言表。这很大程度上得益于他被选为剑桥大学一个秘密学习社团——"使徒协会"的成员。该学会没有教师参与，由不同专业的学生组成，每个周末晚上都会专门针对一个问题展开讨论，由会员轮流进行主题发言。像罗素等知名校友，也曾是这个社团的一员。到1885年他获得研究生奖学金时，他已能大段背诵康德《纯粹理性批判》的部分章节。对于自己在剑桥大学期间这种自由交谈的学习方式，他戏称其为"柏拉图式的对话"，并称赞剑桥大学的教学方式为"仿效柏拉图式的方法"。正因如此，他对柏拉图《理想国》和伽利略《两种科学的对话》等对话体写作方式也格外推崇，认为这种方式能够淋漓尽致地表达作者的思想与观念。

1890年12月，一次偶然的机会，怀特海于亲戚家中邂逅了美丽聪慧且擅长社交的女子伊芙琳·韦德。随后，在父亲和哥哥的主持下，他与伊芙琳幸福地步入了婚姻的殿堂。然而，他的母亲却不太中意这位并非毕业于名牌大学的儿媳妇，甚至没有出席他们的婚礼。自此，他的妻子与母亲关系始终不睦，往来甚少；但不得不说，怀特海遇见伊芙琳是他莫大的幸运。他的父亲欣喜地看到，儿子婚后性格大为改变，比以往开朗了许多。据怀特海自己所言，妻子对他的世界观以及为人处世的方式产生了深远影响，这在他的哲学研究中是一个不可忽视的重要因素。长期以来，怀特海生活在英国职业阶层那种狭隘沉闷的英国式教育环境之中。这个职业阶层，既影响着上层的贵族，又引导着下层的社会大众，其盛行在一定程度上成为影响19世纪英国社会发展的关键因素之一。而伊芙琳自幼跟随身为军人和英国驻法外交官的父亲生活，在法国长大并接受教育，说话带着一丝法语口音。她气质大方美丽，待人接物从容得体，生活追求丰富多彩，家庭布置独具品味，引得剑桥大学教授们的家属们都羡慕不已。伊芙琳极强的社交能力，与性格内向、略显沉闷的怀特海形成了鲜明的反差与完美的互补。这使得怀特海后来逐渐领悟并总结出，道德和美学意义上的美，乃是生存的终极目的；善良、爱以及艺术上的满足，则是实现这一目的的具体形式。逻辑和科学能够揭示相关的模式，同时也能帮助我们规避不相关的事物。

由于学业成绩优异，怀特海毕业后顺利留校，在三一学院担任数学教师。与其他毕业留校后急于发表或出版研究成果的年轻学者不同，怀特海直到留校约13年后的1898年，才推出了自己的第一部学术著作——《普遍代数论》。这部极具创新性的数学著作一经问世，便为他赢得了极高的声誉。五年后的1903年，他成功当选为英国皇家学会会员。大约30年后的1931年，因在哲学研究领域取得的卓越成就，他又当选为英国科学院院士。在英国学术界，能够同时拥有这两个身份的人可谓凤毛麟角。

1903年，怀特海与他曾经的学生、当时的同事伯特兰·罗素携手，开始共同撰写《数学原理》。这部著作的书名采用拉丁文书写，并且有意与牛顿那享誉全球的《自然哲学的数学原理》同名，足见他们壮志凌云。这部三卷本的《数学原理》堪称数理逻辑或符号逻辑领域的奠基之作，哥德尔更是以此书为研究对象，提出了著名的"哥德尔不完全性定理"。当初,罗素进入剑桥大学的那份数学入学考试试卷,怀特海正是阅卷人之一,他对罗素的数学天赋极为赏识,也正因如此,二人从师生关系逐渐转变为朋友与同事。然而,遗憾的是,随着时间的推移,二人在世界观和哲学观点上产生了分歧,在写作《数学原理》的过程中,最终分道扬镳。罗素秉持逻辑原子主义的主张,坚信通过将复杂命题还原为原子命题,便能清晰地认识和解释世界,因为他认为世界中的事物如同弹子一般,彼此界限分明,通过还原论的分析即可洞悉一切。而怀特海则认为,世界是一个无比复杂的有机体,宛如一个无限庞大的"果冻",其中各个事物之间的界限并非那般清晰可辨。人类唯有借助数学、科学、哲学、艺术和宗教等多种不同的认知方式,才能获取对世界的有限认知。正如怀特海所言:"在哲学讨论中,对终极性陈述哪怕仅有丝毫独断式的确信,都是一种愚蠢的表现。"也正因为此,怀特海对罗素的学生维特根斯坦的语言哲学思想也并非完全认同,在与维特根斯坦进行了一次深入交谈后,二人鲜少再有交集。

1910 年,怀特海因不满学校对一位老师的不公正处分,毅然辞去了在剑桥大学的高级讲师职位,迁居伦敦,另谋教职。学术界将怀特海从 1880 年进入剑桥大学学习和工作,到 1910 年离开的这段时期,称作怀特海思想发展的"剑桥时期"。这一时期,他的代表作包括《普遍代数论》(1898 年)、《描述几何学公理》(1905 年)、《投影几何公理》(1906 年)以及三卷本的《数学原理》(与罗素合著,1910

年、1912年、1913年)。

在赋闲在家的一年左右时间里，怀特海潜心撰写了《数学导论》一书，并深入研究应用数学。凭借这些积累，1911年，他顺利应聘到伦敦大学大学学院，担任应用数学讲师。1914—1924年，他先后在伦敦大学大学学院担任不同教职，随后又在帝国理工学院担任教授，期间还先后担任过科学系主任、教务委员会主任和校务会成员。正是在此期间，基于对英国教育教学制度和实践的深入思考，他撰写了日后出版的《教育的目的》中的大部分文章。在这些教学和管理工作的磨砺中，他逐渐改变了对现代工业文明中高等教育的看法，对面向过去的精英教育模式，如牛津和剑桥模式、德国模式提出了尖锐批评，而对伦敦大学面向现在和未来的教育模式则给予了高度赞赏。在学术研究方面，受到爱因斯坦相对论和普朗克量子力学的影响，加之在剑桥大学时达尔文进化论和麦克斯韦电磁学在他心中留下的深刻烙印，他陆续撰写并出版了三部重要的自然哲学和科学哲学著作——《自然知识原理探究》(1919年)、《自然的概念》(1920年)、《相对性原理》(1922年)。这三部哲学著作在西方学术界引起了广泛关注，众多知名学者纷纷推荐他前往哈佛大学任教。于是，在63岁从伦敦大学教授职位退休时，他"颇感意外地"被聘为哈佛大学哲学讲席教授。

学术界通常将1911—1923年视为怀特海学术思想发展的第二个时期，即"伦敦时期"。这一时期，他的代表作有

《自然知识原理探究》(1919年)、《自然的概念》(1920年)和《相对性原理》(1922年)。

在怀特海到来"约30年前",哈佛大学哲学系曾有一段"伟大时期"。彼时,哲学系汇聚了罗伊斯、詹姆士、桑塔亚那、帕麦尔、闵斯特贝尔格等众多著名哲学家,他们组成了一支令人瞩目的学术团队。这是一群勇于探索、善于思辨、积极寻求新观念的学者。到了20世纪20年代,哈佛大学哲学系主持系务工作的伍兹(J. H. Woods)教授为了重振哈佛哲学系的辉煌,在全球范围内广纳贤才。当时颇具声望的哲学家柏格森、罗素、爱丁顿和杜威等,皆在他们的聘用名单之中。1920年3月10日,伍兹教授向哈佛大学校长洛威尔(Lowell)提议聘任怀特海主讲科学哲学,洛威尔校长认为暂不宜做出过多承诺,因为当时他对怀特海讲授哲学的能力仍心存疑虑。然而,到了1923年,生物化学家劳伦斯·亨德森(Lawrence J. Henderson)再次向校长洛威尔举荐怀特海,并借用柏格森的话评价道:他是用英语写作的最杰出的哲学家。同时,专门探讨科学哲学问题的"罗伊斯聚餐会"团体内的成员,都曾拜读过怀特海的一些著作,并对其赞赏有加,他们一致强烈呼吁,哈佛应当招揽这样的人才。于是,1924年,怀特海收到了来自哈佛大学哲学系的越洋电报——一封邀请函,邀请他前往哈佛大学主持哲学讲座,工作年限为五年。即将赋闲在家的怀特海欣然应允。由此,他开启了学术生涯中最为光辉的篇章,奏响了其一生最具哲学创造力的乐章。他后来曾感慨道:"我难以用言语充分表达哈佛大学校方、我的同事、学生以及我的朋友们给予我的鼓励与帮助。他们对我和我的妻子关怀备至。我出版的书中难免存在疏漏和错误,这完全由我个人负责。在此,我大胆引用一句适用于所有哲学著作的评论:哲学试图用有限的语言表述无穷的宇宙。"

与年少成名、名扬四海的罗素不同,怀特海可谓是大器晚成、自学成才的思想家典范。他从未正式听过一门哲学课程,所有的哲学思想皆源自自学以及与他人的探讨。他直到50多岁才被评上教授,且还是应用数学领域的教授。然而,在他思想发展的第三个时期,即"哈佛时期",他相继完成了一系列哲学巨著——《科学与现代世界》(1925年)、《过程与实在》(1929年)、《观念的探险》(1933年)、《自然与生命》(1934年)、《思想方式》(1938年)以及《科学与哲学文集》(1947年)等。他的教育哲学著作《教育的目的》(1929年)也在这一时期出版。正是通过这些著作,他成功创立了过程哲学,亦称为"有机体哲学",得到了众多西方哲学大家的认可,实现了西方哲学从实体到过程的"过程转向",对传统西方实体哲学形成了超越性的冲击。从此,由黑格尔思辨辩证法明确开创,经马克思和恩格斯唯物辩证法继承与完善的过程哲学思想,在人类哲学思想的百花园中,绽放出一朵绚丽独特的时代精神之花。

颇具戏剧性的是,怀特海在哈佛大学开讲科学哲学之初，慕名而来的听众众多，"爱默生"教学楼演讲厅座无虚席。然而，没过多久，听讲者便寥寥无几，甚至连是否让他继续授课都成了问题。这是因为他所讲授的过程哲学或有机体哲学思想，与分析哲学大本营哈佛大学哲学系的主流思想大相径庭。以至于有的教授在听过他的讲座后，评价他是"纯粹的柏格森主义者"。在当时的美国哲学界，这几乎等同于骂人。不过，哈佛大学校长洛威尔和哲学系主任伍兹独具慧眼，坚信这位《数学原理》（三卷）、《自然知识原理探究》、《自然的概念》和《相对性原理》的作者，绝非信口开河。或许，他所阐述的思想观念过于超前，让人一时难以理解。于是，他们不仅明确表态继续聘任怀特海授课，还给予了他哈佛大学当时最高的年薪，并让他按自己的意愿决定授课年限。结果，怀特海在哈佛一讲就是十年，直至73岁，因身体原因才从哈佛大学讲座教授职位上退休。

退休之后，怀特海依然笔耕不辍，在哲学领域持续耕耘，不时发表学术论文。尤其是《论不朽》和《数学与善》这两篇论文，极具创新性。在生命的最后一年——1947年，他将这些论文结集出版，推出了平生最后一部著作《科学与哲学文集》。同年12月30日，享年86岁的怀特海与世长辞，这位一代思想大师的遗体最终长眠于马萨诸塞州的坎布里奇。

随着时间的推移，凭借其助教和传人查尔斯·哈茨肖恩教授在芝加哥大学对过程哲学的大力传播与讲授，哈茨肖恩教授的弟子小约翰·柯布以及柯布的学生大卫格里芬对怀特海过程哲学的深入解读与应用，特别是在美国加州克莱蒙研究生大学神学院由柯布等人创立的过程研究中心，创办的《过程研究》杂志，以及每两年举办一次的国际怀特海大会，如今，尽管怀特海已离去，但他那极富创新性的过程哲学思想以及"过程—关系—有机"观念，如同他所说的"永恒客体"一般，永远留存于世间，供我们汲取、思考，激励着我们不断开拓创新，为推动实现人类命运共同体的共同福祉而不懈努力。

三、广义和狭义过程哲学及总体评价

过程哲学思想源远流长，并非怀特海首创或独创。在古老的华夏大地，被誉为"群经之首"的《易经》，其核心主旨之一便是阐述"变易"之道。正因如此，它的英文译名为"*The Book of Change*"，即"变化之书"。而《黄帝内经》自开篇至结尾，始终贯穿着过程思想，据统计，其中提及过程之处达二百余。《道德经》里那句"道生一，一生二，二生三，三生万物"，更是将以"生成"为根基的过程思想展露无遗。《论语》中的"子在川上曰：逝者如斯夫"的喟叹，以生动形象的笔触描绘出世界的过程性本质。

在遥远的古代西方，当哲学家泰勒斯提出"水是万物的本原"时，过程思想已悄然蕴含其中。毕竟，水并非静止不变的实体，而是处于流动的过程之中。赫拉克利特提出"永恒的活火"概念,其过程哲学内涵不言而喻。古希腊哲人们诸如"无人能两次跨过同一条河流""太阳每天都是新的"这般经典命题,更是将过程哲学思想直白地呈现出来。步入近代西方哲学时期,德国古典哲学家黑格尔清晰地概括出世界具有过程性这一伟大的基本思想。马克思和恩格斯敏锐地汲取了黑格尔的过程哲学思想精髓,不过,他们将黑格尔那倒立的唯心主义哲学重新扶正,创立了以联系和发展为显著特征的唯物辩证法哲学,亦称为实践唯物主义哲学。

然而,唯有怀特海构建起了具有体系化、大写意义上的过程哲学理论大厦。尽管古往今来、中外各方的思想家们,脑海中都不乏丰富的过程哲学思想火花;但他们之中,无人能像怀特海这般,精心雕琢出一套专属于过程哲学的基本概念与范畴体系,并以此为基石,搭建过程哲学的基础理论架构。这一体系为我们勾勒出一幅独特的世界图景,既迥异于以牛顿力学为根基的机械唯物主义或形而上学唯物主义所描绘的世界,也与形形色色的唯心主义世界观大相径庭。在怀特海的世界图景里,宇宙仿若一个充满生机的有机体,具备过程性与关系性这两大总体特征,其中蕴藏着过程原理、摄入原理、创造性原理、主体性原理、相关性原理、本体论原理与合生原理共七大基本原理。在终极动力因——创造力的强劲推动下,宇宙遵循着"多生成一,并由一而长"的根本规律,持续不断地由低级向高级、从简单到复杂进行创造性的演进。这无疑向我们揭示,世界本身就是一个动态的过程,"自然界永远不会完成"。也正因如此,西方学术界将怀特海创立的这一哲学理论体系命名为大写的过程哲学(Process Philosophy),堪称恰如其分、名副其实,即便他本人将自己的哲学称作"有机哲学"或"有机体哲学"(the philosophy of organism)。倘若把古今中外那些散落在各处的过程哲学思想视作广义的过程哲学范畴,那么,怀特海的哲学思想无疑属于严格意义上、狭义的过程哲学。

从怀特海个人的哲学思想发展脉络来看,无论是其早期在剑桥时期与伦敦时期出版的自然哲学和科学哲学著作,还是哈佛时期推出的思辨哲学著作,过程哲学思想如同一根红线,贯穿始终。纵观其一生,经过数十年殚精竭虑的创造性思考与精心著述,怀特海为我们奉献了一套全面而系统的过程哲学思想体系。这一学说在西方哲学界引发了一场波澜壮阔的革命,其影响力堪与康德的"哥白尼式的革命"相媲美。这场革命促使西方哲学的主导地位,从实体哲学悄然转向过程哲学或机体哲学。诚如我国现代西方哲学研究领域的专家刘放桐教授所言,怀特海的过程哲学引领西方哲学发展实现了意义重大的"过程转向"。直至今日,这一转向仍在持续推进的进程之中。大卫·格里芬甚至大胆预言,21世纪的哲学或将迎来"过程哲学的世纪"。

我们都知道,马克思和恩格斯创立的崭新哲学被他们命名为"历史唯物主义"或"实践唯物主义"。虽说这一哲学依旧保留着"唯物主义"的名号,但其内涵早已超脱17

世纪以来以牛顿力学为基础的机械唯物主义范畴，也与费尔巴哈所代表的形而上学唯物主义大不相同。

之所以如此断言，原因主要有两点。其一，马克思和恩格斯深刻洞察到，"唯物主义在后续的发展进程中逐渐走向片面化""变得对人充满敌意"。在这种唯物主义观念里，"抽象的物质""抽象的实体"摇身一变，成为一切变化的主体，构成了"万物的本性和存在的动力因"，而这显然是马克思和恩格斯无法认同的。在他们看来，旧唯物主义与唯心主义存在一个共同的致命缺陷，即二者均未能正确理解人类实践活动及其蕴含的重大意义。马克思和恩格斯毅然将自己创立的新哲学命名为"实践的唯物主义"。这一命名绝非随意为之，而是具有全局性、根本性的定义，实践的唯物主义乃是马克思主义哲学的本质特征得以彰显。基于此观点审视，"整个所谓世界历史，归根结底是人通过自身劳动得以诞生的过程，也是自然界向人类生成的过程"。

其二，恩格斯在《路德维希·费尔巴哈和德国古典哲学的终结》一书中明确指出，在马克思主义所秉持的唯物辩证法视野下，不存在任何永恒不变、绝对正确、神圣不可侵犯的事物；它揭示了世间万物的暂时性；在它面前，唯有生成与灭亡的持续过程，以及从低级向高级永无止境的上升运动，其他一切皆不存在。唯物辩证法本身，正是这一过程在人类思维头脑中的反映。反观18世纪的唯物主义主要表现为机械唯物主义，在其观念里，"人是机器"。仅仅运用力学尺度去衡量化学性质和有机性质的过程（在这些过程中,力学定律虽有作用,但被其他更为高阶的定律排挤至次要位置),这是法国古典唯物主义的一个显著却在当时难以避免的局限性。这种唯物主义的另一大特有局限在于:它无法将世界视作一个过程,无法理解世界是处于持续历史发展进程中的物质。而在黑格尔学派解体过程中诞生的诸多派别里,唯一真正结出累累硕果的派别,主要与马克思的名字紧密相连。恩格斯认为:"一个伟大的基本思想,即世界并非既成事物的简单集合体,而是过程的集合体。在这个集合体中,看似稳定的事物以及它们在我们头脑中形成的思想映象——概念,都处于生成与灭亡的持续变化之中。在这一变化过程里,尽管存在诸多表面上的偶然性,尽管会出现暂时的倒退,但前进发展的趋势终究会得以实现——这个伟大的基本思想,尤其是自黑格尔时代以来,已逐渐成为大众的普遍意识,以至于在这种一般性表述形式下,它大概率不会遭遇反对之声。"

恩格斯于1886年刊载在《新时代》杂志上的这段论述表明,怀特海的过程哲学思想并非在20世纪毫无征兆地横空出世。恰恰相反,它既是古希腊以来过程思想历经漫长岁月积淀、持续发展的结晶,比如古希腊哲学家提出的"无人能两次跨过同一条河流""太阳每天都是新的"等经典过程思想,也是近代西方哲学家们的过程思想或有机体思想不断演进的成果;其中亦包含着对马克思和恩格斯过程思想,尤其是对恩格斯过程思想的继承与发扬。英国科学史家李约瑟在其著作中,通过深入的历史考察后指出:

"当新科学时代来临之际,人们惊觉一长串的哲学思想家早已为之铺垫好了前行道路——从怀特海回溯至恩格斯与黑格尔,再从黑格尔追溯到莱布尼茨——那时的思想灵感或许全然不再局限于欧洲本土。"

虽然恩格斯在《反杜林论》中盛赞"黑格尔首次——这无疑是他的卓越功绩——将整个自然的、历史的和精神的世界描绘成一个过程,即把它刻画为处于持续的运动、变化、转变和发展之中,并竭力揭示这种运动和发展的内在联系"。然而,黑格尔的哲学属于客观唯心主义哲学范畴,其辩证运动的真正主体并非客观的外部世界,而是"绝对精神",他所提及的自然界和历史,不过是绝对精神的外化或异化形态。这与怀特海以进化论、电磁论、相对论和量子力学为依托所阐述的过程哲学截然不同,在怀特海的认知里,世界乃是客观存在的宇宙整体。因此,对于怀特海过程哲学或机体哲学的总体评价,我们不妨引用马克思的一句话:"哲学不是游离于世界之外的空想""任何真正的哲学都是自己时代精神的精华""哲学都要与自己所处时代的现实世界相互接触、相互作用,它是文明鲜活的灵魂"。这恰恰精准地诠释了哲学的功用与价值所在。而怀特海的过程哲学或机体哲学,无疑正是我们这个时代精神精华的重要构成部分,也是文明鲜活灵魂的有机组成部分。

四、怀特海过程哲学的基本特征

怀特海所构建的过程哲学体系,犹如一座精心雕琢的宏伟建筑，严密且完整，其内涵之丰富，令人叹为观止。体系中创新的思想与观点如璀璨星辰，交相辉映，那些格言般的名言警句，宛如智慧的火种，常常在读者心中点燃灵感的火焰，令人拍案叫绝；思绪随之飘飞，联翩不断。然而，在其代表作《过程与实在》等著作及论文里，部分表述犹如隐藏在迷雾之中，晦涩难懂；他所创造的一些新概念、新范畴，更是如同神秘的密码，让人捉摸不透，不知所云。即便是以英语为母语的英美读者，在研读英文版《过程与实在》时，也时常眉头紧锁，倍感头痛。有人评价这部著作的阅读难度，丝毫不亚于康德那部声名远扬的《纯粹理性批判》，甚至调侃说，若真想读懂它，非得耗尽心力，如同折断脊梁骨一般。

不过，我们不妨先着眼于过程哲学的三个基本特征，以此作为切入点，从宏观视角把握过程哲学的大致轮廓，洞悉它与其他西方哲学流派究竟存在哪些本质差异。

（一）过程哲学是一种不同于传统西方哲学诸流派的新哲学

首先，怀特海的过程哲学与传统西方哲学中的机械唯物主义或形而上学唯物主义有着天壤之别。回顾历史，尽管不同的唯物主义者在具体观点上存在分歧，但在"世界由物质实体构成"这一根本立场上，他们如出一辙。怀特海常将其称为"科学的唯物主义"，意指以牛顿经典力学为科学根基的唯物主义。在他看来，这种唯物主义的症结在于，将世界的基本构成要素简单归结为"物质"或"质料"，并认定这种物质或质料是一种无需依赖任何其他事物，便能独立存在的实体。而且，作为恒定不变的主体，无论其属性如何千变万化，实体本身始终保持同一。自亚里士多德时代起，直至笛卡尔哲学，这种实体物质观一直占据主导地位；然而，怀特海对其发起了猛烈批判，将这种理论概括的错误斥为"误置具体性之谬误"的典型范例。这就好比将生机勃勃、充满活力的客观实在，硬生生地抽象成了惰性十足、孤立无援的物质实体或质料，恰似"错把地图当风景"，本末倒置。而在现实世界中，万事万物皆处于永不停歇的运动、变化与发展进程之中，自然界在本质上是一个有机的整体。因此，以牛顿经典物理学为依托的"科学唯物主义"，根本无法为我们勾勒出一幅真实、准确的世界图景。与之形成鲜明对比的是，怀特海的过程哲学系统且深入地阐述了"世界是一个过程"这一核心主张，并对世界的过程原理进行了全面概括与阐释。

其次，怀特海的过程哲学也与传统西方哲学中的各类唯心主义哲学大相径庭。无论是柏拉图、黑格尔所代表的客观唯心主义，还是贝克莱主张的主观唯心主义，本质上都属于实体实在论的范畴。它们坚持认为精神实体是第一性的，而与之相对的物质实体则是第二性的。怀特海却犀利地指出，以理念、观念或思想作为世界的本体或本原，以此来解释我们所处的世界，这种观点过于片面。此类学说既无法合理说明物质自然界的产生与进化历程，也难以从科学角度阐释物质与精神之间的相互作用机制。叔本华曾一针见血地指出，无论是唯物主义者还是唯心主义者，都难以合理地解释物质与精神这两种性质截然不同的事物如何相互作用，他将此视为他们哲学中难以解开的"世界之死结"，这一论断切中要害。而怀特海的过程哲学另辟蹊径，以任何现实事物都兼具物质极与精神极为基石，凭借彻底的过程一元论，成功解开了物质与精神相互作用这一难题，因而受到格里芬的高度赞誉，称其真正解开了传统唯物主义和唯心主义都望而却步的"世界之死结"。

再次，怀特海的过程哲学与以笛卡尔为代表的二元论哲学亦有着显著差异。被誉为西方现代哲学之父的笛卡尔，创立了二元论哲学，将物质与精神视为两个相互独立、互不关联的实体。在当时的历史背景下，这种观点发挥了积极作用，实现了"恺撒的归恺撒，上帝的归上帝"，使得哲学、科学与宗教神学得以各自独立发展，尤其是推动了科学和哲学对物质的研究取得长足进步。然而，物质与精神这两种实体的二元对立，不仅引发了物质与精神如何相互作用的"世界之死结"，还衍生出一系列二元对立，诸如自然与社会、科学与人文、主体与客体、感性与理性、现象与本质、可能与现实、抽象与具体、有限与无限等。这些对立使得哲学与科学研究逐渐偏离现实，难以揭示统一宇宙的全貌。怀特海的过程哲学则坚定地认为，任何现实事物都包含物质极与精神极两个层面，它们实则是同一客观实在的不同侧面。这一观点从根本上解答了物质与精神何以能够相互作用的问题。

最后,怀特海的过程哲学既敏锐地批判了现代西方哲学中各派分析哲学的片面性,也深刻地剖析了现象学的局限性,力求构建一种综合性的哲学体系,用以阐释整个世界的各类经验。在怀特海眼中,强调对语言、经验、逻辑、精神等方面进行分析,无疑具有重大意义且至关重要;倘若忽视了语言、经验、逻辑、精神等与实在之间的内在联系,那么这种分析就会陷入片面的泥沼。脱离了与世界实在性的关联,单纯地探讨语言、经验、逻辑和精神等现象,犹如无本之木,缺乏本体论根基,不仅片面,而且难以自圆其说。

现象学运动仅仅聚焦于现象,将世界的实在性等其他一切因素都"悬置"起来。从认识论和方法论的角度来看,这固然具有一定的合理性。然而,若否定现象与实在之间的本质联系,就不仅难以合理解释现象产生的根源,更无法清晰阐释自然的进化、社会的进步乃至整个宇宙的演化过程。从认识论层面而言,也难以说明人类如何从已知领域迈向未知领域。因为倘若我们仅仅局限于经验的直接给予和纯粹现象,那么诸如磁场、引力场、微观粒子的内部结构等问题,以及他人的存在和历史发展等现象,都将难以得到合理的解释。怀特海在《观念的探险》中明确指出,我们秉持一种基本信念而生存,即显现或现象与实在之间存在着真实的连续性。这是我们正常生存所依赖的"硬内核常识"(格里芬语)。一旦违背这些硬内核常识,我们便难以在社会中正常立足。自然科学与人类经验反复向我们证明，现象与本质或实在之间存在着内在联系，倘若我们把现象等同于本质，那么所有的科学研究都将变得毫无必要。

（二）过程哲学是一种建立在最新科学基础之上的思辨哲学

与那些坚决拒斥传统形而上学的现代西方哲学流派，尤其是实证主义流派不同，怀特海旗帜鲜明且自觉地致力于构建一种以最新科学成果为基石的形而上学思辨体系。在当代西方哲学家中，能有如此理念与行动者，实属凤毛麟角。他对形而上学的理解，在某种程度上与康德所倡导的科学的形而上学不谋而合。

首先，过程哲学的目标便是构建一种思辨形而上学体系。在怀特海看来，形而上学是一种孕育知识的重要方法。在人类的所有思想活动中，都或多或少地蕴含着思辨的成分。科学发现的过程，实则是一个不断进行猜想与反驳的试错过程，其中思辨不可或缺。任何试图彻底摆脱思辨的思想家，最终都难以取得成功。即便是对形而上学批判最为激烈的实证主义学说，倘若缺失了思辨，也无法建立起来。颇具讽刺意味的是，在自然科学研究领域，人们运用思辨方法似乎并未遭到太多反对，因为思辨的成果最终能够通过经验加以证实。然而，在社会科学和哲学研究中，由于证明过程的复杂性以及历史的长期性，思辨的结果往往难以得到充分的实证,这就导致人们对社会科学和哲学思辨的成果常常持怀疑甚至否定的态度。在现代西方思想界,"思辨"一词因此声名不佳。怀特海认为,我们应当正视思辨本身存在的缺陷,小心翼翼地对形而上学思辨加以约束,使其建立在具体科学研究成果的坚实基础之上;但绝不能因噎废食,否定形而上学思辨的价值与作用。因为倘若没有真正的思辨,科学和哲学等理论就无法实现对普遍性的概括。对此,恩格斯也曾明确批评牛顿对形而上学的全盘否定。在评价牛顿那句"物理学要当心——形而上学!"的名言时,恩格斯指出:"这是对的,但是在另一种意义上。"也就是说,如果将形而上学理解为与辩证法相对立的世界观和方法论,即那种"孤立、静止、片面地看问题的世界观和方法论",物理学家对这种形而上学思维方式确实应当保持警惕。但如果从思辨的角度出发,超越具体事物和现象进行抽象思考与概括,即透过现象洞察本质,通过特殊把握普遍,通过个别领悟一般,通过有限认知无限,那么这种形而上学思辨不仅是必要的,而且是所有科学、哲学、艺术、宗教等人类认识世界的不同方式中普遍存在的思维方式。这种意义上的形而上学,才是科学的形而上学。怀特海所坚守的,正是这样一种形而上学。他的形而上学旨在对宇宙的一般特征和普遍规律进行概括,以便能够解释人类的所有经验。用他自己的话来说:"思辨哲学的目的是要致力于建构一种内在一致、合乎逻辑且具有必然性的一般观念体系,根据这一体系,我们经验中的每个要素都能得到解释。"

其次,过程哲学是一种扎根于数学、逻辑学和现代科学基础之上,由一系列概念、范畴和原理构建而成的思辨形而上学体系。怀特海身为应用数学家,其研究自然哲学的初衷便是运用数学方法探索物质世界。他在晚年回忆时提到,自己最早一篇令他得意且满意的哲学论文便是"论物质世界的数学概念",该论文重点探究了数学如何能够以及怎样表达关于物质世界的基本概念,以及闵可夫斯基的非欧几里得几何学对阐述新的时空观具有何种重要意义等问题。在阐述自身自然哲学研究成果时,包括其阐述过程形而上学的代表作《过程与实在》,他运用了严谨的数学和逻辑方法。先是对基本概念和范畴进行明确界定,然后在此基础上逐步展开,阐释过程哲学的基本原理和一系列核心观点,最后详细说明过程哲学基本概念、范畴和原理的各种实际应用。而他对过程形而上学的概念、范畴和原理的定义与阐述,是以达尔文进化论、麦克斯韦电磁学、爱因斯坦相对论和普朗克量子力学等重大科学成果为科学依据的。倘若没有数学领域的非欧几何学以及科学上的这几项重大突破,怀特海根本无法提出他的过程哲学或有机体哲学。

最后,在怀特海学派的哲学家眼中,形而上学可分为三种类型。一种是朴素的形而上学,即古代的各种形而上学学说。由于当时现代意义上的科学尚未诞生,这些学说既缺乏科学工具的辅助,也没有科学基础的支撑。二是精确的形而上学，它建立在严格的逻辑论证之上，坚信通过严密的逻辑推导便能得出精确的结论；然而，它同样没有以科学作为工具和基础。三是科学的形而上学，这种形而上学充分考虑现代科学的成果，并将其作为自身的科学根基。也就是说，它并非纯粹的思辨，而是在现代科学成果的基础上进一步进行推论与思辨。怀特海所信奉与坚守的，正是这种科学的形而上学。它是对实在的性质、构成和结构展开的哲学探索，所描述的不过是可应用于所有实践细节的普遍性或普遍规律。

科学的形而上学所探讨的问题，既在现实世界中有所显现，又难以凭借自然科学进行恰当的解释与说明，因此需要借助形而上学的思考或思辨来深入探究。例如，宇宙的基本秩序性；进化过程中展现出的新颖性与向上的发展趋势；非实在的理想物，诸如数学和逻辑中的理想物（如0，1，-1，点，圆等）的客观性问题；人对世界的审美体验，等等。诸如此类的问题，都需要通过科学的形而上学来寻求答案。

那么，科学的形而上学的目的究竟何在？其一，它旨在提供一种比各门具体科学涵盖范围更为广泛的思辨体系。其二，这种思辨体系能够以一种内在一致的方式表达以下内容：（1）具体的知觉经验，各门科学正是从这些经验中抽象而来；（2）具体体现在实践活动、艺术品和宗教体验中的道德、美学和宗教直觉；（3）过程哲学必须持续不断地进行创造性发展、创造性应用，并对自身进行创造性的修正与完善。它不应被视为一成不变的教条，而应被看作是引导人们迈向更高层次分析与综合的指南，或许将其称为"整合的哲学和形而上学"更为恰当。

从某种意义上讲，我们可以说怀特海完成了康德当年提出的建构科学的形而上学这一历史使命；然而，他所构建的形而上学思辨体系，却是对康德哲学的一种颠覆。倘若说康德的哲学是对古代西方哲学的"哥白尼式的革命"，实现了从古代西方哲学侧重于从本体论角度对客体的研究，向近代西方哲学侧重于从认识论角度对主体的研究的转变，那么，怀特海的过程哲学则将康德的"主体性原则"进一步深化与拓展，不仅认为人是主体，而且所有的现实事物皆为主体。这便是怀特海经过修正后的"主体性原理"。

五、学习和研究怀特海过程哲学的现实意义

现代西方哲学宛如一座繁茂的丛林，学派众多，观点如繁星般纷繁复杂。分析哲学与现象学在欧美大学的哲学讲坛上占据着主导地位，诸如尼采、叔本华、罗素、杜威、海德格尔、胡塞尔、哈贝马斯、维特根斯坦等哲学大师，他们的名字好似洪钟巨响，许多国人对他们的思想也颇为熟悉。然而，在21世纪的当下，作为当代中国人，我们为何还要涉足怀特海过程哲学或有机体哲学的学习与研究领域呢？

（一）生态文明建设视角：坚实的哲学基石

从生态文明建设的视角深入审视，纵观现当代西方哲学的诸多流派以及我国的哲学理论研究，除去马克思主义哲学，怀特海过程哲学或有机体哲学宛如一座闪耀的灯塔，为生态文明建设提供着最为坚实的哲学论证。

习近平总书记将生态文明视作继原始文明、农业文明和工业文明之后的全新文明形态。在我们全力投身社会主义生态文明建设与开启中国式现代化征程的当下，学习与研究怀特海过程哲学或有机体哲学，便具有极为重要的现实意义与理论价值。工业文明向生态文明的跨越，是一场全方位、系统性的深刻变革，宛如一场宏大的交响乐，需要一种与之匹配的系统性哲学理论作为指挥棒。怀特海过程哲学恰恰就是这样一部精心谱写的生态哲学华章，其系统性的理念与生态文明建设的需求完美契合。

（二）新科学革命驱动：适应时代的哲学探索

新的科学革命宛如汹涌浪潮，正重塑我们对世界的认知，也迫切要求我们学习与之适配的哲学思想。恩格斯曾深刻指出："甚至随着自然科学领域中每一个划时代的发现，唯物主义也必然要改变自己的形式。"19 世纪末 20 世纪初，自然科学领域爆发了一场石破天惊的革命。爱因斯坦相对论与普朗克量子论的诞生，如同璀璨星辰照亮了科学的天空，使得牛顿经典物理学所描绘的世界图景，仅局限于宏观低速领域。在宇观高速的浩瀚宇宙太空，以及微观高速的亚原子神秘世界里，相对论和量子论才是开启真理之门的钥匙。这场科学革命，不仅颠覆了牛顿力学的绝对时空观，让时间与空间不再是刻板的绝对存在，也对传统中惰性且孤立的物质实体学说发起了强有力的挑战。

在这样的科学革命浪潮之下，进化论所揭示的生物进化历程，以及电磁理论展现的磁力自主吸引与排斥现象，都在急切呼唤人们从哲学层面重新勾勒世界图景，树立全新的世界观、宇宙观，其中涵盖了时空观与物质观的重塑。怀特海过程哲学或机体哲学恰似应运而生的时代骄子，它不仅试图构建与进化论、电磁论、相对论和量子论相适应的哲学学说，更怀揣重构"过程—关系—有机"的宇宙进化图景的宏大愿景。尽管过程哲学或许只是对这些科学革命的初步回应，但其探索的大方向无疑如同一座明亮的航标，引领我们前进。在这一基础上持续深化研究，是顺应科学发展潮流的明智之举。反观建立在牛顿力学基础上的现代实体哲学、主体性哲学，包括康德的主体性哲学，各派分析哲学与现象学哲学，以及以福柯、德里达等人提出的解构性后现代主义等，都已难以跟上科学革命的步伐，如同老旧的船只在汹涌浪潮中摇摇欲坠。放眼现代西方哲学的诸多流派，至今仍未有其他哲学学说，能像怀特海过程哲学这般，系统地回应和阐释相对论与量子论引发的科学革命在哲学层面的深刻变革。

（三）哲学转向引领：紧跟时代的思想步伐

哲学的转向宛如一场思想的风暴，正重塑哲学的版图。正如前文所述，怀特海过程哲学推动西方哲学实现了意义深远的"过程转向"。用恩格斯的话来说，过程思维自19世纪以来，已逐渐融入人们的日常认知，成为一种普遍的常识。那么，与这一转向紧密契合的过程哲学，自然应当成为我们学习与研究的重点对象。怀特海凭借其卓越的才华与深邃的智慧，宛如一位敏锐的思想探险家，率先洞察到这场科学革命背后蕴藏的深远哲学意义。经过长达几十年的深思熟虑、热烈讨论与深入交流，并以"重新发现从笛卡尔开始到休谟为止这个阶段的哲学思想为基础"，为我们精心搭建起名为"有机体哲学"的崭新体系。学习和研究这一学说，如同搭乘一艘快速前行的思想之船，能助力我们紧紧跟上20世纪以来科学与哲学发展的时代节奏，精准把握这个时代所蕴含的精神精华，不至于在思想的浪潮中迷失方向。

（四）现实危机倒逼：探寻新思维的曙光

自工业革命拉开帷幕，科学发展与技术进步如同两匹奔腾的骏马，极大地推动了社会生产力的飞速发展，社会财富如泉水般源源不断地涌现。马克思曾感慨，资产阶级在不到一百年的短暂时间里所创造的生产力，超越了人类过往生产力的总和。这一巨大成就，使得世界上相当比例的人口成功摆脱了饥饿与贫困,迈入相对富足的中产生活;然而,这一发展进程并非一路坦途,随之而来的是诸多严峻的现实危机。惨绝人寰的两次世界大战,宛如人间炼狱,给人类带来了巨大的伤痛;接连不断的经济危机,如同风暴般冲击着社会经济的稳定;西方社会的信仰危机日益严重,尼采甚至发出了"上帝死了"的绝望呼喊。更为可怕的是,日益加剧的环境灾难与生态危机,如同一把高悬在人类头顶的"达摩克利斯之剑",核武器与核污染的威胁,随时可能将整个人类文明推向毁灭的深渊。

在如此严峻的形势下,如何挣脱信仰危机、环境与生态危机,乃至整个人类文明危机的枷锁,成为摆在我们面前的紧迫课题。这迫切需要一种与时俱进的思维方式,宛如在黑暗中寻找光明的灯塔。而怀特海过程哲学所倡导的"过程—关系—有机"思维方式,恰似一道穿透阴霾的曙光,在一定程度上能够满足这一急切需求。美国人文与艺术科学院院士小约翰·柯布指出,在20世纪学派林立、纷繁复杂的现代西方哲学学说中,人们之所以唯独对怀特海过程哲学青睐有加,正是因为它作为一种综合性的哲学体系,宛如一把万能钥匙,能够弥补和克服现代西方哲学诸流派将世界二元化和碎片化的缺陷。它让我们得以从整体视角思考人类文明发展的方向与道路,为人类生态文明建设筑牢坚实的宇宙论根基,引领我们在危机四伏的时代中找到前行的方向。

（五）丰富马克思主义哲学：博采众长的理论发展

结合我国社会发展的实际情况，为丰富和发展马克思主义哲学，了解和掌握怀特海过程哲学具有不可或缺的重要性。我们党和国家始终坚定不移地以马克思列宁主义作为指导思想，这是不容置疑的根本。然而，学术界若要推动马克思主义的丰富与发展，广泛学习、借鉴和吸收全人类的优秀文明成果就显得尤为必要。显然，我们不能仅仅局限于研究马克思主义一家的思想与学说来实现这一目标。当年，马克思和恩格斯正是通过辩证地研究和汲取非马克思主义学说的精华，才发展出了具有划时代意义的马克思主义学说。可以说，马克思主义的源头活水，正是来自于非马克思主义学说的滋养。因此，我们绝不能故步自封，画地为牢，仅仅将自己的思想禁锢在马克思主义理论研究的天地里。我们应秉持开放包容的心态，在马克思主义学说的科学指导下，辩证地吸收全人类的优秀思想成果，让马克思主义哲学在与多元思想的碰撞与交融中，不断焕发出新的生机与活力。

（六）推进中国式现代化：助力发展的哲学智慧

推进中国式现代化建设，加快我国社会主义生态文明建设的步伐，构建人类命运共同体，这些宏伟目标的实现，内在地要求我们深入了解和掌握怀特海过程哲学。中国式现代化这一重大命题，是中国共产党人依据马克思主义普遍原理，紧密结合中国社会发展实际，创造性地提出的重要理念。生态文明更是被我们党和国家提升至中华民族永续发展的根本大计的高度，也被视为人类命运共同体永续发展的根本大计。在以马克思主义作为指导思想和哲学基础的前提下，与马克思主义过程哲学思想高度契合的怀特海过程哲学，宛如一座蕴藏丰富的思想宝库，能够为我们在新时代坚持和发展马克思主义，提供充足的思想养分与理论素材。

回顾历史，第二国际修正主义对马克思主义的机械解读，导致西方社会对马克思主义产生了严重的误解与曲解；而怀特海过程哲学思想及其引发的建设性后现代主义思潮，高度认同马克思主义哲学的世界物质统一性原理，认为在现代哲学派别中，唯有马克思主义哲学旗帜鲜明地坚持世界的客观实在性，坚决反对对现实世界进行唯心主义和机械论的错误解释。因此，学习和研究怀特海过程哲学或有机体哲学，对于我们进一步推进中国式现代化建设与生态文明建设实践，以及深化相关理论研究，具有不可估量的促进作用，能够为我们的伟大事业注入强大的思想动力。

怀特海过程哲学的当代意义与价值

小约翰·柯布*

两千五百年前,古印度思想家乔达摩洞见到实体形而上学对本土思想发展的桎梏,他质疑当时盛行的精神修行目标——通过冥想实现"阿特曼"(实体化自我)与"婆罗门"(终极实体实在)的合一,认为这种追求本质上是方向性谬误。佛陀主张:既不存在恒常的"阿特曼",也不存在作为绝对实体的"婆罗门",世界本非由固定实体构成。他开创的过程形而上学在印度本土基本上未获重视,却在中国、韩国和日本等国构成的东亚文明圈焕发生机。这背后

---

* 这篇序言是美国科学与人文科学院院士柯布先生(John B. Cobb, Jr. 1925.2.9—2024.12.26)在年近百岁高龄之际,应《怀特海全集》中文版主编之一杨富斌教授诚邀,专门为中文世界读者撰写的学术寄语。令人痛惜的是,先生未及亲见这部思想巨典的问世便溘然长逝,这不仅是国际哲学界的重大损失,更是中西思想对话史上永恒的遗憾。我们坚信,这部凝聚着怀特海哲学精髓的著作全集,在中国学者们的精心编译下完成出版,恰似将过程哲学的智慧火种播撒在当代中国现代化发展与生态文明建设的沃土之上。当这部承载着文明对话使命的译著面世之时,柯布先生若在天有知,必会为他毕生致力的有机哲学能深度参与东方文明的创造性转化而欣慰——这不仅是思想跨越山海的和鸣,更是人类追求永续发展的时代强音。

的历史机缘究竟何在？

与之形成跨时空呼应的是英国数学家、科学家和哲学家怀特海的哲学思想。基于科学实践与哲学反思，他同样挣脱实体形而上学的束缚，建立起系统的过程哲学体系。耐人寻味的是，这种思想在西方哲学谱系中长期处于边缘，却在汉语语境中展现出更强的解释张力。这种文化适配性的深层机制又当如何解读？

近几十年来的研究使我深刻认识到语言对哲学思维的形塑作用。印欧语系以主谓结构为根基，其语法预设了稳定主语承载多重述谓的可能性。这种语言惯性将语法主语悄然转化为形而上学实体，为实体思维提供了无意识的认知框架。而汉语的动词优先特性则截然不同——动作与事件始终占据表达核心，这种语法特质天然契合过程形而上学的动态世界观。

更深层的困境在于，实体思维的先天缺陷导致西方哲学史陷入自我消解的怪圈。"哲学"本应通向智慧之境，但当代西方哲学认可的"智慧"恰是对智慧本质的否定，这种悖论宣告着传统哲学范式的终结，意味着西方哲学正在"自我毁灭"。更严峻的是，当多数人（包括学者）宣称摒弃形而上学时，实则将潜藏的实体预设于免于批判的特权地位。在印欧语言编织的认知图景中，实体化存在被视为不言自明的思维基础。

这种隐性支配正在瓦解科学认知的整全性。当代科学虽在各领域取得技术突破，却丧失了知识统一性的追求。

量子场论与经典物理的深层矛盾、数学公式的可操作性与其可理解性的割裂，无不昭示着实体思维框架的失效。当科学沦为工具理性的附庸，对智慧的追寻便从学术殿堂悄然退场。

这种认知危机直接冲击着大学的精神根基。当前高等教育将职业适配性作为唯一准绳，这实质上消解了大学培育智慧的核心使命——若仅止于技能培训，专业院校显然更具效率。但倘若我们重拾以人的全面发展为导向的"全人教育"理想，怀特海的思想体系将提供丰厚的思想资源。未来文明史的书写者或许会发现：当现代哲学步入黄昏之际，少数智者正在建构使科学重获意义、为文明奠基的新形而上学。这些曾被学术建制排斥的思想，终将被确认为维系地球生态与人类社会的精神基石。

在文明转型的十字路口，当西方挣扎于突破语言桎梏时，汉语世界或能更自如地接续怀特海的思想火种。这种融合中国佛教智慧与过程哲学的新科学范式，要求我们不是抽离而是更深地浸入历史长河。或许在这里，将孕育出既能解释量子纠缠，又能安顿心灵的时代智慧。

我的印象是，尽管中国有着自身独特的文化、语言与传统，但中国的一些现代大学如今却在沿用一种正在把真正的教育拖入泥沼的碎片化思维模式，摒弃了智慧。不可否认，这些大学在推动技术进步方面确实能发挥作用，技术进步的重要性也不言而喻；然而，孔子所代表的那类智慧，却正逐渐消逝。

观念的探险

我始终怀有这样的教育理想：中国高等教育体系或可设立专项研究机构，借鉴美国"批判性智慧"范式对根本性命题进行追问。这种构想的紧迫性在于，当前一些将大学引向虚无主义的预设，本质上与中国文化基因及当代社会发展需求存在深刻断裂。在保持现有职业培训体系服务特定领域的同时，我们完全有能力创设新型教育空间——既为中国青年提供安身立命的人生智慧，又为文明存续培育精神根基。

必须强调一点，中国无需一切从零开始。在主流学界之外，早有先行者开辟出多元思想路径；我们当中那些被美国现代大学体系拒之门外的人，一直以来都在进行着卓有成效的思考。除了在大学里教授且主导着政府决策以及国际政策的传统经济学之外，我们还有生态经济学、甜甜圈经济学、共同体经济学等其他经济学理论，并形成了完整的知识谱系；在农业领域，突破单一工业化模式的有机种植实践已悄然生长；城市规划方面，保罗·索莱里等先锋建筑师的生态营造理念正在重塑空间逻辑；在教育系统，以学生为本位的创新项目正在持续挑战实体思维主导的认知框架。这些探索与中国当前引领的生态文明建设形成深层共振——当全球仍困囿于技术至上主义与增长迷思时，东方智慧已展现出超越性视野。

怀特海过程哲学在中美文化创造性转化中的思想效能日益显著。需要警惕的是，若缺乏整体性价值坐标，所有创新尝试终将沦为分散的探索。而以怀特海有机哲学为基石的生态文明范式，恰能为人类提供兼具可持续性与人文关怀的文明选择。在这关乎物种存续的转型征程中，中国完全有能力为人类文明转型树立典范：让大学不仅是职业训练场，更是滋养生命意义、培育文明自觉的精神家园。

当代哲学、文化形态、教育体系及科学范式的深层危机，皆可追溯至现代科学范式中那个被绝对化的预设——对亚里士多德目的因的系统性驱逐。中世纪自然哲学过度依赖目的论解释虽确曾阻碍实证研究发展（如满足于器官功能的表象认知），但17世纪科学革命在否定目的因的同时，也将人类置于自然界的对立面。虽然这种基于动力因的机械论范式在特定历史阶段释放出巨大认知潜能，却埋下了主客二分的隐患。

达尔文进化论带来的范式革新本应开启新的可能性：将人类重新纳入自然谱系，促使学界反思生命行为的意向性特征。从动物行为学研究到生态学观察，大量证据表明目的性活动绝非人类独有。然而科学共同体仍固守发轫于17世纪的形而上学教条，这种认知惯性已演变为阻碍真理探索的桎梏。更具讽刺意味的是，科学家在否定自然目的论的同时，其研究行为本身却无时无刻不在践行目的导向——这种知行断裂暴露出机械论范式的根本缺陷。

怀特海的过程哲学为此提供了突破路径。他创造性重构目的因概念，主张每个现实存在都包含着对多种动力因进行综合的原初目的。这种目的论预设并非拟人化投射，而是解释宇宙复杂性的必要范畴。从单细胞生物的趋光性到人类的价值抉择，目的性呈现为连续性的存在样态。可悲的是，主流科学界对此的拒斥恰恰印证了自身向机械教条的退化——当学科分野取代整体性认知时，科学已异化为其反对者的模样。

怀特海承认，所有事件都有目的，至少目的在很大程度上是对构成事件的动力因的综合。当然，关于如何做到这一点的决定在人类身上要比在单细胞生物身上复杂得多。西方现代科学家们拒绝考虑怀特海的解决方案，这表明了真正的科学似乎已不复存在这一事实。它已被多种学科所取代，没有一种学科对许多科学家所认定的荒谬的科学立场负有责任。

对于作为宗教哲学家的我来说，宇宙目的论问题始终具有终极意义。尽管经典科学尝试将生命现象归约为动力因链条（如将眼睛简化为光学仪器），但当代宇宙学发现的"人择原理"指向新的可能：宇宙常数惊人的微调精度，暗示着某种引导生命涌现的深层秩序。很长一段时间以来，科学的进步似乎表明，在自然界中许多看起来有目的的东西都可以用动力因来解释。然而，近年来，科学家们发现，宇宙经过精心调整，允许生命的出现。这似乎意味着，在宇宙层面上，有一个鼓励生命的目的。这表明世界上有一种有目的的精神在起作用。在过去一个世纪左右的时间里，权威科学家强烈地反对任何形式的有神论。因此，他们坚持认为，我们宇宙的这种显著特征是一种偶然现象。为逃避目的论回归，某些科学家甚至诉诸缺乏实证的多元宇宙假说——这本质上是以无限增殖的实体性假设来维持机械论范式的合法性,其逻辑脆弱性已日益显现。

这些科学学家们意识到,若单一宇宙的特定参数稍有偏差,生命便无法存在。将这种精密调适归因于"偶然"显然难以服众。于是他们提出:我们的宇宙只是多元宇宙中的沧海一粟。这种理论宁愿假定存在无数未经证实的实体,也不愿接受可被概念化的宇宙精神。尽管尚未形成完整体系,多元宇宙论已被许多人视为科学范式。

然而该理论存在根本困境:"多元宇宙"概念本身就包含矛盾。若各宇宙遵循相同物理法则,生命出现概率并未因此改变;若各宇宙参数随机分布,如何解释我们恰好身处宜居宇宙?更关键的是,这种假设本质上仍是机械论思维的延伸——试图用无限可能性消解目的论,却陷入新的形而上学独断。

科学的本质在于基于证据的探索,而非预设立场的否定。怀特海的宇宙论揭示:宇宙秩序不仅是生命存在的前提,更是促进其演化发展的动力。将一切归因于偶然,实为对机械论形而上学的盲目捍卫,违背了科学精神。

怀特海提出的"原初目的"概念,为理解宇宙演化提供了新维度。每个事件都包含着趋向更高价值的内在冲动,这种目的性与海德格尔在人类存在的现象学分析中揭示的"向死而生"的存在论结构形成有趣呼应。这提示我们:生命进程可能与某种宇宙精神存在深层共鸣,这种精神正通过我们的创造性活动,引导文明远离自我毁灭的歧途。

观念的探险

在科学探索中，我们应当保持开放态度。当现有理论陷入解释困境时，或许需要重新审视目的论的合法性——这并非对科学理性的背离，而是对宇宙本质更深刻的追问。

像当代科学家一样，海德格尔是一位无神论者。他曾指出，我们并不是被他人呼唤而来，而是自我召唤而来的。因此，他的观点能够被学术界所接受。然而，如果我们关注自身的经验，便会发现一种似乎来自外部的拉力、诱惑或召唤。怀特海允许我们通过感受来理解经验，而不是将其强行纳入一个不相容的信仰体系。

将科学与先天地否定这种观点及其相关经验等同起来，使得科学与某些精神之间的和谐变得不可能。怀特海对这种可能性的开放态度并未使他偏离科学家的身份。作为科学家，我们不应让自己的思想封闭、固守教条或忽视证据。

科学在广义相对论和量子理论方面的崩溃，长期以来一直表现出这种情况。这两项成就是科学家们引以为傲的截然不同的成就。然而，在科学的早期阶段，往往存在一种冲动，试图以一致的方式表述它们。可悲的是，由于这些理论在大学中被划分到不同的学科进行研究和讲授，探究它们的不兼容性并不是任何人的责任或焦点。怀特海的理论能够同时涵盖这两方面，但由于真正的"科学"似乎已经不复存在，西方的大学中已没有人真正关心它。

我想补充一个理由，说明实体主义科学已分裂成互不连贯、导致严重错误的部分。科学共同体已说服全世界，声称宇宙正在膨胀，科学家们可以追溯到大爆炸的起源。

虽然这一猜测可能最终被证明是合理的，但目前尚未得到证实，反对现有理论形式的大量证据仍未得到解释。在这种情况下，宣称一个理论有希望是可以接受的。然而，将其作为对特定现象的科学解释呈现给世界，则是不可接受的。

简单来说，光线红移的发现需要一个合理的解释。一种解释是宇宙在膨胀，而研究和发展这一可能性是良好的科学。然而，红移现象也可以用光线在远距离上变慢来解释，这一可能性却被忽视，甚至遭到嘲笑。这并不是正确的科学态度。

或许，优先考虑膨胀的最大理由在于它能够解释宇宙背景噪声。我猜测，大多数替代理论并没有提供这种解释。到目前为止，一切似乎都很顺利。

然而，事实证明，科学家对膨胀的预测导致了不可接受的结果。如果宇宙中的质量和能量比以前计算的要大得多，这些问题就可以避免。这些质量和能量无法被发现，却被假定存在。它之所以被称为"暗的（暗物质或暗能量）"，是因为没有人期望能找到它。这一说法拯救了这个理论。然而，仅仅为了使理论成立而假定没有证据的事物是实在的，这并不符合经验科学的标准，通常也不会被认可。

用于这一目的的数学被用于确定大爆炸的日期。与此同时，望远镜被放置在适当的位置，以便向我们展示更接近宇宙大爆炸的日期，期望能看到一个更小、更年轻的宇宙；但事实并非如此。望远镜向我们展示的宇宙与我们自己的宇宙非常相似，并不支持这种宇宙膨胀模型。

一些科学家已经形成了这种消极的判断。然而，主流科学界希望找到能够使理论与事实相一致的解释；也许他们会成功。

作为一个局外人，我知道支持或反对这些理论的判断是基于我无法理解的东西；但我认为，主流科学界忽视了等离子体。爱因斯坦认为大部分空间是真空，并假设在真空中光速是恒定的。一个理论家怎敢反对这位大师呢？

现在我们知道真空并不存在。爱因斯坦也知道，当光线穿过水或玻璃时，它的速度会受到影响。光线是否会受到穿过等离子体的影响应该是一个经验问题，而不是由爱因斯坦认为空间可以完全空无一物的说法所决定的。

我坚信，没有最好的理论。科学的碎片化导致主流科学界忽视了一个重要的领域，即对等离子体的研究。如果一个理论预先承诺忽视等离子体，那么它就不再是科学。

除了强调碎片化对科学的破坏之外，我还想指出，对物质与能量的三种（非等离子体）状态的偏爱导致了与事实相反的观点。许多科学家仍然认为能量是物质的函数，但我们早已知道，**没有物质的地方也有能量，光子就是最著名的例子。另一方面，能量无处不在，从常识上讲，能量比物质更为基本。**

尽管如此，许多科学家仍然主张物质至上。我们仍然被教导：能量是质量乘以光速的平方。这错误地暗示，没有质量的地方就没有能量。**从形而上的物质至上转向形而上的能量至上，将是根本性的变化，它将会支持从实体到过程的形而上转变。**在这方面，阻力依然巨大。

可悲的是，当科学不再以科学的方式运作时，它却成功地消除了其他形式的探究。我特别想到历史。严格来说，科学是用来理解世界上可重复的元素的，而独一无二的事件不是科学讨论的对象。当然，不可重复事件的各个侧面是可重复的，因此科学可以对此给出解释；但在日常生活和法律事务中，判断的基本方法是找到最可信的故事。

假设你那处于青春期的儿子告诉你，他整个下午都在家，而邻居说他在邻居的财产上搞了一些恶作剧。邻居可能是在向你索要修理他声称是你儿子损坏的东西的钱。你如何判断谁说的是真话？你可能需要关于这两个故事更详细的信息。你与儿子和邻居的过往经验都是与此相关的，而如果向科学家求助，则不太可能有帮助。最终，你将根据其他故事的可信性和讲述者的可信度做出决定。对父母来说，**做出正确判断所需的智慧是极其重要的。**

这种智慧在法庭上、在对时事的判断和历史研究中同样重要，它与实验室测试或其他科学技术有很大不同，但广泛利用了科学所掌握的事实。另一方面，我对近期科学的批判表明我对科学历史判断的使用。科学方法与历史方法实际上可以最佳结合。**人类所需的智慧应建立在科学认识与历史认识相结合的基础上。**

在美国的大学中，历史思维正在遭到贬低，甚至被消除。即使是关于发生事情的决定，唯一被允许的证据也仅限于可重复的元素。对过去的研究现在被视为社会科学的延伸，而不是真正的历史。在大学里，越来越多的人认为科学是获取事实的唯一途径，他们不尊重我所描述的必要判断。

在专业学校，尤其是西方的法学院和管理学院，仍然有关于如何形成历史判断的教学；但在其他地方，历史研究几乎荡然无存。过去，大多数科学家对科学史略知一二；而现在，大多数科学家从未以这种方式研究过科学。

那么这一切与《怀特海全集》有什么关系呢？我想指出，使怀特海的思想能够被人们阅读和运用具有特殊的重要性。非科学的科学主义在美国大学中赢得了胜利，这无意识地信奉误导性的形而上学，造成了可怕的后果。它对学生的心理伤害和未能为社会服务，正在迫使人们重新思考。如果这不能带来根本性的改变，我们都将面临巨大的损失。

可悲的是，我们在佛教的例子中看到了语言在决定形而上学方面的强大力量。乔达摩自己国家的人民未能真正欣赏他的思想；而我希望，实体思维所导致的日益混乱，能够为怀特海的思想在美国的科学、文化和教育领域打开大门。然而，也许这只会导致更糟糕的局面，或许说英语的人注定要接受一种破坏性的形而上学。

而中国则有机会。中文不会促使说这种语言的人生成"实体思维"，它的文化更倾向于优先考虑过程。中国可以带头批评从美国传来的"舶来品",并重建中国大学的教育体系。他们可以打开各种证据的大门,主要关注学生和社会的需求,寻求思想的连贯性和真正的智慧。如果中国的大学过于盲从美国的大学而无法做到这一点,也许可以发展其他机构来为学生和社会服务,努力实现连贯的思想,考虑所有证据,纳入所有必要的判断形式,并保存智慧。

怀特海不仅仅是众多有趣哲学家中的一员,他还为那些寻求智慧的人提供了新的开端。怀特海对现状的突破如同探索中世纪哲学思想的笛卡尔一般激烈;但笛卡尔的形而上学使我们陷入一种"病症",深深地伤害了我们;怀特海的形而上学则可能会治愈我们。如果这套著作的出版能推进这种可能性,它将具有真正的历史重要性。

译者:杨富斌

2025 年 3 月 5 日

探险对促进和保持文明的意义

杨富斌

一、这部著作的宗旨和研究范围

《观念的探险》是怀特海晚年撰写的重要哲学著作之一,是他从伦敦帝国理工学院退休后,应聘移居美国坎布里奇,于哈佛大学主持哲学讲座期间出版的第三部重要著作。这部著作与他此前推出的两部著作共同编织成其晚年哲学创作的"三部曲"。对于这三部著作的关联,怀特海曾形象地自述道:"这三部著作——《科学与现代世界》《过程与实在》和《观念的探险》——是要致力于表达一种理解事物本质的方式,并要指出这种理解方式是如何通过探究人类经验的各种变异而得以说明的。每一部著作都可以单独阅读,但它们对各自的疏漏、省略或减缩是互补的。"(参见怀特海给《观念的探险》一书所写的前言。)

那么,这部著作的研究主题以及期望达成的宗旨究竟为何?怀特海在"前言"中明晰地阐述:"实际上,这部著作是对文明概念的研究,是要致力于理解这种文明化的存在是如何产生的。自始至终所强调的一个观点是探险对促进和保持文明的意义。"

这里,怀特海口中的"探险"究竟作何解释?首先,怀特海指出:"这部著作的标题——观念的探险——可被当作《人类的历史》的同义语,因为它广泛地涉及各种各样的精神经验。"(参见本书英文原书第 3 页,以下凡引本书,只注明页码),而且怀特海侧重"考察的是伟大的观念在欧洲历史上的探险",并且认为"理想的力量正在于此。"(第 42 页)

其次,在怀特海的认知里,他所理解的探险呈现出两种形态,其一是理智的或精神层面的探险,其二是物质的或实践维度的探险(第 76 页)。故而,在整本书中,他不仅着重考察了普遍性观念在助力人类文明进步进程中的关键作用,同时也深入探究了在这些普遍观念引领下,人类于科学技术、商业活动等社会实践领域的探险活动。他认为,这两个方面相辅相成、缺一不可。比如,他曾阐述道:"拜占庭人和穆斯林本身就是文明,因而他们的文化保持着其自身内在固有的活力,这是由**物质的和精神的探险**来维持的。"(第 82 页)在评析西罗马帝国衰败缘由时,他指出:"它的学术缺乏**思辨的探险**。不管在任何意义上,无论我们如何大胆想象,它都没有发现新世界"(第 80 页)。如此一来,西罗马帝国在实践层面的失败便成为必然。此处提及的"思辨的探险"指的便是观念的探险。

再次，怀特海认为，探险的本质在于追求新的完善境界。希腊民族正是被追求完善的宏伟理想所唤醒，从而阔步前行。相较于其周边其他文明所孕育的理想，希腊的这一理想堪称巨大的飞跃。它所孕育并实现的文明独具别样的美，这种美在人类历史长河中可谓空前绝后。但令人惋惜的是，随着这种美的达成，其背后的灵感源泉逐渐干涸。历经连续几代人的重复，其鲜活灵动的特质逐渐消磨殆尽，取而代之的是陈腐的学究气息，探险的激情彻底湮灭。于是，古希腊人文主义被希腊化时代所取代，天才在这个时代里被单调的重复所扼杀。他还着重强调，这并非纯粹的虚构场景。尽管历史的演进中偶有暴风骤雨般的变故，就如同拜占庭在长达一千年的岁月里所经历的那般；尽管有新兴宗教佛教的传入，以及鞑靼人的入侵，广袤的中华帝国在千年间亦历经沧桑。中国人和希腊人都曾缔造出臻于完善的文明——每一种文明都值得赞誉有加。然而，即便是完善的文明，也难以承受无休止重复带来的单调与乏味。若要以最初的激情强度维系文明的发展，仅仅依靠学问远远不够。"探险是必不可少的，也就是说，要追求新的完善。"（第258页）

所以，若要推动人类文明持续进步，就亟需大胆的探险——既要有观念层面的探险，也要有与观念契合的实践探险。观念所能发挥的最佳效用，便是逐步将另一种完善的理想提升至精神层面，使之成为改革的蓝图。在怀特海眼中，希腊人本身并非守旧或停滞不前之人。与他们的近邻相比,他们绝非历史传说中的那般模样。他们热衷于思辨与探险,对新生事物满怀渴望。我们所能做出的最不希腊的行为,便是一味模仿希腊人,因为他们决然不是因循守旧的抄袭者。基于此,他将探险列为文明社会的五大显著品格之一:"我要提出一个一般的文明定义:文明社会表现为真、美、探险、艺术、平和这五种特性"(第273页)。"当一个社会分享了真、美、探险、艺术、平和这五种性质时,就可称之为文明社会。"(第285页)

此外,在探讨艺术的社会功能时,他明确表示,艺术对社会的附带贡献,就在于其蕴含的探险精神。而在文明社会中,我们必须警惕的是,学术上的正统观念会抑制探险精神。由此可见,我们在中国式现代化建设过程中,理应秉持并鼓励思想观念领域的百花齐放、百家争鸣方针,这一由毛泽东提出的繁荣发展哲学社会科学的基本方针,对于我国繁荣哲学社会科学、为社会主义现代化强国建设建言献策,具有不可估量的重要意义。倘若一个文明社会仅有单一的所谓学术正统观点,禁止其他任何观点、思想或所谓杂音发声,不让多元观点和意见参与哲学社会科学界对真理的探讨,那么极有可能压抑人类的观念与思辨探险精神,从根本上阻碍文明社会的发展进程。

尤为珍贵的是,怀特海深刻指出:"只有当思想走在实现活动之前,这些向新型文明的迅速过渡才是可能的。种族的活力因而才能向前迈进,进入**想象的探险**,从而**可预想有关探索的物质性的探险。世界梦想着事物的出现,因**

而它在适当时机就会激发自身去实现它们。实际上，所有**物质性的探险**，只要是以预定目的而着手进行的，都包含着把事物看成是未实现的**思想探险**。在哥伦布扬帆启航前往美洲之前，他就曾经梦想过远东，梦想过地球是圆的，并且梦想过没有航道的海洋。探险鲜有能达到其预先确定的目标。哥伦布从未到过中国，但是他发现了美洲。"一个种族若要维系自身的活力，就必须深刻洞察既定事实与潜在可能的真实差异，必须在这种活力的驱使下勇敢探险，敢于突破过往的保守做法。没有探险，文明必将走向全面衰败。在此，怀特海提出的所有的物质性探险皆包含思想探险的观点，极具现实意义，值得我们格外关注。

在怀特海看来，往昔的伟大成就皆源自其所处时代的探险之举。唯有具备探险精神的人，方能领会过去伟大成就的深刻内涵。然而，探险的大门只向拥有探险精神的人敞开。因此，仅仅被动地了解过去，便会错失以往信息中潜藏的全部价值。生机勃勃的文明固然需要学习知识，但绝不仅限于此。也就是说，还需要大胆开展观念的探险，并以此为内在指引，投身社会实践的探险。"知是行之始，行是知之成"，王阳明"知行合一"的理念，与怀特海的观点可谓不谋而合，具有内在契合度。

这部著作的研究范围，依照怀特海的表述，聚焦于人类历史的某些片段，主要探讨文明如何从近东地区向西欧转移，或者说文明怎样实现从东方到西方的传播。其主题限定于探究几个关键观念在历史进程中如何发挥激励作用，以及它们的实际效用如何塑造了文明。这里，怀特海明确表明，他研究的核心是文明从东方传播至西方的过程。在他眼中，近东"是现代欧洲的起源与背景"（第8页），并且他依据历史脉络详细叙述了这一从东方到西方的文明传播轨迹，主要探索其中几个重要观念的探险之旅。由此，他在这部著作中提出了诸多极具创新性的观点与思想。

二、《观念的探险》提出的新观点和新思想

在《观念的探险》中，怀特海宛如一位思想的探险家，不仅提出观念的探险对推动和维系人类文明进步意义重大这一闪耀着智慧光芒的新观点与新思想，更是提出诸多新颖独到的见解，可择要概括阐释如下：

（一）人类历史的发展是由两种力量推动的

在怀特海深邃的目光中，人类历史的演进或是文明社会的发展，宛如一艘在波涛汹涌的大海中前行的巨轮，由两种强大的力量驱动着破浪前行。

其一为"无知觉的动力"，这股力量犹如隐藏在黑暗中的神秘之手，涵盖了尚未被人类认知和掌控的各类自然力，以及人类社会中那些如狂风骤雨般难以抵挡的野蛮或暴力入侵。诸如某个地区突如其来的暴雨倾盆、洪涝肆虐，高山与森林的重重阻隔，甚至严寒酷暑的极端天气等自然力量，还有人类技术进步催生的煤炭开采、蒸汽机车轰鸣、

电力与石油的开发利用，这些力量皆在人们浑然不觉间，如同暗流涌动，从内在深处推动着文明的航船缓缓向前。故而，怀特海明确指出，古代文明中野蛮人的入侵以及近代蒸汽机的横空出世，皆属此类无知觉的动力。它们依照自身既定的规律，宛如无形的大手，推动着文明的发展，促使人类社会从旧有的文明阶段跨越至崭新的阶段。无论我们是否能够感知到它们的存在与作用，这些无知觉的力量总是彰显出绝对的必要性，正如希腊思想所设想的那般，这种必要性驱使着人类不断前行，全然无需人类在理智层面展现出任何目的概念。其最终导致的结果便是在这些变迁之中，人类并不知晓自己究竟做了什么。这一观点与恩格斯所阐述的作为"平行四边形"对角线的"历史的合力"思想如出一辙，异曲同工。正因如此，在人类社会中发挥作用的社会规律，恰似自然规律一般，始终是不以人的意志为转移的客观存在。历史的最终走向，似乎总是与任何人的预想存在偏差，难以完全契合。

其二是观念的力量，亦可称理智的力量，或是理想的力量。例如，古代基督教所坚守的理念以及近代社会大力倡导的民主理念。这些理念仿若熠熠生辉的灯塔，作为信念与理想的强大力量，与传统的观念、信念和信仰激烈碰撞，进而引导人们打破旧有的思维枷锁，重构与新的文明社会相适配的新理念。也正因为如此，每一时代的观念的探险才显得至关重要且意义非凡，才拥有改天换地的强大力量。尽管大多数人并未清晰洞察这些普遍观念蕴含的巨大能量，但它们始终如潜藏在黑暗中的暗流，在无形中发挥着关键作用。倘若没有这些一般性观念在幕后默默发力，文明社会的发展无疑将成为无本之木，难以想象。

从这个维度审视，那些伟大的思想家、哲学家在人类文明进步的征程中，犹如闪耀的星辰，占据着举足轻重的地位。在这部著作的诸多篇章中，怀特海毫不吝啬对柏拉图《对话录》的赞誉，高度评价其在推动古代文明向近代文明乃至现代文明社会华丽转身过程中所发挥的巨大作用。与此同时，怀特海对众多现代思想家在促进现代社会文明进步方面所做出的积极贡献，同样给予了充分肯定；而对于那些提出与文明进步背道而驰、阻碍文明发展的一般性观念的思想家，也毫不留情地提出批评。

（二）一般观念对推动文明进步有重要作用

怀特海深信，人类的理智恰似一把神奇的钥匙，拥有修正文明时代的超凡能力。探讨这股理智力量，正是这部著作独具特色的核心主题。他将人类的理智细致地划分为两类，一类是一般观念，另一类是特殊观念。所谓一般观念，恰似高悬于天空的璀璨星辰，是具有高度普遍性的观念，它们生动地表达着关于事物本质、人类社会的多元可能性，以及应当引导个体人类行为的终极目的的深刻概念。他敏锐地察觉到，在每一个时代，都隐匿着某种深邃的宇宙观，它宛如无形的空气，被人们悄然接纳，并潜移默化地在社会行为上留下独特的印记。

然而，世间之事往往充满吊诡。这种终极的宇宙论在每个时代仅仅得以部分展现，却会衍生出一系列专门问题或特殊问题，这些特殊问题如同顽皮的孩童，时常与这个时代的主导观念产生激烈冲突。由此，人们对宇宙论第一原理的共识便如同被蒙上了一层厚厚的面纱，难以清晰地呈现。怀特海特别强调："这些第一原理几乎过于明显而不需要表达，并且几乎过于一般而不能表达。在每一个时期，都会有一般的思想形式之形式；并且正像我们呼吸的空气一样，这种形式是半透明的，无所不在的，且似乎是必不可少的，因而只有通过极大的努力，我们才能觉察到它。"（第12页）

在此，怀特海实际上提出了一个关乎哲学社会作用的极为重要的基本见解：那些伟大哲学所揭示的基本原理，恰似深埋于地下的坚实基石，在每一时代的现实社会生活中，发挥着举足轻重的基础性作用。就如同美国的实用主义，对美国社会的进步与发展而言，犹如大厦的根基，具有不可或缺的基础性意义。而在当下中国式现代化建设实践背后，发挥着关键作用的哲学基本原理，正是马克思恩格斯创立的实践唯物主义原理以及绵延至今的中国优秀传统哲学思想。令人遗憾的是，普通社会成员在大多数情况下，就像在空气中自由呼吸却浑然不觉的人，并未意识到这一点。

为了生动阐释这一观点，怀特海深入考察了古代文明社会中思想家和政治家们似乎普遍秉持的一个观点：在奴隶制下，需要一大批奴隶从事那些文明人不屑为之的服务工作。在古代，复杂的城市文明以奴隶制为基础，这一假定在当时极为普遍，无论是在社会实践中，还是在隐含的预设前提里，皆是如此。"对上千年的古典文明来说，成为文明人就是要成为奴隶主"（第14页）。也就是说，奴隶制是古代文明社会中政治理论家们的预设前提，而现代政治理论家的预设前提则是自由。

但是，恰恰在这一时期，人们开始引入一种道德原则，如同利刃一般，对整个奴隶制制度展开了有力批判。雅典人身为奴隶主，却似乎尝试将这种制度人道化。柏拉图出身贵族，坚定地信奉贵族制度，并且必定拥有奴隶。然而，在他的思想中，流露出对人类必然堕落的某种不安感受。他提出的某些观念，如同投下一颗重磅炸弹，对奴隶制度构成了巨大威胁。怀特海深刻地指出："一般观念总是对现存秩序的威胁。它在各种社会习俗可接受的社会中作为构成因素嵌入了整体，会构成改革的计划"（第15页）。人类的进步可被定义为社会转变的过程。后来兴起的基督教的平等观念及其"人际关系的伦理学"，也如同助力的东风，对这种社会转变起到了推波助澜的作用。这些伦理观念，因体现在伟大的宗教，如基督教之中，尽管其表现高度趋近于终极的一般性，却依旧是柏拉图一般观念的具体化。这些伟大的观念在融入现实世界的过程中，即便伴随着邪恶的同伴和令人厌恶的盟友，但它们依然光芒万丈，持续激励着人类在缓慢而艰难的道路上不断攀升、奋勇前行。

例如，人类灵魂在本质上是伟大的这一概念，在十八世纪再度焕发生机，并在十九世纪这个理性与人权的时代，在思辨、科学和社会学前提等多方面，重塑了现代文明世界的预设前提。"最终，正是民主制度使奴隶获得了自由"（第 20 页）。也就是说，**自古代便已萌生的民主、平等观念以及人权观念，历经漫长岁月，最终通过实践中的民主制度，才真正完成了对奴隶制度的彻底颠覆。**这一伟大变革直至美国南北战争之后，才得以最终实现。此处，也淋漓尽致地展现了观念探险与实践探险相互作用、相辅相成的历史进程及其显著效果。

然而，怀特海敏锐地发现，**一般观念转化为实践成果的过程，犹如蜗牛爬行，极为缓慢。**这并非源于人的本性效率低下，而是因为社会文明的变迁宛如一团错综复杂的乱麻，极为复杂。要对社会进行重组，使其既能恰如其分地消除某些公认的罪恶，又不至于摧毁现有的社会组织及其赖以生存的文明根基，这无疑是一项极其艰巨的任务。**目前，尚无任何已知的方法能够做到在消除罪恶的同时，避免引入其他更为恶劣的恶行。正因如此，文明的进步之路才显得如此缓慢而艰难。**

在怀特海看来，这类争论通常如同隐匿在黑暗中的幽灵，隐秘不宣。即便是最为睿智的人，也难以想象那些未经尝试的社会关系形式究竟如何成为可能。他形象地比喻道：**"人的本质如此复杂，以至对政治家而言，写在纸上的社会计划甚至其价值还抵不上那些被损毁的纸张"**（第 20

页)。也就是说,政治家们精心构思的社会计划,往往在现实面前举步维艰,难以落地实施。这也导致人类文明的进步如同在荆棘丛中艰难前行,只能一点点地匍匐前进,每迈出一步,都需要小心翼翼地检验。

怀特海深刻地指出:"一个重要观念,并不只是为了等待足够优秀的人来使之付诸实践,它才被设想出来的。那是一种幼稚的观念史观"(第 22 页)。这意味着,那些能够推动文明社会进步的一般观念,并非凭空产生,而是在特定的历史条件下应运而生。它们通常如同隐匿在幕后的英雄,潜藏于社会背景之中,作为一种美好的理想,在暗中默默地促进必要的社会习俗逐渐成长。例如,构成摧毁奴隶制基础的理念,其理智源头可追溯至两千多年前,由那些具有深邃哲学思维的希腊人率先提出。后来的类似观念,皆是在这个基础上逐步发展演变而来。

从观念发展的历史长河来看,怀特海认为:"人类领悟普遍性的增长,是所有演进变化中最为缓慢的。"也就是说,对于大多数社会成员而言,理解抽象的一般原理或普遍观念,并非易事,犹如攀登陡峭的山峰。这需要人的精神具备理解抽象概念的能力。而**"促进这种精神性的增长正是哲学的任务"**(第 24 页)。在此,怀特海对哲学在促进人类精神性增长方面的作用,提出了独到而深刻的见解。他认为,迄今为止,在这方面若要取得成功,关键在于在专门应用那些重要的一般观念时,要坚决摒弃它们与那些野蛮、不成熟想象的模糊联系。换言之,**要用清晰明确的**

一般观念或普遍原理，取代那些混乱、不成熟的想象或空想。唯有如此，人类才有可能逐步实现文明的进步。譬如，当前我国正在大力推进的社会主义生态文明建设这一伟大战略，首先必须牢固确立人类文明可持续发展的理念以及人类命运共同体理念，并深刻认识到，以西方工业文明为主导的发展模式犹如一条不可持续的歧途。只有以这些一般理念为指引，才能真正驱散人们在环境污染、生态灾难、气候变暖等问题上，受西方工业文明影响而形成的诸多糊涂观念，自觉树立人与自然、人与社会、人与人和谐共生的科学发展观，进而才有可能实现中国式现代化和建设社会主义生态文明的宏伟理想。否则，倘若我们沿着西方资本主义工业化逻辑走西式的现代化道路，来推进中国式现代化事业和生态文明建设，必将重蹈西方的覆辙。

最后，怀特海提出了一个振聋发聩的重要论断："**观念史是一部错误史**"（第25页）。这表明，人类观念的发展历程，恰似在黑暗中摸索前行，是一个不断克服谬误、逐渐趋近真理的过程。所以，他说，在历经所有错误之后，观念史"又是行为逐渐纯化的历史。当受人欢迎的秩序发展中有了进步时，我们就可发现，人们有意识地持有的观念的力量在不断增长，它呵护人的行为不再重回野蛮状态"（第25页）。在这一点上，他高度肯定了柏拉图的观点，即"世界的创立过程，亦即具有文明秩序的世界的创立过程，乃是说服对力量的胜利"（第25页）。

(三) 没有形而上学预设就不可能有文明

在这部著作中,怀特海如同一位思想的拓荒者,对形而上学的积极作用进行了深刻的挖掘与阐述,并对形而上学预设在推动人类文明进步中的重要价值给予了高度评价。

首先,清晰的形而上学原理是证明一般观念的必要前提。怀特海明确指出:"不以任何形而上学的清晰性来区分持续性、偶发性和复现性,这样的讨论可以被用来诡辩地证明任何事物"(第40页)。也就是说,在思考和探讨人类文明进步这一宏大议题时,对于事物是否能够持续存在、各种社会事件的发生是偶然还是必然、历史事件是否会重复出现、历史是否存在惊人的相似之处,以及各种看似偶然的事件背后是否隐藏着一定的规律性等诸多问题,如果缺乏清晰的形而上学依据,那么就可以诡辩地证明任何事物、事件和现象皆有可能发生。如此一来,便从根本上动摇了社会科学存在的可能性、可行性与客观性。

可悲的是,怀特海痛心疾首地指出,"科学对形而上学的反叛,由牛顿在十七世纪率先发起"(第37页)。牛顿的那句名言"物理学,要当心!形而上学",犹如一道屏障,将科学与形而上学隔绝开来。牛顿无疑是伟大的科学家,然而,在他的科学研究中,实际上隐含着大量形而上学的思辨与想象,比如对宇宙客观实在性和规律的预设。但由于他过度推崇数学方法,坚信这个物质世界的秩序是用数学语言书写而成的,因而断然否定了形而上学对普遍原理和终极本原的深入思考，认为这些内容无法用数学方式表达，故而将其判定为非科学。现代西方哲学家孔德创立的实证主义，也旗帜鲜明地拒斥形而上学。用怀特海的话说，杰里米·边沁和奥古斯特·孔德将普遍化的情感当作终极的道德直觉，视其为清楚明白的事实，无需任何证明，并且对它们与其他事物的关系也无需有任何终极理解。因此，"他们抛弃了形而上学"（第38页）。

在孔德看来，科学的当务之急在于追求简洁明了的陈述，通过这些陈述的协同作用，来表达被观察到的重复现象中所有令人关注的事物，这便是科学的全部使命。实证主义于19世纪上半叶兴起，自那以后，其影响力如同涟漪一般，逐渐扩散。它告诫我们要专注于被观察的事物，并尽可能简洁地对它们进行描述。这便是我们所能认知的全部。规律不过是对观察事实的陈述。这一学说可追溯至伊壁鸠鲁，充分体现了他对普通人的诉求，即远离形而上学和数学。被观察到的清晰经验事实是易于理解的，且仅此而已。同时，"理解"意味着"描述的简明性"。（第116页）

但是，怀特海一针见血地指出："如果观察事实就是我们所知道的一切，那么就不会有任何知识了。或然性同知识是有关系的，而在实证主义学说中不存在任何关于未来的或然性"（第126页）。因为实证科学唯一关注的便是观察事实，且绝不敢冒险对未来进行猜测。所以，尽管大多数科学家和许多哲学家都利用实证主义学说，以逃避思考那些令人困扰的形而上学问题，但他们又不得不暗中回归形而上学，即认为过去事实上规定着未来，以此来挽救科学的意义。因为科学必然需要对过去进行归纳总结，对现在进行阐释说明，对未来进行预测展望，否则，科学研究将变得毫无价值。历史科学、社会科学和自然科学等，都离不开这种关于过去、现在和未来相互关联的形而上学预设。而从实证主义哲学的极端立场出发，根本无法对未来进行预测。根本原因在于，实证主义把对经验的理解仅仅局限于"观察事实"，这种经验观过于狭隘了。当代著名数理逻辑学家王浩（1921—1995年）也曾明确地批评实证主义"使用的经验概念太过狭隘"（参见王浩：《从数学到哲学》，南宁：广西师范大学出版社2024年版，第8页）。而怀特海的哲学思想之所以超越了实证主义，正是因为他是以广义经验论为其哲学基础的。

其次，若不依赖清晰的形而上学原理，科学便如同失去了罗盘的航船，无法提供清晰的概念。在此，怀特海从哲学与科学的紧密关系角度，深入阐述了形而上学原理对科学研究的重要性与关键作用。他深刻地指出："除非我们能建构一种似乎可信的形而上学说，从而使自然界中相关事物的特征根据这一学说而成为它们的相互联系的结果，而它们的相互联系又是它们的特征的结果，否则，内在规律说就是站不住脚的。这涉及到某种内在关系说"（第113页）。因为对于自然科学家而言，坚信物质世界具有内在的必然性和规律性，科学研究的使命便是揭示自然界的这种客观规律性，这是他们从事科学研究的预设前提。而且，科学家们并不满足于简单的甚至普遍的描述，他们渴望依据内在规律，对事物的秩序性和特性进行深入阐释，对事物发展的未来状态和结果进行准确预测和说明。正是这种对获得说明性描述的强烈渴望，为超越现实的、特殊的观察例证，对规律进行思辨性扩展提供了正当理由。这种对说明性描述的执着追求，促成了科学与形而上学之间的相互作用。形而上学学说由此得到修正，以提供这种说明，而科学的说明正是依据在这些科学家想象中挥之不去的形而上学构建而成的（第129页）。所以，科学的实际发展过程，始终与形而上学紧密交织，相互作用。

怀特海认为，从柏拉图时代至当今的思想史，某种程度上是形而上学家与实证主义者在解释自然规律上的斗争史。**哲学直觉转化为科学方法，是哲学和科学史发展事实。哲学体系若不转化应用，几乎无法对具体科学有直接意义。**科学基本概念虽源于哲学直觉，却是科学家为达直接目的与方法而提出来的。日常语言难精确定义这些概念，却习惯将其预设在流行词汇里，如"桌子""椅子""岩石"预设了曾统治自然科学的物体概念，而这些概念源于亚里士多德的实体哲学直觉，其学说正是现代科学物体学说的哲学依据。

但从特殊科学视角看，哲学体系并非无用。怀特海认为，哲学体系"是人的精神用来培育其自身更深直觉的方法。这一类体系给冷漠的思想赋予了生命和运动。脱离了这些协调方面的努力，冷漠的思想将会在闲置的时刻闪现，

观念的探险

照亮一下转瞬即逝的反思阶段,然后便消失殆尽,被人遗忘。直觉的范围只能通过与其他具有同样普遍性的概念相协调来界定。甚至相互竞争的哲学体系之间互不一致,都是促成进步必不可少的因素。欧洲思想史,即使直到今天,都一直被致命的误解所侵蚀。我们可称这种误解为'教条之谬误'"(第145页)。这种错误在于坚信能制定精确概念,表达实在世界的复杂关系。探究真能描述宇宙吗?除简单算术概念,日常观念看似明显,实则有不可救药的模糊性。理解理智进步方法,需牢记思想的这一特征。体系中的概念,需要不同视域观点的启发,接受体系内观点一致性的批判、类似普遍性观点的批判以及哲学主题观点的批判。中世纪神学家犯了教条主义错误,近三个世纪的科学家也染上了这种坏习惯。我们要明白,人的头脑如何逐渐界定习惯观念,这是个循序渐进、永无止境的过程。无法对精确定义的普遍原理做最终调整以构建完整的形而上学,但能制定包含有限普遍原理的不完整体系。体系内的观念协调,展现了基本概念的范围与活力;体系间的不协调及片面成功,警示我们直觉是受到限制的,而这些尚未发现的限制正是哲学的研究主题。(第146页)

关于科学为何要依赖形而上学,怀特海认为,其一,个体事物脱离环境便无法理解,把握其本质与规律,需考虑与环境的关系,这以个体与环境不可分离的形而上学预设为前提;其二,科学离不开推理,脱离对形而上学原理的参照,推理便是有害的,所以"没有哪一门科学能比其暗中预设了无意识的形而上学而更安全的了"（第154页）；其三，科学是对客观世界的猜测，量子力学表明微观粒子有不确定性，薛定谔发现不确定原理是描述基本粒子运动状态的基本原理，现代科学坚持世界的确定性是错的，用怀特海的话说，"科学的确定性是幻象"，因其受未知条件限制，科学学说受时代形而上学概念控制，预想常出错，新观察方式出现，旧学说便瓦解（第155页）；其四，科学由观察序列与概念序列两种经验序列构成，概念序列为观察序列提供概念解释，二者谁占优势尚无定论（第155页）。形而上学原理对概念形成的作用不可替代，从这一方面看，科学创造和使用概念依赖某种形而上学。霍金说"哲学已死"，但其论述体现出不成熟、混乱且不彻底的哲学观点。

没有形而上学预设就没有文明。怀特海强调形而上学在科学发展与文明进步中的重要地位。人类揭示事物的本质与联系，对规律的思辨扩展源于形而上学确信，虽形而上学知识有限、肤浅且不完全，易出错，但它能指导想象、为目的提供正当性。从这个意义上讲，没有形而上学预设就没有文明。（第128页）

所以，怀特海称柏拉图为"形而上学家的天才"。柏拉图不仅以普遍理念说明现实事物，《蒂迈欧篇》的空间学说具有高级的形而上学精微性（第122页），更重要的是，他克服了用语言表达抽象概念的困难。若观念史的研究忽视新思想与语言的冲突，便会误入歧途（第120页），而柏拉图是表达抽象观念的语言天才。

(四) 文明的进步是说服战胜征服的历程

怀特海指明:"**世界的创立过程,亦即具有文明秩序的世界的创立过程,乃是说服对力量的胜利**"(第25页)。相较而言,昆虫社会虽有严密的组织行为,却有个共性:毫无进步可言。(第91页)

何为进步?怀特海称,**人类进步可定义为社会转变的进程**(第16页)。这一转变根本上并非征服的结果,而是说服或劝服对力量的胜利。在人类文明演进中,起初会诞生某个恰当的一般观念,仅有极少数人能领会。"这种具有说服力的表达方式依赖于偶然出现的天才,例如,依赖于像柏拉图这样的人物偶然地出现"(第16页)。随后,这些一般观念会以特殊表达方式呈现自身,获取特殊适应力,以契合特殊时代的具体状况。这股隐蔽的推动力对人的行为施加强制力,促使社会缓慢变迁。依怀特海之见,这些一般观念能被提出,表明人类已成熟到能真切感知它们,它们反映了事物秩序的本性或本质。

据怀特海考察,柏拉图最早在人类历史上点明说服的关键作用。柏拉图说,世界的创造过程是说服战胜征服的过程。人的价值在于有听从劝服的倾向。人们既能通过展示多种选择去说服他人,自身也能被说服。文明是对社会秩序的维系,依靠的是内在固有的说服,这体现了更优选择。然而,武力的使用不可避免,但这展现的是文明的失败,既是整个社会的失败,也是相关个人的失败。故而,活跃的文明中始终存在不安定因素,因为对观念的敏感意味着好奇、探索与变化。文明秩序能存续,依靠自身优点,而其会改变,是因为有力量承认自身的不完美(第83页)。正因如此,需要有识之士持续进行观念探索,"理想的力量正在于此"。(第42页)

"人类的进步之路是曲折的"(第104页)。或许这是诸多因素共同作用的结果。但怀特海指出,在这些因素中,农业占据极高地位,正是农业推动了文明的快速进步(第111页)。同时,以奴隶为代表的劳动者"是殉道者,他们的辛勤劳作让进步成为可能"(第21页)。有一尊著名雕像,刻画的是一位正在磨刀的塞西亚奴隶,他身躯佝偻,却目光向上。这一雕塑历经岁月留存,传递出某种信息,诉说着在那黑暗往昔,数百万奴隶遭受的苦难。

对于文明进步,思辨与学术皆不可或缺。思辨以希腊精神为典型,学术研究以希腊化精神为代表。怀特海说,为实现文明进步,二者缺一不可(第108页)。因为纯粹思辨若未经对详细事实研究的学术规训,或未经对严格逻辑研究的学术规训,总体上比未经思辨调和的纯学术研究更无价值。学术进步所需的这两个要素要达成恰当平衡,既取决于所处时代的特征,也依赖具体个人的能力(第109页)。观念的探险史,其中一面便是思辨与学术的相互作用。在文明进步的各个时代,二者冲突始终存在。所幸,亚历山大学术时期的经院哲学时代统治欧洲数个世纪,为文明馈赠了无价思想瑰宝,那是一个取得巨大进步的时代(第118页)。**甚至相互竞争的哲学体系间的不一致,都是推动文明进步的必要因素。**(第145页)

科学与哲学的进步对文明发展有巨大推动作用。哲学推动文明,主要体现在其提出的一般观念在历史背后缓慢发力,指引人们行动以实现这些一般观念的理想。同时,哲学通过与科学相互影响,推动科学与技术发展,进而间接推动文明进步。

而科学及其促进的技术进步,则直接推动文明发展。在怀特海看来,"在任何科学中,如果不能产生任何具有充分应用范围的理论,那么它的进步就必然会非常缓慢"(第221页)。换言之,科学只有能产生应用广泛的理论,进而推动技术进步,才能实现快速发展。科学作为体系化思想,若没有恰当的一般工作假设,仅有自身的特殊主题,便难以取得进步。因此,怀特海断言,在科学和哲学领域,"要想不畏艰险地去探索富有成果的思想,同时又没有这样明确的理论,那就得使自己听任前人学说的摆布了"。(第222页)

为此,他特别称赞柏拉图的哲学思想。柏拉图重视"自然界中的混乱和无序",同时关注自然界的秩序与规律,并尝试将自身理论体系化,这表明他是伟大的形而上学家,却也是构建理论体系能力欠佳的思想家,因为"实际上,柏拉图试图把自己的学说系统化时总是失败,而在他展示其深邃的形而上学直觉时则总是成功"(第166页)。相比之下,"亚里士多德逻辑学,由于其忽视数学概念,它对科

学进步所起的好作用几乎同坏作用一样多"。（第153页）

最后，怀特海从和谐与自由视角探讨文明进步问题。他认为，社会文明的进步建立在不和谐的感受经验之上。自由的社会价值乃在于它能产生不和谐。完善之外还有完善。所有的实现都是有限的，没有哪一种完善是所有完善的极致状态。不同类型的完善之间也是不和谐的。因此，由不和谐——其本身是破坏性的，是恶的——所能提供的对美的贡献，乃是一种肯定性感受，它能感受到有一种目的从已经消耗殆尽的平淡完善状态，迅速地转移到了具有新鲜生命力的其他理想之上。因此，不和谐的价值乃是对不完善的优点所给予的称颂。（第257页）

此外，怀特海高度评价十九世纪，指出"十九世纪是个文明进步的时代——在人道、科学、工业、文学、政治各方面都有所进步。但是，最后它疲惫不堪了。世界大战的爆发标志这个时代的终结，并且标志着人类生活具有决定性的转向，而转向的新方向当时还尚未被人们所理解。"（第278页）

除上述四个方面的基本思想与观点外，怀特海于本书中还提出诸多重要见解。诸如，他认为人与社会环境相互内在；提出四种自然规律学说；论述科学与哲学相互促进的关系；阐释现象与实在的辩证关联；主张主体与客体关系构成经验的基本结构；指出非感官知觉与感官知觉协同作用；表明过去、现在和未来相互内在；提出宇宙的现实性是经验的过程；认为宇宙借由协调获取价值；提出事件生成又消亡却不变化；指出真即现象与实在相符；提出美是经验发生中各因素相互适应；阐述文明社会具备真、美、艺术、探险与平和这五种品质；主张实践先于思想；提出宗教和神学在文明发展历程中作用重大；认为自由的本质在于目的具有可行性；指出自然与人是不可分割的统一整体，等等。因篇幅受限，在此无法一一详述。即便上述概括的四个方面的重要观点，是否准确契合怀特海的本意，也有待读者中的方家批评指正。

三、关于这部著作的书名翻译

关于怀特海这部著作的汉语译名，我们确定为《观念的探险》，主要基于以下几点考量。

首先，其英语原文中的"adventure"，在汉语里通常有"探险""冒险""历险"三种译法。经查阅与比较，我们认为，可从语义学、文化内涵与文本适配这三个维度，考量分析"探险""冒险""历险"三个概念的差异及其在翻译中的选用。

从汉语核心概念的语义学层面来看，"探险"具有以下特性：其一，具备目标导向性，着重突出主动对未知领域进行探索（比如科学探险、南极探险等），隐含着系统性、求知性的行动意向；其二，具有风险可控性，即虽存在风险，但更强调理性规划（例如"敦煌文书考古探险队"）；其三，富有文化联想性，与学术探索、文明发现存在一定关联。

而"冒险"一词的含义则有所不同：一是风险主导性显著，侧重于行动中不可控的危险（如金融冒险、孤注一掷的行为），隐含着对可能付出代价的意识；二是具有价值评判性，该概念的褒贬需依具体语境而定。例如，在褒义语境中，可表述为"敢于冒险的创新精神"，贬义语境下则可说"盲目冒险"。

"历险"一词，主要呈现出这样一些特点：一是具有事件描述性，通常以中性的口吻叙述经历过的危险，如"海上历险记"，弱化主观动机；二是带有文学化倾向，较多用于故事性文本，比如奇幻小说《地心历险记》；三是强调过程还原性，关注的重点是"发生了什么"，而非"为何发生"。

从适配性的角度来分析，不难察觉，怀特海原著"Adventures of Ideas"的核心命题与主旨追求，在于揭示观念如何凭借动态演进推动文明发展。其书名中的"adventure"蕴含以下特质：一是观念具有主体能动性，即观念并非被动存在，而是主动参与历史进程，这与"探险"所蕴含的探索性意义相仿；二是历史进程存在风险性，新观念的突破往往伴随着认知的颠覆，这与"冒险"所具有的博弈特质相近；三是文明演进具有史诗性，需要展现跨时空的观念碰撞。

基于上述分析与思考，我们最终选定此书译名为《观念的探险》，力求避开"冒险"一词可能存在的贬义内涵，以及"历险"一词单纯的事件描述性。

观念的探险

其次,北京大学已故著名哲学家、翻译家贺麟先生,同样将怀特海这部重要著作的书名译为《观念的探险》。在贺麟先生看来,怀特海的形而上学著作,"除了《过程与实在》之外,还有《观念的探险》(*Adventures of Ideas*),前者属于他的本体论和宇宙论,后者则代表其文化哲学和精神哲学——黑格尔意义上的精神哲学"(参见张学智编:《贺麟选集》,长春:吉林人民出版社2005年版,第292页)。贺麟先生是少数几位曾在哈佛大学直接聆听怀特海讲课,并参与过由怀特海主持的研讨活动的中国学者之一。据他所述,怀特海是当时世界上能理解爱因斯坦相对论的12位科学家中的一员。多年之后,贺麟先生仍感慨,怀特海在讲课和讨论时"隽永的言谈,诚挚的态度,却仍是历历犹在心目"。(同上书,第290页)

综上,我们将此书译为《观念的探险》,既契合怀特海的本意,也有坚实依据。

前　言

　　这部著作的标题"观念的探险"具有两重含义,这两重含义均可应用于这个主题。一重含义是指某些观念在促进人类走向文明的缓慢进展中具有影响,这就是人类历史中实际发生的观念的探险。另一重含义是指作者在构建可对这种历史的探险予以说明的观念的体系时所做的观念的探险。

　　实际上,这部著作是对文明概念的研究,其目的是致力于理解文明化的人类是如何产生的。整部著作所强调的要义,乃是探险对促进和保持文明有何重要性。

　　这三部著作——《科学与现代世界》《过程与实在》和《观念的探险》——是要致力于表达一种理解事物本质的方式,并要指出这种理解方式是如何通过探究人类经验的变迁而得以说明的。每一部著作都可以单独阅读,但它们对各自的疏漏、省略或减缩是互补的。

　　吉本的《罗马帝国的兴亡》、纽曼大主教的《论基督教学说的发展》、保罗·萨皮的《特伦特议会史》、亨利·奥斯本·泰勒的《中世纪心灵》、莱斯利·斯蒂芬的《十八世纪英国思想》，以及各种著名的书信集，这些著作是影响我看待这种历史话题的**一般方法**的主要著作。而在文学方面，我斗胆称赞了那些对早期英国思想发展感兴趣的公告，并且在优秀文学中，我称赞了伊利莎白和詹姆斯一世时期那些神学家的布道。此外，H. O. 泰勒的《十六世纪的思想和表达》则表达了那个时代思想的主流和及其对立面。就其到目前所达到的发展的状况而言，二十世纪既在思想的冲突方面，也在政治利益的冲突方面，与欧洲历史上的那些具有某种相似性。

在第二部分讨论宇宙论时，我不断地引用牛津大学出版社1928年出版的两部著作，一是爱丁堡大学A. E. 泰勒教授的《柏拉图〈蒂迈欧篇〉评注》，二是牛津大学贝列尔学院导师塞利尔·贝利的《希腊原子论者和伊壁鸠鲁》。

本书的某些篇章采用了我有幸应邀讲学时的一些内容。第一章、第二章、第三章、第七章、第八章的主要内容，曾在1929—1930年学期于布林茅尔学院做过四次玛丽-弗莱克斯纳讲座；它们迄今尚未公开出版过。此外，第九章"科学与哲学"——先前没有发表过的——是1932年3月在哥伦比亚大学艺术与科学学院戴维斯哲学讲座上讲过的。第六章"预见"是在哈佛商学院作过的一次演讲，并且应多纳姆院长之邀，在他由纽约麦格劳希尔图书出版有限公司于1931年出版的著作《随波逐流的商业》中，作为前言出版。还有第十六章"客体和主体"于1931年12月在纽黑文举办的美国哲学学会西部分会的会长就职演说中讲过；

并且此后在由纽约朗曼–格林公司出版的《哲学评论》1932年第41卷上发表。

有些尚未发表的，即1926年在新罕布什尔州达他茅斯学院所做的讲座，具体构成了这部著作最初主题的框架。这些演讲关注的是成功的文明所要求的两个层次的观念，即一般性程度低的特殊观念和一般性程度高的哲学观念。前一组观念是收获那些可直接获得的文明成果所要求的；而后一组观念则是指引着这种探险走向创新，并确保直接的文明值得这种理想的目标所要求的。

在对本书所讨论的具有根本性的许多观念方面，我很感激我的妻子；并且在修订各个不同章节的一系列草稿方面，她也付出了辛勤的劳动。

阿尔弗雷德·诺思·怀特海
1932年9月于哈佛大学

目 录
CONTENTS

第一部分 社会学研究

第一章 导论 ··· 3
第一节 解题 ··· 3
第二节 支配观念的历史的两分法 ··· 7
第三节 本书的研究范围 ··· 10

第二章 人的灵魂 ··· 13
第一节 个体成员的社会地位 ··· 13
第二节 一般观念和特殊概念 ··· 16
第三节 普遍观念的产生和传播 ··· 18
第四节 基督教观念的兴起 ··· 21
第五节 社会状态的变迁 ··· 24
第六节 一般观念的缓慢转化 ··· 28
第七节 观念过度简单化的危险 ··· 30
第八节 观念的历史是一部错误史 ··· 34

第三章　人道主义理想 …… 36

- 第一节　技术进步与消除奴隶制的关系 …… 36
- 第二节　"四海之内皆兄弟" …… 39
- 第三节　社会学理论的不同主调 …… 42
- 第四节　现代社会的基调是竞争 …… 43
- 第五节　十九世纪的信仰 …… 46
- 第六节　功利主义和实证主义 …… 50
- 第七节　物理科学的四类主题 …… 53
- 第八节　科学是否能提供清晰概念 …… 56

第四章　自由诸方面 …… 60

- 第一节　考察西方文明的不同角度 …… 60
- 第二节　本能、理智与智慧 …… 64
- 第三节　柏拉图的思想自由 …… 68
- 第四节　思辨在希腊文明中的发展 …… 74
- 第五节　政治哲学与中庸之道 …… 78
- 第六节　现代政治哲学是倒退的 …… 82
- 第七节　经济组织的作用 …… 86
- 第八节　对自由概念的思考 …… 91

第五章　从征服到说服 …… 95

- 第一节　说服作用的增长 …… 95
- 第二节　商业的作用 …… 96
- 第三节　马尔萨斯人口定律 …… 100
- 第四节　欧洲与近东的相互作用 …… 103

第五节	自然界的可塑性	107
第六节	现代欧洲对文明的追求	113
第七节	四种因素对社会群体的影响	117

第六章 预见 ... 119
　第一节　预见的概念 ... 119
　第二节　常规的重要作用 ... 122
　第三节　习俗变化的时间跨度 ... 125
　第四节　对社会制度不变说的批判 ... 128
　第五节　未来的商业精神 ... 132
　第六节　哲学在现代社会中的作用 ... 133
后　记 ... 136

第二部分　宇宙论研究

第七章　自然规律 ... 139
　第一节　欧美文明的起源 ... 139
　第二节　希腊文化的基调 ... 141
　第三节　希腊精神与中世纪学术的鸿沟 ... 144
　第四节　规律的概念 ... 148
　第五节　四种自然规律说 ... 151
　第六节　外来规律说与自然神论 ... 153
　第七节　实证主义规律观 ... 156

第八章　宇宙论 ... 162
　第一节　新思想与语言的冲突 ... 162

第二节	"存在的定义就是力"	163
第三节	希腊思想与原子论	166
第四节	实证主义的支配地位	170
第五节	没有形而上学预设就没有文明	173
第六节	神学在哲学思想史上的价值	177
第七节	对自然秩序的三种解释	179
第八节	习俗解释规律说	186
第九节	大自然以自己的方法展示科学	188
第十节	哲学中的主要危险	190

第九章 科学和哲学 ……………………………… 192

第一节	科学和哲学的青春期	192
第二节	现代科学的第一阶段	196
第三节	哲学直觉向科学方法的转变	198
第四节	柏拉图对科学和哲学概念的贡献	201
第五节	脱离形而上学的推理是有害的	207
第六节	科学的确定性是幻象	212
第七节	牛顿自然体系对人类的贡献	214
第八节	完整的事实与实在的本质	218

第十章 新教改革 ……………………………… 220

第一节	新教衰败与宗教精神的胜利	220
第二节	对系统思想的攻击是对文明的背叛	223
第三节	宗教改革与道德和形而上学直觉的关系	226
第四节	柏拉图的劝服说	228

第五节 通过宇宙的多样性掌握统一性 ……… 234

第六节 文明的四种构成要素 ……… 235

第三部分 哲学的观念

第十一章 客体和主体 ……… 241

第一节 前言 ……… 241

第二节 经验的结构 ……… 241

第三节 术语 ……… 242

第四节 "摄入" ……… 243

第五节 个体性 ……… 244

第六节 知识 ……… 244

第七节 感官知觉 ……… 245

第八节 知觉功能 ……… 246

第九节 客体 ……… 246

第十节 创造性 ……… 247

第十一节 知觉 ……… 248

第十二节 非感官知觉 ……… 249

第十三节 例证 ……… 251

第十四节 感受相符 ……… 253

第十五节 休谟的习惯说 ……… 254

第十六节 能量流 ……… 255

第十七节 心灵与自然比较 ……… 257

第十八节 个性 ……… 258

第十九节　柏拉图的"容器" ……… 259
第二十节　内在 ……… 260
第二十一节　时间和空间 ……… 261
第二十二节　人的身体 ……… 262
第二十三节　二元论 ……… 263

第十二章　过去、现在、未来 ……… 265
第一节　未来与现在的关系 ……… 265
第二节　未来的发生不在现在之中 ……… 266
第三节　未来内在于现在的意义 ……… 269
第四节　共时事件 ……… 271
第五节　宇宙的现实性是经验过程 ……… 273
第六节　现实发生相互内在 ……… 274
第七节　自由的根基 ……… 275
第八节　宇宙时期的结构 ……… 276

第十三章　发生的组合 ……… 279
第一节　聚合体 ……… 279
第二节　发生的相邻性 ……… 280
第三节　一般的集合体 ……… 282
第四节　聚合体与集合体 ……… 284
第五节　宇宙如何获得价值 ……… 286
第六节　生命体与无生命体的差别 ……… 288

第十四章　现象与实在 ……… 291
第一节　现象与实在 ……… 291

第二节	现象与实在区分的基础	292
第三节	实在与现象的差异	294
第四节	现象与实在的融合	295
第五节	现象是简化版的实在	296
第六节	感官知觉	298
第七节	感觉材料的性质	300
第八节	感觉材料的基础	300
第九节	现在的"现象"	302

第十五章 哲学方法 ········· 306

第一节	理论与方法相互规定	306
第二节	哲学是个棘手学科	308
第三节	思辨哲学的定义	309
第四节	对经验的不同追问	311
第五节	休谟的问题转换	312
第六节	五种感觉器官	313
第七节	内省分析活动	314
第八节	语言传递证据	315
第九节	哲学方法易犯的错误	318
第十节	哲学易受旧文献的支配	320
第十一节	关系和联系的不同	321
第十二节	经验发生是联系的基础	326
第十三节	"摄入"的涵义	327
第十四节	哲学的主要方法是概括	328

第十五节　合生与共在 ·················· 329

　第十六节　哲学概括的涵义 ················ 331

　第十七节　事件生成又消亡 ················ 332

第四部分　文明

第十六章　真 ························ 337

　第一节　作为调节属性的真和美 ············· 337

　第二节　真是现象与实在的符合 ············· 337

　第三节　真必须适时出现 ················· 338

　第四节　命题和感官知觉 ················· 340

　第五节　感觉材料与情绪基调 ··············· 343

　第六节　感官知觉与当下发生 ··············· 345

　第七节　精神极不受透视法则的制约 ········· 346

　第八节　符号真值关系 ··················· 347

　第九节　习惯的起源 ····················· 349

　第十节　感官知觉的真 ··················· 350

　第十一节　绿色是否存在于草叶上 ············ 351

第十七章　美 ························ 353

　第一节　美的定义 ······················· 353

　第二节　与美相关的三种学说 ··············· 354

　第三节　美的两种意义 ··················· 357

　第四节　不和谐对美的价值 ················ 358

　第五节　探险是追求新的完善 ··············· 360

第六节　自发性是现实发生的本质 …………… 362

第七节　破坏的经验是恶 …………… 363

第八节　和谐的基础 …………… 366

第十八章　真与美 …………… 371

第一节　系统的美和恶 …………… 371

第二节　真对美的意义 …………… 373

第三节　艺术是现象对实在的有目的的适应 …… 374

第四节　变化以远大理想为目标 …………… 376

第五节　使艺术成为可能的经验因素是意识 …… 377

第六节　艺术的人为性和有限性 …………… 379

第七节　人体是艺术生产的工具 …………… 380

第十九章　探险 …………… 383

第一节　文明个人与文明社会 …………… 383

第二节　真正现实的本质是过程 …………… 385

第三节　第二个形而上学原理 …………… 388

第四节　第三个形而上学原理 …………… 392

第二十章　平和 …………… 398

第一节　总的说明 …………… 398

第二节　文明社会的五种品格 …………… 399

第三节　平和不同于麻木 …………… 400

第四节　平和是对悲剧的理解和维持 …………… 401

第五节　青春是未受悲剧影响的生命 …………… 402

第六节　崇高的目标值得追求 …………… 404

第七节　智者的平和理念 …………………… 406
　　第八节　集合体概念 ………………………… 409
　　第九节　平和的本质是获得真理 …………… 410
　　第十节　经验模式的影响 …………………… 412
　　第十一节　探险属于文明的本质 …………… 413

专有姓名索引 ……………………………………… 416

术语索引 ………………………………………… 426

后　记 …………………………………………… 449

第一部分

社会学研究

第一章
导论

第一节 解题

就其可能的最大外延而言,这部著作的标题——观念的探险——可被当作"人类的历史"的同义语,因为它涉及广泛的精神经验。就该标题而言,人类必定会经历自身的历史,但是人类的历史的全部多样性不可能全部都被记述下来。

在这部著作中,我打算批判地考察在人类生活中所能具有的观念的一系列历史,并试图诉诸一些众所周知的事例来说明我的论点。对这些将要加以阐述的特定主题来说,我之所以选择它们来加以说明,一方面缘于我的知识有不可避免的局限,另一方面也考虑到它们能引起普遍的兴趣,并且在我们的现代生活中,它们也具有重要意义。此外为实现本书的目的,关于这一**历史**的概念包含着与过去共在的现在和未来，它们可提供相互的阐释，并能引起共同的兴趣。而对那些详尽事实的收集和讨论，我们将依赖于那一大群伟大的具有批判思维能力的学者，他们所付出的劳动在今天，以及在过去的三个世纪里，使得人类有必要对他们致以最高的崇敬。

理论是以事实为基础的；相反，以事实为基础的叙述则自始至终贯穿着理论的诠释。直接的视觉观察涉及对处于运动之中的有色形体的视觉——"可疑的形状"，而听觉直接感受到的是声音。但是，对这类形状和声音进行现场观察的某个人而言，譬如说某个外国宫廷的常驻公使，当他在阐述所谓"纯粹事实"时，他会说他会见了国务大臣，"他显得十分热忱，并十分清楚地说明了他将如何处理这场迫在眉睫的危机"。这样看来，当下的证据其实是当下的诠释，除了这些纯粹的感觉以外，还包括对这些材料的假设。

在后世，一些具有批判思维能力的学者，通常会根据他们自身的理论判断，来选择这些已成往事的当下观察记录；他们会批判地看待这些当下观察者，并对当时的现场观察记录给出自己的诠释。根据19世纪后期流行的历史学派的信条，我们就是这样达到"纯粹历史"的。而实际上，历史学家的这一概念，即认为我们可摆脱对历史的审美偏见，可避免对历史的任何形而上学原理和宇宙论普遍原理的依赖，这完全是一种想象的虚构。这一概念中的信念只能出现在偏狭的头脑之中——亦即由时代、种族、学术派别、兴趣倾向等所造成的偏狭头脑之中，而这种头脑不可能预见到其自身尚未言说的种种局限。

历史学家在描述过去时,通常是依赖于他们自己的判断来确定何种东西构成了人类生活的意义。即使当他们把自己的研究严格地限定在某个选定的方面,如政治或文化方面,他们依然会依赖于某种决定来确定何种东西构成了人类经验的在这一方面的顶峰阶段以及何种东西造成了这一阶段的退化。例如,在考察人类政治发展史时,黑格尔把他那个时代的普鲁士国家看作政治发展的顶峰;而在一代人之后,麦考利则把他那个时代的英国宪政制度视为政治发展的顶峰。对思想和行动的全部判断就取决于这种隐含的预设前提。除非遵循某种判断标准、某种预期的目的,否则,我们便不能确定何谓明智或愚蠢,何谓进步或退步。这一类标准和这一类目的,一旦得以广泛地传播开来,便会构成人类历史的观念驱动力,同时也会指引着这种历史叙事的构造。

在考察观念发展史时,我坚持认为,"纯知识"概念是高度抽象的,我们应当把这个概念从我们的头脑中驱除出去。知识永远伴随着情感和目的等诸多附加。同时,我们也必须记住,观念在普遍性方面存在着程度上的不同。因此,普遍观念总是以特殊形式出现在历史中的,这些特殊形式取决于种族和文明阶段的特殊环境条件。普遍性程度较高的观念很少能获得任何精确的语言表达形式,它们往往是通过其适用于相关时代的特殊形式而间接地表现出来的。同样地,这些特殊形式的情感伴随物,部分地是由于模糊地感受到源自那种较高层次的普遍性中的意义，部分地是由于对那些普遍性在其中得以显现的特殊形式有特别的兴趣。有些人会因一面国旗、一首国歌而激动不已，而另一些人则会因模糊地感受到他们的国家所代表的那种文明形式而激动不已。对大多数人而言，这两种情绪的来源是混在一起的。

吉本所诠释的历史证明了一个双重的故事。他讲述了罗马帝国在一千年间的兴衰。我们看到了这个帝国处于鼎盛时期的伟大，看到了它的军事组织、省级行政机构及其种族混杂的情况，也看到了两种宗教的兴起和冲突，看到了希腊哲学流变为基督教神学的过程。吉本既给我们展示了那些战士和政治家、哲学家和牧师的伟大与渺小，也向我们展示了人类中芸芸众生的痛苦遭难、英雄主义气概和野蛮粗俗；既向我们表明了人类的幸福快乐，也表明了人类遭受的苦难。

但是，在这整部历史中，都是吉本在讲述，他成为其自己时代的主导精神的化身。这样一来，他的多卷本史书实际还讲述了另一个故事。这些历史是18世纪精神力量的记录。既可以说它们是罗马帝国的详细历史记载，又可以说它们是现代欧洲文艺复兴鼎盛时代那些一般观念的展现。这个鼎盛时代，正如一千七百年前可与之比肩的罗马时代一样，并未意识到蒸汽和民主时代的冲击会立刻造成其自身的毁灭，对这个时代是野蛮人和基督徒的对立物茫然不知。这样看来，吉本既讲述了罗马帝国的衰亡，也具体展示了他自己那种文化的衰亡。

第二节 支配观念的历史的两分法

观念的历史是由一种两分法支配的,这种两分法可由近世的蒸汽和民主时代与古代文明中的野蛮人和基督徒的比较来说明。一方面,蒸汽和野蛮人,在它们各自的时代里,都是一些无知觉的力量,驱动着它们各自的文明脱离了传统的秩序模式。这些无知觉的力量便是希腊思想家有时(例如,在柏拉图的《蒂迈欧篇》中,和一般文献中均可见到的)所说的"强制力",有时所说的"暴力"。当这些力量在他们中间以普遍协调的方式出现时,他们便倾向于称之为"强制力",而当这些力量表现为不时发生的暴乱时,则倾向于称之为"暴力"。历史的任务之一便是展示作为每一时代之特征的此类强制力和暴力。另一方面,现今时代中的民主和罗马帝国时代的基督教,都具体地展示了那些源于信仰,同时又进入了这些信仰之中的清晰信念。这些信念的力量就是那些得到有意识地阐述的理想的力量,而这些理想与保存和调节现存社会制度的传统虔诚信仰相抵牾。例如,我们发现,基督教神学家亚历山大里亚的克雷芒曾劝诫他的同时代人放弃旧的习俗,而这些基督教的理想乃是重构它们各自时代的说服力量。

从一个时代到另一时代的显著过渡,总是可以追溯到与蒸汽和民主时代的某些类似之处,或者——如果你喜欢——与蛮族和基督时代的某些类似之处。无知觉的力量和精心阐述的信念，在驱动人类从其旧锚地起航的工作中携手并进了。这种变化时期有时是充满希望的，有时则是充满绝望的。当人类挣脱了自己的锚链时，有时会躬身奋斗，努力去发现新世界，而有时则会受到困扰，受到前面碎浪拍崖的模糊声响的影响。罗马帝国的灭亡出现在旷日持久的绝望的时代，而蒸汽和民主时代则属于希望的时代。

人们很容易夸大这两种过渡时代之间的反差，但这完全取决于幸存下来的记录。这些记录到底表达了谁的情感？毕竟，即使在罗马帝国走向衰亡的最糟糕的时期，那些蛮人们仍然在自得其乐。对匈奴王阿提拉及其游牧部落而言，他们入侵欧洲乃是令他们愉悦的快乐之事，这使得他们的游牧部落那日复一日单调乏味的生活轮回多姿多样了。但是，我们也保存了那些哨兵在意大利北部突然的喊叫声和赞美诗般的吟唱，这是他们在黑暗的冬夜聚集在城墙上踱步时喊出来的："愿上帝保佑我们，免遭匈奴人糟蹋。"在这个例子中，我们似乎很容易地做出区分：野蛮和文明是相互冲突的，而我们则代表着文明。我不赞成这样的观点，即认为我们现在对那个时代的中亚社会状态知之不多，且帕多瓦和阿奎利亚城墙上那些哨兵的想象并不完全适合于表现匈奴人。

在每个显著的过渡时代，都会存在一些过时的默然的行为习惯和情感模式的消逝，并会有新的复杂习俗即将来临。而在这两者之间，则通常会有无政府状态的混乱地带，这一地带或者是正在流逝的危险地带，或者是持续很久的混乱时期，其中既包含着那些衰亡者的悲惨凄苦，也包含着年轻生命的热情奔放。在评估这些力量时，一切取决于我们所坚持的批判立场。换言之，我们的观念的历史源于我们的历史观念，也就是说，我们的观念史取决于我们自己的理智观点。

人类并非全然悄无声息地在生活着。在这一方面，人类不同于其他种类的动物。然而，在动物发展史上，甚至在人类祖先的历史当中，也曾有过按照习惯模式做事的过渡时期。在他们表现出来的行为形式的发展史中，通常缺乏任何与之同步的思想表现，既未预先表达出有目的的形式，也未在随后表现出反省的形式。例如，在远古时代，受森林生长所迫使，某些哺乳动物爬上了树，成为类人猿；随之在经历了漫长的时期后，又受森林衰败所迫使，这同一支猿又从树上爬下来，变成了人类。

我们在此论述了历史的无知觉的一面。历史被迫向前变迁，这或是因为雨水和森林，或是因为蒙昧的野蛮人，或是因为煤炭、蒸汽、电力和石油。然而，即使是历史的这一无知觉方面，也不能被归入其自身这种纯粹无知觉范畴。雨水和森林是自然界宏伟秩序中的元素；阿提拉的匈奴人具有他们自身的理智观点，在某些方面，这些观点令人惊异地胜过退步的罗马人的理智观点；煤炭和蒸汽时代又被一些拥有推动变迁能力的特别人物的杰出理智能力彻彻底底地穿透。但是归根结底，虽然所有的限制条件都起作用，雨水和匈奴人以及蒸汽机总是表现着野蛮的必然性，正如希腊思想所设想的那样，这种必然性驱使着人类不断前行，不需要人类在理智上表现出任何目的概念。这些碎片化的理智力量无目的地结合在一起，共同促使着类人猿转变为人类，促使着古代文明转变为中世纪的欧洲，又使工业革命压倒性地战胜了文艺复兴，但在这些变迁中，人类并不知道他们做了什么。

第三节 本书的研究范围

本书关注的是人类历史的某些片断，涉及的是文明从近东到西欧的转变。本书的主题仅限于讲述两三个主要观念在历史上是如何起激励作用的，它们的有效作用如何构成了文明。我们将会大致地追溯这些观念，考察这些观念在近东的古代世界直到当代社会中，它们占据了什么地位。关于文明的疆界，不论我们谈论其地理和时间，还是其本质特征，都是不确定的。尤其是西欧东部边界和近东边界都具有此种模糊特征。同时，随着几个世纪过去，这些边界也是起伏波动，变化不定的。在其最后的辉煌阶段，近东的疆界已经触及大西洋。但是，在其早期辉煌时期，即在希腊时代之前，近东的疆界曾从尼罗河流域一直延伸到美索不达米亚，并且从印度洋又延伸到黑海和里海。它还进一步拓展，深入到爱琴海流域，后来又深入到地中海西部。但是，近东之所以在这个讨论中如此重要，乃在于它是现代欧洲的起源和背景。

此项研究的全部要义是要证明，西方文明中的这些因素共同构成了文化史中的新元素。当然，任何新生事物都不是全新的。那些偶然出现的因素，它们或是个人的梦想，或是附着于其他精神模式之上的微弱色调，而在后来的欧洲文明中，它们却获得了全新的意义。问题在于，我们要理解这种重要的嬗变是如何发生的，并且要辨识这种嬗变对西方社会学到底有哪些影响。这样一来，我们就可以获得某些思想的预设前提，这是详细地批判现代社会学的发展所必备的。只有这样，我们才能觉察到那些驱动人类世界前进的种种冲动在历史上占有何种地位。

在我们根据历史来叙述文明从东方到西方的传播时，可以以同样的理由把希伯来时期、希腊时期和希腊化时期①一并考虑，或者把它们当作近东使自身以不同身份进入欧洲精神的第一阶段过程中的前哨，或者把它们看作欧洲人从近东接过文明的火炬而后成功地确立了自己的精神独立的最早时期。在它们之间，希伯来人和希腊人把一些概念介绍到了欧洲和处于最近发展阶段的近东，这些概念涉及人类的一般状况和个体的特殊状况，以及一般精神活动的某一学科和方向，它们结合起来，共同开启了欧洲各种族进步的现代时期。本书第一部分讨论的是社会学功能的最一般方面，这些功能产生于最后又复归于关于人类的各种

---

① 译者注：古希腊时期可分为希腊时期和希腊化时期。

观念;第二部分则涉及现代宇宙学原理,它们同样是古希腊和古希伯来思想的产物。在这两类普遍性中,对任何一类在观念上有纯朴的兴趣,都会成为人类获得新视野的主要源泉。

第二章
人的灵魂

第一节 个体成员的社会地位

在任何人类社会,每一个活动的细节都会浸染一个基本观念,这就是对个体成员在社会群体中的地位都会有某种一般概念,而对其任何特殊的优势则不予考虑。在这样的社会里,随着个体成员踏入文明,这些成员之间相互视对方为个体,各自践行着自己所具有的情绪、激情、舒适或不舒适、知觉、希望、恐惧和目的。同时,他们也有知性的理解能力,包括对各种特征的细节有所辨识,对"真或假"有所判断,对"美和丑"有所判断,对"善和恶"也有所判断。我们懵懵懂懂地过日子,惬意地拥抱着这种经验群体,并且我们认为其他群体也过着同样的生活方式。

但是,在早期文明阶段,这类经验和信念不过是理所当然的事,人们不会有任何突然的反思行为,去把它们剥离出来作深思熟虑的审视。相应地，也不会有任何的对如此这般的人类行为进行评估，从而导致对习惯进行修正。因此，社会中的各色成员发现，他们自身总是依据实际情形来行事，要么相互爱护，要么相互伤害，要么有所服从，要么居高临下。此时，便会存在某种公社组织，并且存在对这种组织的信仰，这些信仰缓慢地成为对公社组织的说明。

我们将要讨论的论题范围，乃是文明进入其现代高峰之后的最近的几个阶段，这个时期最多有三千年左右。思想家此时业已出现，责任的概念也开始显现，而且获得了某种定义。最重要的是，精神的概念——亦即心灵的概念——也已开始出现。在其初露端倪的第一阶段，这一重要概念被本能地用作"万能钥匙"，从而使自然界变幻不定的现象成为可理解的了。利顿·斯特雷奇①曾经写道，大自然的两个最明显的特征是爱与力量。人类智能对美的理解晚于对力量的理解。同时，在思想的早期，自然的力量成为自然的心灵——即野蛮的、无情的和宽容的心灵。在所有的文明阶段，大众所崇拜的诸位神祇，他们所表征的都是较为原始的部落生活的野蛮性。宗教的进步是通过对这些神祇的谴责来明确界定的，而偶像崇拜的主旨则满足于当时流行的诸神。

在人类生活中，可唤起高尚的不满情绪的因素，乃是

---

① 参见《书与个性》中"布莱克的诗"一章。

那种渐次出现的赋予明显批判的感觉,而这种感觉则建立在对美、理智辨别力和责任的欣赏之上。这种道德元素源于经验的其他因素。如若不然,责任便没有任何发挥作用的内容了。不可能有处于真空中的纯粹道德。因此,经验中的原初因素首先是动物式的激情,譬如爱欲、同情、愤怒,并伴之以类似的欲望和满足;其次才是更具人类特色的审美体验和理智的优雅体验,这些体验乃是人类享有的有意识的经验。在这里,理智的特性或优雅的概念,是比在这种联系中通常会被引用的"真"的概念更为宽泛的概念。在思想与思想之间的精妙的调适方面,通常会有某种庄严的成就感,这是不受纯粹直率的真相所约束的。我们可称之为"美"。但是,理智的美,不管在多大程度上可根据同感官的美相联系的术语来赞美,仍然要借用隐喻来表现。同样的考虑也适用于道德的美。所有的这三种特征都会体现在有可能现实地实现的最高理想的满足之中,并且在这个意义上,这三种特征可被称为能给宇宙的爱欲提供最终满足的美。

对欧洲思想而言,对这种批判性的不满乃是文明的牛虻,其有效的表达是由希伯来和希腊思想所提供的。其最充分的表达,就文辞的精致优雅和相关问题的定义而言,柏拉图的对话堪称典范。我们在那些对话里发现,他批判了诗人们所习惯于谈论的诸神——实际上他将所有的诗人都放逐了——并且分析了人类心灵中潜在的各种能力。柏拉图的宗教建立在他关于上帝可能是什么的概念之上,他从始至终死盯的是永恒的美的形式;而他的社会学则源于他关于"人可能是什么"的概念,根据某种本质,要对人作充分的描述,就要求可应用于诸神之本质的术语。介于它们之间,希伯来人和希腊人提供了某种不满的纲领。但是,这种不满的价值却在于他们决不放弃追求完美瞬间的希望。

第二节　一般观念和特殊概念

本书适用的主题是对时代进行修正所涉及的理智力量。当我们对这些理智力量进行考察时,我们发现可将其大体上区分为两类,一类是一般观念,另一类是高度特殊的概念。在前一类一般观念中,具有高度普遍的观念,它们表达着关于事物的本性、人类社会的各种可能性,以及应当指导个体人类行为的终极目的的概念。在因重大活动而区分开来的世界每一时代里,都可在这一时代的顶峰以及导致那一顶峰的各种力量中发现某种深刻的宇宙观,它被人们暗中接受,并给现行的行为活力打上自己的烙印。这种终极的宇宙论只是部分地得以表达,并且这种表达的细节会派生出剧烈冲突的特定问题。时代的理智冲突主要同后者涉及的这些次级普遍性问题有关,这些问题掩盖了对"第一原理"的共识,而这些"第一原理"几乎过于明显而不需要表达,并且几乎过于一般而不能表达。在每一个时期,都会有一般的思想形式之形式;并且正像我们呼吸的空气一样,这种形式是半透明的,无所不在的,且似乎是必不可少的，因而只有通过极大的努力，我们才能对它有所觉察。

为了找到能表达此说的例子，我们必须下降到最大的普遍性之下。在政治理论领域，可考虑古代地中海文明中的各种观点分歧，思考伯里克里和克里昂、柏拉图和亚里山大大帝、马略和苏拉、西塞罗和恺撒之间有哪些不同。然而，他们全都赞同一个基本概念，这个概念扎根在所有政治理论的根基之中。在整个希腊文明和希腊化罗马文明中——即我们所说的"古典文明"中——普遍认为需要有一大批奴隶来从事服务，这些服务是不值得充分文明化的人去从事的活动。换言之，在那个时代，文明化的共同体不可能自我维系，因而不得不把相对野蛮落后的基层架构建在这个社会结构之中，以便维系其文明化的顶层。复杂的城市文明需要以奴隶制为基础，这个假定在当时十分普遍，不论在实践中还是在隐含的预设前提上都是这样，因而我们可能会认为它的产生有充分的理由，这种理由存在于那些允许构成早期文明化生活诸阶段的各种条件之中。古埃及人那时需要砖块，于是他们便抓捕希伯来人来干活。同建造通天塔有关的人们的口音混杂①，从历史上看，也许与现在幸存的传说形式不相一致——它至少有力地表明，为建造城市而提供机器般人力的众多奴隶是种族混杂的

---

① 译者注：西方神话传说中的故事。上帝为了让建造通天塔的事情不能成功，故意让建造者操不同口音，从而让他们不能相互交流和沟通，因而最终没有建成通天塔。

结果。

现在,关于古代世界中的政治内讧,迄今并没有解决任何问题。柏拉图讨论过的每一个问题今日依然存在。然而,古代政治理论和现代政治理论有巨大差异,因为我们不同意古代人全都赞成的那个前提。奴隶制是那时政治理论家的预设前提,而自由则是现在政治理论家的预设前提。在那时,某些思想深刻的心灵发现,要把他们的奴隶制学说与道德感受和社会学实践的某些清晰事实相协调是非常困难的;而在现时代,我们的社会学思辨发现,要把我们的自由学说与另一组清晰的事实相协调也是困难的,这令人感到颇为烦恼,无法调和的,只能把它们当作可恨且冷酷的必然性。然而,当作出所有这一类限制时,自由和平等便构成了现代政治思想不可避免的预设前提,并在随后掺杂了蹩脚的限制;尽管奴隶制是古代人相应的预设前提,同时他们也混杂了自己蹩脚的限制。对这两类思想家来说,上帝都是巨大无比的资源:许多事情虽然在地球上行不通,却能根据上帝的眼光被当作是真的。古代人和现代人在这个问题上是不谋而合的。

第三节 普遍观念的产生和传播

这种关于人类基本权利的观念的增长起源于纯粹的人道性,因而在观念的历史上提出了某种突出的例证。它的构成及其有效传播,可被视为文明后期的胜利,即一场喜忧参半的胜利。如果我们审查属于这一特殊例证的历史，我们就会发现普遍的观念是如何产生并得以传播的。

这一场伟大的古典文明在两个事实上是引人注目的。首先，它构成了奴隶制的顶峰，尤其是罗马帝国的鼎盛时期。在那个时刻，奴隶制在其必要性、规模以及它所带来的恐怖和危险等方面达到了其顶峰。在早期、比较简单的共同体中，奴隶制或许被视为偶然的幸运，是某些幸运的共同体，或任何共同体内某些幸运的个人所能得到的恩惠。但是，对上千年的古典文明来说，成为文明人就是要成为奴隶主。有些奴隶主是仁慈厚道的，有些奴隶主则是野蛮残酷的，而大多数奴隶主或许介于二者之间。在柏拉图的《会饮篇》中，那个主人对他的奴隶和他的客人，都表现出同样的仁慈和蔼，颇有教养。西塞罗和小普林尼在他们的信札中都表现为仁慈的主人。但是，从总体上说，那些罗马有产者拥有大量地产的情形都以具体实例说明了古代文明必然地要建立在不平等之上。效率导致了野蛮。当这类罪恶不断地积累时，它们或者由引入某些新原则而得以纠正，或者它们会摧毁社会。在这种古典文明情形中，实际上这两者并非是相互排斥的，而是它们两者都曾发生过。

我们现在讨论使这种古典时期具有鲜明特征的第二个事实。正是在这第一个时期，人们引入了构成对这整个制度进行有效批判的道德原则。雅典人是奴隶主，但他们似乎把这种制度人道化了。柏拉图是贵族出身，并坚信贵族制度，同时他也一定拥有奴隶。但是，人们在阅读他的某些对话时，很难不对人类的必然堕落产生某种不安的感受。同样，罗马帝国斯多葛学派的法律人引入的法律改革，在很大程度上是由人的本性上具有基本的权利这一原则所推动的。但是，不论是那些人道的奴隶主，还是受到感悟的柏拉图，抑或是那些头脑清醒的法律人，他们都没有发起任何反对奴隶制的运动。他们把这一制度视为理所当然，欣然接受，把它当作社会结构中的预设前提，并且这种必然性限制了所有的普遍观念的范围。各种区分被引入社会之中，这种区分是一锤定音，不可更改的，你只要明白在实践上它们是你必须接受的。

我们在这里看到了引入伟大观念的第一阶段。这些观念一开始作为思辨性的建议，出现在一小群天才的头脑之中。继而，在那些在社会结构中发挥着特定作用的各种领袖人物手中，它们在人类生活中获得了有限的应用。进而，一整套的文字作品出现了，它们说明了这种普遍观念是如何激励人心的，并且它对扰动一个舒适社会的影响如何的可以忽略不计。社会的某种变迁就是由这种新观念的力量所驱动的。但总的说来，这种社会制度仿佛被注射过预防针剂，可以抵御这种新原则的"全面感染"。这样，这种新原则只能在那些具有有限应用的令人感兴趣的观念中具有用武之地。

但是，一般观念总是对现存秩序的威胁。它在各种社会常规中获得各种可能的特别体现，进而构成改革的纲领。在任何时候，人类所郁积的不幸都有可能会抓住这个纲领，并会开创以此学说为指导而迅速变化的时代。这样一来，人类在本质上是有尊严的概念就会悄悄地在罗马官员的心灵中强化起来，这会导致稍好一些的政府，并可使诸如马可·奥勒留之类的人物也会鼓起勇气，承担他们的崇高使命。这是一种有价值的道德力量，然而社会已经被注射过"预防针"，以便抵御它的革命性的应用。在六百年间，人类灵魂的理智和道德辉煌的理想一直像幽灵一般徘徊在古代地中海世界。它以某种方式转变了人类的道德观念，重新调整了宗教；即便，它并没有触及它在其中繁荣发展的那个文明的根本弱点。它乃是新生活秩序的微弱曙光。

第四节　基督教观念的兴起

在这个进步与衰退并存的时代，基督教兴起了。在早期，基督教是一种激情迸发和难以实行的道德理想。幸运的是，这些理想被保存在几乎是与这种宗教同时产生的文学之中，构成无与伦比的改革纲领，成为西方文明进化中的重要元素。人类的进步可被定义为社会转变的过程，以便使得原初的基督教理想对其个体成员来说越来越可以实践。社会一旦形成，若是严格地恪守《福音书》中到处充斥的道德戒律，那就意味着只能立刻死去。

基督教迅速地吸收了柏拉图的人类灵魂学说。这种哲学和这种宗教在它们各自的教义方面彼此非常投缘，虽然这种宗教文本很自然地比这种哲学文本要专门化得多。我们在此具有了支配观念史的这一原则的例证。一开始，会有某个恰当的一般观念在背景中游荡，只有少数人明白这个观念的充分的一般性——或者它也许永远不会以任何恰当的具有说服力的普遍形式得以表达出来。这种具有说服力的表达方式依赖于偶然出现的天才，例如，依赖于像柏拉图这样的人物恰巧出场。但是，这种一般观念，不论是表达出来了，还是仅仅隐匿在意识的表层之下，都会一个接一个以特殊的表达方式把自身体现出来。它会降格，以便消除它那一般性的宏大外观，然而由此它却获得了特殊的适应力，以适用于特殊时代的具体条件。它是徘徊在人类之中隐秘的推动力，并且总是以特别的伪装出现于世，对人的行为施加强制力，因为它对这一时代里那躁动不安的良知具有吸引力。这种吸引力存在于如下事实之中，即直接行为的特殊原则具体展示了某种更大真理的宏伟庄严，这种真理产生于事物秩序的本性之中，乃是人类已成长和成熟到能切身地感受到，但却不能以恰当表达方式来系统描述的东西。

基督教的伟大——任何有价值的宗教的伟大——就在于它那"过渡伦理"。基督教创始者及其早期追随者们，都相信世界末日即将来临。其结果便是，他们以充满热忱的真诚，自由地发挥着他们那绝对的伦理直觉，畅想着理想的各种可能性，但他们却并未考虑对社会的维护。社会的崩溃是确定的和即将来临的。"不切实际"一词失去了其自身的意义；或者毋宁说，实际的善的意识已受命集中于终极观念上了。既然最终的事物已经来临,那么中间状态便是毫无意义的了。

这种思考在影响那些早期追随者形成他们的心态方面,要大于这种宗教起初的奠基阶段。它使得这些追随者们以充分的纯洁之心来传播那些基督教那些关于原初的观念。但是,这种宗教还是在较为平和的氛围中兴起了,虽然有关的宗教情感是高度敏感的,并且还掺杂有关于世界末日的启示信仰。从那些加利利的农民们就当地所处的气候条件和简朴的生活来看,他们既算不上富裕,也不算贫穷;就其作为农民来说,他们的智力是非同寻常的,因为他们有学习历史和宗教教义的习惯。他们免受一切来自内部或其他方面的骚扰,因为他们有来自罗马帝国的保护机制。他们没有任何责任来维护这个复杂的制度。他们自己的社会是最简单的,并且他们对罗马帝国兴起的种种条件及其效率所要求的种种条件,以及保护它所必需的种种条件,均一无所知。他们甚至对罗马帝国要求他们所服的徭役也毫无所知。行政长官的轮换就像季节的更替一样,有些长官好一些,而有些长官则比较坏,但不论是季节,还是犹太地区的行政长官,全都同样地取决不可理解的事物秩序。

这些农民的生活情调提供了理想的环境,关于理性存在之间的理想关系概念在这种环境中得以阐述——这些概念中没有暴行,相反,体现着高尚仁慈和精明睿智,宽容胜过了司法审判的判定,根据这些概念,慈悲胜过了司法。在这个理想世界里,宽恕可以达到七十个七重,而在希律王和罗马帝国的统治世界里,哪怕七重的宽恕也是根本不可能触及的。但是,加利利人民并不关心罗马军团的严苛军纪,也不关心帝国对地方总督所作所为的监督监察,同时对那些复杂的法律制度也漠不关心,这一制度是给那些复杂事务施加的秩序,其管辖的区域是从英格兰群山直到美索不达米亚地区的沼泽地。这种优雅而简朴的生活方式,同幸运的茫然无知相结合,赋予人类以最珍贵的进步工具——不可践行的基督教伦理学。

此时,标准被创造出来了,且表现在各种具体的说明之中,这些说明完全万无一失。这一标准乃是尺度,可以用它来检验人类社会的缺陷。只要这些加利利人的理想图景只是尚未实现的世界梦想,他们就一定会传播不安宁的精神的影响。

第五节　社会状态的变迁

在伦理理想里我们可发现有最佳的例子,能表明有意识地阐述的理想作为驱动力,是如何影响社会从一种状态变迁到另一种状态的。这一类观念既是使人恼火的牛虻,又是诱人仰望的灯塔,沉湎于这些观念中的人们全都是牺牲品。这类有意识的作用的观念,应当与无知觉的力量、洪水、野蛮人和机械设备相对比。伟大的变迁是由各种力量的偶合造成的,这些力量来源于这个世界物质的和精神的两个方面。单纯的物质自然界所释放的是"洪水",然而它需要智力来提供"灌溉系统"。

这些伦理观念,因其体现在伟大的宗教,例如基督教中,虽然其表现形式高度接近于终极的一般性,却依然是柏拉图一般观念的特殊化。这些伦理直觉部分地是形而上学学说直接地应用于实践的体现。因而,这种伦理原则是寓言,可用来说明它所依赖的那些高级的普遍观念。因此,所有的宗教准则同时也体现着其信徒的特殊气质及其经历的文明阶段。任何宗教都不能脱离自己的信徒,甚至可以说不能脱离其不同类型的信徒来抽象地思考。宗教观念表现的是高度特殊化的一般概念形式。有时,这些特殊化具体地体现为特殊的美和智慧的具体,有时它们则是向野蛮的暴行猛烈倒退的结果。不论是宗教整体还是人物个体,都不会仅以简短的棒喝来显示自己的神圣性。然而,我们发现,由这些比较特殊的法律、政治、伦理和宗教概念所构成的这一整体,却在推动着人类生活前进,并且从它们的种种具体表现中产生了庄严的力量,而这些具体表现则是人类心灵在走向所有和谐之源的旅程中所体现出来的神秘性。这一旅程充满着罪恶、误解和对神的亵渎。这些伟大的观念在进入实在之中时,却携带着邪恶的"同伴"和令人作呕的"盟友"。但是,这些观念仍然是伟大的,仍在激励着人类缓慢地进步。

在中世纪,已经得到制度化的基督教被荣幸地尊奉为走向更伟大直觉的推动力。不幸的是,为了与所有的制度定规相一致,基督教使自身适应了环境,成为保守的工具,而不再是进步的工具了。在短暂起过进步作用之后,经过宗教改革的教会又一次扮演了偶像崇拜的角色。从整体上说,得到确认的宗教制度会被认为隶属于社会的保守力量之列,它们迅速地成为克雷芒教皇所称的"社区习俗"的有力支持。但是,这些终极理想,虽然自诩为是自己的捍卫者,却是对当下实践长期有效的批评者。

因此,人类灵魂在本质上是伟大的——这一概念再度复活,这种复活是与十八世纪怀疑论的人道主义相联系的。我们此时处于理性和人权的时代。这个伟大的法国思想时代,在思辨方面,在科学上,以及在社会学的前提上,全都重建了文明世界的预设前提。它来源于十七世纪的英国思想,即弗朗西斯·培根、艾萨克·牛顿和约翰·洛克的思想,同时也从同时代的英国革命中获得了灵感。但是,这些英国模式总是不免带有岛屿国家性质的符号。而法国人却把这些观念加以扩大、清晰化和普遍化了,因而他们把这些观念变成世界性的了。而像埃德蒙·伯克这样的人物,却只能把这些观念应用于一个种族,甚至有时只能应用于一个岛屿。

但是,约翰·洛克的思想在英国也继续存在下来了。由于英国人对英国普通法中体现的自由学说有普遍的自豪感,洛克思想的影响得到了强化。因此在这个时期,托利党的国会也不免带有辉格党的气息。在这方面,英国政府在废除奴隶制上实施两项决定性的措施首开先河。两届国会都制定了新政策,它们都是由贵族地主、福音派银行家和商人组成的,一届国会由托利党组成,另一届国会由辉格党组成。第一项措施是在1808年废除了奴隶交易,第二项措施是在1833年赎买了英国自治领地内所有的奴隶,并使他们获得了自由。后一项行动花费了两千万英镑,且是在财政有巨大困难时进行的。

然而,这个问题对英国人民是相对简单的。不仅如此,这一行动还昭示了最终的胜利,即哲学、法律和宗教之间不稳定的联盟,这一联盟曾在罗马帝国制度改革中取得了第一次成功。我们可注意到,处在朦胧意识背景中的这些伟大观念,宛如幽灵般的海洋,在连续的特殊化浪潮中拍打着人类生活的海岸。这些连续不断的浪潮所构成的整体犹如梦幻一般,缓慢地侵蚀着某些习惯山崖①的根基;但是第七次浪潮是一场革命——"所有的国家都普遍地回应了"。在十八世纪最后二十五年间,民主诞生于世。这种民主包含了法国与美国民主的诸多特点,正是民主制度使奴隶获得了自由。民主的作用在现代世界,相比于其在古代世界中,具有更深刻的意义。最后,在十九世纪,这种基本的奴隶制问题被公开地直面。在欧洲,它已是正在衰亡的制度,缓慢地从奴隶制退向农奴制,从农奴制退向封建制,从封建制退向贵族政治制度,并从贵族政治制度走向法律平等,又从法律平等走向有效的广揽人才的事业。但是,由于欧洲和阿拉伯诸民族对非洲部落的冲击,这个问

---

① 译者注:这是典型的怀特海式的表达方式,"习惯之崖"也是他的用语,意为这些"习惯"像"山崖"一般不可撼动。

题采取了新的险恶形式。

所以,在十九世纪,现代民主主义者已经有勇气明确地、彻底地面对奴隶制度问题,观念的缓慢的作用由此而得以说明。自柏拉图学园的建立,自斯多葛学派的法律人改革,自《福音书》的完成,至此时间已过去两千多年了。古代文明遗赠给我们的这种伟大的改革纲领正在又一次大获全胜。

第六节 一般观念的缓慢转化

一般观念转化为实践结果的缓慢,并不能完全地归咎于人的本性就是低效的。有一个问题必须得到解决,而且其复杂性往往为那些冲动的探索者们习惯性地忽略了。这个难题就是这样一个问题:也许不可能设想重组社会,以使它在能恰当地消除某些公认的罪恶的同时又不至于摧毁这种社会组织及其赖以建立的文明。有一种共同存在的托词是,没有任何已知的方法既可消除罪恶又不会引入其他类型的更坏的恶。

这一类争论通常是隐秘不宣的。即使最睿智的人也无法想象那种未经尝试过的社会关系形式怎样才是可能的。人的本质如此复杂,以至对政治家而言,写在纸上的社会计划的价值甚至还抵不上那些被书写的纸张。成功的进步一点一滴地匍匐前行,检验着每一步前进的步骤。不难构想,当西塞罗受到奴隶制问题的挑战时,他将会提出怎样的抗辩。他有可能会说,罗马政府是人类的希望。若是毁掉了罗马,你们到哪里还能找得到那样稳固的罗马元老院,那样纪律严明的军团,那样智慧的法律人,那样的对不当管理的种种制约,以及那种对希腊学术颇为欣赏的保护呢?但是,他并不会这样明言直说。他的天才构想将会上升为预言,并且他将会预见到和引用维吉尔歌颂永恒之城罗马使命的诗行。

21

事实上,我们真切地知道那些法律人、异教徒和基督教徒,以及各位主教和教皇,他们在西塞罗以后的五个世纪里对这一问题采取了何种立场。在他们中间,有些政治家的才干实际上已经超过了西塞罗,并且在道德敏感性上也可与之比肩并立。他们引入精心制订的法律限制来约束统治者的权力;他们保护了奴隶的某些基本权利;但是,他们维护了奴隶制度。不管是希腊文明还是罗马文明,在柏拉图死后这一制度依然原封未动地保持了长达七个多世纪之久。那些奴隶们乃是殉道者,他们的辛勤劳作使进步成为可能。有一尊著名的雕像,塑的是一名正在磨刀的塞西亚奴隶。他的身躯佝偻着,可他目光向上。这一雕塑形体历经久远的时代幸存下来了,给我们传递了某种信息,表明在那黑暗的过去,数百万奴隶曾经遭受了苦难。

我们可以追问,在西塞罗时代或者奥古斯都大帝时代,罗马会被那些要废除奴隶制的运动摧毁吗?在整个古代文明时期,自始至终,社会秩序的基础几乎不堪重负——国家之间战争频发,蛮族人群环绕四周,政治骚乱连绵不断,奴隶制度的各种罪恶尽皆显现。在从西塞罗出生，到奥古斯都就职掌握毫无争议的权力这个时代里，整个社会结构在完成其所被赋予的任务之前，几乎就要濒于崩溃的边缘了。甚至在更早的时候，这种社会结构就几乎要遭遇灭顶之灾了。后来经过几个世纪，它终于寿终正寝了。毋庸置疑，为了及时废除人类所知的这种唯一社会制度的任何不懈的努力都是有效的。天将倾覆也许更好，然而忽视天将要倾覆这一事实，则是愚蠢至极的。

假设在十九世纪中叶的美国南北战争中，美国南部邦联支持者受到的打击席卷整个北美和整个欧洲，那么，文明进步的唯一希望就将会失去。我们可设想会有某种文明进步恢复，可是我们对此一无所知。在古代世界里，这些危险大到不可估量。

第七节　观念过度简单化的危险

至此，对上几节的论证可以做出概括了。我们可以把它归结为这样一句话：最终引入了改革，并不会必然地证明进行改革的那一代人在道德上就处于优越地位。的确，这会要求那一代人表现出改革的活力。但是，条件可能已经改变，因而现在可能的事情，那时也许是不可能的。一个重要观念，并不只是为了等待足够优秀的人来使之付诸实践才被设想出来的。那是一种幼稚的观念史观。隐藏在背景中的理想,① 往往会促进必要的社会习俗成长,以胜任支撑其自身的付诸实践。

许多因素有助于社会学理论的最终逆转,即从以奴隶制为预设前提转变为以自由为预设前提。它的主要因素我们在前面已经提到过了,即十八世纪怀疑论的人道主义运动,其中伏尔泰和卢梭是主要倡导者,法国革命则是这一运动的顶峰。

因此,在一定意义上,尤其是,当我们考察整个世界范围内的运动时,宗教总是处在背景之中。但是,就人类的这些运动的一部分而言,宗教动机则属于主要的动机。在盎格鲁-萨克逊世界(英国和美国),卫理公会派新教复兴活动方兴未艾。为一位伟大的法国历史家埃利·阿莱维提供了研究样本,使他得以指出了这一有趣事件充分的社会学意义。这些卫理公会的传教者们以在另一个世界里拯救人的灵魂为目的,但是,他们在无意之中却给活跃在这个世界里的情感指出了新方向。这场运动缺乏新观念,然而其生动的情感却异常地丰富。它里程碑般指明了神学传统与现代理智世界之间日益扩大的鸿沟。从最早的希腊神学到杰罗姆和奥古斯丁,从奥古斯丁到阿奎那,从阿奎那到路德、加尔文和苏亚雷斯,从苏亚雷斯到莱布尼兹和约

---

① 译者注:怀特海的意思是指,普遍的理想隐藏在社会文化背景之中,促进着社会习俗缓慢地成长,这便意味着这种普遍理想会逐渐地成为社会中的具体实例,它们在背后支撑着这些实例的成长过程,否则就谈不上它们能"胜任"这项使命了。

翰·洛克，每一场伟大的宗教运动都伴之以高尚的正当理性根据。你可以不同意这些神学家的观点——的确要同意他们所有人的观点是不可能的——但是你不能抱怨说他们不愿意全力进行理性的论辩。中世纪的一场辩论中，路德就曾为九十七条论纲进行了抗辩，加尔文写出了他的《概要》，特伦托地方会议时断时续地争论了十八年，头脑精明的胡克辩论过，在"多特"会议上，阿米尼乌派成员和加尔文教成员也争论过。

23　　伟大的卫理公会派运动无愧于世人给予它的颂扬。但是，它所诉求的并非什么伟大的理智建构，以便说明它的理解方式。它本可以选择更好的方式，其本意也许是合理的。不管如何，它依然是观念史上的重要事件，因为当时西方各个种族的教士们已开始摇摆不定，考虑他们是否要求助于建设性的理性。相对较近的时期中，科学家和具有批判精神的哲学家们，则是这些卫理公会派教徒们追随的样板。

　　在英国贵族统治时期，卫理公会派信徒诉诸劳动人民的直觉，诉诸关心劳动人民的零售商人的直觉。在美国，他们则向那些辛勤劳作且分散孤独的拓荒者群体呼唤宣讲。他们带来了希望、恐惧、情绪宣泄和精神洞察力，也阻止了革命观念的侵袭。同时，虽然他们有诸多局限，但必须赞颂他们取得了最高成就，因为他们使得四海之内皆兄弟和人的意义概念成为生动的实在。他们产生了终极的有效力量，自此以后，奴隶制越来越在进步民族中受到摒弃。

在观念的历史上,重大的危险乃在于过度简单化。毫无疑问,卫理公会派信徒造成了最后一波为公众的情绪所推动的浪潮,这一浪潮驱动着废除奴隶制运动取得了成功。但是,这场卫理公会派运动的成功,乃是因为它的到来恰逢其时。在这一节,我们讨论的就是这种宗教的影响。在十六世纪、十七世纪和十八世纪期间,罗马教会对那些在欧洲人剥削之下痛苦呻吟的种族具有某种——用贵格会的术语来说——"关怀",而欧洲人的剥削则远远大于新教教会剥削他们的总和。这些教士们并没有根据人的自由来考虑这一问题。但是,不要说在世界其他地方,单是在美洲,天主教传教士的英雄主义便把他们的"自我牺牲"从北极传到南极冰原。正是他们的榜样使得欧洲人的敏感道德心保持着活力,这是毋庸置疑的。

不论是天主教徒,还是卫理公会派信徒,都没有首先就废奴的明确目的给予系统的现代意义上的阐述。这一极高荣誉属于贵格教会信徒,尤其属于那位人类自由鼓吹者约翰·伍尔曼。同时,美国南北战争也是一件重大事件,它构成了人类文明走向光明这一昏暗征途上的高潮。

因此,构成摧毁文明的那种邪恶奴隶制基础的最终阶段的思想,在其发展线索的演变过程中,交织着具有怀疑精神的人道主义者、天主教徒、卫理公会信徒和贵格派信徒们的洞见及其英雄主义。但是,这场运动的理智源头,则可追溯到两千多年之前,那些具有哲学思维的希腊人对人类灵魂之功能,及其在这个流变世界中的地位的思辨。

第八节　观念的历史是一部错误史

在本章，关于希腊人的形而上学思辨如何转化为人类自由的社会学概念的历史，只讲了一半。在下一章，我将会更为详细地考察十九世纪对这种走向民主和自由的整个运动的批评。但是，到现在为止，这一段历史已经表明，要用语言来表达那些终极的普遍观念是极为困难的。作为有生命的有机体的最高范例，人的意义是毋庸置疑的。然而，当我们试图表达这类有关的一般概念及其对行为的意义时，在每一步上都会出现争议。柏拉图关于灵魂的形而上学概念，其悠久的历史及其对宗教和社会理论的影响，都对这一寓意具有决定性的影响。

有些概念过于一般化，因而用现存的语言难以表达，而人类生活就是由对这一类概念的模糊把握所驱动而前进的。这类观念不可能被人们一个一个孤立地来单独掌握。它们要求人类提高其自身对事物一般性质的理解，以便构思出能相互阐释的观念体系。但是，人类领悟普遍观念方面的增长是所有的演进变化中最缓慢的。促进这种精神性的增长正是哲学的任务。迄今在这方面的成功，就是在具体地应用那些重要观念时，应避免它们与那些粗劣的空想有太多的联系。迦太基人是高度文明的商贸民族，他们在种族上属于人类伟大进步的部分之一。他们的商贸活动起始于叙利亚海岸，穿越地中海，上溯至欧洲大西洋沿岸，达到了英格兰康沃尔锡矿。他们环绕非洲航行，统治了西班牙和西西里岛以及北非。然而，当柏拉图在进行哲学思辨时，迦太基人已经能大力想象宇宙的最高力量，因而他们不惜牺牲自己的子女作为与摩洛神的宗教和解。由于对普遍观念的理解不断增长，已使得这一类野蛮行为在今日的有关文明中完全不可能出现了。

人类的献祭和人类的奴隶制，乃是宗教和文明的目的这一伟大直觉的例证，它们通过继承下来的本能行为的野蛮性来表现自身。直接的宗教直觉，即使是那些起源最为纯洁的直觉，也有使自身与那些在现存社会事实上普遍存在的较低层次的实践和情绪相结盟的危险。宗教给哲学提供推动力。但是反过来，通过提出终极意义，思辨哲学则会防止较高层次的直觉与低劣行为的联盟，使之与现行行为模式的事实相脱离。

观念的历史是一部错误史。但是，在经由所有的错误之后，它又是行为渐趋完善的历史。当受人欢迎的秩序发展中有了进步时，我们就可发现，人们有意识地持有的观念的力量在不断地增长，它呵护着人的行为不再重回野蛮状态。在这方面，柏拉图的说法是正确的。世界的创立过程，亦即具有文明秩序的世界的创立过程，乃是"说服"对"力量"的胜利。①

---

① 译者注：怀特海认为，不能用"力量"或"暴力"解决问题，要用"说服"或"劝服"的方式。

第三章
人道主义理想

第一节 技术进步与消除奴隶制的关系

26　　在前面的章节，我们考察了哲学、法律和宗教对于从以奴役为基础的社会概念到以个人自由为基础的社会概念的演化中所具有的共同影响。对于这种转变，哲学贡献了其自身的普遍观念，法律贡献了其自身的建设性能力，宗教贡献了其自身的道德力量。就其自身而言，除去柏拉图哲学的修正不算，源自西亚的各种宗教都带有该地区古老文明的精神特性，它们根据专制暴君与奴隶的关系来看待世界。这些宗教都一直未能完全地摆脱这一概念中所潜存的可怕的寓意。但是，幸亏基督教最初的直觉与柏拉图哲学学说幸运的结合，给西方各民族提供了美好的社会理想，这个理想被理智地表达出来，并紧密地与情感活力经常性的暴发相结合。不幸的是，由于同基督教神学中，这一理想同基督教的情感模式相交织的整个历史中残存着古老的君王神圣与宇宙万物卑微的概念，它们各自具有其自身的伦理道德规范。

上一章的主题是，这些社会学理想在社会转变中有何作用，它们构成了这一转变的理智方面，同时也说明了这种理智概念是如何获得推动力的。在这一章，我们首先要审视一下社会变迁的那些辅助因素，然后再继续批判人道主义理想，这种批判自十九世纪产生以来便一直在积聚力量。最后，本章还要对这一批判作最简要的回答。

技术的增长在各种社会变迁的辅助因素中是最重要的，它削弱了奴隶制的必要性。但是，这技术因素的作用在十七世纪之前几乎没有显示出来。到那时为止，古代鼎盛时期的技术也许超过了现代技术。从那个世纪以来，技术进步不只是满足了有效劳动的复杂要求，而且使人们已不再对奴隶制产生依赖。当然，在管理良好的封建制度中，固定的社会秩序一定不要与奴隶制相混同，即使在其应用于社会结构底层中的农业劳动者时也是如此。每一种秩序都有其自身的权利和职责，并且在封建制度后期，就曾有村民与他们的封建主对簿公堂，角力输赢的例子，这是令人喜闻乐见的。不过这种制度非常容易退化为实际上的奴隶制，并且常常也的确如此。在英国诺曼时期，早期曾出现过规模相对较小的奴隶阶级，他们的生命可由他们的主人任意处置。但是，奴隶贸易也使人们的道德和良知受到谴责。征服者威廉通过立法来反对它,主教们则谴责它。在这些时代,必须记住的是,使人依附于土地既是保护也是限制。这是社会地位在有组织的社会中得到承认的根据——如此,社会制度才是有组织的,而不是一种暴力的混乱。

相对于封建制与奴隶制,现代大财团的演变与封建制具有更紧密的相似性。事实上,现代社会制度,因其具有多种绝对必要的紧密相关的活动,便使得这一类组织成为必需。唯独有争议的问题,乃是个人是否具有阶级流动的自由和可能性,以及各阶层相互之间的各种关系是否有令人满意的法律概念。个人主义者和社会主义者只是在争论现代工业所需要的新封建制度的细节。那些自足独立的人,以其同他人无关的私有财产,是对现代文明没有任何有效性的概念。不幸的是,这个概念一直被具体地体现在适用于叙利亚沙漠地带的古代道德规范之中,并且后来得以重现,影响着紧接中世纪封建制衰亡时自发出现的商业时代的西方政治理论。但是,对奴隶社会来说,这种抉择并非是可行的。社会生活的问题乃是协调各种活动的问题,也包括这类协调的限度在内。

由天主教教会培育的文明统一感,整个欧洲人类的普遍相似性,以及中世纪生活的简朴性,它们都可能是主要的理由,也可以说明为什么中世纪的战争与掠夺奴隶的远征无关。我们听到过萨克逊奴隶在罗马奴隶市场上出卖。但是,那是在教皇格里高利有生之年时,并且那些萨克逊人并不是基督教徒。实际上,不论何时,当这些欧洲种族与非基督教的外来种族实际遭遇时,他们对奴隶制似乎没有任何内疚感。我们曾读到过萨拉森奴隶的故事,读到过对美洲土著部落的奴役,最严重的是对黑奴的奴役。但是,由于随着文明进步而同时出现的技术增长,欧洲国家越来越摒弃奴隶制。最后,十八世纪的人道主义运动,与"四海之内皆兄弟"的宗教情感相结合,促进欧洲国家向资本主义转型,从而得以从世界上彻底消除了奴隶制。

第二节 "四海之内皆兄弟"

这一成功来得恰逢其时。因为在十九世纪之前和其间,出现了好几种新思想,它们的共同影响与人道主义理想正相对立。正是在"四海之内皆兄弟"的思想大行其道之时,理智世界已在思考根据自由竞争来构想政治经济,思考马尔萨斯的铁的规律,即大量人口总是必定会对最低限度的生存界限形成压力,并且思考动物界适者生存的自然选择法则,以及休谟对灵魂概念的批判。这种新思潮直接地来源于英国,并且人们将之与以前的卫斯理运动进行对比和比较。在上述情形中,那些倡导者们都无意于造成由之而导致的社会学后果。通常的情形是,那些发起人都属于先前的时代,并且他们还置身于其追随者所处的时代之外。那些卫理公会的布道者们并不想改变社会,他们的目标是拯救灵魂。与此相类似,亚当·斯密是十八世纪启蒙运动中的典型人物。

观念的探险

亚当·斯密和休谟是两位最重要的代表和苏格与法国传统关系苏格兰人，这是由先前几个世纪他们共同反对苏格兰而得以存在的。在他们的时代，爱丁堡和格拉斯哥的理智生活并不同于英格兰的理智生活。在十八世纪大部分时间里，特别是在中期英格兰的理智生活，就其任何原创活力而言，都是微不足道的。实际上，美洲与英格兰相脱离的原因之一正是英格兰生活的特殊氛围不适合于美洲，并且那些能特别应用于美洲条件的任何普遍观念，英格兰都没有提出来。英国的影响的确仅残存于普通法之中了。但是，除此以外，诸如杰斐逊和富兰克林这一类人物的精神观念则是源于法国的，那里才是他们思想的故乡。需要有十九世纪的全部活动，即从 1790 年以来的全部活动，才能重建英格兰对外部世界理智上的影响。在十八世纪法国崇尚英国，但它所崇尚的是十七世纪的英国，即培根、牛顿、洛克和弑君者们的英国。为了理解欧洲的理智发展史，最基本的是要记住德国在三十年战争期间及其之后的崩溃，记住意大利的崩溃（这是由于废弃了通往东方的地中海贸易通道，由于天主教对其书报检查行为所作出的反应，并且由于西班牙人和哈布斯堡人的控制所导致的），并且还要记住英格兰的崩溃，这是由于沉湎于十八世纪的商业扩张——用一首古老的歌词来说，"当乔治和布丁时代来临时"——所导致的。在十八世纪，法国肩负着理智进步的"白人重负"。

或许正是由于丧失了彻底思辨的习惯，在英格兰理智活动复兴期间,那些突然涌现的思想路线的广为流传并不为人所理解。休谟提出的印象流变,以及对各种印象之反应的流变,关于每一种印象都是不同的和自足的存在的观点,与柏拉图的灵魂学说大相径庭。人在宇宙中的地位需要重新思考。"你所关注的人是什么?"处于造物顶端的人们之间"四海之内皆兄弟"的信念,此时已不再是道德原则的明确基础了。似乎并不存在任何明显的理由可以说明,为什么在主人与奴隶的相对地位方面,一种印象的流动竟然同另一种印象的流动毫不相干。这个问题说到底,关键在于需要提出理由。如果通过指出休谟和赫胥黎在他们讨厌奴隶制方面是一致的,这并不是对这个问题的任何回答——赫胥黎的确憎恶奴隶制,而休谟只是有可能厌恶奴隶制。问题在于,除了他们自己从柏拉图的宗教传统那里继承的心理遗产以外,他们能给出什么理由呢?例如,在其《人性论》第三卷第二编第一节中,休谟写道:"一般说来,我们可以肯定地说,在人类的心灵中,不存在任何激情可作为脱离个人品质、服务或者与我们自身关系的如此这般纯粹的人类之爱。"这句话与美洲的那些天主教传教士,与贵格会领袖约翰·伍尔曼,或者与思想自由的托马斯·潘恩,似乎都相去甚远。以某种神秘的方式,他们全都以"将人视为人"的方式关心人类,关注的是"如此纯粹的人类"。

第三节 社会学理论的不同主调

在中世纪的欧洲，社会学理论的主调是"协调"。教会在协调各种宗教的思辨；封建制度在协调社会的内部结构；帝国或者是教会（这里有争议）在协调省级区域政府、伯爵、公爵和城邦共和国之间的关系。在神学和教士组织的管辖范围内，这种协调获得了巨大成功。在较小程度上，封建制度实现了其自身的目的。在那个时代和这些条件下，人们不可能提出任何其他制度可以成功地取代封建制度：虽然拥有其自身的经商和手工业人口的城镇不在这一制度之内，尤其是在意大利。帝国是失败的，虽然一些成功减缓了这种失败。作为大规模政治组织的代理人，教会比帝国更为成功。其成员受到良好的教育，并且——允许有许多例外——有更高的信念。同时，它的影响扩展到帝国从未到达的领域。但是，总的说来，欧洲以大规模组织所进行的这些尝试均是失败的。在但丁的《论王权》中，其最初的前提是人类对和平与安宁的渴望，其中对此有感伤的趣味。我们只要记住当时欧洲的状况、意大利的状况和但丁自己的生活状况就可以了。实际上，人们确实渴望和平与安宁，可是他们的愿望因其他冲动而是多变的。中世纪总是有古罗马帝国幽灵在徘徊，仍带有强迫人们接受命令的巨大成功的意思。

文艺复兴时期的人们喜欢阅读古典作家的作品，并且确定无疑地会把罗马政治家的理想抛诸脑后。也许，柏拉图在注意到他的著作受到人们如此重视之时，他将会非常满足，可他对个人主义的突然兴起会感到害怕。在意大利文艺复兴者们身上，柏拉图将会发现锡拉丘兹的小狄奥尼西奥斯的个性特征的再现。而在那时，这种不协调并未被人们知觉到。但是，一些问题随之而产生了。在十九世纪，在人道主义流行开来之时，那些源自柏拉图主义和基督教社会理论的基本立场受到了质疑。在以前，它们也未曾充分地付诸实行过，因为它们是不可实行的。可是，作为社会理想，它们在过去未曾遭到过质疑。

第四节 现代社会的基调是竞争

中世纪的崩溃从某个方面看是对协调的反叛。这种新基调表现在"竞争"一词上——

> 你不应当杀戮，可传统
> 却允许所有形式的竞争。

私人生活此时主宰着所有特殊形式的欧洲社会生活——私人裁判权、私有财产权、私人商业者的竞争以及私人娱乐。认为每一种行为既是私人经验又对公众有利这一概念又出现了。它曾随着"中世纪心灵"的消失而减弱和消亡。人们无论往哪里看，都会看到"竞争"二字写在事物的表面。国家崛起了，并且人们是根据国际竞争来思考国家的。他们审视贸易理论，并且根据竞争来解释贸易的相互作用，通过对这些作用"讨价还价"而得到缓和。他们思考自然界提供食物的慷慨大方，但同时看到了大量人口为不充足的供给上而激烈竞争。他们大自然的慷慨大方带来的无数生物种类的繁衍，并且他们根据自然界物种的竞争来解释这种说明。与柏拉图的"形式"与"和谐"概念相对应的是十九世纪的"个性"与"竞争"概念。上帝把他的弓作为象征放在天穹上，那一条彩色的色带若是正确地读出，就可以拼读为"竞争"二字，其所竞争的奖品便是"生存"，物竞天择，适者生存。这样一来，通过大自然的杰作，就不再构成社会问题。

现在，显而易见，这里十分需要对无条件的、感情用事的人道主义进行修正。冲突至少同和谐一样，是这个世界上无法被消灭的真实状态。如果你站在弗朗西斯·培根一边，专注于动力因，那么你就会根据冲突来解释这种结构增长的大部分特征。如果你站在柏拉图一边，集中关注理性上有价值的目的因，那么你就会根据和谐来解释大部分特征。但是，直到某种理解框架形成，在可阐明冲突与和谐的融合之前，历代的理智推动力将会在这两者之间摇摆不定。

就欧洲而言，"冲突"这一范式导致的"杰作"比比皆是：马基雅弗利的《君主论》，文艺复兴时期的重要君王，如查理五世、菲利普二世、弗兰西斯一世、亨利八世、亨利四世、沉默者威廉、伊丽莎白女王等人提出的各种政治政策。这些"杰作"为国家和人民埋下"冲突"的种子，舰队、军队、仇恨、暗杀者的短剑、火刑柱上的烈火和暴动，这些都是真实存在事实。无论作为个人还是国家，要生存就意味着使用武力和采取压制竞争对手的政策。"和谐"在"夹缝中生存"，欧洲人民越来越反思冲突并追求和谐，只不过这种和谐只是为冲突"镀金"的"浪漫曲"而已。

在中世纪及其随后时代的早期阶段，在那些神学家的支配下，这种柏拉图-基督教传统严重地倾向于其神秘的宗教方面。自此以后，这一倾向便把现实世界抛给了邪恶的君主，而自己则把思想专注于另一个世界和更好的生活。柏拉图在其对话录《理想国》结尾处明确地考虑过这个解决方案。但是，他在那里对此做了修正，另一种不同于后来的神学家所采用的方案。他把天上那个完美的共和国，设想为俗世的智者可在意识中立刻当下拥有的东西。因此，对柏拉图来说，至少在他结束这个谈话时，在他的情绪中，天国的快乐是可以在地球上实现的：这些智者是快乐的。从理论上说，这一学说也影响了中世纪的基督教。但是在实践中，总是存在着诱惑，引诱着人们把这个世界的直接经验作为徒劳的事业而放弃。阴影已经过去——神秘的宗教说。但是，"它们还会一再地反复出现。"——人类的经验这样轻声念叨。保持安静——它们会终结——宗教回答说。最全心全意采用这种态度的神秘宗教乃是佛教。在佛教中，对这个世界的绝望与通过神秘的宁静而消除这个世界的纲领结合在一起了。基督教在佛教的舍弃与其自身不可实现的理想之间摇摆不定，这些理想在世俗流变的原始千年王国中达到了顶点。这两种宗教之间的区别就在于，所采取的计划是改革还是摒弃。我斗胆作个预言：不论哪一种宗教，若能把体现在世俗事实中的永恒伟大让普通人清楚明白，那这种宗教就会得胜。

第五节 十九世纪的信仰

十九世纪的政治和自由信仰，乃是个人主义的竞争冲突学说与乐观的和谐学说之间的妥协。我们可以相信，宇宙的规律是这样的：个人的冲突会造成和谐社会的逐步实现。这样一来，就有可能既"怀抱四海之内皆兄弟"的情感信念，同时又可从事与所有个人的无情竞争。从理论上说，似乎有可能使这种信念与实践相调和，而同时又不至于陷入矛盾。不幸的是，当这种自由主义作为政治力量在欧美获得一个又一个胜利之时，其学说的根基却一次又一次地受到动摇。

新工业体系，即本应作为这些自由学说之胜利象征的体系，并未发生良好的作用。它仅仅在经济自由主义的支配下，最初在英格兰的发展。在这一点上，在它们对待制造业和掘矿业而言，英国的托利党人起初同英国辉格党人一样传统。不幸的是，历经两代这一类产业发展之后，诸如在矿业、工厂和贫民窟等整个组织的底层普遍存在的悲惨状况,唤起了公众的良知。这种建立在个人主义和竞争之上的社会关系基础,由于并无缓和其各种实践,在诸如生产原材料的矿业和生产成品的机械制造业等新的产业条件下,并未能发挥良好的作用。至少这个判断适用于古老的人口相对拥挤的欧洲国家。英格兰是先驱者,并全力以赴地尝试了这个制度,然而以失败而告终。其证据散见于从1830年至1850年二十年间的记载。例如,可以发现,在那个时代的伟大慈善家沙夫茨伯里勋爵的任何生平里都有这方面的总结,在迪斯累里一些早期小说里对此有描写,在J. L. 哈蒙德和芭芭拉·哈蒙德共同撰写的描述城镇劳工的著作中对此也有记述。单纯的自由、个人主义和竞争学说,导致社会底层产生了非常类似于工业奴隶制的东西。

只有记住这一事实,欧洲十九世纪的工业政治才能得到理解。十九世纪纯粹的自由主义学说失败了。在十八世纪四十年代期间以及以后,在英格兰和其他每一个欧洲国家,人们在工业上采取了一系列补救措施。自由主义重要领袖科布登、布赖特和格拉德斯对这些措施或则反对,或则秉持明显的冷淡态度。他们违背了自由学说的纯粹性。在英格兰,那些政治自由主义者内部的重要分歧,并不是激进派与辉格党之间的显著分歧,而是纯粹的自由党人与改良的自由党人之间的分歧。在某些方面,这些改良派自由党人更接近于旧式的托利党人。他们背弃了原子社会的自由学说。不幸的是,对英格兰自由派政党来说,其后来的领袖格拉德斯通、哈廷顿勋爵和阿斯奎斯，则属于纯粹的自由派别。倘若坎贝尔·班纳曼稍微能干一点，更为重要的是，他若不是英年早逝，英格兰的政治史将会别有一番景象。如其实际所是，在其最后阶段，英国政治自由主义在阿斯奎斯领导下，对于本该属于改革党所要从事的每一项改革任务——妇女运动、教育、产业重组——都采取了直接反对或漠然置之的态度。在其伟大胜利的七十年间，自1830年开始，英国自由主义一直在缓慢地衰退，未能建立一套内在一致并切实可行的理想制度。从整体上说，从十九世纪后半叶的格莱斯通先生，到二十世纪开局时期的阿斯奎斯先生，这些纯粹的自由主义者一直在掌管着英格兰的政治机器。

35 尽管那些重要的自由党代表人物有这种不情愿，在这个世纪中叶之前，一场全新的社会协调运动开始了，其采取的形式是政府调整矿业、工厂和贫民窟地区的各项措施。这种产业制度那时已经传到了德国，在这里调整的必要和自由竞争的失败被同时看成理所当然的事。自由主义的产业学说，其早期形式在这个国家甚至从未尝试过。但是，对这种自由主义学说的修正却不情愿地来临了；并且它的失败导致了对旧观念进行新的阐释。卡尔·马克思宣布了"阶级战争"① 的学说。而那些有学问的经济学家众口一词地对我们说，《资本论》并未表达出健全的科学学说，科学

---

① 译者注：原文即为"The Class War"。

学说将会经得起与事实的比较。这部著作的成功——因为它对我们迄今还是一种力量——因而只能做这样的解释，即工业革命初期引来了大量的罪恶。

早期自由主义信念认为，根据仁慈的上帝法令，个人竞争和产业活动将会必然地一同为人类幸福而发挥作用，然而实践过后，这种信念便土崩瓦解了。或许，对这个起指导作用的阶级还需要进行更多的启蒙训练。因而协调应当主要地指向于教育和社会学训练。或许，可规制各行各业条件的政府作用是恰当的矫正；或许由工人来控制的国家应当是唯一的雇主。所有这些建议都仍然是有激烈争议的。在某个国家几乎每一个解决方式都曾尝试过。但是，人们现在的共识是，除非国家介入，否则纯粹的个人竞争，仅凭其自身及其自我校正品格，只会让社会的整体福利越来越少。

不幸的是，按其通常的解释，马尔萨斯的学说断言，作为自然规律，人类的大量人口永远不可能进入幸福的高级状态。更为糟糕的是，生物学得出了这样的结论，即个体的毁灭正是向高级物种进步的手段和方式。这就是著名的自然选择学说，由查尔斯·达尔文发表于1859年。对自然选择的这种唯一依赖并不是达尔文自己理论的特色。在他看来，这不过是众多其他作用中的一种作用而已。但是，自从这一学说问世以来直到今天，自然选择成为人们认真思考的唯一因素并支配着人们的思想。当应用到人类社会中时，这种理论就成为对整个人道主义运动的挑战。拉马克和达尔文的主要理论观点相比较造成了所有的不同。由于不再强调"四海之内皆兄弟"的主张,我们现在被引向于淘汰那些不能适应环境者。加之现代遗传学说,部分得自于家畜饲养者的经验,部分得自于园艺师的实践,部分得自于弗朗西斯·高尔顿、卡尔·皮尔逊及其学派的统计学研究,部分得自于孟德尔发现的遗传学规律,这位奥地利神父在达尔文《物种起源》出版的同时,出版了他那未受人重视的研究成果——这些学说全都弱化了斯多葛-基督教关于民主和"四海之内皆兄弟"的理想。

就其本身来说,宗教一直在这种概念与上帝和其造物之间的主—奴概念之间徘徊不定。但是,十八世纪晚期和十九世纪早期的民主自由主义,却是斯多葛—基督教思想脉络的胜利。根据休谟对灵魂学说的批判,根据作为实用工作制度的纯粹全然竞争的个人主义,根据马尔萨斯关于人口对生存手段形成压力的学说,根据作为进步引擎的优胜劣汰的科学学说,根据高尔顿和孟德尔的遗传学说,根据对拉马克关于器官用进废退的学说的拒斥——在所有的这些思想的共同作用下,十九世纪早期的自由主义失去了其自身理智正当的可靠性。

第六节 功利主义和实证主义

还有两种理智运动需要进一步说明。一是杰里米·边沁的法律改革,它建立在功利主义原理即"最大多数人的最大幸福"之上。另一个是奥古斯特·孔德的"人道宗教",亦即实证主义。自他们的时代以降,在道德、宗教或政治理论中行之有效的大多数观点,都或多或少地源于这两个人的学说。他们的学说大部分都不会被作为理论基础,可是作为实际的工作原理,这些学说统治了世界。从总体上说,他们的影响是民主的。他们摒弃了特权阶层的神秘要求,这些要求是以宗教或哲学中产生的神秘直觉为根据的。他们使我们想到了古罗马斯多葛学派的法律人,虽然他们否定斯多葛派终极的形而上学学说。他们实际上复兴了这种斯多葛学派法律运动,却没有其理智上的庄严。从另一种观点看,他们重现了科学对形而上学的反叛。这一反叛是由牛顿在十七世纪领导的,而他们把这种反叛扩展到了道德和政治理论之中。

两千年来,柏拉图的哲学理论和基督教徒的直觉,为人与人之间的相互尊敬和友好情感——四海之内皆兄弟的观念——在西欧的增长,提供了理智的证明。这些情感处于所有的社会群体的基础之中。作为相对盲目的情感,它们必定普遍地存在于动物界中,即渴望合作、帮助、喂养、抚育、一起玩耍、倾诉情感。在人类中,这些基本感受在有限的社会范围内以巨大的力量在发挥作用。但是,人类的智力范围——即对各种危险和机会的预见,对不同群体间的差异及其习惯和情感的想象力——导致种族间的友善情感走向反面,演变为残忍的暴行。人类一方面以其部落情感力量而著称,另一方面,人类也以其广泛而邪恶的剥削和部落间的战争而著称。此外，部落情感也易于变化，因为其对特殊群体的仁慈往往局限在同一共同体的界线之内。

两千年来，哲学与宗教在西欧确立了人之为人的理想形象，并声称这种形象具有最高的价值。正是根据这一渴望，耶稣会成员才会长途跋涉，前往南美的巴塔哥尼亚，约翰·伍尔曼才会谴责奴隶制，托马斯·潘恩才会反对社会压迫和原罪学说。这些耶稣会成员，这些贵格派信徒，同这些自由思想者们彼此之间意见并不相同。但是，他们却将自己把人当作人的情感归之于一般感受，即由哲学和宗教的共同影响所产生的感受。

杰里米·边沁和奥古斯特·孔德把这些普遍化的情感当作终极的道德直觉，认为它们是清楚明白的事实，不需要任何证明，并且对它们与其他事物的关系也不需要任何终极的理解。他们抛弃了形而上学。他们的做法给自由主义提供了巨大的帮助。因为他们提供了切实可行的改革方案和切实可行的表达方式，这些表达方式可把那些其终极概念极为不同的人们联合在一起。

不幸的是，由于科学理论的进步，这些情感与其他事物的关系便不容忽视了。在生命的演化过程中，大自然是无情的：大自然视万物为刍狗。哪里有这种普遍的仁慈，这种"人道宗教"就应当由对人类精确分类的信仰所取代："最大多数人的最大幸福"应当由"人道地消灭低劣品"理论所取代。休谟否认存在着任何"这一类激情……可作为纯粹的人类之家"。现代科学给出了可信的说明,表明了为什么不需要这一类激情。它只能横亘在对演化过程的净化之路上,妨碍演化。如果任何人服从于这种激情,他们当然会依此行事。但是,我们给不出任何理由来说明我们缘何应当给他人灌输这种激情,或者我们缘何应当滥用立法来促进这种毫无理由的情感目标。我的确更为倾向边沁和孔德的学说,而不是同情源自休谟和现代动物学的推论。但是,即使它并未证明其他什么东西,这个推论的确表明边沁和孔德的错误在于他们为道德、宗教和立法建立了明确的理论基础,排除了所有的终极宇宙论原理。在表面上,他们所钟爱的学说容易受到怀疑论的攻击,正如形而上学教条曾在过去所经历的那样。由于放弃了柏拉图和宗教,他们在确定性方面并未得到任何东西。

我们需要有更多的终极理由来证明,以便说明这种混合物中有种种区别是正当的,或者可为把人当作人的学说重构正当理由提供说明。进一步说,只是用"生存价值"来证明是不充分的,因为有一些条件消除了那些我们发现自己最愿意保留在幸福之中的东西。

第七节 物理科学的四类主题

孔德把他的实证主义建立在确定的科学成果,即他那个时代的物理学和道德科学之上。他逝世于1857年,并且在两年之后,达尔文出版了《物种起源》。我们已经讨论过进化论出现之后各时期引入的"人道宗教"所面临的各种困难。这样的基础也许适合于形成特定时期那些兴趣有限人群的方法论,然而这种适合的确并非源于这种观点的充分清晰。许多崇拜者通过面向朝日鞠躬,并喃喃自语地念咒,从而达到了获得精神慰藉的目的,可是他们或许完全不能提供任何一致的说明,对这种方法为何有效的根据给予形而上学的或者实用的解释。

除了在协调物理学与精神科学方面的困难以外,即使就物理学本身来考虑,物理学与其自身的基本概念之间也存在些许矛盾之处。这与柏拉图的宗教传统有关,这种传统的各种命运及其特殊表现,正是我们所要追溯的东西。我们可以将物理科学的主题分为四类:(1)具有持续性的真实实在事物;(2)偶然出现的真实实在事物;(3)反复出现的抽象事物;(4)自然规律。第一类事物的例子有譬如一块石头,或者——超越单纯的物理科学——人类的个性,或者如柏拉图所说,人类的灵魂。第二类事物是指任何发生在——大街上或房间里——动物躯体内的事,或者——再次超越纯物理科学的范围——我们个人瞬时获得的复杂经验。第三类事物是指诸如石头的形状。一块色斑,或者交响乐演奏中那些量的元素,是否可以看作同精神性有关,这似乎是有疑问的。但是,它们的确可以重复出现。另一方面,对情感的某一种感受则可以重现,这确定无疑地属于事物的精神方面。第四类事物是指引力定律,或者事物的几何关系。

在本章快要结束时，我不想再讨论形而上学问题了，它已经足够复杂了。但是，与此相关的是我要指出，对于我们正在谈论的问题，若是没有更为根本的限定，那我们关于社会学理论的争论将会十分肤浅。上述四个主题同时暗示着一堆棘手的问题，这些问题使自柏拉图时代至今的思想家们困惑不已。在这两章，我们追溯了三种非常不同的思想的历史：一是柏拉图的宗教观念，二是商业社会中个人主义的竞争观念，三是物理科学的观念。同样，每一种这样的思想，其内部也是非常复杂的。现在我们可能会坚持认为，或者说必需认为，每一种这样的理论都是有效的直觉的结果，并体现为关于那些不能置之一旁不予理睬的事物具有何种本质的真理。坚持认为每一种观念在其自身范围内都是自主的，这似乎是一种容易理解的解决方案。在这种情形下，争议产生于一种类型的思想非法地侵入了另一类型的思想所特有的领域。例如，一种时髦的观点宣称，宗教与科学永远不可能发生冲突，因为它们处理的主题不同。我认为，这种观点是完全错误的。在这个世界上，你至少不可能把身体和心灵分开。但是，一旦你试图调整观念，你就会发现，完全地弄清你正在谈论什么，这是最重要的。毫无批判地从具有持续性的事物摇摆到偶发的事物，又从偶发事物摇摆到重复出现的事物，这是毁灭性的。不以任何形而上学的清晰性来区分持续性、偶发性和反复出现的事物，这样的讨论可以被用来诡辩地证明任何事物。

例如，在关于功利主义原则的阐述中，我们发现了这样的说法:"最大多数人的最大幸福"。显然,这一说法有某种意义,至少我们足以把它当作对行动的粗略指导。但是,当我们用这个公式来批评其他观点时,我们有权问一下它所指的到底是什么意思。这种"幸福"显然地是一种反复出现的,并可区分为不同程度的事件,因此就幸福而言,一种偶发事物或许比另一种强烈。但是,不同的偶发事物的额外幸福是指什么呢?没有任何偶发事物具有这种额外的幸福。至少,如果有这种偶发事物,那就应当在那种原则中予以说明,并且这种说明将会引导我们走向被舍弃的柏拉图主义。同样,我们必须知道持续性事物与偶发性事物的关系,以便理解这个原则。正如通常所使用的那样,这个术语是指最大多数的人。所以,它指的是持续事物,而不是偶发事物。但是,我们真能把三个短命人的幸福与一位长寿人的幸福联系在一起吗?此外,不同类型的幸福之间还有质上的差异。最后我们可得出结论说,在我们能富有成效地继续这个讨论之前,我们有必要在某种程度上弄清楚,我们关于持续事物、偶发事物和反复发生的事件的形而上学概念是什么。

第八节 科学是否能提供清晰概念

我们现在来讨论科学,追问一下科学是否能给我们提供任何清晰的、不依赖于形而上学讨论的概念。科学建立在规律的概念——即自然规律的概念之上。这个概念就是,

第三章 人道主义理想

世界上存在着许多事物，它们相互之间的行为总是例证这些固定法则。这些法则显然地表明了那些决不会不再复现的复现事物。然而，这里的棘手问题在于，这些规律与那些作为行为主体的事物之间是否具有联系。各种行为在一座城市里——例如，在纽约——在一片森林里，在亚热带沙漠里，在北冰洋的冰原里，其表现是极为不同的。再扯远一点，它们在月球上，在太阳大气层中，在致密的恒星内部，在星际空间里，其表现都是非常不同的。

这是非常表面的分析。我们都知道，如果我们深入到分子层次去分析事物，那些化学规律在城市里、在森林里、在沙漠和冰原上都是一样的。那些化学规律表达的是足够紧密地聚集在一起的分子的相互行为。但是，分子是可分析的。事物的行为在一团紧致的分子中的行为，非常不同于它们在所谓虚空里震荡的行为。化学规律只是同分子的内在关系相关。在虚空中，我们则被迫退回到能控制能量流动的基本电磁规律。在这一点上，我们必须停止我们的追溯，这不过是因为我们的探究已达到尽头。

但是，没有任何理由怀疑，这些规律是由"电磁发生"①的环境所造成的。这个追溯的整个过程暗示了某种观念的逆转。这些规律是那些正在从事某种行为的事物具有的特征所造成的：它们是克莱门所说的"共同习惯"。这个概念应当由以强制性规律为条件的相互行为来替代古老的

---

① 译者注："电磁发生"，原文是"electromagnetic occasions"，其中"occasion"是怀特海哲学中特有的一个概念，它的词义相当于"happening"。

既定事物观念。我们对外在自然所知道的一切，在整体上是根据自然界中各种发生如何给各自的自然做出贡献而得到的。整个环境都参与了其所发生的每一个自然。因此，每一种发生都从其环境的特征中获得了自己的原初形式。同时，这些规律由于以每一种环境为转移，因而只是表达了构成该环境的这些发生的一般特征。这就是根据事物的功能而定义事物的学说。

但是，我们现在正在接近于不可实现的基督教伦理学。人的灵魂中所拥有的这些观念成为他们的行为特征。社会中的这些相互作用通过修饰这些规律所适用的那些发生情景而修正着社会规律。那些不可实践的观念是改革的纲领。这种纲领不会受到各种直接可能性的批判。进步在于对社会规律的修正，因而地球上的共和国也许是同由哲人的预见而在观念上认识到的社会相一致的。

在这两章里，我们一直在考察的是伟大的观念在欧洲历史上的探险。柏拉图认为人们之间的理想关系的概念是建立在人类本性的内在可能性的概念之上的。我们认为，这个概念进入人类意识之中有多种多样的特殊形式。它构成了由宗教所产生的联合观念的同盟。根据与之有关的不同宗教和不同怀疑论，它不同于其自身的特殊情况。它不时地归于消亡，但又不断地复现；它会受到批判，同时它也是批判者。力量总是与之相对立。它的胜利是劝服对力量的胜利。这种力量是世界之前的历史包含的纯粹事实。这种观念是一个预言，它会实现自己。

理想的力量正在于此。当我们审视由构成的一般世界时，我们可以发现，它的一般特征，即实际上是不可避免的特征，对其内在价值的实现来说是中性的。电磁发生和电磁规律，分子发生和分子规律，同样都是中性的。它们都是以那些可能的数值为转移的，但它们并不能决定那些数值的特殊性。当我们审视可用某种特殊性，譬如人类社会、森林、沙漠、草原和冰川的特殊性，来决定这种数值的集合体具有的特殊性时，我们就可发现它们在一定限度内具有可逆性。柏拉图的理念发展史，就是在其本土内那种可塑的环境下，其能量发挥作用的历史。它具有创造性的力量，可使其自身的实现路径成为可能。

第四章
自由诸方面

第一节 考察西方文明的不同角度

自有文字记载以来,西方文明的文化发展史可从许多方面来考察。我们可以把这一历史看作稳定的经济进步过程,其中会有灾难性的崩溃,可使经济退回到较低水平。这种观点强调的是技术和经济组织。或者,我们可以把这一历史看作当下尘世与彼岸世界之间的一系列冲突,或者是贪婪与美德、真理与谬误之间的竞技场。这种观点强调的是宗教和道德,以及引发普遍思想的思辨习惯。每一种思维方式都仿佛是一束探照灯的光芒,既可以照亮某些事实,也会把其他事实遮蔽在黑暗的背景之中。当然,在任何历史中,即使就一个有限话题而言,例如把主题限制于政治学,或者艺术,或者科学之中,许多观点实际上也是交织在一起的,每一种观点各有其程度不同的普遍性。

在分析文明化活动时,人们使用的最一般的概念之一,是考虑这种活动对社会生活所产生的后果,即由对个体的绝对性和个体的相对性给予不同的强调所产生的后果。这里的"绝对性"是指在活动方式方面,人们摆脱了对该共同体中其他成员的根本依赖;而这里的"相对性"则是指相反的事实,即人们之间具有本质的联系。在其一种特殊场合下,这些观念表现为自由和社会组织概念之间的对立状态。而在其另一种特殊场合下,它们则表现为对国家利益和其个体成员利益的相对重要性重视程度不同。每一时代的特征,就其社会制度和法律制度而言,就其可实现范围内的理想目标的概念而言,在很大程度上依赖于这些各式各样的活动,即这些概念中这个或那个概念,也就是个体的绝对性或个体的相对性概念,在这个时代中哪个概念是占主导地位的。没有哪一个时期完全是由其中某一个极端概念来控制的,即不是由它来统治整个活动范围的。一个方向的抑制会由另一个方向的自由来加以平衡。军纪是严厉的,士兵最后的手段就是为保护全军而自我牺牲。但是,在人类活动的许多领域,这些士兵则完全不受规则和习俗的束缚。对大学教工来说,这种抑制和自由非常不同于士兵们所受的压抑。

这种对绝对性和相对性的强调表面上看是任意的。然而,这种模式永远是有历史原因的。通常,这种强调之所以发生嬗变,乃是由于有这样一种一般倾向,即人们通常会与刚刚过去的岁月决裂——不管在哪里我们发现了黑白颠倒，都会将其再颠倒过来。同时，这种变革也可能是对某些教条的判断，即认为这些教条应当对以往的失败负责。使这种判断脱离由暂时的环境所造成的躁动，这应当是历史的功能之一。

人们对哪一种社会的智力模式予以重视会发生变化，之所以会这样，通常是由于权力从一个阶级或阶级集团转向了另一个阶级或阶级集团。例如，贵族寡头政府和民主政府也许都会强调社会组织的作用，也就是说，都会强调个体对国家的相对性。但是，政府若是主要地满足于从事贸易和培育职业阶级，不论其在名义上是贵族的、民主的，或者是专制的，都会强调个人自由，也就是说，都会强调个体的绝对性。后一种政府就是罗马帝国那样的政府，它以其中间阶级作为帝国代理人，还有其中间阶级的斯多葛法律人，并且在其鼎盛时期，还有中间阶层的人成为帝王；英国在18世纪和19世纪时期的政府也同样如此。

随着统治阶级的更替，那些在某个时代隐藏不显的观点，即那些偶尔像涟漪一样泛起而被人觉察的观点，后来会逐渐浮现出来，走向前台，表现在行动和文字之中。因此，每一个时代的各式各样的活动——无论是政府的、文学的、科学的、宗教的活动，还是纯社会的活动——不过是表达了该共同体中不同阶级的精神诉求而已，它们对这些主题的影响碰巧是占主导地位的。伯克在关于美国革命的一次演说中呼吁："为了上苍，满足某些人吧。"

我们可以通过考察政府在实际上努力满足的"某些人"

是谁,来对政府进行最好的分类。这样看来,18世纪前六十年的英国政府,就其形式及其人员而言,乃是贵族的政府。但是,在政策上,它却是在努力地满足伦敦城和布里斯托尔城中的大商人。因为这些人的不满是直接的危险之源。罗伯特·沃波尔爵士和威廉·皮特,即那位重要的下院议员,其个性体现了这个阶级不断变化的情绪,在早期他们曾诟病战争,而后来则支持帝国主义。

当在一个时期内传统的生活方式以其关于效率和无效率的标准来起作用时,那个应当得到积极满足的阶级就可能会相对地受到限制,例如,18世纪的英格兰商人就是这样。他们中大多数人此时相对地会保持沉默,并且诸如沃波尔这样的保守政客则会毫不作为,以免搅动深层的波澜——勿追念往昔的不愉快之事。在商业利益方面,沃波尔是积极的改革家,而在其他方面,他则是保守主义者。

法国的有关政治家们则在积极地关心着宫廷的利益,因为宫廷权力是建立在官僚制度(法律的、行政的和宗教的制度)和军队基础之上的。正如当时的英国一样,整个法国组织机构的人员,不论是行政机构或是军事机构,都是贵族和中产阶级。法国的政治进行得比较顺利,但是,法国政治的积极要素同英国的积极要素相比较,更为脱离国家的主要利益,虽然这两个国家的政府都各有其充满洞见和显得愚蠢的时期。法国政府强调协调,而英国政府则强调个体自由。在该世纪后半期,英国在政治上比较活跃的阶级是乡村的地主。例如,我们可注意到,伯克在其政治生涯末期具有一种不可能的信念,即认为他对农业很在行。同时,伦敦市政当局在早期是其政府的支持要素,而在后期——当法国革命出现了过火举动之后——则成为反政府力量。

在后来这个时期,方兴未艾的工业革命耗尽了英国产业阶层的能量,而在早期,"新教传统"口号曾激励他们参加政治活动,因为在他们看来这个口号所表达的就是"工业自由"。人民群众此时,即在这个世纪末,正处于躁动不安状态,对于决定他们利益的方式还茫然不知,并且他们中的优秀分子正在遵照约翰·卫斯理的教导而忙于拯救他们的灵魂。最后,从这一派混乱起伏中,经过法国革命战争引起的停滞之后,维多利亚时代在混乱中出现了。这种解决办法是暂时的,正如地球本身也是暂时的。

第二节 本能、理智与智慧

在我们努力地理解社会学的变化时,我们一定不要只关注抽象学说的效应,不管这些学说是文字上精心阐述的,还是意识中所认可的。这一类精心的理性努力既可发挥维护作用,也可发挥改造或者破坏作用。例如,若是没有对奥古斯丁的原罪、圣恩学说,以及天主教会由此而具有的传教使命有某种参照,欧洲历史便无法理解。美国历史也要求额外具备关于17世纪英国政治学说、18世纪法国思想的某些知识。人们既受他们躯体中的分子结构的驱动,同时也受他们的思想驱动,受理智和各种非感官力量的驱动。然而,社会历史则专注于在不同时期盛行的人类经验方式。身体条件只不过是其背景,它部分地控制着这些方式和情绪的流变。即使在这里,我们也一定不要把各种不同类型的人类经验过分理智化。人类是灵长类里最具智慧的动物,因而他们不可能逃脱与肉体习性紧密相联的心灵习惯。

我们的意识不会启动我们的功能活动方式。我们会意识到,我们发现自身业已处于过程之中,已沉浸在满意和不满意的情绪之中,并且通过加强,或者通过减缓,或者通过引进新的目的,而进行积极的调整。在意识中所预设的这一种基本程序,我将称之为**本能**。它就是直接源于个人的或环境的遗传冲动的经验方式。同时,在本能和理智的酵素发挥了其作用之后,就会有一个决定,这个决定规定了本能与理智的结合方式。我们将称这个因素为**智慧**。 47
正是智慧的功能对理智的生发发挥着调节作用,以便在既定条件下产生自我决定的结果。因此,为了理解社会制度,有必要把人的天性粗略地一分为三:本能、理智、智慧。

但是,这个区分一定不要过于严格。毕竟,理智活动本身就是一种遗传因素。我们并不需要努力地通过自我意识而启动思想。我们发现我们自身已经在思想,正如我们发现自身已经在呼吸空气和欣赏夕阳一样。我们有做白日梦的习惯,并且有通过思想来阐明问题的习惯。因此,思想的自由度是十分有限的,通常可以忽略不计,一般是在意识阈之外的。一个民族的思维方式正如其情感反应方式一样，都是本能的——也就是说，是服从于常规的。但是，我们大多数人相信，思想具有自发性，它处于常规之外。否则，思想自由的道德诉求便是无意义的了。这种思想的自发性，反过来则容易受到控制，以便它有所维持和有效。这种控制便是对整体做出判断，即对部分闪现的自我决定减弱或加强。这个整体决定了它要成为什么，因而也调整了其自身内在闪现的自发性相对而言有何重要性。这种最终的决定便是它的智慧，或者换言之，就是关于其自身性质的主体性目的，其界限受制于传承因素。

智慧是与最终的自我决定中的有效证据的幅度成正比的。理智的作用则在于调整观念，即把那些从本能经验的基本事实中引申出来的观念调整为逻辑上内在融贯的系统。这些事实，由于其性质的各个方面已由此得到了调整，因而在最终的自我决定中便获得了意义。当这些基本事实得到筛选，因而将事情中令人迷惑的方面排除到从属地位之时，这种理智的调整就更为容易获得。正是由于这个原因，理智活动的繁荣通常是以智慧为代价的。在某种程度上，理解总是要排除理智上内在不融贯的背景。但是，智慧则是坚持追求更深的理解，总是要使理智系统直面它所省略的那些东西的重要性。这三种要素，即本能、理智、智慧，是不能彼此分开的。它们相互结合为整体，相互发生作用，并要融合为混合的因素。这正是那种整体融合于其部分，其部分融合于整体的情形。在判断社会制度，研判它们的兴起、鼎盛和衰亡时，我们必须估量到各种类型的本能、理智和智慧，因为它们与自然力量相协调，共同推动着社会历史的发展。那些高智商的人物头脑清晰可眼界狭隘，他们的愚蠢造成了许多灾难。

然而，不论我们在有文字记载的历史上回溯多远，我们都处在人类高级活动时期，远离了纯粹的动物野蛮性。同时，在这个时期内，要证明人类与生俱来的精神能力已得到改进，这也是很难的。然而毫无疑问，环境为思想的应用而提供的全套工具已得到扩展。这些装备的名称可概括如下：各种身体的和精神的交往方式、著作、对文献的保存、各种类型的文学、批判性的思想、建设性的思想、历史、不同语言的比较、数学符号、得到改进的节省体力的技术。在这个目录中，显然有些项目过于详细，有些项目则有重叠。但是，它却有助于我们回忆起我们用来为思想提供便利以及为思想提供建议的各种方式方法，它们远远超过我们那些两千至五千年前的祖先所拥有的方式方法。实际上，最近两百年以某种方式给这些工具增加了内容，这种方式可能会造就一个新时代，除非人类会堕落。当然，这些工具中的大部分在两三千年前就已开始积累了。正是由于在这一千年间那些领袖人物绝妙地利用了他们的机遇，这才会使我们怀疑在他们之后人类天生的智力是否有任何提高。

但是，总的结果是，我们现在了解到，我们的祖先在调整他们自身，以适应前人传下来的各种制度时，他们的头脑有点简单。在很大程度上，这种调整是理所当然的，简言之,是出自本能的。在那个伟大时期,他们发现了我们所继承的东西。但是,他们对这种发现抱有素朴观念,且惊奇不已。本能的适应渗透在各个方面,因而并没有被人们注意到。也许,那些古埃及人并不知道他们受到的统治是专制方式,或者那些牧师限制了王权,因为他们无论在事实还是在想象中,都没有可比较的选择,在思想上,他们更接近于人口稠密地区通行的那种政治哲学。

这一事实的另一个方面是,在这样的社会里,同个人自由相比,人们更重视个人的关系性。实际上在更早阶段,自由几乎是毫无意义的概念。那时,行动和情绪均出自以祖先的协调合作为基础的本能。在这样的社会里,凡是不符合传统的相关结果,即不符合强制要求行动协调的东西,都是纯粹破坏性的混乱。异族因而就是邪恶的群体。一位精力旺盛的先知撒母耳把亚甲碎尸万段。不幸的是,撒母耳的这种精神后裔,即古代这些令人讨厌的东西,则幸存下来了。

第三节 柏拉图的思想自由

我们可以考察一下可发现自由的某些戏剧性事件。在公元前1400年左右,埃及国王阿肯纳顿的那个部落显然属于先进群体,这个部落的人有自己的思想,并且突破了从前人继承下来的宗教观念。在他们之前数千年间,这些闪现自由思想的部落一定多次偶尔出现过,它们中有些部落成功了,而大多数则都失败了。否则,向文明的过渡,作为不同于对无思想的习俗的纯粹差异性的适应,绝不可能会发生。蜜蜂和蚂蚁有不同的群体组织,但是据我们迄今所知,这两个物种在任何意义上都没实现文明化。它们可能会对群体习俗有自发的适应。不管怎样,它们闪现的自由想法是在我们所察觉的范围之外的。但是,以实际行动实践了自由的阿肯纳顿,显然并无任何自由概念。我们具有考古学所能提供的一切证据表明,他曾固执地企图把他的观念强加给整个埃及民族。他最终显而易见失败了,因为那时存在着反动力量。但是,这些反动力量绝不可能精确地复归原地。因此,依然极有可能会有一些差异,这是我们面前的证据不可能把它们加以区分的。

更为成功的群体是希伯来的先知,大约出现在八九百年之后。由于受到了他们的时代中各种邪恶的刺激,他们实行了表达道德直觉的自由,并以他们的思想成果充实了耶和华的特征。我们的文明归功于他们,这是我们难以用语言来表达的。他们构成了那些为数不多的决定性地改变任何严格意义上的历史的群体之一。太阳底下没新鲜事;因此,历史大多是一些人物姓名的单调变化而已。但是,希伯来的先知们却实在地造成了决定性的性质改变,并且更为罕见的是,这种改变是向更好方面的变化;然而,自由的概念却从未进入先知们关于耶和华的观念之中。不容忍是道德激情中易犯的恶习。首次宣称将容忍与道德激情相联系,是几个世纪后《圣经》中耶稣所讲的关于稗子和麦子的寓言。

随后在实行自由方面出现的不容忍的例子，是由康斯坦丁建立的基督教会以及路德和加尔文指引下的新教徒们所提供的。在这场宗教改革期间，人类开始认识得更加深刻，因而评判这些改革者的宽容心开始变弱了。但是，那时宽容是与容忍相关的美德，因此我们必须仔细对待。所有进步的思想家，不论坚持怀疑论或者其他观点，都有不容忍的倾向，古今皆然。从总体上看，容忍更常见于同和善的正统信仰相关联。现代容忍精神——就其实际存在情形而言——的倡导者有伊拉斯谟、贵格会教徒和约翰·洛克。他们应当在每个研究室、每个教堂和每个法庭里受到纪念。然而我们千万不要忘记，17世纪的许多政治家和思想家，包括约翰·洛克，他们之所以能活下来，应当归之于荷兰共和国的宽容大度。

的确，这些人物并不是他们那些令人赞赏的观念的原创者。要找到其来源，就必须将目光回溯至二千年前。观念转变为习俗是缓慢的。然而，我们必须首先注意到，上面所列举的例子都是与宗教有关的。世上还有其他形式的行为，它们或是积极的，或是深思默想的。雅典人最早为我们提供了迄今仍在流行的范例，表明他们清晰地认识到对各种社会行为持宽容态度的重要性。无疑，先前的文明中一定也提供了许多相关的例子。例如，我们很难相信，在巴比伦和尼尼微这样的大都市中，对社会行为会有非常严密的监督。另一方面，埃及的生活方式那时似乎是有严密组织的。但是，为社会宽容作辩护，将其视为高级文明的必要条件，却首次见于修昔底德记录的伯里克利演讲。这个演讲中提出了组织良好的社会如何成功地保护其个体成员之行动自由的概念。五十年后，在这同一个社会群体中，柏拉图提出了更为深刻的概念，对自由的所有诉求一定是从这些概念中引申出来的。他关于宇宙中精神因素的一般概念，强调这些因素是所有自发性的源泉，并且最终是所有生命和运动的根基。因此，人类的精神活动中包含着短暂世界内宝贵的和谐之源，人类社会的目的便是诱发这种精神能量。但是，自发性乃是灵魂的本质。这大体上就是从柏拉图的思维方式到社会自由之重要性的逻辑依据。

柏拉图自己的著作构成了冗长的辩护，即对思考的自由，以及对思考经验自由交流的辩护。苏格拉底和柏拉图一生坚持践行这一权利，并且苏格拉底为此献出了生命。虽然有一些篇章是例外，但是在大量对话录中，苏格拉底和柏拉图始终致力于探讨思想的表达方式。几乎没有哪一个篇章可直接转换为具体行动。《理想国》的结论只有在天国里才会发挥作用。其中有个重大例外是《法律篇》，它对建立那时在爱琴海地区盛行的那一类城邦国家来说，可谓是可行的详尽方案。修昔底德笔下的伯里克利所强调的则是另一个方面。他所思考的是个体市民的活动。他的演讲中的特别文明之处，在于强调了所有行动的美学目的。野蛮人通常根据力量来说话，他梦想的是具有铁腕的超人。

他可能会用卡莱尔那种多愁善感的道德来掩饰自己的强烈欲望,但是归根结底,他认为最终的善是把一个人的意志强加于他人的意志之上。这是理智上的野蛮状态。伯里克利的理想是那种把自身编织到说服性的美的神韵之中的行动,使其看上去类似于自然界的雅致色彩。

自由的确立不只是要求在理智上进行辩护。不同于其他人,柏拉图进一步把文明的这种本质要素引入了世界。因为他所展示的心灵基调本身就能维持自由社会,并且他表达出的理由可证明这个基调的正当性。他的对话录中充满了我们的理智难以探测到的宇宙多样性的意义,并且在其《第七封书信》中,他明确地否定了建立充分的哲学体系的可能性。他的著作的深刻寓意在于,所有的观点,只要在理性上是内在融贯的,且在某种意义上具有适用性,都会有某种东西有助于我们理解宇宙,同时也会包含一些省略,因而它们不能包括全部明显的事实。宽容的责任就在于,我们要对那些丰富的、不可穷尽的和未来可期的新事物有一定的尊重,对那些超越我们洞察力范围的既成事实的复杂性表示一定的尊重。

因此,有两种品质一定是那些全然提倡自由之人所没有的。一种品质属于那些对获得任何程度的真理都绝望的人,即怀疑主义者。这类品质同那些坚持思想十分重要的人显然不可能有任何关系。同样,以不宽容的心理去追求自由乃是自我挫败的。以密尔顿的一生为例,虽然他在捍卫自由时具有想象力、学识渊博和文风典雅,然而他或许既推进了这一事业，同样也妨碍了这一事业。他的问题就在于不宽容。

古代异教徒的信仰对各种信条都是宽容的。只要你的行动不算出格，你的思索是不为人注意的。实际上，进步一旦超出纯粹本能的社会关系，人们就会对这种思辨性思想的破坏性后果感到惴惴不安。信条既是思辨的结果，又是控制思辨的努力，但它们总是相关的。在进行思辨之前，不可能有任何信条。哪里有信条，哪里就有异教徒，他们或则近在眼前，或则已葬身坟墓。在那些伟大的帝国里，例如在古埃及的、美索不达米亚的或赫梯人的帝国里，随着航海大发现，各民族之间的交往形成了鲜明的对比，从而逐渐地扩展为思辨的思想。起初，人类心灵中的这种转换一定发展缓慢。哪里没有期望，哪里的变化就只有等待时机，并且在人们忽略它时就会逐渐消失。幸运的是，《圣经》中为我们保存着这一过程的碎片，说明它在某个节点如何影响了一个天才的民族。这些记载是由后世的编纂者记录下来的，体现了他们的主观倾向。因此，现代学者的任务根据对《哈姆雷特》和《麦克白》的研究，努力去恢复丹麦和英格兰的历史发展与此类似。我们可以看到，起初的对抗后来扩大为思辨的企图，即试图把那些混乱理性化。我们可以看到撒母耳和亚甲被所罗门和示巴女王所取代。还有约伯及其朋友的沉思、先知书和《圣经》中的"智慧"书。跨越六百年后，一段历史叙事便以尼西亚公会议所制定的教义而告终结。

第四节　思辨在希腊文明中的发展

希腊文明的历史虽然短暂，但具有里程碑意义。思辨在此时得到了明确的承认，人们趋之若鹜。各种各样的思辨方式和方法被发现了。从时间跨度和效果的强度而言，希腊人与其前辈之间的关系，类似于最近五十年现代工业革命第二个时期与其第一个时期的关系，第一时期实际上从15世纪开始，直到19世纪才结束，其间"匍匐爬行"了长达几个世纪。

由于继承了希腊文化的历史，罗马帝国在处理自由问题和与之相关的社会制度问题时，同其前人相比，更为谨小慎微。就西欧而言，中世纪文明的起源一定得追溯到奥古斯都大帝和圣·保罗之旅。而对拜占庭、闪米特人和埃及地区来说，其时间则要追溯到亚历山大大帝之死和希腊—埃及学术的复兴时期。在奥古斯都大帝之后的头两个世纪，以意大利为中心的西欧地区更加重要，无人能与之比肩。拉丁文学是转化为中世纪思维方式的希腊文化，它使这个希腊时期得以延长，直到法国革命时期才告终结。在整个这个时期，文化是向后看的。卢克莱修、西塞罗、维吉尔人，就其与希腊文学和思辨的关系来看，都属于中世纪人，尽管他们缺乏闪米特人的特征。在这第一个拉丁时期之后，对思想的显著贡献，不论是异教的、基督教的还是伊斯兰教的思想，全都源自东方地区，一个重要的例外是奥古斯丁。最后，文化中心又荡回西方，因为东方文明在鞑靼人和土耳其人的长期冲击之下衰落了。东方的、拉丁的和后来欧洲的这三种文化的联合，其基调是学术研究性质的，是向重现于信条形式中的希腊思辨的复归，是重视人文抱负的模仿文学，是把好奇心导向了职业轨道，并且——在西方——是表现在各种社会制度的发展之中的新等级的智能。正是最后这个因素拯救了人类的进步。

在社会制度形成过程中涌现的这个新时代，其发展是非常缓慢的，当时的人们尚不理解这一发展的必然性，社会哲学那时还未能把握相关的原则，因而即使现在每一事例仍然被当作特别的事实来处理。但是，自由问题则因社会哲学而发生变化了。其新颖性就存在于精心建立的制度构成之中，它们具体地体现了那些特殊群体的目的，并且与任何政治国家的一般目的，或者任何发挥国家作用的部落团体的任何具体体现无关。当然，任何大帝国的构成都是不同部落、习俗和思维方式的集合。但是，在这些早期例子中，每一个臣服的种族都在这个复杂帝国中具有自身的地位，并且其传统文化、生活习惯等都是整个帝国系统的组成部分。同时，一定会有一些复杂的行为方式对不同种族来说是特有的，却被理所当然地继承和容忍。在诸如希腊城邦这样的小团体中，我们发现一种特别情况，这就是所有的集体行为都是国家政策的因素。自由是纯粹个体的行为，从来不是联合的。所有宗教的或世俗的联合都是共同体的或者家族性的。"恺撒的归恺撒，上帝的归上帝"，这一谚语是基督在提比略统治期间说出来的,而不是柏拉图在此前400年所说的。不论这一谚语原来的意思是多么局限,上帝很快就被看作是组织原则,与恺撒丝毫没有关联了。

思索一下苏格拉底之死和保罗之死有哪些相似性和不同性,乃是非常有趣的。二人虽然都是殉道者,但苏格拉底之死却是因为他的思辨观点被认为有害于集体生活的"异端"。我们难以相信克劳狄或者尼禄或者加尔巴的代理人会非常关心保罗关于上帝对待人的方式的那些思辨观点。后来,卢奇安的观点同保罗的观点一样不正统。但是,他尚能死在自己的床上。对保罗来说不幸的是,当他离世时留下了组织严密的群体,它们所从事与国家的意愿都不协调的一些活动。因此,帝国的代理人警觉了,并且同情和支持这些流行的偏见。实际上,我们确切地知道一位最好的罗马帝王在大约半个世纪后是如何看待这件事的。在其给小普林尼的信中,图拉真把基督教神学视为微不足道的,因而不予接受,甚至他对那些人组成团体也不漠不关心,只要没有公开的行动去冒犯传统的国家与宗教的联合就行。然而,他依然认识到,这些基督徒不适合任何现行的政治哲学,并且他们表现出来的联合行动已濒于不可容忍的边缘。因此,倘若环境使他们败露,他们就会遭到质询,如果可能,他们的活动还会遭到取缔,但是当他们的行动变得过于刺目时,就会遭到惩罚。把罗马帝国时期,即从尼禄到图拉真时期的基督徒,与现代美国的共产主义者做一下比较，这是一件有趣的事。

图拉真展示出自身是善于驾驭初露曙光的新时代的优秀政治家，他当时不为人理解，并且实际上现在仍然不为人理解。由希腊文化所导致的理智新扩展影响了人类古老的组织。这些组织原来主要起源于盲目的继承，并且只是在细节和诠释上会受到理智的影响，而现在当面临主要地建立在对私人目的，即与国家无关的目的的理智理解基础上的其他类型的组织时，则会受到冲击。亨利·奥斯本·泰勒所说的"理性的思考"，现在正成为人类组织中的主要力量。当然，柏拉图和亚里士多德在相当的程度上表现出理性的思考。但是，一群思想家并非必然地会组成一支政治力量。思想化为行动通常不得不需要几个世纪，有时还会需要数千年。这种时间间隔的典型例子，乃是和亚里士多德有关。据传，他的手稿藏在一个地下室里长达两百年之久，并且即使到今天，柏拉图还是被尊奉为宗教神秘主义者和卓越的文学艺术家。在后面这些作用上，柏拉图表现的是他所继承的世界，而不是他创造的世界。或许，这些构成了他的理论中最优秀的部分。但是他在两个方面都起了作用。

罗马帝国的形势事实上在当时是全新的。伯里克利构想的是私人行动的自由，这种类型的自由是一定的文明化的自由，只处于狭隘的有限范围之内。柏拉图呼吁的则是思想的自由。但是，罗马帝国面临的却是呼吁联合行动的自由。现代政治史，自那时以来直到现在，乃是全力对抗国家，并且国家部分让步的混乱历史。帝国一再坚持的是古老的神圣帝王学说，但同时又做出了让步，承认斯多葛派自然呼声学说为法律原则。中世纪妥协于（国王和教会的）双剑学说。在最近的时代里，国家一直是在其最后的战壕里作战，这就是法律上的主权学说。17 到 18 世纪的思想根据"原始契约"的假设将其政治哲学理性化了。事实证明，这一概念是可怕且难对付的，势如破竹。它有助于人们摒弃斯图亚特王朝，把它归之于传奇，并有助于人们建立了美利坚合众国，以及促成了法国大革命。实际上，它是历史上迄今所知最适合时代需求的观念之一，而其弱点则是使坚持理性思考之意义的时代提前降临了，并且过高地估计了理性在任何时间都具有的政治意义。与之相反的学说则是"国王的神圣权利学说"，它其实不过是"神圣帝王"的幽灵而已。

第五节　政治哲学与中庸之道

政治哲学与中庸之道学说不可能无关。自由毫无限制，则意味着完全丧失强制性的协调。人类社会失去强制性，那么依赖于个人情绪、目的、感情的行为就会大行其道。文明只能存在于总体上展示出这种幸运的相互适应的人群之中。不幸的是，少数秉持相反观点的个人一旦失控，便足以会扰乱社会的结构。就时代中可能出现的任何特殊的社会而言，在整个社会阶层中，有少数人是反社会的；而就他们的某些行为而言，大多数人是反社会的。我们不可能回避的明显事实是，强制是必要的，而这种强制是对自由的限制。

由此便可得出结论说，关于自由和强制融合的社会学说乃是必不可少的。只是一味无限制地要求自由，乃是肤浅哲学导致的结果，它与只是要求统一于标准模式的相反主张同样有害。或许，根本不存在适用于过去和未来所有人类状况的解决这一难题的方案。我们只能满足于目前的这种解决方式，即在西方文明，亦即在欧洲和美国的文明中调整这一问题的方式。

大体上说，这种解决方式的主要效果，是以这些以专业资格为基础，并以这类资格的制度是否广泛地分布为前提的。显然，把各种各样的日常活动纳入专业范畴乃是先决条件。这里的"专业"一词是指某种副业，对它的这些活动可进行理论的分析，同时可根据从这种分析中所得出的理论成果对之进行修正。这种分析关注这种副业的各种目的，并且关注为达到这些目的而对这些活动做出的调整。这种批判精神必须建立在某种理解之上，即对包含在这些活动之中的事物性质的理解，因而据此能预见这些活动的结果。因此，建立在理论之上的预见，和建立在理解事物性质上的理论，对专业来说乃是必不可少的。同样，专业的目的并非是一堆确定目的的简单汇集，而是应当有一般的目的，例如治疗疾病这一总的目的便定义了医学。但是，每个人的身体可能会以多种方式处在生物学意义上良好的健康状态，并且健康状况也很容易变坏。在每一种状态下，我们都不得不对目标进行选择，这部分地依赖于已经获得的内在重要性，部分地依赖于这种获得的可行性。正是由于这一理由，实际从事某个专业就不可能与从理论上对它的理解无关，反之亦然。然而，我们确实也会发现有必要进一步进行专门研究，而且不只是在该专业的某个部门之内，譬如外科，还要重点思考有关它的理论，或者主要投身于其当前的实践。

与专业相对的活动是建立在习惯性活动之上的业余爱好，它受制于个人实践的试错。这种业余爱好属于手艺行业，或者对个人能力要求较低的行业上，只是对体力劳动的习惯性指引。古代文明乃是对服务于公共生活的本能目的的各种手艺的协调能力，而现代社会则是对各种专业的协调。毫无疑问，手艺和专业之间的区分并非泾渭分明。纵观文明的发展上，随着不断闪现的建设性的理解，手艺会不断扩展，而专业则是建立在传承方法之上的。这类专业人士并非社会地位越高，其抽象的心智在他们的生活中就越相应地占主导地位。相反，相当一部分技艺似乎培育了更优秀的人。以人口比例而论，15、16 和 17 世纪的欧洲表明，大约在那个时期，这种能力已达到最佳的和谐。单纯的心智很容易在掌握事实方面变得无足轻重。

通过自治机构对专业进行组织，这就把自由问题放置于新的角度了。因为此时正是机构既要求自由，同时也在实施控制。在古埃及，那些法老做出决定，并通过其手下来实施。而在现代世界，各种机构都有实施的权力，这同国家并无直接关系。这种新形式的自由乃是只限于实现某些特殊目的的自治机构，此种特色尤其表现于中世纪的行会之中；而那个时期是以文明化的天才大量增加为特征的。当时赋予"自由"一词的意义——至少在英格兰——表明这种新的社会结构投射到了旧形式的习惯性决定之上。因为"自由"那时并不意味着一般的自由，而是特殊的许可，即特许某个特殊群体在某个特殊行动领域把自身组织起来。由于这个原因，有时人们普遍讨厌"自由"。

当然，天主教会那时是重要的"自由"团体，它先是对抗罗马帝国，随后又主宰了中世纪的生活。在其早期，人们在恰当的理论关系上，把它与其他自治团体一视同仁。例如，在异教徒帝国中，其法律地位似乎一直类似于异教徒殡葬团体；虽然天主教会的所有权地位在君士坦丁时代以前一直没有被学者们最终阐明。但是在中世纪，天主教会的地位则远在其他机构之上，甚至其地位超过了国家本身。相应地，它与世俗团体和其他专业机构如大学的相似性，则被其自身的重要性掩盖了。天主教会还有个无法估量的特色，这就是就欧洲而言，天主教是普遍存在的。直到文艺复兴运动临近之时，才有了现代意义上的欧洲国家。但是，天主教会超越了所有政府的边界、所有民族的划分，以及所有的地理分界。对任何形式的专制政治而言，它都是一种长期存在的挑战，是普遍的"自由"。

第六节　现代政治哲学是倒退的

59　从16世纪初开始,这种制度文明的最初形式,不论是它的封建制度、它的各种行会,还是它的大学、它的天主教会,都完全地衰落了。新的中产阶级,不管是学者还是商人,都把它抛之脑后了。他们是个人主义者,对他们而言,大学是次要的,寺院是令人讨厌的,教会是令人讨厌的,封建制度是令人讨厌的,各种行会是令人讨厌的。他们需要良好的秩序,需要他们的个人活动不受干扰。16至17世纪的伟大思想家都令人无法理解地同大学相分离。伊拉斯谟需要印刷商,而培根、赫维、笛卡尔、伽利略、莱布尼兹则对政府的庇护或保护的需要胜过对大学同行的需求,因为这些同行大多是逆历史潮流而动的。当路德、笛卡尔、伽利略或者莱布尼兹迁居别处时,他们并非是要寻找更好的大学,而是要寻找更合适的政府——某一位愿意提供保护的公爵,某一位愿意提供经费的王子,或者是不会质疑他们的荷兰共和国。尽管如此,大学历经变化依然幸存下来了,这比其他机构的状况要好。在某些方面,那时是大学发展的重要时代,虽然它们衰落变为国有。最终欧洲出现了现代国家组织,即以主权国家来规制每一种制度组织形式,并视之为实现其自身目的的从属要素。这是向人类早期组织形式的回归,早在罗马帝国时期,这种组织形式便已显现出衰落的迹象。二者之间自然地会有诸多重大差别，因为任何事物都不可能破镜重圆。事实上，逆历史潮流而动便是失败，因为人类总会吸取历史经验的教训，早期文明形式的简单性对它已不相称了。

现时代的政治哲学有倒退倾向，因为它基于重现旧时古典文明的哲学家和法律人。中世纪时，教会和国家关系是简单化的，那时考虑的文明难题是人们是否应当分别忠诚于追求不同目的的诸多相互交叉的机构。天主教各种观念的传播和财产的国际分布造成了人们相互友爱的观念，而在由这种观念所主导的世界上，这确实是个问题。坚持唯有国家才有统治权的学说所提供的这种解决方案，不管对新教徒和统治者如何有利，它既是令人震惊的，也是不会奏效的，它不过是在16至17世纪打击罗马天主教徒的有力武器，不过是在商人办公室里设置监管人的一种方法而已。但是，对18至19世纪政治哲学中的伯克利式的个人主义而言，这种逆历史潮流而动的个人主义虽然取得了胜利，却有一些制度开始出现了，这些制度是建立在生气勃勃的现代理智兴趣之上的。这些制度即使是民族国家的，关心的也是国家之间的利益公平。科学在这些世纪里大获全胜，并且科学是普世的。因此，科学机构虽然在形式上是民族国家的，却非正式地建立了天主教的联盟。同时，学术和自然科学的进步改变了各个专业，使得它们理智化了，远远地超过了它们在早期的进步阶段。各种专业活动最初出现时只是一些习惯性活动，它们在很大程度上受互不相关的各种理论的修正。理论常常是错误的，并且早期某些专门的学说虽有严重的错误,却依然被人们固执地坚持着。这些学说表现出言之有理的推论,并作为古人的智慧得以保存下来。因此,那些古老的专业性实践是植根于习俗的,虽然也在向理智转变。到处都有一些个人远远地站在他们同时代人的前列。例如,在加伦和维萨里之间相隔的1400年间,欧洲医学实务的标准都不能与这两人中任何一个人所取得的成就相提并论。同时,在维萨里离世之后一个多世纪里,英国的查理二世在濒死之时还受到医生的折磨,这些医生所采用的是那个时代所习惯的无效疗法。此外,作为设计工程师的列奥纳多·达·芬奇在沃邦和瓦特出现之前,他的成就一直是无人可与之比肩的。在早前几个世纪里,作为普遍的社会学事实,专业影响主要是一堆智力的偶然闪现,回归到了惯例程序之中。这表明理智是在不断地返回本能的。但是,科学的高度发展使得习惯与智能在以往各专业中的作用发生了完全的逆转。由于这一逆转,专业制度得以在全世界流行开来。每一个这样的制度虽是在其自己的国家内付诸实践的,而其生命之源却是全球性的。因此,人们对国家的忠诚便延伸到主权国家之外。

或许,这些制度最重要的职能,便是对个人专业能力和专业实践的标准进行监督。为了这一目的,大学和更为专业化的机构才相互交织,难解难分。自由的问题由此而出现。因为并非是各种意见在受斥责,而是学问和能力受到了非难,所以,在较为重要的思想领域,人们既可以自由地发表意见,也可自由地进行大量不同的实践。由此给共同体提供了客观的信息，譬如，某些个人具有哪些重要性，哪一类行动自由可以被安全地接受。不管做什么事，都要接受一般的专业意见的审查，这种审查是通过这种制度体系来进行的。进一步而言，那些非专业人员那时甚至会得到更大的自由。因为重要的专业组织，只要它们是有效的，就应该能够指出不切实际的意见具有哪些危险。这样一来，在不考虑突然行动的地方，理性就获得了一个坚不可摧的堡垒。实际上，独立于组织之外的个人自由此时具有其不可或缺的作用。因为所有的组织都有其生命周期，而且允许外部批评有利于组织的长远发展。

同样，现代法律理论所说的主权国家也有自身的行动领域和局限。国家代表着共同体的一般智慧，其源于比各种科学主题更宽广的经验。国家的作用是对各种组织的活动做出总的判断。它能判断出这些活动是否看重能力，是否能在全世界的同类制度中处于突出地位。但是，当国家开始在科学或专业范围内自主地决定问题之时，它在这个地方就不再能合法地行使任何权力了。

例如，在专业的教学机构，每个老师显然不能随意按照自己的奇思遐想来教学生。在这个意义上，要求教学的自由是没有意义的。但是，这个一般的共同体完全无能力决定教师应当讲授哪些课程，或者可允许教师偏离到什么程度，或者教师个人应当具备哪些能力。只可能有一种诉求，并且这个诉求就是听从在实践这些被认可制度的过程中所揭示的一般专业意见。这种诉求属于天主教的诉求。

田纳西州规定了在中小学和大学里教学的自由是有限度的，这些原则并不算错。但是，当它蔑视了在全世界实际上被公认的专业意见时，它便表现出对自身恰当作用的惊人的无知。即使在这里，田纳西州也不该受到指责。因为目前盛行的主权政治哲学受道德权威的限制是非常弱的。当然，不管是谁在任何时候，只要具有物质性的力量，就会具有物质性的强制力，不论他是土匪或者法官或者政治统治者。但是道德权威则受限于实现目的的能力，这些目的的直接优势在有识之士看来是明显的。政治忠诚止于极端无能的边缘。

对专业制度的功能，我们已做了较为详细的考察，因为它们在现代社会里是明显的新生事物。这些制度朦胧的雏形早在古代就有了，譬如雅典的学校，特别是由柏拉图、亚里士多德和斯多葛学派所建立的那些学校，以及在其他地方如亚历山大创建的机构。后来，基督教会的神学家们也组成了另一个专业团体，它甚至不断地要求扩大自己的权威，使之超出了善意的范围。正是由于这些雏形，以及由于罗马和拜占庭法律学校在法律上的发展，就自由和道德权威问题而言，现代世界实际上早在亚历山大和奥古斯都时代就已经开始了。

第七节　经济组织的作用

目前，经济组织构成了人类关系中大量的重要问题。

它正在进入新阶段,并呈现出模糊的轮廓。某些新东西显然正在发展起来。19世纪以个人主义为特征的自由主义已经衰退,这相当令人出乎意料。只要商业中产阶级的政治利益没有被满足和保护,且他们依旧活跃于政治舞台上,这一学说的必然性就是不言自明的。只要工业制度和教育能产生大量的现代工匠,它的整个基础便会受到广泛的挑战。此外,商人对大量资本有着需求,借助于法律技巧,于是产生了有限责任商贸公司。这些虚构的个人,即法人,在生理上是不会死亡的,只有其自愿解散或者破产时才会消失。把这种新型的"个人"引入商业,便使得契约自由这一别具特色的自由主义学说的实际意义发生了变化。宣称这样的自由是人类个体的自然权利是一回事,把它作为公司法人则是另一回事。并且同样,私有财产的概念在西奈山,甚至在18世纪,是简单明白的。当存在着原始的道路、微不足道的排水系统和私家水井之时,由于没有复杂的信用制度,当付款意味着直接支付金块之时,当每一种产业还是合理地自我维系之时——当世界事实上还不是现在这个样子之时——私有财产是指什么,那时是十分清楚的,与任何现行法律假设迥然不同。今天,私有财产主要是一种法律假设,若是脱离这种法律规定,它的轮廓是完全模糊不清的。这种法律规定可能是,实际上几乎确定是,安排社会的最好方式。但是,"自然呼声"在我们处理它时则是微弱的回响。柏拉图《共和篇》中论述的模糊的公正概念,与今天模糊的公共概念相比,有明显的相似性。现代的工匠，犹如古代的特拉西马库斯，很容易把它定义为"强者的意志"。

当然，这些关于财产性质的极端观点——或者简单地予以肯定，或者简单地予以否定——都是夸大不实之辞。认为个人具有绝对权利，并具有可形成充分确定的外部关系的契约权力——这种绝对个人概念从整体上看已经破产了。人在其存在的每一个发生中都不可能与其环境相分离。这种发生所继承的环境是内在于它之中的，并且反之，它也内在于它所帮助传播的环境之中。那种受人欢迎的社会契约学说，即认为社会是从以习俗为基础向以契约为基础而嬗变的学说，是建立在浅薄的社会学基础之上的。风俗习惯的地位是回避不了的。这种地位不过是内在于每一发生之中的继承物的别名而已。风俗习惯的地位总是不可避免地存在着，是不可回避的条件。此外，这种被继承的地位从来不是充分的决定条件。总是有一定自由度来决定个体会强调什么。根据人类社会的高级形态来看，总是会有一些习惯性事实作为基本要素存在于每一种契约义务的意义之中。任何契约无一不是以习俗为先决条件的，而任何风俗习惯也无一不给自发的契约留下漏洞。正是这种真实情况赋予英美普通法以生命活力。在那些有经验的专家手中，它不过是工具而已，可使他们根据这种潜在的作用来解释清晰的契约。任何以文字陈述来表达的条款，都不可能穷尽这种预设事实的嬗变背景。对占统治地位的每个利益集团来说，变更的只是一般意识经验中的契约因素和习俗因素的相对重要性。这种平衡，不管幸与不幸，主要地依赖于该社会所提供的社会遗产的类型。但是，契约是自发性的表达方式，否则它便是无意义的，只是无效的意识表示而已。

最终，除了大量协调的遗产以外，任何东西都是不起作用的。偶然的自发性是由一些彼此相互冲突的思想火花构成的。各种观念必须加以维护、梳理、传播，并与其背景相协调，最后，它们才会成为行动中的具体表现。现代文明的明显标志乃是制度或机构的数量增加了，它们的源头可追溯到最初对某种观念的接受。在古代文明中，思想主要是解释性的，只是表现在个人行动的创造性方面。但是，共同的行动先于思想。古代的神祇，无论作为观念还是作为圣灵，都没有创造雷雨，只是对其作了解释而已。耶和华并未创造希伯来的部落情感，而是对这些情感做了解释。他从未制定开启希伯来历史的盟约；关于盟约的概念是解释性的观念。它是有影响力的，但这种观念是作为对部落历史的解释而出现的。尽管如此，它却强化了预先已存在的事实。《旧约》就处在古代和现代分界线的边缘。这个分水岭就是希腊文化，其区别就在于比例不同。但是，比例的重大变化会使得一切都大不相同。在古代生活的最后阶段，一直有一种挥之不去的感受认为，共同行动应当发源于观念。因此，他们的历史想象无意识地引入了对过去的各种解释，而这些解释同他们自己的现在具有模糊的关联；这些解释异想天开，难以置信，只适合于学者来揭示。它们不过是未来投射到过去的影子而已。

现在，我们回过头来探讨一下生活的经济方面。在古代世界，部落和部落、国家和国家之间存在着经济交往，也存在着工匠、商人和银行家的经济活动。这些活动既有公共的，也有个体的。在西塞罗给阿提库斯的信件中，我们可以看到他对财政方面有忧虑。这些信件非常类似于吉本写给霍尔罗德的信件，它们具有18世纪颇有教养的欧洲特色。的确，西塞罗的事务是足够繁杂的，在这方面，古代世界并没有显得有什么不足。为了了解阿提库斯对西塞罗的财政立场，置那些大量拉丁文学于不顾也是值得的。甚至在两千年之后，对这个主题不怀善意的关注也是很难的。或许，当西塞罗被士兵用利剑杀死之时，他的头脑才不再思考那些破烂事。

古代世界之所以是现代的，既表现在有待我们面对的物质性事实上，也表现为由其错综复杂的社会事物造成的阵阵焦虑。之上在那个时代，人类的心灵特别强大，产生了各种观念。在柏拉图和查士丁尼一世之间的时代，我们可追溯到我们的哲学观念、我们的宗教观念、我们的法律观念、以及现代政府组织的模型。当普林尼讨论家长是否应当成为他所创办的语法学校的校董时，我们对此似曾相识。高卢诗人西多尼斯·阿波利纳里斯就是新英格兰许多教会的或世俗的绅士的前身。但是在那个时期，观念的生发并未持续发展到由清晰的思想所产生的大量公司来足够转变社会的时代。尤其是那些大型商贸公司，例如热亚那的圣乔治银行、英格兰银行，与印度和东方做生意的大型商贸公司，尚需等待现代到来时才会出现。阿提库斯是一位银行家，但是他并不是银行集团的总裁。私人财富那时流入异教徒的寺庙里，而寺庙却是忠诚于传统宗教礼仪的团体。国税那时是由罗马资本家的私人公司所承包的。在这里我们与现代的概念接近了。然而，这些税收官毕竟是在从事直接服务于国家的工作。他们的行动是公共的和传统的，具有现代公司模式的味道。无疑，现代商业制度的许多雏形都能在那时找到。那些时代位于现代世界之内，但却是现代商业的襁褓时期。实际上，这里所引用的关于商业活动的例证属于中间时期，只是最近这些观念的影响才产生了其自身充分的经济后果。但是，观念在哪里有效，哪里就有自由。

第八节　对自由概念的思考

不幸的是，专门描述自由的文学作品祛除了自由的概念的核心。爬格子的文学家、以图画形式进行想象的艺术家，以新思想上演了反传统。自由的概念被狭隘地描绘成一幅深思熟虑的人们惊骇于同时代人的图画。当我们思考自由时，很容易把自身局限于思想自由、出版自由、宗教信仰自由，因而会把对自由的限制看作完全来自我们同类的敌意。这是完全错误的。物质自然界中的大量习惯及其铁的法则决定着人类的命运。生死、冷热、饥饿、分离、疾病和目的普遍的不可实现，所有这些都是囚禁人类灵魂的因素。我们的经验与我们的希望不会保持同步。柏拉图式的爱是指灵魂使自身激动，从而获得生命和运动，这种爱是有残疾的。自由的本质在于目的的可行性。人类遭受的主要苦难是受挫于它的普遍目的不能实现，甚至包括对其物种的定义。对自由的文学描述处理的主要是一些虚饰之物，希腊神话则更为切中要义。普罗米修斯并没有给人类带来出版自由，但他获得了火，而火顺从于人类的目的，可用来做饭和取暖。事实上，行动自由是人类的基本需求。在现代思想中，这一真理的表达所采取的形式是"对历史的经济阐释"。

"经济阐释"本身是新思想，它产生于最近六、七十年——这个事实阐明了重要的社会学事实。文学界人士在所有时代都主要地属于人类中的幸运之人，他们的基本需求已得到充分的满足。虽然一些搞文学的人终其一生一直贫困，但许多人只是偶尔遭受苦难。这个事实令我们震惊不已，它被人们记住乃是因为其十分罕见。幸运的阶级对如下事实是视而不见的：在各个时代里都会有大量的人生活在恐惧之中，忧心忡忡，担心各类灾难的发生——干旱、夏涝、歉收、家畜生病、海盗袭击。同时，当基本的需求毫无例外地得到满足时，人们便不再去想它们了。爱好美味佳肴的兴趣替代了对填饱肚子的追求。因此，激励那些幸运的阶级进行有意识活动的动机就有了可能，并具有了审美的意味：权力、光荣、遥远未来的安全、统治的形式、奢侈品、宗教、兴奋、对奇异方式的憎恶、对沉思的好奇、娱乐。人类之所以能存活下来，乃是因为他们演化出了特别的兴奋感，这使人类可迅速地适应新环境。这种不安分感可迅速地转化为少数人具有的某种形式简单、更为抽象的兴趣。当大众的经济要求与某种简单理想目的密切结合时，就会发生巨大的骚乱。理智和本能就这样结合起来了，因而某种古老的社会秩序便随之而消亡了。但是，大众总是存在的，他们要求至少得到最低限度的满足，他们的生活标准各地有高有低，也有升有降。因此，即使当少数人当权时，生活中清晰明白的经济事实一定是社会发展中的主导力量。然而一般地说，群众在理智上是沉默无声的，虽然那些少数人坚持的更理想的目标不管好坏已渗透到群众心中，这一目标在根据无数人的幻想指导着各种政策。而对自由的基本要求就存在于实现这些普遍目的的普遍要求之中。这些普遍目的是由各种理想和经济政策融合而成的，它们构成了历史的材料。只要人群被某种普遍的渴求所支配，自由对政治家来说就并非是不寻常的问题。这些部落行动会不可避免地形成，并且该人类群体会被推向前进，或者会成功地实现目标，或则会因受挫而归于失败。

在现代国家里，问题是复杂的。人的性格各式各样，而自由则意味着在每一种类型的人中，必要的协调应当是可能的，同时又不损害整个共同体的普遍目的。实际上，一个普遍目的是，这些各种各样的协调起来的群体应当对复杂的共同体生活模式有所贡献，各自根据其自身的特色来进行。这样一来，个体便获得了从协调性中产生的有效性，而自由则获得了完善其自身所必要的力量。

这就是政治家的希望之所在，这种解决方案是长久的历史进程耐心地展示出来的。但是，它并不是鼓励人们去超越人类局限的直觉。毕竟，灵长类，动物，地球表面的生命，都是匆匆过客，微不足道。世间存在着超越具体环境的自由，它起源于这样的直接的直觉，即：生命的基础在于它可以专注于万变中之不变。这种自由就是柏拉图探索的自由，就是斯多葛派和基督徒从希腊文化中获得的馈赠。它是那种美德的自由，其直接来自于所有的和谐之源。因为它唯一地以充分理解为条件。并且理解有这样的品质，即：不管如何引导它，它都会自由地流入灵魂，使自身的性质与最高的洞见相一致，它是自由与真正的强制力的交融。在这个意义上，囚犯可以是自由的，只要他把最高的洞见当作是其自己的，只要他内在地劝服自己走向和谐，即走向生存的最高点。

第五章
从征服到说服

第一节 说服作用的增长

　　说服的作用在人类公共生活中逐渐地发展起来,并不能完全归之于观念的激励。实际上,即使是理智活动的习惯,也是由每个共同体之内和不同共同体之间的社会生活中那些缓慢而自然发展的说服性交往所促进的。显然,每一个家庭群体的存在都包含着爱、依赖、同情、说服和强制的混合。在任何时期,人类关系中都不可能完全没有比较温情的模式。实际上,残忍并非人的本性,而是自利发展的结果。它可能很容易作为自我保护的必要特性而产生,并且发展得过度了,限制了低层次的生命向上演化。我们可以发现,文明化的共同体一直在与两种强制力做斗争。一是为争取自然天性上所必需的东西,譬如食物、衣物和住所而抗争;一是为协调社会活动所必需的东西而抗争。

这种协调部分地是由本能习惯所产生的，它需要不时闪现的善意来维系，部分地也是由其他共同体成员行使的强制所产生的，并且部分地还是由合理的说服所产生的。只要合理的说服领域得以扩大，一种环境就会产生，高级的精神活动和微妙的感受可在其中找到用武之地，并发现快乐。但是，随着理智的增长，这种需求的范围会逐渐地减少，此时人们对自然界获得了某种掌控。因此，对说服的广泛依赖带来了回报，这就是形成了向上的演化。至少，它造成了有利于这种向上趋势的条件。

在本章，我们要考察某些自然需求的影响，譬如食物和衣物需求的影响，也要考察某些活动的影响，譬如商业活动的影响，它们自然地在促进社会内部和社会之间的说服作用。此外，我们还要考察这些力量的作用如何转化为各种各样的躁动不安。

这一类活动已活跃了好几个世纪，实际上已长达数千年之久，我们发现，它们是驱动希伯来先知和希腊哲学家前进的理智发挥积极作用背后的力量。实际上，若是没有这些作用的持续生机勃发，人类的理智生命就会凋谢枯萎，缺乏根基，并且不能为思想或者目标提供任何实质性的内容。

第二节 商业的作用

在本章，"商业"一词的意义有所扩大，包括物质商品的交换,以及为了这种交换而进行的生产,也将包括货币的管理。货币在传统上是一种商品,除了用作货币以外,它有可能但不一定必然地具有其自身的内在价值。最后,我们将把这一术语的意义扩展到这些界限以外,使其超出了物质性事物的范围。在其最一般意义上,人类的商业包含着以相互说服的方式而进行的每一种交换。

所有的商业价值都是心理上的,也就是说,它们要由人类群体对获得的许多物品中广泛存在的欲望来衡量。这种欲望可能与出自占有或剥削的某些物质需要相联系,例如,与不会挨饿或者饿死有关。当完全没有任何这类物质需要或审美事实,因而占有的唯一好处取决于重新交换的可能性时,我们在本质上所关心的便是以信用为基础的货币。在人类行为的这个领域,人类的心理特性产生了其最充分的影响。经常发生的情况是,即使与货币有关联,也没有明确的契约,但是占有的优势在于对人类某些确定习惯的稳定性具有信念,这些习惯并不以维持生命的物质需要为基础。例如,黄金作为货币,其威望建立在人们高度地评价占有黄金的习惯。这种习惯具有悠久而复杂的历史。在这一历史上,有个相对较晚出现的因素是,人们非常固定地使用金币当作交换手段。另一个因素是,人们无根据地相信黄金的价值主要不是用作货币,其理由是它有审美的和冶金的用途。再一个因素是,人们坚信,只要黄金被一般地用作货币,任何政府都不能任意地增加自己的货币储量。而实际上,黄金的所有这些特征都是可以改变的。

在遥远的将来化学上的进步可能会使生产黄金像生产纸币一样容易，那时对黄金的迷信般崇拜就会消失。世界各国政府可能更喜欢纸币，或许其理由正在于，他们可以按照自己的意愿任意地增加纸币数量，因而把社会从一种物质性强制中解放出来。但是，基本的事实是，只要大部分人类认为黄金是财富，那么黄金便代表着财富；而一旦这种看法消失了，黄金那时就会成为一种无足轻重的金属品而已。

货币所表现的只是人类的依赖习惯的特别情形。全部生产者和零售商的情形都是如此。有个极端例子可从宗教用品交易所一探究竟，例如中非的偶像生产，某些国家为了给加尔文派和一神教派的教士提供罩衣而进行的黑袍子生产。然而，大多数商品属于混合类型。在气候温和的地方，裙装是一种物质需求，但是裙装的各种样式却取决于人们的品味，事实上它是可变的。即使同裙装相比食物是更为迫切的物质需要，在现代社会里仍有供人们选择的丰富多样的裙装品种。所有这些考虑的要义在于，商业学说必须建立在有关需要、习惯、技术和流行知识的假定之上。但是，习惯、技术和知识在不同的时代是可变的，甚至在任何一个时代，在不同的共同体人群中也是不同的。因此，任何商业理论都依赖于对相关群体的预设前提，并且不能被扩展到这些界限之外，除非对更大的群体经过了直接调查。例如，任何重要的技术变化都会在实际上改变人类群体，并会由此而要求商业理论作出相应的改变。这个结论为经济学说大师们所熟知。但是，它的确没有引起大多数从事商业理论和实务，或者从事政治管理的人们予以足够的注意。在19世纪占支配地位的古典政治经济学，主要地是以对18世纪北欧和北美的中产阶级社会学观察为基础的，同时它也部分地参照了较前时期地中海地区的商业。其他的所有东西，尽管在欧洲其他群体或者在其他各洲略见端倪，却被当作与纯粹完善的商业实务无关的干扰而被弃置一旁，不予考虑。

经济学的发展实际上要受主要地与之相关的那个阶级的道德倾向所影响。这些经济学家们把完善的文明中的主要职业看作商业活动，这一理想导致他们考虑的是**应当起作用**的经济规律，却忽略了事实上**在起作用**的经济过程。例如，在19世纪中期的英国，激进的生产者们反对制定反假货法，这一动议的根据是这样一条公理："一经出售，概不负责"。在这个例子中，他们所坚持的个人主义社会学说，与他们的如下预设结合起来了，即值得尊敬的男男女女主要是在从事保护他们的全部商业利益的活动，这使得他们忽略了有关普遍事实的各种问题。在研究观念时，我们有必要记住，坚持头脑冷静的清晰性，这是由感情用事的情感所造成的，它仿佛是一层薄雾，掩盖了事实中的各种困惑。不惜任何代价地坚持明晰性，完全是基于迷信人类智能发挥作用的方式。而我们的推理仿佛是抓住稻草作前提，并飘浮在蛛丝上做推理。

第三节 马尔萨斯人口定律

另一个判断失当的简单化例证，就是对马尔萨斯人口定律的运用。这一定律，在任何合理的精确陈述中，都是不可否认的。除非抑制性冲动，或者抑制生育，或者抑制生存，否则，人口会以类似于几何级数的规律来增长。同时，除了这些抑制，以几何级数增长的人口数量会大于由不容忽视的差异所造成的统一体。此外，只要生活资料——食物、衣物、住所——是由这类既定的工具提供的，那就只能通过生产更多的这类器具来获得增长。即使这些更多的生产是可变的，那也一定是与一般的算术级数相一致的。但是，几何级数永远会超过算术级数。这样，根据马尔萨斯人口定律来推论，就可得出这样的结论：人口的增长总是超过生活资料的增长。由此可进一步推论，除了一些例外的短暂时期以外，社会的正常结构是，相对富裕的少数人依赖于遭受饥饿和其他苦难的大量人口的劳动而生存。

如果这些社会学结论是真的，那么对商业来说就是极其重要的。我们在此所用的商业一词是在其扩大意义上使用的。因为，首先，社会的正常结构此时已得到定义，即它是由少数幸运者和多数半贫困者构成的。因此，从长远观点看，生产者必须以适应这些类型的消费者来设计其生产。同时，一定不要寄希望于通过在工厂里人道地调整社会条件，以此改进社会条件。当然，由于各处孤立进行的善行，这种希望有可能会实现。但是，就长远而言，一定会有大量劳动者，因为饥饿和贫穷，情愿为得到那些仅能维持生计的微薄工资而工作。利用这些廉价劳动力的工厂，将会把那些依靠幻想的人道主义方针而经营的工厂淘汰出局。因此，社会制度的最终改善的希望乃是海市蜃楼。只要医学在拯救生命，就只能会有更多的人忍饥挨饿。

这些从马尔萨斯人口定律中得出的社会学结论，首先，会假定对人口增长的所有抑制措施其实都是次要的，只有当人口过剩导致其占主导地位时，才会显示出这些措施是重要的。其次，这些结论会假设，在马尔萨斯人口定律发挥作用的这一段时间里，不会出现由技术改进而造成的生产力突然增长。或许，这种技术改进甚至可能会要求额外的人口增长。再次，这些结论假设，人口迁徙将不会严重地影响相关的人口地理分布情形。事实上，这里的情形非常复杂，它依赖于许多因素的平衡。若是任意地抓住一两个因素，并把其他因素贬低为次要因素，那么就可以推导出任何人口定律。因此，马尔萨斯人口定律及其社会学推论，并非是铁定的必然规律，而是事实中内在固有的可能性而已，它可以给某些人类社会，或者所有人类社会中的各种情形提供诠释。

借助于观察就可立刻看到马尔萨斯人口学说的重要性。中国和印度可提供具体的社会范例来说明他的人口定律。中印两国都有大量人口，两国的生活标准在相当长的历史时期内濒临仅仅维持生存的危险边缘。所以，我们必须得出结论说，对将近一半人类来说，马尔萨斯对最近几个世纪，甚至更长时期内出现的主要历史事实提供了解释。这样，印度和中国可谓是文明社会的例证，在其最近很长历史时期内，它们以有限的技术并在固定的地理区域内，维持着自身的生计。它们提供了马尔萨斯人口定律所要求的确切条件。

当我们转向欧洲各种族时，情况则更为复杂了。表面事实是，在从查理曼至今十一个世纪期间，人口的持续增长一直伴随着同样的一般生活水准的提高。因此，对马尔萨斯人口定律的任何简单应用，试图将人口密度与生活必需品的匮乏相联系，都是不可行的。当然，对这一结论的现成答案是，马尔萨斯人口学说的领军人物明确认可的那些抑制介入了这一过程，因而延缓了它的必然结果。但是，欧洲甚至西欧乃是一个广大地区，并且一千年在时间上也可谓悠久，大约是以往历史时期内整个文明的六分之一。明确的事实是，在这个历史时期内，在整个这个地区，所谓的抑制就是马尔萨斯人口论所提出的这种可能性而已，其既未曾实现，也毫无重要性可言。同时这些抑制甚至同人口密度也不成比例。例如，瘟疫主要是由不卫生的习惯，以及大量老鼠、昆虫和细菌所致。在欧洲黑死病期间，如果一位马尔萨斯主义者还在谈论人口出生率过高，那将是毫不相关的呓语。肥皂、淡水和排水沟，才是当时那种情形中的关键。三十年战争使得德国人口减半，这是由多种原因造成的。有些原因是可信的，但大多数说法是不可信的,而从未有人说过这是由人口过剩造成的。当然,在中世纪,甚至在文艺复兴时期,欧洲有大量的悲剧发生。例如,我们看到过农民起义的记录。但是,这些悲剧的确同人口密度不成正比。因此,在16世纪初年,人口稠密的佛兰德斯比德国的乡村要繁华得多,而在当时这些农村地区却有农民起义发生。当然,这种不同的原因过于明显了,根本不值得在这里提及。但在诸多原因中,有个明显的事实是,马尔萨斯人口定律同关于欧洲社会学条件的讨论是毫不相干的。

第四节 欧洲与近东的相互作用

尽管如此,一直有这一类相关的事情发生。孤立地讨论西欧的发展是错误的。欧洲的历史明确地受到了它与近东相互作用的影响。这里"近东"一词是指包括沿海三个大都会地区在内的广袤地区——君士坦丁堡、美索不达米亚和尼罗河三角洲,也包括阿拉伯沙漠及其富饶的边缘地区,以及小亚细亚高原和山脉。旧世界文明史乃是中国、印度、近东和欧洲内部的发展史。倘若不研究这四个地区之间的相互影响,这四个地区的历史就不可能得到理解。例如,希腊时期和希腊化时期的历史,就包含着近东古代文明如何带来了欧洲新文明的产生,以及欧洲文明如何坚持独立于曾养育过它的社会制度。这种古老的文明在随后的衰落乃是历史的悲剧,罗马帝国的衰亡已是其先兆,这种帝国制度已回复到东方的理想。

中世纪欧洲与近东的相互作用可通过四个主题来讨论，即马尔萨斯学说、宗教、技术和商业。然而，我们必须记住，这个故事中所有的重大危机都是由许多原因同时发生所积淀而成的。社会学理论中把突然的行动与绝望的贫困相联系是大错特错的。事实上，当一个群体的生活水准穷困到难以维持生计时，这种生活的贫困往往会削弱人们冒险的冲动。马尔萨斯所说的征服冲动，通常是那些有教养且意志坚定的人群，在感受到人口增多而资源有压力时所产生的。没有证据表明，中亚各王朝或阿拉伯诸部落的战争是因饥饿而发生的。或许当时的生活越来越单调乏味，引起人们的躁动不安。但是，刺激鞑靼人和阿拉伯部落突然征伐的原因，乃是积极主动的冒险精神、对传说中的奇珍异宝的梦想和宗教原因。梦想奢华生活乃是马尔萨斯所谓对人口形成压力的第一阶段，也是更危险的阶段。它通常出现在衰弱侵袭之前。但是，这种情绪不安的最初阶段可能会表现为比较理性的形式，并以宗教观念作伪装。这时便有可能会出现新的群众性宗教，声称它的使命就是征服地球和摧毁异端。事实上，历史上常见的现象是，人口对资源形成的压力，乃是各大地区之间和同一社会制度中不同阶级之间灾难性的相互作用的主要原因。从总体上看，这些灾难使得文明损失惨重。它们是突然的跌落，预先难以知晓，并且文明并非原始自然的平均结果，而是依赖于选择作用的长期发力。

有三个原因可以清晰地说明，为什么在欧洲一千多年时间里，正是那些内部条件使得马尔萨斯人口定律的作用归于无足轻重。这三个原因就是商业的扩张、技术的发展和新大陆的发现。所有这些原因都是相互联系的。同时，每个原因中所包含的活动，都可以表现为人们追求生存的手段。但是，关键在于人类的情感和理智功能得到了发展，更加地易变敏感。因此，在幸运的社会里，经济压力的微弱端倪会逐渐发展为不成比例的冒险形式，或者是物质的，或者是理智的。专业一开始是谋生的手段，最后却往往以激情而告终。它在欧洲的结果，便是引入了新生事物，这些新生事物有商业、科学技术和地理知识，它们完全遮蔽了马尔萨斯社会学说的各种后果。

导致其他两者得以发展起来的核心活动则是商业。我们所说的欧洲是自查理曼大帝以来的时期。如果包含此前的六百年，那么欧洲内部的民族大迁徙也是重要因素。但在我们考察的这个时期内，这些大迁徙已经结束。此时，斯堪的纳维亚的北方人仍在四处流动，但这种迁徙已不是大规模的移动了。最好是把这种移动看作欧洲史无前例的最强悍统治阶级向外扩张——卡纽特及其所率的丹麦人征服英国，诺曼底贵族侵入法国、英国和意大利南部。他们从事的这些活动也不足以遮蔽马尔萨斯人口定律。他们引入了秩序，且良好的秩序乃是人口增长的条件。如此这般的秩序不能提供任何理由，以逃避人口增长所带来的后果。同时，简单列举这个时代中令人感兴趣的主要事情并不切题。例如，天主教会的各种活动、经院哲学的各种争论、神圣的罗马帝国、各种建筑成就、文艺复兴时期人们对艺术和文学的兴趣，还有宗教改革，凡此种种，均与回避马尔萨斯所说的由人口增长所导致的结果毫无关系。即使人口增加了，历史也只为我们揭示了三种逃避方法——商业扩张、技术改进和未开发地区的利用。在社会学意义上，文明社会可分为两种基本类型：一类社会是包含这三个条件的一个或两三个条件的社会，另一类社会则是不包含这三个条件的社会。在商业一词的广义上，它包含着所有这三个条件。因此，商业是核心因素，是文明繁荣不可缺少的因素。只要有某种中止，即商业扩张、技术改进和对未发展地区的新利用停止之时，相关人口就会缓慢而不知不觉地萎缩。譬如，中国和印度虽然在社会与民族变迁中延续了下来，它们的人口却因贫困而减少，罗马帝国也因人口枯萎而衰亡，近东则是古代辉煌记录中的城市废墟堆栈而已。所以，核心要素是商业，而且不仅如此，这种商业还须是喜爱冒险发展的商业。

在查理曼大帝之后的头三百年间，封建制度发展缓慢，我们可以看到，那时的人们虽然艰苦劳作，也只能获得基本生计。这种客观状况具体地说明了在文明的初级阶段，马尔萨斯人口学说是适用的。应对人口增长的唯一办法就是砍林造田，以算术级数增加耕地，直到完全占据肥沃的土地。同时，土地的肥力本身也逐渐地被消耗殆尽，因此直到18世纪末，休耕地证明了大自然给农业设置的严酷极限。技术的本质就在于使人类超越不能控制的自然界给人类设定的这些限制。例如，农作物轮作，科学地理解肥料和遗传学，已经改变了为食物生产所设置的界线。

在这些早期阶段，马尔萨斯论述的这些人口定理确实制约着人类生活。他说的那些"抑制因素"一直在发挥着作用，并且人口那时几乎也没有增长。商业的缓慢增长，给自由民和行会带来特殊便利的贸易中心的建立，犹太人、朝圣者的新奇知识，地中海贸易和后来"十字军东征"给人们提供的对中东的了解，在大修道院中贮藏的知识——凡此种种因素，逐渐地消除了原生态自然界对人类生存的可能抑制。欧洲人的生活，就相关技术和一般商业活动而言，此时开始向近东和中国的标准靠近。但是，这些古老的文明即将面临新的限制，且同样是不可改变的，即使他们的技术和社会组织的发展阶段已达到相当高的程度。

第五节　自然界的可塑性

自然界是有可塑性的，虽然对每一种流行的观念，都会有相应的自然铁律给生命设置界线。现代历史发轫于欧洲人的理解力进入新阶段之时，这使他们能够引进新的选择力量，而古老的文明对此还未曾想过。那种把自然与人分别思考的学说乃是错误的二分法。人类是自然**之中**的因素，他们以其自身最强烈的形式展示了自然的可塑性。可塑性正是引入新规律的根据所在。自然的一致性学说同与之相对立的魔法和奇迹学说同属一类，它所表达的真理是片面的，是同宇宙的无限性不相容和不协调的。我们对经验的诠释决定着我们在世界上从事实践的界线。

欧洲人的生活缘何碰巧避开了那些制约中国、印度和近东的各种限制？为了理解个中原由，重要的是重新研究各个时期盛行的商业态度。我不是指贸易记录，而是指对支配商业关系的各种心态的记录。只有通过了解何种人在社会中发生了何种作用，我们才能理解这个社会。必须记住，中国和巴格达，① 在它们繁荣的鼎盛时期，它们所展示的人类生活形式在许多方面都比我们更雅致。但是，它们后来曾停滞不前了，并且这种停滞不前正是我们要探究的要点。我们必须既要理解它们之所以伟大的原因，也要理解最终导致它们停滞不前的障碍。当然，这样富有雄心的设计是荒谬的，因为这意味着解决了社会学的主要问题。我们所能做到的一切，乃是要记录在不同时期和不同地区内明显广为流行的相关心灵基调有哪些表现而已。

有大量证据表明，在古代中国和近东曾活跃一时的商业活动，发生在爱琴海流域的前希腊时期和希腊化时期的同一个时期。那时也有法典规制着各种商业问题。同时，在巴比伦和尼尼微地区发掘的早期残简中，也有商人之间私人交往的大量记载。三千年前，信用的重要性，无论在美索不达米亚还是在中国，都并不是什么新东西。同时还

---

① 译者注：原文如此。

有一些外贸活动越过了近东边界。有证明表明，印度和埃及之间曾有海上贸易，或许中国与埃及之间，以锡兰为中介，也有海上贸易。此外，中亚那时已接近其最后的繁荣阶段，随后它便退化为沙漠。这里似乎有一条通道，使中国和近东之间保持着繁荣的陆地贸易。因此，这些伟大的文明就是由内部贸易和相互之间的外部贸易得以维持的。同时，还有半野蛮的欧洲整个海岸线——黑海沿岸、西地中海沿岸、欧洲大西洋沿岸。

同公元15、16世纪的航海术相比，考虑到那时航海术的相对落后，那些腓尼基水手的冒险精神及其商人的进取精神，与任何后世专长相比，毫不逊色。他们那绝对可堪称大无畏的精神是后人不可超越的；并且考虑到这些古代人拥有极少地理知识，这些腓尼基人一定展示了极致的勇敢，蜚声海内外。希腊人是勇敢的水手，但是这些腓尼基人则是开路先锋。没有任何理由认为，在后来的时代里，希腊人或者罗马人的船只所抵达的海岸，无一不是先由这些腓尼基商人所光顾过的。此外，还要记住，在公元前16世纪安诺的航行中，整个非洲海岸线都曾被近东的人们先行探险过。在大约两千年时光过去之后，西欧人才到达这个地方。在最近几百年间，欧洲各民族对近东的伟大成就已有淡忘的倾向。而正是这些人口，在没有前辈指引的情况下，把人类从尚未直立行走的半野蛮状态，在艺术、宗教和探险方面引导到文明生活的顶峰，迄今无人超越。他们的文明在鼎盛时期建立在商业扩张、技术发展和新大陆发现之上。但是，除此以外还有一项未曾提及，那就是人的灵魂。

欧洲人最初试图建立广泛的欧洲文明，但是近东幸存下来了，且活力仍在。欧洲人的这一企图体现在罗马帝国的西部地区，时间持续了四百五十年或者五百年。这个时期的界限大体上始于恺撒和奥古斯都时代，一直到公元410年西哥特国王阿拉里克攻陷罗马时为止。这一企图之所以失败，并非由于帝国政治制度的衰亡。这种国家制度只是作用于文明表面的权宜之计。真正的失败是如下事实造成的：公元600年时西欧的文明程度还不如公元100年之时，甚至远远落后于公元前3、4世纪时的地中海西部地区。教皇格里戈里这位伟人同索福克勒斯、亚里士多德、埃拉托色尼或者阿基米德也不可同日而语。格里戈里是他那个时代的人物，但是，在艺术或者思想或者人类行为中所表现出来的文明精妙之处，在那时则大打折扣。

在文明一词的每个意义上，西罗马帝国都已缺少扩张的力量。在莱茵河和多瑙河以北，那些森林是不能穿越的。在西边，大西洋是无路可走的。除了征服不列颠这个小小的例外，所有的物理扩张企图，自瓦鲁斯失去奥古斯都的罗马兵团以来，都已经停止。就其全部细节而言，西罗马帝国已成为纯粹自卫的机构，无论就其社会学功能而言，还是就其外部行为而言，都是如此。它的学术缺乏思辨的探险。不管在任何意义上，无论我们如何大胆地想象，它都没有发现新世界。不幸的是，生命乃是某种攻势，它直接地抵制宇宙的重复机制。本讨论的要旨在于,社会学意义上的自卫政策注定是要失败的。我们这里所分析的这些种类的社会职能,它所提供的是生命所需要的扩张和新颖性。生命只能被理解为旨在获得环境条件所能允许的完美性。但是,这种目的永远会超越既定的事实。目标总是某种完美事物,不管它多么低级并在根本上属于可感之物。无机自然界以接受事实为特征。在自然界,土壤虽然静待原处,植物根系却在追求生命活力之源。而在西罗马帝国里却没有追求。在它所残存的躁动不安中,缺乏超越的目的。

当然,基督教是很大的例外。可是从总体上看,就其直接后果而论,它却是破坏力量。根据启示录预言,它对俗世中的事实漠不关心,这未免过于极端了。直到度过最初几个世纪之后,它才开始在俗世获得转机。实际上,把闪米特的、希腊的和埃及的这种东方思维方式翻译并介绍到西欧,它的后果是不幸的,它使得文明的理想方面显得过于抽象,超过了它在其所起源的那些国土和时代的抽象程度。随着时代的推移,当情况发生时,在近东本身也产生了这种不良后果。在早期希伯来人看来,他们的上帝是个实在人物,他的各种目的可根据直接的政治和社会情况来体现。他们的宗教概念与彼岸世界极少联系。那些希腊哲学家们醉心于他们那个时代的城邦生活,这是显而易见的。但是,在其他时代,尤其是在其他地方,这种思想和理想便沾染上抽象的气息,失去了自身的实践应用价值。

观念的探险

这样便产生了如下观念，即那些有教养和怀抱理想目的的人，都是繁忙俗世中的奇特人物。无疑，这样的概念当时萦绕在柏拉图脑海之中，可是却主宰了奥古斯丁。然而，在奥古斯丁时代，直到君士坦丁之后那个世纪结束，教会改革这个世界的使命是第一位的。而现世顽固地幸存下来，这使得早期基督教那些非俗世的方法无从施展拳脚。

但是，近东的文明，包括边缘的拜占庭，包含着其他活力之源，这使它避免了西部边缘地区衰落的命运。亚历山大的真正继承人，即那些实现了他把近东文明从底格里斯河扩张到地中海西岸之梦想的人们，隶属于查斯丁时代和穆罕默德信徒对外扩张的时代。查斯丁的胜利是不完全的，它只是虚幻的曙光而已。但是，穆罕默德的信徒们则代表着近东大获全胜，这是在他们吸收了希腊文化和希伯来文化的精华之后才实现的。这两种文化是注定再造文明的近东两大文化分支。因此，近东文化有两大高峰。早期的高峰体现在巴比伦和埃及的高度文明之中，这是人们知道的最早例子。这里的高峰比喻并不恰当，因为这种早期生活类型维持的时代很长。波斯人的来临代表着过渡时期，他们几乎在这些穆罕默德信徒之前抢占了先机，可是这个时代还尚未准备好。

罗马人不同于拜占庭人和穆斯林的地方在于，这些罗马人自身承接的文明是他们所传播的文明。在他们手中，文明采取的形式是凝固僵化的：思想停滞不前，文学因循守旧。而拜占庭人和穆斯林本身就是文明，因而他们的文化保持着其自身内在固有的生命活力,这是由物质和精神的探险来维持的。他们与远东进行贸易,他们向西部扩张,他们以法典形式制定法律,他们发展新的艺术形式,他们充分发挥神学的作用,他们改进数学,他们发展医学。在近东最后的这个伟大时期,犹太人所发挥的作用同希腊人在波斯时代所发挥的作用完全一样。最终,近东作为文明中心遭到鞑靼人和土耳其人的毁灭。

欧洲是幸运的,波兰的茂密森林和波兰南部的群山峻岭阻碍了鞑靼人越过俄国,继续向更远的北方挺进。这些近东的征服者们在文明一词的任何实际意义上都不能说是文明的。在后来的几个世纪期间,土耳其人对欧洲的威胁构成的只是低级文明对欧洲的威胁,这种低级文明是原始的野蛮与衰落的文雅巧妙混合的产物。在18、19世纪,人们撰写的很多历史给人留下了这样的印象,即:土耳其仿佛是以往近东文明的真正代表。因此,早期希腊处在近东文明的对立阶段,而不是由其所派生的。事实上,欧洲对近东这一段漫长的学徒时期被完全地以讹传讹了。

第六节 现代欧洲对文明的追求

在中世纪那个黑暗年代即将结束之际,欧洲便开始以三大优越条件再次努力地追求文明:一是它的基督教伦理;二是它内在固有的建立超越地方界线的法律组织的要求,这种要求发源于教会和对帝国的眷恋;三是它对先前思想的继承，逐渐地归结为对希伯来、希腊和罗马文献的继承。总的结果便是人之作为人的尊严感得以提高。对人类生命之宝贵的尊重也缓慢而曲折地增长起来。这就是人道主义精神，经过千年之久的缓慢发展之后，如今它开始逐渐地显露出来。

柏拉图说，世界的创造过程乃是说服战胜征服的过程。人的价值就在于他们有听从劝服的倾向。他们通过展示各种选择就能说服人，并且他们也能被说服。文明乃是对社会秩序的维持，它所凭借的是内在固有的说服，这种说服体现了更好的选择。然而，诉诸武力是不可避免的，但它所展示的是文明的失败，既是整个社会的失败，也是相关个人的失败。因此，在活跃的文明中，永远会有不安定的因素存在。因为对观念的敏感性便意味着好奇、探险和变化。文明秩序之所以能幸存下来，乃是依赖于其自身具有的优点，而它之所以会改变，乃是因为它有力量承认自身的不完善。

现在，个体之间和社会群体之间的交往，都要在征服或者劝说这两种形式之间选取一种。商业活动是以劝说方式进行交往的重要例证。战争、奴隶制和政府强制力则是征服占主宰地位的例证。近东文明的弱点就在于大量地依赖于征服，而社会结构中以劝说方式进行交往的增长则陷于停滞。这些文明中从来没有根除征服者压迫被征服者、个体的主人压迫众多奴隶，对这种方式的大量依赖成为惯例。这种明显习惯的影响还传染到这些界线以外。例如，男人统治女人就依然是这些高度文明社会中的确定特征。这实际是从原始野蛮状态中留存下来的恶习，可是它却使社会堕落的作用与文明一同增长。这种男女不平等似乎建立在男性体力比妇女强壮和妇女全神贯注于生育和照料孩子之上。不管怎样，它导致了妇女的地位低于男性。因此，这些东方民族便进入了毁灭性的试验之中，即把自身维持在男女不同的两种文化层面之上，同时又强制那些被征服的臣民处在第三文化层面。醉心于权力对生命中的细微情趣是毁灭性的，而统治阶级的堕落就是因为他们懒惰放纵，沉溺于明显的满足之中所致。

商业活动是紧随着人类小群体活动空间的扩大而开始的。整个人群共同体也曾四处迁徙过，逐渐地向其他环境中移动。但是，由这些小群体，或由单个人所进行的往返旅行活动，则是具有完全不同特征的行为。它要么要求有开阔的国土，其间没有密林阻碍，要么要求在河流和大海上航行。这些陌生人以小团体的形式到来了。他们这样到来并无征服的邪念，且不会引起任何恐惧。商业活动可能会使自身稳定，形成既定的传统惯例。这种对进步的阻碍在很长时期内发生在广大的地区。但是在总体上，商业活动是不稳定的，会将各具不同生活方式、不同技术、不同思想方式的人群汇集在一起。如果没有商业活动，水手使用的罗盘及其使人想起的很多理论，就决不会到达大西洋海岸，印刷术也不会从北京传到开罗。

中世纪和现代欧洲的商业扩张乃是由三种因素促成的：

一是继承于罗马帝国的陆地要道,二是航海术的改进,这使得那些犬牙交错的海岸线可被利用,三是天主教会和基督教伦理学所促成的统一感。那时虽然常有海盗出没,有封建领主之间的战争,时而还有野蛮的骚乱,但是,来自不同地区、不同种族和不同职业的各色人等毕竟汇集到一起,以自由的说服为基础进行商业活动。即使是封建领主的城堡,它的驻守者常常怀有强盗之心,也是更倾向于防守而不是进攻。同样,那些封建主征募来的士兵们,在他们短暂的服役期间,也主要地是用于防卫力量。在后来,这一制度的恶超过其自身的优点。但是,它在最初堪比现代警察,或者更像现代军队。当然,它与这两者都有所不同。关键在于,这些封建城堡主要地是合乎情理的确保区域安全的自我保护方式。商业活动的优点乃在于它与技术关系密切。由商业活动所促进的新颖经验会启发人们采取不同的生产方法,欧洲的技术也可从另一源泉获得养分。清晰思维的艺术,对前提进行批判的艺术,思辨性的假设和演绎推理的艺术——这种重要的艺术至少在胚胎状态时是由希腊人发现的,后来才被整个欧洲所继承。正像其他发明一样,它经常被灾难性地误用。但是它对智能的影响,只有火、铁、钢对大马士革和托莱多的刀片生产的影响可与之相提并论。人类至此不仅在身体上武装起来了,而且在理智上也武装起来了。

好奇心此时开始增长。所罗门箴言、圣经智慧书中那些静态的智慧,已被欧几里得几何原理、牛顿物理学和现代工业时代所取代。而近东的终极判断则是"百川归大海，太阳底下无新事。"我们虽然承认这一伟大文明曾有过昔日的辉煌业绩，有过许多活动方式，可在那些幻想破灭的感官享乐主义者枯燥乏味的批判之下，这个伟大文明最终还是衰落了。所罗门华丽的内宫里曾有妻妾三百、嫔妃七百，这些半神半人的统治者们，他们的理想就集中在这些变异之物上，此乃是对他们的武力统治和崇拜权力的天谴。这种变异既可能走向体面尊严或合礼守仪，同样也可能走向颓废衰微。基督教不过是带着累累伤痕而逃离近东的。

第七节　四种因素对社会群体的影响

通过对文明的兴衰作这样的梳理，我们可以看到，有四种因素对社会群体的命运具有决定性的支配作用。首先，这里有一条不可阻挡的规律，即倘若没有某种超越的目的，文明化的生活要么会沉迷于享乐奢靡，要么会缓慢地返回单调乏味的重复徘徊，它的情感强度会渐次减弱。其次，这里存在着自然界那铁一般的强制性，这就是需要提供身体对食物、衣物和住所的必然需求。只有通过增加理解，并由此而得以调整人与自然界中其他事物的相互作用，才能缓解由这种强制性给社会生存方式所设置的严格限制。再次，人对人的强制性支配具有双重意义。它具有的良性效果在于，它能保障社会福利所必需的行为协调。但是，这种支配只要越过这种协调所必需的最明显的限制条件，那就会有致命的害处。进步社会乃是那些完全信赖第四种因素即说服方式的社会。在人类的全部活动中，有三种活动主要地在促进人类生活中的最后这个因素。它们一是由性爱关系和抚养子女而引起的家庭情感，二是可导致乐于进行观念交流的理智好奇心，三是商业活动实务——这是大规模社会出现后立刻会有的活动。但是，在这些特殊活动之外，还会产生更大的同情纽带。这种纽带便是尊崇力量的增长，自然界根据这种力量怀抱着理想的目的，并造就了有能力对这些理想目的进行有意识区分的个人。这种尊崇便是把人当作人来尊敬的基础。它由此保障了思想和行动的自由，这是生命在这个世界上前行探险所必需的。

第六章
预见

第一节 预见的概念

我所使用的"历史的预见"一词，它的含义完全不同于精确的科学归纳。科学是关于普遍原理的学问，这些普遍原理有适用性，但是离开某种事实根基，它们就不能决定历史的进程。在相同的规律条件下，有可能会出现许多不同的历史进程。或许，如果我们对这些规律有足够的认识，那么我们就会明白，从过去到未来的发展完全是由过去的具体事实和这些以所有世代为条件的科学规律所决定的。不幸的是，我们关于科学规律的认识是有严重缺陷的，并且我们对现在和过去的相关事实的知识也是极度贫乏的。因此，作为我们所掌握的全部科学的结果，我们对遥远未来的太阳和某一经过的恒星将在何时会发生第二次碰撞一无所知，我们对地球生命的未来一无所知，我们对人类的未来一无所知，我们对一年之后的历史进程一无所知，我们对明天的国内生活细节大部分一无所知，我们甚至对我们自己能生存多久的期限一无所知。

所列举的这些无知立刻会提醒我们，我们的状态并非是完全无知。我们的无知是对未来没有预见。同时，我们在预见方面的缺陷，根基在于我们对过去和现在的相关具体事实缺乏了解，而这些事实是应用科学规律时所必需的。在一些情况相对简单的领域，例如在天文学中，我们知道，那些事实和天文规律提供了精确预见的工具。在历史预见方面，主要困难则在于，我们没能力去收集和选择那些同我们打算做出的特殊预见有关的事实。对科学方法的各种讨论，翻来覆去，都离不开实验的主题。但是，实验不过是一种打磨拷问事实的方式，以期用实例来表现规律。不幸的是，历史事实，即使是那些个人的隐秘经历，其数量和规模也太大了，这些信息犹如汹涌波涛，不可驾驭。

因此，关于这种历史预见的主题，通过巧妙地描述某些确定的方法，显而易见是不可穷尽的。历史预见面临着两方面的困难，而科学面临的只有一种困难。科学只是在寻求规律，而预见则还会额外地要求恰当地重视相关的事实，因为未来是从这些事实中产生出来的。就预见所要求的这两项任务而言，从一堆杂乱无章的事实中做出选择，这要比寻求规律困难得多。或许，形成清晰的预见学说是不可能的。但是，我们所能做的就是将注意力集中于人类活动的一个领域，并且描述在这个领域内获得预见似乎必需的那种心态。世界的当下状态和本书中的讨论进程表明，商业关系领域正是这样一个领域。所以，我们将会选择这个领域来阐述观念在提供预见和目的方面的作用。

为了避免误解，我必须拒绝承认这样的愚蠢概念，即认为任何人在缺乏亲身从商经验时，仍有可能为具体的商业行为提供有用的建议。第一手经验是不可替代的。同时，这里所使用的"商业"一词是最广义上的，它包括各种各样的活动。任何有用的理论，要想能直接地应用于具体的情形之中，那就必定要依赖于直接地了解组成该社会或者国家群体的人群的相关反应，因为某种特殊商业会在该社会或国家群体中繁荣起来。在本讨论中，我不会装作对此类具体知识毫无所知。

然而，这里还有个一般智力问题，在当前的世界条件下，它会促进商业共同体的普遍成功。这种一般智力问题当然是极为复杂的。但是，我们现在考察的是其中一个毫无疑问的元素，即预见，我们还将讨论预见的发展及其成功应用所需要的各种条件。

某些人天生地具有惊人的思维诀窍。例如，有一些儿童计算能力极强，他们能在瞬间进行复杂的心算；还有另外一类人具有特异功能，似乎能掐会算，能对未来作出预测；尤其是有一些人具有精明的本领，能在直接观察十分有限的情况下，面对特定情形作出判断。但是尽管如此，银行家们却更喜欢他们的职员学习算术，而经过训练的地质学家也比使用魔杖的那些人更受欢迎。以同样方式，有一些普遍的培训条件可促进更广泛的预见的发展。

如果把人们分为两类，一类具有诸如此类的神秘诀窍，一类没有这种诀窍，这是十分错误的。这些泾渭分明的区分简直是愚蠢至极。大多数人天生具有一定的禀赋，可这些禀赋很容易处在潜在状态，除非碰巧有幸运的时机把这些异禀诱发出来，成为实际行动。不管是什么人，倘若没有一定的禀赋，则任何训练都不可能把它们诱导出来。但是，假定有这种禀赋存在，我们可讨论一下训练这种禀赋的方法。预见依赖于理解。而在实际事务中，预见乃是一种习惯。但是，预见的习惯是由理解的习惯所诱发的。在很大程度上，理解可通过有意识的努力来获得，并且它还可以由讲授获得。因此，预见的训练需以理解为中介。预见乃是洞察的产物。

第二节　常规的重要作用

需要加以理解的一般主题是人类社会的整个内在功能，包括社会中的各种技术、这些技术所依赖的生物学和物理学规律，并且还包括依赖于心理学基本原理的人类社会学反应。事实上，这个一般主题是最广义的社会学，包括其辅助学科。这样一种广泛的理解，当然超越了任何单个人的掌握。可是其中的任何部分都不可能完全地与商业中的预见漠不相关。这种完全的理解乃是一种合作性的事业，而一个商业共同体只要其适中的预见是由这种一般理解的某种方法来支配的，那就可以维持这个共同体长期的成功。

倘若我们以通过考察理解和常规的对比而开始，那我们就会更好地领悟各种各样的个人理解，而正是这些个人的理解将会构成理想的商业共同体中这种一般的方法。

常规是每个社会制度中的神祇，它是商业的极乐世界，是每个工厂取得大发展所必不可少的成分，是每一位政治家的理想。社会机器应当像时钟一样运转。每一种犯罪都应当在随后将犯罪嫌疑人绳之以法，犯罪嫌疑人被逮捕之后都应当受到司法审判，每一种审判之后都应当被定罪，每一种定罪之后都应当判处刑罚，而每一种判刑后都应当使罪犯得以改造。抑或，你也可以拿汽车制造来认识类似的常规：它开始于挖掘铁矿和煤炭，最后从汽车制造工厂里把汽车开出，并且公司总裁签署股份文件分红，并与矿山公司再度签订合同。在这种常规活动中，从最卑微的矿工到威严的总裁，每个人所受的训练正是为了适应他们特殊的工作。矿工或总裁的每一个行为，根据流行的心理学术语来说，都是条件反射的产物。当常规完善时，理解可以消除，只有在处理常见的事故，诸如矿井漫水、久旱无雨、流感流行时，才需要这一类小智能闪现。制度乃是智能的产物。但是，当恰当的常规建立起来之时，智能就消失不见了，并且这种制度是由条件反射的协调来维持的。这样一来，人类所需要的就是接受特殊训练。从总裁到矿工，任何人都不需要理解整个制度。这里将不会有任何预见，可是在维持常规上将会有完满的成功。

观念的探险

这样一来，懂得社会生活建立在常规之上便是智慧的开端。除非社会自始至终充满着常规，否则文明就会消失。许多社会学说，作为敏锐的理智产物，就是由于无视这个基本的社会学真理而折戟沉沙的。社会需要稳定，稳定是预见本身的前提，而稳定是常规的产物。但是常规有各种局限，并且正是为了认清这些局限，以及为了采取相应的行动，才需要预见。

完全的理解与完全的常规是两个极端，它们从未在人类社会实现过。但是就二者而言，常规比理解更加根本，也就是说，常规得到了微弱闪现的短暂理智的修正。实际上，认为人们有对可控行为的完全理解，这种概念乃是虚无缥缈的理想，与实际生活极不一致。但是，我们耳闻目睹的却有数不胜数的例证，表明社会乃是由常规来支配的。昆虫的复杂社会组织似乎是常规的理由充分的例证。这种昆虫组织如蜜蜂获得了长远而复杂的目的：它们涉及等级的划分，从分管哺育后代的到做苦力的，从做苦力的到做一般工作的，从做一般工作到打仗的，从打仗的到守门的，并且从守门的到王后。这种组织关心的是长远未来的需求，如果以个体昆虫相对短暂的生命周期来看，尤其如此。

就生存能力而言，这些昆虫社会获得了惊人的成功。它们似乎具有长达一万多年的过去，也许其历史有上百万年。倘若认为一个复杂的社会组织需要有高度的人类智能来建构，那就大错而特错了。关于这种错误有个特殊的例子，那就是有一种流行的假定认为，任何社会常规，只要其目的不是明显的可供我们来分析，它就因此应当被谴责为愚蠢的。我们可以看到，昆虫在从事着复杂的常规活动，而它们的目的则是它们不可能确定地理解的，然而这些常规活动不论对它们自身的个体生存，还是对它们的物种生态，都是必不可少的。

但是，这些昆虫社会有个重要的共同特征：它们没有进步。正是这个特征把人类共同体与昆虫共同体区分开来了。进一步看，关于进步性这种重要事实，不管是从坏变好，还是从好变坏，当我们进入现代以后，在西方文明中已变得越来越重要了。甚至在我自己的一生中，这种变化的速率也已经增长了。有可能在未来的时代里，人类有可能会回归到稳定不变的社会状态，但是这样的回归在任何时间跨度内都是极不可能的，我们现在不必对此予以考虑。

第三节　习俗变化的时间跨度

如果我们考察历史就可以看到，在社会习俗方面的重要变化，其时间跨度近些年来非常明显地缩短了。起初，它依赖于某种缓慢的物理原因的发展。例如，像山脉升高这样的物理构型的逐渐变化：这种变化的时间跨度以百万年来计。再如，气候的逐渐变化：这类变化的时间跨度以五千年来计。再者，某个共同体占据的地区人口逐渐变得过剩，及至后来人们蜂拥而至进入新的领地：考虑到前科学时代巨大的人口死亡率，这种变化的时间跨度大约需要五百年。还有，那些新技术的零星发明，诸如燧石的打磨、火的发明、动物的驯化、冶炼术的发明：在前科学时代，这类变化的平均时间跨度至少为大约五百年。如果我们把公元 100 年那个时代，即罗马帝国鼎盛时期，美索不达米亚以西各种文明的技术与公元 1400 年即中世纪结束时期相比较，我们就会发现，实际上这个时期在技术上并无任何进展。那时在冶金术上有些收获，钟表制造得更为精巧了，火药也得到了新的应用，但这个时期的影响全在未来，航海术也有些进步，它的影响也是在未来。而如果我们把公元 1400 年与公元 1700 年作一比较，这里却有巨大的进步：火药、印刷术和航海术以及商业技巧都产生了影响。但即使这样，18 世纪的生活与古罗马伟大时代的生活相比，却惊人地相似，因而人们能生动地感受到拉丁文学中的那种特殊关联性。在 1780 年至 1830 年这五十年间，一些发明迅速地出现，并达到了有效的运行。蒸汽动力和机械时代到来了。可是在两代人期间，即从 1830 年到 1890 年间，那些控制着社会结构和商业准则的技术原理，则有着异常的一致性。

根据上述这一考察，可得出如下重要结论：我们的社会学理论，我们的政治哲学，我们的商业准则，我们的政治经济学，以及我们的教育学说，都原封不动地继承了从公元前 5 世纪柏拉图时代起，直到上一世纪末那些伟大思想家和实践例证的传统。这个传统在整体上都被如下这种有害的假设扭曲了：即每一代人基本上都生活在支配他们父辈生活的条件中，并将把这些条件传承下去，用同样的力量铸就他们子女的生活。而我们正生活在人类历史上第一个这种假设是错误的历史时期。

当然，在过去人类也曾有过巨大的灾难，例如瘟疫肆虐、洪涝灾害、蛮族入侵。但是，这一类灾难若能得到防治，那就会有稳定的、众所周知的文明生活条件。这个假设微妙地渗透于政治经济学的前提里，并允许它把注意力局限在人类本质的简化形式上。我们关于可靠商人的基本概念是，他掌握了技术，并且他的视野决不会超越合同的范围。我们的政治哲学和我们的教育理论都沾染了这种色彩，也就是过分地强调过去的经验。这种循环论调支配着有关过去的智慧，并且即使人们明确地承认它在现代的应用是荒谬的，它依然以多种形式存在着。关键在于，过去那些重要变化的时间跨度比单个人的寿命要长久得多。因此，人类已经被训练得使自身适应了固定的条件。

而今天，这种时间跨度则要比人的生命短得多，并且相应地，我们的训练必须使个人准备面对新的条件。但是，我们又不可能为未知事物做任何准备。正是在这个关键点上，我们又回到当下的主题即预见上了。我们需要对当下的条件做这样的理解，以使其可能使我们对新的事物有某种掌握，而这种新事物将会对直接的未来产生可测量的影响。然而，一定不要忽视的学说是，在任何并未崩溃的社会里，常规是占主导地位的。因此，我们必须理解这种流行常规的根据，即在人的本质和对目的的成功满足之中的根据；并且与此同时，我们还必须把那些刚刚进入社会且产生了后果的各种新生事物与旧的常规作一下权衡。以此方式，我们才有可能预见在直接的未来所要展现的是，我们对哪些常规进行修正，对哪些常规需要坚持。

第四节　对社会制度不变说的批判

现在，应当对我们已作出的主张给予某些说明了。考虑一下我们的如下主要结论：我们传统的社会学、政治哲学、大型商业实务行为和政治经济学的各种学说，在很大程度上都受到一种隐含假定的歪曲和损害，这就是认为社会制度是稳定不变的。根据这一假设，人们就可以相对安全地把推理建立在简化的人性形式之上，因为在人们非常了解的条件下起作用的那种熟悉的刺激会产生人们熟知的反应。因此，为了当前的目的，假设人性可以根据其对主要刺激的一些主要反应而得以恰当的描述，这是安全的。例如，我们全都能记住我们的"老朋友"——经济人。

经济人的妙处在于我们确切地知道他在追求什么。他所需要的一切，不仅他知道，他的邻居也知道。他的需要就是在一个明确界定的社会制度中所开发出来的那些东西。他的父辈和祖辈具有同样的需要，并且可用同样的方式来满足。所以不管何时出现短缺，每个人——包括经济人本身——都知道短缺什么，并且知道满足消费者的方式。事实上，消费者也知道他想消费什么。这就是需求。生产者知道如何生产所需要的物品，因此出现了供应。那些最先得到商品且把商品送到收货地点，价格又最便宜的人，便会幸运地赚到钱，而其他生产者则要被淘汰。这就是健康的竞争。这种事相当简单明了，并且恰当的详述也是明显真实的。只要条件稳定，多次试验证明可靠，它所表达的就是真理。但是，当我们考虑一个社会制度正在以重要的方式发生变化时，这种简化的人类关系概念便需要严格地加以限制了。

当然，常识告诉我们，在过去三十或五十年间，政治经济的整个趋势与这些人为的简化概念相去甚远。诸如"经济人""供求""竞争"这一类明确的概念，通过仔细研究各种人口对那些与现代商业相关的刺激所做的实际反应之后，现在已开始淡化了。这恰好说明了我们研究的主题。自亚当·斯密以来，旧的政治经济学占主导地位已大约有一百年之久，因为根据它的主要假定，它确实适应了当时人们总体的生活状况，因而也适应过去数个世纪的生活状况。这些状况虽然那时就已开始消失，可一个占统治地位的真理依然存在，即在商业关系中，人们受制于他们对完全熟悉的刺激所给予的状态良好的反应。

在当前这个时代，生活给我们提供的新生事物要素十分突出抢眼，因而我们在考虑事情时不可能对它们忽略不计了。为了确定对这些每十年左右便会出现在社会生活之中的新生事物要素的反应，即对这些事物的特征和力量的反应，便需要更深入地了解各种各样的人性。如果可能有更深入地了解，那就会构成我们所讨论的预见。

在城市历史中可以看到的另一个例子是社会学习惯，以及由此而导致的商业关系的变迁和财产价值的变动。在直到当下时刻的整个文明时期，我们称之为城市的这一人类现代文明的产物，一直在须臾不可分离地伴随着文明的增长。这里有许多显而易见的原因，例如，以城墙来保护积聚的财富，来积聚制造所需要的原材料，来积聚以人体肌肉为形式的力量，后来又积聚以可获得的热能为形式的力量，以便利商业关系所需要的相互交往，提供审美和文化机遇积聚所产生的娱乐，有利于集中政府管理和其他指导性机构，如行政机构、司法机构和军事机构。

但是，城市中也有诸多不利之处。迄今为止任何文明都不是自我维持的。每一种文明都有其缓慢产生、达到顶峰和渐趋衰落的过程。有广泛存在的证据表明，这种不祥的事实归咎于拥挤不堪的城市生活内在固有的生态缺陷。这样一来，便会缓慢地、一开始是朦胧地显现出某种相反的趋势。交通便利和交通工具的优势首先诱使那些富裕阶级成员住在城市郊区，防卫的迫切需求由此也消失不见了。这种趋势如今正在迅速地向下层扩展，但新的条件正在显现出来。通过整个18和19世纪，一直到现时代，这种新趋势造成人们把家安在近郊，而把生产活动、商业关系、政府机构和娱乐活动集中在城市中心。除了照料孩子和纯粹休息时间以外，人们的活跃的生活都是在城市中度过的。

从某些方面来看，这些活动的集中程度更为强化了，并且居住被推向市郊，甚至是以往返不便为代价的。但是，如果我们考察一下上一代的技术发展趋势，这种集中的理由在很大程度上已经消失殆尽。更有甚者，选择城市地点的理由也在发生变化。机械力可以传递数百英里远，人们使用电话几乎可以即时沟通交流，大组织机构的首脑可乘飞机旅行，电影院可以在每个村庄放映，音乐、演说和布道可以广播。城市扩张的几乎每一个理由，随着文明的同步增长，都已经得到了深刻的修改。

那么，自现在起三百年后，一百年后，甚或三十年后，城市的未来将是何种景象呢？我不知道。但是，我斗胆做一下猜测：那些在这种预见中相当幸运之人，将会获得命运之神的青睐，而那些在筹划上出错的人则享受不到这样的红利。

我说的第二个要点，即选择城市地点的理由也会得到修正，这可以通过我自己的祖国即英国近年来所发生的变化来说明。18和19世纪作为新工业时代，它所造成的第一个后果，便是把人口集中在煤田周围。因此，在英国北部边陲的中部地区形成一个巨大城市群，其不同地区被乔装打扮为不同名称。但新的情况是，人口和制造业正在转向英国南部，靠近那些面向地中海、南太平洋和巴拿马运河的南部大港口。它们是最好的港口，航运最方便，其周围的陆地人口也不多。目前，电力传输是英国政府执政的当务之急。

新技术对城市地点和城市转型的影响,乃是所有的社会学理论,包括商业关系预见的理论必须考虑的基本问题之一。我们千万不要夸大这些特殊例子的重要性,它们不过是从整个情形中所选择的两个例证而已,其中有无数个例子可分析出同样的结论。我的意思不会如此荒唐,要使所有的工商业者都去思考城市的未来。这个话题也许与他们中大多数人的未来活动完全不相干。同时,我对他们是否应当学习多少政治经济学问题也一无所知。

但是,我们现在面临的是直接的未来中变动不居的形势。僵硬的准则、单凭经验的常规和一成不变的特殊学说将会带来毁灭。控制未来商业的人一定是那些同先前几个世纪中的人有所不同的人。他们的类型已然发生了改变,并且就领袖人物来说,已经发生了变化。大学里的商学院现在关心的是,旨在造就社会所需要的这种智力,以便在全国范围内培养这种新型人才。

第五节 未来的商业精神

我将以大体描述未来的商业精神来结束本章。首先,最基本的是应当有能力在内在结构和外在目的两方面遵守常规、监督常规、建构常规和理解常规。这种能力乃是所有实践效能的根基。但是,要形成所需要的预见能力还要求有某种新东西。这种额外的天赋只能被描述为哲学理解能力,即理解各种人类社会的复杂流变的能力。例如,习惯于关注人们对生活的各种需求，关注各种严肃的目的，关注各种无聊的娱乐，对这些事情有哲学上的理解。对社会潮流的相关特色有这种本能的把握，此乃是至关重要的。例如，各种社会行为的时间跨度在本质上对政策会有影响。一种宗教兴趣的流行，及其导致的行为方式，会主导生活一百年左右，而一种时尚穿着则只能流行三个月到三年时间。农业耕作方法通常变化缓慢，但是科学界目前似乎处在意义深远的生物学发现的边缘。所以，对农业变化缓慢的假设必须审慎地看待。这个时间跨度的例子可以从一般意义上来理解。关于社会变化，其量的方面在本质上是商业关系。因此，要习惯于把对质的观察转化为量的评估，这应当是商业精神的特色。

我已尽力表明，现代商业精神要求许多科学的和社会学的学科因素。但是，重要的事实依然是，我们不能预见相关的知识细节。因此，即使单纯为了成功，并且不谈内在生活质量问题，也需要某种非专门化的才能，使我们可以从特殊中推论出一般，并且在各种不同条件下看到对一般原理的不同说明。这种反思能力在本质上是一种哲学习惯，即是以普遍原理的立场来审视社会。这种一般思想习惯是最广义的哲学禀赋，它会令我们面对新生事物而无所畏惧。

第六节　哲学在现代社会中的作用

但是，仅有成功这种动机还是不够的。它会使人目光短浅，视界狭窄，摧毁其自身的繁荣之源。使世界痛苦不堪的周期性贸易萧条警示我们，这种目光短浅的动机像疾病一样把商业关系彻底感染了。在中世纪，那些强盗大亨并没有造成欧洲的繁荣，虽然他们中有些人幸运地寿终正寝了。他们的例子对我们的文明乃是一种警示。同时，我们一定不要陷入一种谬误，认为商业界与人类共同体中的其他部分是无关的。商业界乃是作为我们这个研究主题的人类共同体的一个主要部分。人类共同体的行为主要是由商业思维来主导的。一个伟大的社会乃是其商人十分看重自己职能作用的社会。低级的思想意味着低级的行为，并且在短暂的开发利用狂欢之后，低级行为便意味着生活标准下降。一个共同体不仅在量上而且在质上的普遍伟大，乃是其稳定繁荣、生机勃发和信誉良好的首要条件。希腊的那一位为我们所有的精细思想奠定基础的哲学家，以如下反思结束了他与哲学之神最精彩的对话：只有哲学家成为国王，理想的国家才有可能到来。今天，在民主时代，国王就是从事各种职业的普通市民。只有到普遍的教育普及了哲学观点之时，成功的民主社会才有可能实现。

哲学并非只是高尚情操的汇集。这类情操的泛滥害多利少。哲学既是普遍的也是具体的，它既是对当下直觉的批判，也是对当下直觉的欣赏。它并不是——或者说至少不应该是——那些容易情绪激动的教授们之间激烈的争论，而是对各种可能性及其与各种现实性相比较的审视。在哲学上，对事实、理论、各种可能抉择和理想要一起权衡掂量。它给人的回馈乃是洞察力和预见性，以及对生命价值的感觉或观念，简言之，它提供的是意义感，即激励所有文明化努力的那种意义感。单纯依靠原始的思想火花，人类可在低级的生活阶段上繁荣。但是，当文明达到顶峰之时，倘若缺乏哲学对生活的协调，那么，在全部人类共同体中就会出现衰落和懈怠。

每个时代都有其自身的特征，这取决于该时代的人们对他们所遭遇的重大事件作出何种反应。这种反应决定于他们的基本信念——他们的希望、他们的恐惧和他们对什么是有价值的判断。他们可能会抓住重要的机遇而崛起，或则利用这个时代的戏剧，或者利用这个时代的艺术，或则利用这个时代的探险，或则抓住构成该时代之存在理智和物质上的复杂关系。他们也可能因他们遭遇的各种困难而崩溃。他们如何行动，这部分取决于他们的勇气，部分取决于他们对理智的掌握。哲学就是要试图澄清这些最终决定人们重点关注时代根本特征的基本信念。

人类现在正处在转变其态度的一种罕见心境之中。单纯的传统强制已失去其自身的力量。重新创造和重新制定世界愿景，包括那些令人敬畏的因素和秩序，并且使社会充满无畏的理性，这是我们哲学家、学者和实务人员的任务。而若是没有这些重建，社会便会陷入混乱。这种愿景就是柏拉图等同于美德的知识。在这种世界愿景广泛流传的那些时代，即在它们发展的界限之内，正是人类难以忘怀的时代。

后 记

100　　到这个阶段，我们的思考可做如下总结：有一系列观念在人类相互交往的行为制度文明中作出了直接的贡献。这种改进依赖于缓慢增长的相互尊重、同情和普遍的善意。所有这些情感以少量的理智就可以生存。理智的基础是情感的，人类通过自己在自然进程中未加思索的活动就可获得这些情感。

但是，智力一旦出现在相互协调的活动中，就会对人类的选择、强调和分析产生巨大的影响。我们已经考察了观念如何在行动中涌现，以及观念在修正其由以产生的那些行动中有哪些作用。观念以对习俗的说明而开始，以发现新方法和建立新制度而终止。在前面的章节中，我们已看到了观念如何从一种作用方式转换到另一种作用方式的诸多例证。

第二部分

宇宙论研究

第七章
自然规律

第一节　欧美文明的起源

本书前面第一部分讨论了柏拉图和基督教关于人类灵魂的学说对欧洲各民族的社会行为发展所产生的影响。在本书第二部分，我将讨论科学观念对欧洲文化的影响，以及由此而产生并被作为预设的更为普遍的宇宙学观念。

试图在如此简短的篇幅里讨论科学史，那是毫无用处的。因此，我将把讨论限制在科学的整个发展基础中最普遍的观念上。我的意思是指那些思辨的和学术的概念，和有关自然秩序及自然本身的各种概念。简言之，我研究的主题是"宇宙论"，包括古代的和现代的，同时也研究形成这些宇宙论时所运用的各种方法，包括思辨的和学术的方法。学术的特殊发展只是被用来作为例子，用以说明这些普遍观念在西方文化的变化时期是如何特殊化的。

观念的探险

现代欧美文明来源于地中海东部沿岸国家的各个民族。在前面各章里我们已谈到，希腊和巴勒斯坦是对有关人性本质的观念最早提供阐述的地区。当我们考查科学史时，在这两个国家以外，我们还必须加上埃及。这三个国家乃是我们现代文明的直接祖先。

当然，在它们之前，文明已有历史悠久的传说。美索不达米亚、克里特、腓尼基、印度和中国对文明的发展也有贡献。但是，任何有宗教价值或科学价值的东西传入现代生活，并最终传给我们，都是以埃及、希腊和巴勒斯坦这三个国家为中介的。在这三个国家中，埃及提供了成熟的技术，这种技术产生于三千年稳定的文明，希腊提供了通向哲学和科学的清晰的概括方法。这种逻辑的清晰性在残存的希腊遗产，即它的艺术和虚构文明作品中依稀可辨。每一尊雕塑都表现了几何形式的规则性与美的结合，每一出希腊戏剧都探究了源于自然秩序的物质环境与产生于道德秩序要求的心灵状态之间的相互交织状态。

"你考察，就能测透神吗？"——这在希伯来是好的说法，而在希腊则是坏的说法。试图理解何种伟大的事实导致了宇宙的秩序，这种努力驱动着希腊思想家，到柏拉图和亚里士多德定义了那些构成西方思想不朽起源的复杂普遍观念时，这种努力达到了顶峰。这项工作的完成恰逢其时。就在亚里士多德生活的年代里，政治和文化方面的障碍已经消除，随后的希腊化运动在亚历山大和其他地方的发展已是希腊人、埃及人、闪米特人和叙利亚与小亚细亚的混合种族的共同事业了。相信事物在深层次上具有清晰性，并通过某种轻松闪现的思辨就可获得，这种无忧无虑的信念永远地消失了。那些头脑比较迟钝的人满足于有限的精确性，并建立了各种特殊的科学；那些智力欠佳者则沾沾自喜于这样的概念，即世界的基础处在理智不可穿透的迷雾之中。他们按照其自身的形象来设想上帝，以确定的厌恶来描述上帝，即厌恶那些不按规定方法追求理解的努力。撒旦获得了理智的特征，但由于他以不恰当的欲望来理解他的造物主而失败了，而这正是希腊衰落的原因。

第二节　希腊文化的基调

人类的进步之路是曲折前行的。希腊时代的最后时期是以雅典为中心的，希腊化时代则是以亚历山大为自己的智力中心的。而从光辉的希腊时代转化为希腊化时代，则是与建设性的精神发展新方向相一致的。各种特殊科学由此而建立起来了。它们的原理得到了界定，它们的方法得到了确定，那些恰当的演绎法得以建立起来了。学问得到了稳定的发展，其各种方法论也得以建立起来，并被现代型的大学教授①所掌握。那些医学博士、数学家、天文学家、语法学家、神学家，在六百多年时间里，一直在主导着亚历山大的学校，他们发行了教科书，发表了学术论文，

---

①　译者注："现代型的大学教授"是怀特海用来批评当时那些现代大学中的教授们脱离社会实际，只在象牙塔中研究抽象学问的弊端而所用的词。

引发了各种争论，并形成一些教条式的定义。文学被语法所取代，而思辨则被学术传统取而代之。

这些人使学术成为惯例，可却使之得到了保护。他们的著作历经两次宗教革命而幸存下来了，一是基督教的兴起，一是伊斯兰教的兴起。这些著作为这两种宗教提供了哲学的神学理论，并用异教和正统的思想把它们武装了起来。

在西罗马帝国，基督教教会以希腊化思想为武装，攫取了得胜的蛮族和直到北冰洋的文明化西欧民族的理智力量。沿地中海南岸，伊斯兰教的征服者们则把希腊化思想通过非洲传到了西班牙，这种希腊化思想已带有阿拉伯人、犹太人和波斯人的精神色彩。经西班牙，这种带有伊斯兰教和犹太教特征的思想，与具有基督教精神的亚历山大文化发生了联系。这种融合在13世纪使基督教经院哲学达到了光辉的顶点，在17世纪则诞生了斯宾诺莎这样的思想家。

希腊文化的基调是快乐、思辨和话语性文学；而希腊化亚历山大的基调则是关于特殊主题的特殊秩序的集中专注、透彻了解和深入探究。亚历山大城的这些伟大人物或许是对的，也可能是错的：欧几里得或许把他的几何学教科书编写得逻辑完整，也许并非如此；托勒密的天体学说也是真假不定；亚大纳西直接地反对阿里乌，而西里尔直接地反对聂斯脱利。与亚历山大人的神学争论最接近的是现代数学物理学家关于原子本质的争论。争论的具体题目略有不同，可他们使用的方法和那些参与争论的人则毫无二致。

如果我们直率地质问柏拉图的观点是对还是错，那是毫无意义的。同样，如果我们向亚历山大学派的人提出同样的问题，那也是毫无意义的。当任何著名学者给柏拉图提供一套内在一致的体系，从而把他变成一位令人尊敬的教授时，我们很快就会发现，柏拉图在他的系列对话里写的那些话大多数属于异端邪说，均背离了其自己的学说。106 这就仿佛是托勒密给出了阿利斯塔克的思辨观点，而亚大纳西则提出了阿里乌有亵渎神灵的言行。

我这样说并不是在暗示单纯的事实，即随着年龄的增长，或者随着知识的进步或老化，人们就会改变自己的意见。重要的是坚持己见的方式，以及这些特殊陈述方式的分量。圣·奥古斯丁就曾改变过自己的意见。他不仅向所有时代公布了他的皈依所引起的强烈悲壮情感，而且他还致力于准确地陈述自己的新学说。他此时依然是柏拉图主义者，并且他对神恩学说的兴趣依然是柏拉图式的兴趣，即确切地表达人的有限生命何以能参与在神性的尽善尽美之中。就在蛮族入侵之前，通过在这些重大主题上给西欧提供精确的定义，他为文明作出了巨大贡献。他确保了西方基督教作为文明化的影响而坚持下来，而不是堕落为那种世代相传的阿比西尼亚式的迷信。但是，他对自己学说的态度非常不同于柏拉图。看一看柏拉图对其自己的观念是怎么说的吧："那么，苏格拉底，如果我们发现，在许多观点上我们不能使我们关于神和宇宙产生的论述在各个方面完全一致和精确的话，那么你千万不要吃惊。相反，如果我们能提供的说明与别人有所不同，那我们一定会很满意。我们必须记住,我这个说话者和你这个听我说话的人,都不过是人罢了,求得近似的解释就该满足了。"①

还有:——"也许,他们有困难。如果情况是那样的话,他们既提不出自己的看法,便可能接受我们关于本质的性质的意见。"②

我们能想象奥古斯丁彬彬有礼地带着"我们尊重神恩本质的建议"去见贝拉基吗?确定无疑,我们可以从柏拉图那里引用一些段落,尤其是引用《法律篇》中的一些段落,以此来为所有那些使欧洲蒙羞的对无神论者的迫害的正确辩护。但是,上述引文已经给出了《对话录》在处理思辨概念的精确表达时总的基调。

第三节 希腊精神与中世纪学术的鸿沟

以多种方式,亚里士多德和伊壁鸠鲁预示了从希腊的思辨向亚历山大时期严谨学术的转变。在他们二人身上,我们都可发现,他们在努力地建立学术体系,即试图得到清晰陈述和精确表达的体系。当然,卢克莱修才是我们所说的伊壁鸠鲁学说的主要权威。

如果我们只是知道从事科学探究的重要学派出现于后来的一代,那么毫无疑问,现代的批判学术将会把它们的

---

① 摘自《蒂迈欧篇》,泰勒(A. E. Tayor)的译文。
② 摘自《智者篇》,乔伊特(Jowett)的译文。

起源归之于亚里士多德的影响了。我们能想象由此所得到的对比，即不结果实的纯粹思辨与富有成果的亚里士多德式细节观察力的对比。

不幸的是，冷酷的事实却恰好指向相反的方向。首先，亚里士多德本人是从柏拉图的理论活动中获得其思想源泉的。他在自己头脑中对鱼类所进行的详细分析使用的是柏拉图的思想。他系统化了柏拉图的那一堆观点，并且在他的研究过程中，还对这些观点进行了修正、改进和歪曲。但是，他确实把当时急需的除天文学以外的系统实践引入了科学，即把超越理论而对细节进行直接观察的实践引入了科学。不幸的是，这不过只是他生平的一个方面而已，而对随后的任何时代而言，他都没有任何直接的影响。

此外，就事实而言，亚历山大文化直接地来源于柏拉图，其在科学和神学方面的思想则彻头彻尾地是柏拉图的。但是，亚历山大位于其中的那一片土地，具有古老而安全的技艺传承与发展。那里有各种手艺行业和有学问的职业，具有传统的详细制作程序，其历史已长达数千年之久。亚历山大城里的学校，它们的学生都是牧师的儿子，冶金匠的儿子，制造农具和灌溉用具的工匠的儿子，还有土地测量员的儿子。难怪在现代大学里，在人们所研究的那些现代学问首次出现之日，正是柏拉图式的思辨转移到一片充满古老职业活动的土地上之时。

毫无疑问，希腊精神和中世纪经院学术之间的裂痕，乃是在数千年间由逐渐积累起来的许多影响所造成的。但是，在这个过渡时期，最大的鸿沟乃是这第一个鸿沟，此时地中海学术中心已经由雅典转移到了亚历山大。西方文明的一般文化发展类型从此就确定下来了：科学应当如何发展，数学应当如何演进，犹太教、基督教和伊斯兰教这些宗教应当如何形成其各自不同类型的神学，此后成为定规。现代世界主要属于亚历山大式的；并且只有大约一百年的短暂时期，即大约从康斯坦茨会议到1527年罗马遭洗劫的时期，在这个时期内雅典的心灵基调开始盛行起来；也许它早在奥古斯丁时代的意大利就盛行起来了。希腊精神与希腊化精神，这两者之间的区别，可大致地描述为思辨与学术之间的区别。对进步而言，这二者都是必不可少的。但是在事实上，在历史的舞台上，它们却倾向于作为对立的双方出现。思辨观点因持有可供选择的不同理论，从表面上看是怀疑论的，这会使得已经确立起来的那些偏见方式产生不安。但是，它可以从某种深层的终极信念中获得其自身的强烈要求，即事物的性质可以被理性彻底地看透。而学术则通过严格地关注所接受的方法论，从表面上看属于保守的信念。但是，它的心灵基调则倾向于根本的否定。对学者而言，世界上的合理主题都是圈在孤立区域之中的，不是这个主题，就是那个主题。你们那位十足的学者抱怨幻想的思辨，认为把他自己的那一块知识同他的相邻学者的知识联结在一起了。他发现他的基本概念已经被诠释、歪曲和修正，因而他已不再是自己城堡之中的国王了，原因是那些令人不愉快的普遍性思辨冒犯了他的思想规则。教皇阿德里安六世表现出其自身是一位典型的学者，因为他曾评论说，在路德的神学著作里可以发现有许多错误，因而任何新手都能把这些错误指出来。

这些思想新方向来自于转瞬即逝的直觉，它们能给学术范围内带来新材料。它们一开始纯粹是一些突然冒出来的思辨，可能幸运地被人们迅速接受，也可能会引起学者的争论，思辨的色彩由于这些争论而消退。当教皇利奥十世在把路德派的争论说成是僧人的争吵时，他就说过这表明雅典时代正在消逝。

纯粹的思辨，若是未经对详细事实进行研究的学术规训，或者是未经对严格的逻辑进行研究的学术规训，那么其总体上要比未经思辨环节的纯学术研究更加无用。学术进步所需要的这两个因素要保持恰当的平衡，它既取决于所研究的时代特征，也取决于具体个人的能力。其中还有在希腊思想中未曾见到过的奇特事实，这就是尽管在相互对比的成分间存在着黄金分割法，然而一定的过剩却似乎是所有伟大之中的必要因素。我们必须在某种程度上超越纯粹理性的分析所能保证的范围。

观念的探险史，它的一个方面乃是这种思辨与学术的交互作用，亦即在进步的各个时代中一直存在的冲突。这一历史揭示了在其伟大达到顶峰时期所获得的巧妙平衡，也展示了在这类成就达到顶峰时所存在的些许过剩。因此，它也说明了人类生活中的最高时刻何以会悲剧性的短暂易逝。

第四节 规律的概念

规律的概念，也就是说，关于某种程度的规则性或者持续性或者循环性的概念，是促进人类走向技术、方法、学术和思辨的欲望中本质的要素。脱离了事物性质中的某种稳定性，就不可能有任何知识、任何有用的方法和任何理智的目标。缺少规律的因素，就只会剩下一堆纯粹的事实，也就没有任何基础可与其他事实相比较，不论这些事实是过去还是未来的，抑或是当下的，都是如此。但是，要精确地表达这种规律概念，同时还要适度考虑人的目的中事实上被作为预设的观念，乃是极为困难的事情。与所有更为普遍的观念史相类似，规律的概念已经在每一种特殊名义下进入了各个时代清晰的意识之中，这一切源自于它与流行的宇宙论中其他成分结合在一起了。

在所有的这一类最普遍的概念中，难点在于人们有意识的注意力并不会自然地指向于经验中任何"当然"的因素。人们的注意力通常集中于"新闻"上，而"新闻"则具有变幻莫测的味道。回复到那些超越直接证据的人类历史时期是无用的。但是，人类学家报告说这类几乎普遍流行的事实，即那些部落庆典与一年四季的更替有关联，尤其是与春天、收获季节和冬至有关联。无疑，按我们现在的观点看，这类庆典与农业有关。现在，农业标志着人类迈向现代文明的决定性的第一步。农业的出现标志着反思事件进程的高级阶段的到来，它要求在数月前就能预见自然的进程。许多类人猿一定曾抓起石头击打某人或者其他动物的脑袋，当时未曾想过几分钟以后的自然进程。他也可能注意到，某些石头作为致命的武器比另一些石头好，甚至他可能会把石头打磨一番。他就是这样在逐渐地接近文明。但是他——或者更可能是她——在将种子埋入一块土地中，并在等待收获季节时，便是跨过了一条重要的分界线。

显然，在农业出现之前很久的时间，季节性的庆典就已经有了。季节的不同迫使所有的生物，包括植物和动物，采取不同的行为。季节对动物的冬眠和迁徙习惯的要求，一定会对动物的不安定的情绪有所表现。在这些部落沉湎于这些季节性庆典无数代之后，人们才开始对这些庆典进行诠释，此时我们才对农业发生了兴趣。文明并非肇始于可决定行为模式的社会契约。人们最早努力进行的文明活动是缓慢地引入观念，以说明那些已经主导人们生活的行为模式和情感涌入模式。无疑，观念修正了人们的实践。但总的说来，实践先于思想，而思想主要关心的是对先在情形的正当性辩护或者修正。

现在，除农业实践以外，动物的行为习惯主要是依赖于季节大规模的重复循环，即依赖于冷热、旱涝和昼夜的变化与交替重复出现。季节冷漠无情的循环往复，人们的情绪和仪式节奏性地随着这一事实而相应地变化。这样一来，一些无常的问题便可能会萦绕在那些不寻常之人的头脑之中。但是，这还不足以激起那些部落对此进行说明的兴趣。那时一定有某些事例引起了人们注意，因为事实上我们祖先中有一些部落迁徙了，选择了更好的生活方式。但是，我要寻求并确定的是一条分界线，越过这一条界线以后，就可以想象到文明化的思想会神奇般地崛起，奇异地迅速发展起来。在早期阶段，通常的时间单位大约是十万年。在后来的时期，缩短为一万年、五千年、一千年、甚至一百年。

或许，这是许多原因同时起作用所造成的。但是，在这些原因中，农业的出现和发展一定要占据着很高的地位，因为正是它造成了文明的快速进步。同时，它还使人注意到了天气的反复无常，且视之为影响部落利益的主要问题。此外，它还使人注意到了种子发芽生长的神秘性，并注意到了植物的生长依赖于季节的不同阶段。它迫使部落从被动地默认普遍的进程，到转向对细节主动地产生兴趣。它导致人们去研究各种预防措施，而发现则需要理解。当然，正如我们全都知道的那样，这种新形势当时并不要求每一个部落都进步。同时，芸芸众生总是习惯于达到某种稳定的习惯层面，并在这个层面上停滞不前。但是，人类生活在那时已达到一个新阶段，那些较为积极主动的人类心灵不管在哪里，在这个阶段上都已注意到一些明显的问题。

我们继承了一些怪诞、恐怖和美丽的传说，它们以奇异和特殊的方法表明，在事物的神秘性中交织着规律与无常。这个问题既有善的一面，也有恶的一面。有时，规律是善的，而无常是恶的；有时，规律是冷酷无情和恶的，而无常则是仁慈宽容和善的。但是，从原始的传统到休谟论自然宗教的文明对话，在他们二人之间有约伯与他的朋友之间的谈话，讨论的是同一个问题。科学和技术是建立在规律基础之上的。人类行为所展示的习俗是受内心冲动所调节的。我们所使用的自然规律概念究竟是指什么呢？

第五节 四种自然规律说

在目前这个时代，关于自然规律主要有四种流行的学说：内在规律说；外来规律说；被观察到的系列秩序说，换言之，纯粹的描述规律说；最后，较晚出现的传统诠释规律说。根据今天的立场看，我们首先说明这四个不同的学说将会方便一些。这样，我们将会以更好的立场来理解这个概念在文明思想中发生变化的历史。

内在规律说的意思是指，自然秩序表现着实在事物的特征，这些实在共同构成了在自然中发现的存在物。当我们理解了这些事物的本质时，我们也就因而知道了它们相互之间的关系。因此，根据它们的各种特征中存在着共同元素，在它们的相互关系中就必然会有相应的同一性。换言之，自然物的不同特征中存在的某种部分模式的同一性，导致了这些事物的相互关系中某种部分模式的同一性。在这些相互关系之中的同一性就是自然规律。反过来说，规律乃是对构成自然的事物中普遍存在的某种共同特征所作的说明。显然，这一学说包含着对"绝对存在"的否定，且是以事物在本质上相互依存为前提的。

根据这一学说，可推断出某些结论。第一，我们可以做出结论说，科学家追求的是说明，而不只是对他们的观察进行简化的描述。第二，不要期待自然与任何规律的精确一致。如果所有的相关事物都具有必不可少的共同特征，那么表达这些特征相互关联的模式将会得到精确的阐述。但是一般地说，我们可期待大部分事物确实具有这些必不可少的特征，而少部分事物则不具备这些特征。在这种情况下，这些事物的相互关系将会表现出缺失，此时自然规律就不能获得说明。由于我们只是对许多事物的混合结果感兴趣，因而这种规律可被说成是具有统计学特征。物理学家的观点现在就是这样，即认为大多数物理规律，也就是19世纪所认识到的那些规律，都具有这种特征。

第三，既然自然规律依赖于构成自然事物的个体特征，那么随着这些事物的变化，自然规律也会相应地发生变化。因此，关于物质宇宙的现代演化观就应当把自然规律看作是与构成环境的事物一同演化的。这样看来，认为宇宙在演化且服从于调节所有行为的固定不变的永恒规律这一概念应当抛弃。

第四，现在我们有理由说明，为什么我们应当对归纳法给予某种有限的信任。因为我们如果假定环境在很大程度上是由我们部分地了解其性质的一类存在物构成的，那么我们便对支配该环境的自然规律具有某种知识。但是，脱离了这个前提,脱离了内在规律说,我们便没有关于未来的了解。这样我们就应当承认全然的无知,并且不能假装知道任何可能性。

第五,除非我们能建构一种似乎可信的形而上学说,从而使自然界中相关事物的特征根据这一学说而成为它们的相互联系的结果,而它们的相互联系又是它们的特征的结果,否则,内在规律说就是站不住脚的。这涉及某种内在关系说。

最后,内在规律说完全是一种理性主义学说,是对理解自然何以可能的说明。

第六节 外来规律说与自然神论

外来规律说采用的是另一种形而上的学说,即认为作为自然界终极成分的存在物之间存在着外在关系。因此,每一个这样的终极事物的特征被认为是其自身的独有属性。这样一种存在在完全脱离任何其他这类存在的情况下就可以得到理解:其终极的真实情况是,为了存在,它除了其自身以外不需要任何东西。但是,事实上,每一个这样的存在物,都有一种必要的外部强制力,迫使其进入同自然界其他终极成分的关系之中。这些强制行为模式就是自然规律。但是,你不可能通过对它们的关系的规律进行任何研究而发现这些关联物的性质。反之亦然,你不可能通过审视这些性质而发现规律。

对这种外来规律说的说明，既暗示了某种类型的自然神论，同时反过来，它也是这种自然神论信仰的产物，如果其已经持有这种信仰的话。例如，我们从牛顿自己的陈述中知道，这恰好正是呈现给他的自然神论难题。他明确地说过，构成太阳系的天体的相关行为方式，需要上帝来把所有天体要依赖的原理强加给它们。他的确怀疑——实际上不只是怀疑——引力定律是否就是对由上帝所强加的原理的最终陈述。但是，他的确认为，在他的《自然哲学的数学原理》中所揭示的有关太阳系的概念是充分终极的概念，它使得上帝必须来强加规律成为显而易见的了。牛顿在这个意义上确实是对的，亦即若是脱离超验的把规律强加给天体的上帝学说，整个外来规律说就是没有意义的。这也是笛卡尔的学说。

外来规律说很自然地来自于笛卡尔的"实体"概念。实际上，"只需要其自身就可存在"这个说法就出现在他的《哲学原理》一书中。笛卡尔关于自然神论、实体唯物主义和外来规律这一整套学说，连同把物理关系还原为只具有时空特征的相关运动的概念，构成了简化的自然概念，伽利略、笛卡尔和牛顿就是用这一概念把现代科学推向胜利的。如果说成功就是真理的保证，那么自从人类开始进行思想工作以来，还没有任何其他思想体系享有这种成功的哪怕十分之一。它在三百年间转变了人类的生活，即转变了人类的内心思想、技术手段、社会行为及其理想抱负。

根据作为其整个概念之一部分的自然神论，自然规律需要严格遵守。的确，上帝想要什么就会做到。当他说要有光，就有了光，而不只是一种仿造物或者统计学意义上的平均数。因此，统计学概念虽然也能说明我们的混乱知觉中的某些事实，却不适合于终极的外来规律。

但是，甚至在笛卡尔之前，正是对某种形式的外来规律说的模糊信念，随着其后来变得精确了，构成了科学研究的动力。那些受过教育的人们缘何相信会有某种东西需要发现呢？假设内在规律说当时在欧洲和伊斯兰教的亚洲流行，为什么人们还会假定存在着确定的规律，因为它们潜藏在明显无常的具体物理事实之中，即使细致的观察也不能发现它们？确实存在一些重要而明显的一致性，例如黑夜过后是白昼，白昼过后复又是黑夜，山脉屹立不变，而生命生生不息。但是，这些极重要的规则完全是与那些表明无常的细节交织在一起的。那些野蛮人曾经看到过这些，却只会瑟瑟发抖地对那些致命的恶魔①顶礼膜拜。但是，理解了内在规律说的文明人却得出结论说，贯穿于全部自然成分之中的那些共同特性的主导作用只是非常片面的，没有任何理由能说明为什么它会是其他样子。无休止地追求详细说明是徒劳无功的，因为它不是以任何或然性方法为根据的。如果在过去人们相信这些，今天就不会有任何科学了。而且即使在今天，我们知道的生理学知识还少得可怜。同时，单个电子像是一只罕见的鸟，其行为是

---

① 译者注：指上面提到的无常的力量，因为野蛮人对此无法理解，把它们想象为"致命的恶魔"。

不可预测的：我们所了解的关于电子的信息主要涉及由数百万电子组成的电子群。① 如果我们要把规律的支配作用向微小细节方面再推进一步，我们有什么根据去期望成功呢？实际上，物理学家在其近期研究中已经对事物细节的无常性做了说明。而由于受过实证主义学说的训练，这些人同时提出了进一步寻找"规律"乃是无用的。若非研究精神活动的心理学依然包含某些源于自然神论概念的外来规律说，即使在今天科学的进步也会因为丧失希望而停滞不前。在当今的哲学中，有很大一部分内容致力于通过微妙的论证，来努力逃避这种清晰明白和无法改变的结论。

最后，若是脱离了某种外来规律说的概念，内在规律说绝对不会提供任何理由来说明宇宙缘何不会逐渐地陷入无规律的混沌之中。事实上，根据内在规律说来理解，宇宙应当展示自身中包含着稳定的现实性，它与其余事物相互包含，保证了其自身具有不可避免的走向秩序的倾向。由此，柏拉图的"说服"成为必要。

第七节 实证主义规律观

在前面提到的三种理论中，还剩下一种关于规律的实证主义学说，即认为自然规律不过是可观察的自然事物序

---

① 译者注：这是对电子的形象化描述：怀特海作为理论物理学家，认为单个电子的行为是不可观察和不可预测的，其行为就像是一只罕见的鸟，其行为是不可预测的。

列中可观察的持续模式而已；因而规律纯粹地是描述。这种学说简洁明了，富有吸引力。前面两种学说会导致我们怀疑形而上学，诸如内在关系学说或者上帝的存在和性质，而这个第三种学说却避开了所有的这一类困难。

它假设我们对事物的系列有直接的了解。这种了解可以分析为一系列被观察到的事物。但是，我们的直接了解不仅在于对处在这个系列中的不同事物有清楚的观察，同时也包括对这些连续的观察有相对的认识。因而了解是不断累积的和相对的。自然规律不过是被观察到的持续存在于整个相对观察序列之中的相同模式而已。因此，自然规律讲述的就是被观察事物的情形，仅此而已。

这样看来，科学的当务之急就是追求简单陈述，以这些陈述的共同作用来表达被观察到的重复现象中令人感兴趣的每一种事物。这就是科学的全部任务，仅此而已，别无其他。这就是伟大的实证主义学说，其在很大程度上是19世纪上半叶发展起来的，并且自那以后其影响渐趋扩大。它告诉我们要执著于被观察事物，并且要尽我们所能简单地描述它们。这就是我们所能认识的一切。规律就是对观察事实的陈述。这一学说可回溯到伊壁鸠鲁，并体现了他对普通人的诉求，即远离形而上学和数学。被观察到的清晰经验事实是可以理解的，且不是其他什么东西。同时"理解"是指"描述的简明性"。

毫无疑问，这种实证主义学说包含着关于科学方法论的基本真理。例如，思考一下所有科学概括中最伟大的概括——牛顿的万有引力定律：两个物质粒子相互吸引，其吸引力同它们的质量乘积成正比，而与它们的距离的平方成反比。"力"的概念指的就是加在两个粒子的矢量加速度上的成分，也是指这些粒子的质量概念。同时，质量的概念在这个陈述中也被明确地提到了。因此，这些粒子的相互空间关系以及它们各自的质量是这一定律所要求的。在这个意义上，引力定律所表达的是相关粒子的推定特征。但是，这一定律的形式，即质量的乘积和距离的平方成反比，却纯粹地是建立在对观察事实的描述之上。在牛顿的《自然哲学的数学原理》（简称《原理》）中，其很大部分是致力于数学探究，以证明这种描述可充分地达到他的目的；该书收集的许多事实细节都遵循同一个原理。牛顿本人执著地坚持这一要义。他不是在思辨：即他不是在说明。不论你坚持什么样的宇宙学说，行星的运动和石头的下落，只要直接测量它们，都符合他所说的定律。他所阐明的是一个公式，观察事实之间的那些可观察的相互关系可由这一公式来表达。

没有任何疑义，全部科学都是建立在这一方法之上的。这是科学方法的第一规则——阐明可观察事实之间可观察的相互关系。这就是伟大的培根学说，亦即观察再观察，直到最终你发现了反复出现的规律性。经院哲学家们相信形而上的辩证法，赋予其以关于事物本质的可靠知识，包括物质世界、精神世界和上帝存在的知识。由此，他们推论出各种各样的规律，或者是内在规律，或者是外来规律，它们支配着整个自然界。

经院哲学家和现代科学家的另一区别，是对权威持批判态度还是依赖态度。但是，这一区别被夸大并且被人误解了。经院哲学家具有强烈的批判精神，但他们的批判与现代人的批判表现在不同的思想领域。同时，现代科学家是依赖权威的，但他们所依赖的权威与经院哲学家们所诉求的权威是不同的。无疑，后期的经院哲学家没有坚持批判精神，他们所诉求的权威是他们选择的亚里士多德，尤其是并且最不幸的是他们求助于他的物理学。而现代科学家则进一步推进了他们的批判精神。但是，经院哲学家和现代科学家同样是亚历山大类型的学者，他们有同样的优点和同样的缺陷。同时，中世纪大学里的经院哲学博士这一类人，在今天就是现代大学里的科学教授。此外，经院哲学家之间的观点也是非常不同的。那些早期的经院哲学家甚至还不是亚里士多德主义者，后期的经院哲学家也并非全都是托马斯主义者。与此相类似，现代科学家们对事实细节和自然规律的一般学说也经常观点各异。

在辩证地进行争论的领域，这些经院哲学家们是最具批判精神的。因为他们可从亚里士多德那里获得内在一致的思想体系，于是他们便笃信亚里士多德，但这种笃信是批判性的。不幸的是，他们并未认识到，亚里士多德的某些主要观念是以他对经验事实的直接了解为基础的。他们确信，亚里士多德的理论体系的逻辑融贯性可保证其主要概念具有无限的相关性。因此，他们也接受了亚里士多德把表面的现象与具有最大普遍性的基本原理的混淆——当有这种混淆的时候。他们促进自然知识的方法就是无休止地进行争论，即使反复回到直接的观察也不能使这些争论减少。不幸的是，他们所使用的逻辑工具，即亚里士多德逻辑，比他们想当然认可的武器更不中用。这样一来，很自然地，当面对某些更为基本的思想主题时，它便成为了背景。这类主题就是数学中所考察的数量关系，和一个体系内多重关系的复杂可能性。对所有这些诸如此类的主题，亚里士多德逻辑都只好退居幕后。

幸运的是，亚历山大学术时期的经院哲学时代统治了欧洲好几个世纪，给文明赠予了无价的思想瑰宝。这个学术时代是具有巨大进步的时代。但是，这个学术时代的工作受到了严格的限制。所幸的是，希腊文化的复兴打破了希腊化文化在中世纪一统天下的局面。柏拉图仿佛从他的坟墓中走了出来，他那轻松的思辨和严格的观察打破了经院思想的体系。这样，新的兴趣、新的神祇便开始盛行。这种新的思想的基础依据可被直接观察和直接使用的事实来报告。这样，在15世纪意大利文艺复兴运动渐趋没落之时，从雅典到亚历山大的文化转移戏剧，便幸运地得以重演。欧洲此时逐渐地进入新的学术时代。现代历史学家出现了，现代批评文学出场了，现代科学家登台了，现代技术也面世了。这使得那些古埃及的冶金学家、闪米特人的数学家和中世纪的经院哲学家们终于报仇雪耻，一展胸臆了。

但是，现代学术和现代科学也同样产生了局限，正如制约当初的希腊化时代和当初的经院哲学时代都有自己的局限一样。它们把思想和观察导入了预定的界限之内，而这些界限则是建立在教条地设想出来的不充分的形而上假设之上的。这些现代假设不同于旧的假设，但并非全都比旧的假设好。它们把更多的终极存在价值排除在理性主义思想之外了。这种专业化学术谨小慎微，把自己的研究主题归结到一些琐碎的细节之上，例如研究纯感觉材料和重复性现象，从而限定了理性。然后，它再通过教条式地处理经验中没有得到处理的剩余部分，把它们归之于不能用理性来说明的动物信念或者宗教神秘主义，以此来逃避人们的批评。这样一来，世界将再次沉入单调乏味的理性思想之中，除非我们把来自希腊文化的某些反思之光一直保持在思想的天空之上。

第八章
宇宙论

第一节 新思想与语言的冲突

119　　在上一章末尾，我们探讨了对规律概念进行分析的四个不同思想学派，即内在规律学派、外来规律学派、实证主义观察学派（即纯粹描述学派）以及最后的传统解释学派。我们发现，这些学派中的每一学派都可以提出优雅的理由来确证其自己的学说。

　　没有什么其他东西比易怒暴躁的派别精神态度更能阻碍思想的进步了。雅致的态度，即柏拉图那样的雅致态度，以及如果我们信任他的《对话录》，那么雅典社会的雅致态度，便是那个时代有理智的天才人物的组成部分。几个世纪之后，那些后来出现的神学家们充满恶意的敌对态度，使他们未能考虑他们本不该忘记的事情，也使我们未能知晓他们自己对思想的贡献之中的形而上学天赋。

通过粗略地回顾这些自然规律说的历史发展，我们将重新思考何种观点决定了这些学说的分歧点，以及它们所能调和的程度如何。在之前的章节，我们援引了柏拉图给一种哲学意见所写的文雅的前言。这一意见与现在的论述有关：

> "我的看法便是，任何能影响他物的力，或者能被他物影响（甚至只一会儿）的力，无论其原因是何等的微不足道，其影响是何等的微细短暂，都是真正的存在；而且我坚持认为，存在的定义就是力。"

在随后进行的对话中，柏拉图表现出其作为形而上学家的天赋。但是，他依然在努力地克服用语言来表达日常熟悉事物以外之物的困难。研究观念史而不时刻牢记新思想与迟钝的语言有冲突，那就会使人误入歧途。

同时，有趣的是要注意到，根据柏拉图的观点，哲学家与智者相比较而言，明显的标志是他试图调和各种相冲突的学说，而每一种学说都有其自身坚实的支撑根据。在观念发展史上，思辨的学说至少与关于思辨的学说同样重要。

第二节 "存在的定义就是力"

但是，还是回到柏拉图的看法上吧——"而且我坚持认为，存在的定义就是力。"

这一陈述可根据外来规律说的概念来解释，即：正是对每一存在的外部强制要求，与对其他这一类存在的决定性因果作用是相互关联的。但是，这样的诠释忽视了柏拉图的确切措辞，即柏拉图说的是，"存在的定义就是"，它既会施力于他物，也会受到他物的力的施加。这便意味着存在的本质包含在对其他存在的"要因行为"之中。这便是内在规律说。更进一步，在几个句子之后，他继续说道：

"……存在，作为被认识到的存在，会受到认识的作用，所以是处于运动之中的，因为处于静止状态的存在不可能像我们断言的那样会受到作用……我们难道能把存在想象为没有生命和心灵，并全然无意义地保持为一种永恒固定物吗？"①

请注意，在这个论辩中，未受到作用的东西就是一个固定物。柏拉图否认可以把存在设想为"全然无意义地保持为一种永恒固定物"。所以，存在是被作用的东西。这与他的基本定义是一致的，即"存在"既是发挥作用的能动者，也是作用的接受者。因此，在这些段落中，柏拉图阐明的学说是"作用和反作用"属于存在的本质，虽然要借

---

① 参见《智者篇》，247页，乔伊特译本。

助于"生命和心灵"的调解来提供活动的中介。这种"中介"概念以多种形态出现在柏拉图的《对话录》之中，它把存在的不朽性与生成的流变性结合起来了。很有可能，实际上几乎可以肯定地说，在《对话录》中可以找到与这一学说不一致的段落。就当下来看，有趣的事实是，在这个对话的这些段落中，我们发现了对内在规律说的清晰阐述。

这种早期天真的闪米特一神教，即犹太人和穆斯林的一神论，是接近于这种由一神的命令所施加的外来规律概念的。后来的思辨观点则摇摆于这两种极端主张之间，并试图把二者调和起来。在这方面，正如在大多数其他事情中一样，西方思想史表现为试图把作为其本源的观念与主要是闪米特人的观念相融合。现代学者以其思辨气质来看，乃是将自己的智慧应用于其希腊和闪米特遗产的埃及人。

在这一例子中，关于规律的这两种极端学说，一方面会走向极端的一神教上帝说，坚持规律在本质上是超验的，只有偶尔才是内在的；另一方面则会走向泛神论的上帝说，坚持规律在本质上是内在的，而决不可能是超验的。

柏拉图在《蒂迈欧篇》中提供了一个早期的例证，说明了内在规律说和外来规律说这两种规律观的这种摇摆不定。首先，柏拉图的宇宙论包含终极的创造者，他是神秘莫测和尚未界定的，却把他的设计强加给了宇宙。其次，这些内在成分的作用和反作用——在柏拉图看来——是自足的，可说明世界的流变："无物从中给出，无物进入其中——除其自身以外，什么也没有。"

至此，我们一直在考察最初的宇宙论基本概念，这种宇宙论在现代时期崛起之前，一直在支配着世界，包括异教的、基督教的和伊斯兰教的世界。它后来受到亚里士多德的修正，受到亚历山大时期学者的修正，也受到经院哲学家们的修正。但是，这种把内在规律说与外来规律说相融合的观点，经过这样或那样的调整，直到17世纪初期一直是占统治地位的重要概念。

第三节 希腊思想与原子论

但是，希腊思想提供了与之相对立的宇宙论，它的形式是原子论，是由德谟克利特初步提出来的，经伊壁鸠鲁加以系统化，最后由卢克莱修以史诗般的形式加以说明。根据卢克莱修的观点，世界仿佛是由无休无止的原子微粒构成的阵雨，这些原子微粒在空间中流动、翻转、混杂，偏离自己的轨道，复又结合在一起。根据这一学说，事物质的差异不过是这些混合轨道几何模式的统计上的表达方式，是原子微粒偏离轨道后组成的无数不同形式的结果而已。

柏拉图和卢克莱修都借助于几何学，柏拉图借助的是正方体，而卢克莱修借助的是轨道形式和原子的任何形状。在这方面，他们的基本观点得到了现代科学的支持。然而对伊壁鸠鲁来说,似乎有必要以后来牛顿在其《原理》中所表现出来的那种形而上的天真来处理空间和运动。柏拉图在《蒂迈欧篇》中所陈述的空间学说,则具有高级的形而上学的精微性;虽然柏拉图的容器学说认为这种容器没有任何几何形式,但他的观点与卢克莱修的"虚空"学说则有些类似。然而,如果卢克莱修能进一步说明伊壁鸠鲁,他就会有可能发现有必要给他的"虚空"赋予那些几何形式,即柏拉图会否认他抽象思考的"容器"所具有的那些几何形式,而亚里士多德则会否认他的抽象物质所具有的那些几何形式。

柏拉图的宇宙论倾向于把外来规律说与内在规律说相融合,而伊壁鸠鲁的原子论则最容易把外来规律说与描述规律说相融合。

这两种宇宙论之所以不同,其原因在于,在柏拉图看来,行为就是相关事物各种特性的功能——即内在灵魂的智能活动,以及内在形式必要的几何形状。但是,在伊壁鸠鲁看来,原子轨道同它们的性质没有任何必然联系。诸多原子共享着空间关系并且是可移动的,这是它们的性质内在固有的。但是某一特殊原子的特殊轨道似乎不是其性质内在固有的事实。现代原子波理论支持柏拉图,而不是支持德谟克利特;而牛顿的动力学则支持德谟克利特而反对柏拉图。卢克莱修在其某些论述中偷偷地引入了内在规律说。卢克莱修主要关心的是规律的支配作用,以此反对恶魔和神祇的随意介入,反对迷信的诱惑。

关于原子轨道，可能有两种观点。一种理论认为，它们是由外部施加的，并且施加说要求有超验的上帝作为施加者。这实际上就是牛顿所采用的宇宙论。牛顿所说的力，不管其最终的数学公式是什么，都不过是由上帝提供的施加条件而已。这一观点就是18世纪的工作准则。上帝就这样以第一因的冷酷名义出现在宗教之中，并在洁静明亮的教堂里恰当地受到膜拜。关于原子轨道的另一种理论是实证主义学派所采用的，他们把规律看作纯粹的描述。由于这一原因，卢克莱修式的原子论永远是这一思想学派最喜爱的第一宇宙论原理。这些粒子的运行轨道可归因于纯粹的偶然机遇。它们的分布是随机的，每一条轨道与其他任何轨道是毫无联系的，并且一条轨道的每一后续部分都不受这同一轨道的早先部分的制约。

因此，如我们所知，对我们的混乱知觉而言，世界表现为这些轨道的纵横交错和完全由偶然而产生的一连串事件。我们可以描述所发生的事情，但是，所有可能的知识都止于这种描述。

卢克莱修是在外来规律说和原子偶然运动这两种概念之间摇摆不定的。例如，"这一点也是我们希望你理解的：当物体由于其自身的重量在虚空中垂直下落时，在极不确定的时间和不确定的地点，它们会稍稍偏离自己的轨道；你只能称之为倾斜的变化。如果它们不习惯于偏离，那就会一直降落，正像雨滴一样，穿过深邃的虚空，在这些原始起始物（即原子）之间既不会有碰撞，也不会产生爆炸，因而自然界便永远不会产生出任何事物。"①

但是，他严格地限制了自己的偶然性观点：

"但你恐怕或许会认为，只有生物才受这些条件的限制，而这一规律是制约所有事物的。"②

他对这种极端实证主义学说的反对意见同时也表明，在这些包含最遥远星系的浩瀚太空中，通过极长时间周期进行的有规律的演化，这种恢宏样态不可能是纯粹偶然的产物。

对这种反对意见有两种回答。首先，存在着充足的时间和充足的空间。我们处理的是从无限到无限的所有空间，我们处理的是从永恒到永恒的全部时间，且我们处理的是无边无际的全部存在，对它们只能根据非有限数来理解。在任何有限的时间和空间区域，即使其承载的原子是有限的，同样不可能有任何预想的轨道，实际上这里会有无限可能性不允许它这样。但是，我们现在讨论的不是预想的概念，我们观察到的是有限区域内事实上存在的情形。该情形一定是某物，而我们所观察到的事实上就是那个情形。这里无任何预想的东西，因而没有无限的不可能性问题。的确，我们的心灵中萦绕着各种期望，但它们是对事实上所发生的事情的模糊记忆，并结合着对以往事实更详细分析的想法。以往的事实既不是可能的，也不是不可能的，而是事实上发生在我们的观察范围内的事情。

---

① 见《物性论》第二卷，第216—224行。
② 参见《物性论》第二卷，第718—719行。

第二种回答采取的观点，同内在规律说的观点是不谋而合的。它认为，没有任何必要——实际上丝毫没有任何理由——夸大我们所观察到的时空区域中的秩序。我们对那些遥远的太空区域和时代里的秩序，只是对其很一般的样态有了解。那就是我们所知道的一切。在当下时代，我们有更详细的了解，但是我们的观察是粗糙的、不精确的和零星的。再则，那就是我们所知道的一切。我们一定不要超出我们的直接知识一步，去凭空归因、凭空期望。实证主义者没有任何立足点来支撑他超出直接观察的区域去思辨。

第四节　实证主义的支配地位

这种实证主义思想学派，它那史诗般的著作就是卢克莱修的那一部诗集，目前在科学领域里占据统治地位。实证主义的宗旨是使自身专注于事实，同时抛弃一切思辨。不幸的是，在所有的不同意见派别中，它是最不能直面事实的。实证主义从来不能被实施，之所以如此，是因为它不能给对未来的任何预见提供依据，以使我们能对目的有所构想。

但是，在使实证主义直面人类实践之前，有趣的是我们要注意到，原子论已采取了现代思想的新形式。认识论出场了，它的功能就是批判所有虚荣做作的知识。今天，"我们如何认识"的问题先于如下问题——"我们认识什么"。

这里,原子论学说又出现了。不过,宇宙论科学中的这种德谟克利特式的原子论现在由认识论科学中的休谟的原子论所取代了。伊壁鸠鲁阐述的学说认为,物质宇宙的终极元素是物质性的原子,它们像阵雨般地穿越空间,运行轨道错综复杂,相互纠缠。休谟所阐述的学说认为,在认识活动中主观地给予的这些终极元素是一些感觉印象,它们像阵雨一样穿越经验之流,同记忆相结合,能激发情感、反省和期望。可是在休谟看来,每一种印象都是不同的存在,由于未知的原因而出现在灵魂之中。伊壁鸠鲁所依赖的认识论与休谟的认识论是紧密相关的。

实证主义者抓住了休谟的原子论,并且视休谟为他们的领路人。科学的任务被他们解释为只是要系统地说明持续而反复出现在每一经验之流中可被观察到的相同模式。但是,由于休谟研究的是主观经验,他能增加一种推论,这是伊壁鸠鲁那更为客观的学说所不接受的。休谟增加的观点是,我们可期待以往观察到的那些反复出现的现象,也会出现在未来。在这个阶段,霍茨珀的问题在我们的脑海里油然而生:"可是它们真的会在你召唤它们时出现吗?"对这个问题,休谟步格伦道尔之后尘,没有给予回答。人们期待的反复出现之事确实出现了,这就是以往的观察事实。但是实证主义科学唯一关心的是观察事实,且一定不会去冒险猜测未来。如果观察事实就是我们所知道的一切,那么就不会有任何知识了。或然性同知识是有关系的,而在实证主义学说中不存在任何关于未来的或然性。

当然，大多数科学家和许多哲学家都利用了实证主义学说，以避免思考那些烦人的基本问题的必要性——简言之，以避免形而上学——另外，他们又通过暗中回到他们的形而上学学说，即过去在事实上规定着未来，以此来拯救科学的意义。

实际上，正如休谟所指出的那样，人类的生活倘若没有这种信仰就不能继续下去。正是以这种方式，今日的实证主义把自身建立在某种形式的原子论——客观的或主观的——基础之上，并推论说，科学的唯一职能便是详细阐述关于可观察事物的简单描述。

有一种奇特的错误观念认为，数学上神奇的统计学可用某种方式有助于实证主义避开自身特有的对可观察的过去的局限。但是，除非你假设统计的形式是永久性的，否则，统计学不会告诉你任何未来的事。例如，为了用统计学做出预言，就需要假设统计学的函数关系所表达的平均值、方式、概率误差和对称性或偏度具有稳定性。数学可以告诉你由你的信念所推出的结果。例如，如果你的苹果是由有限的原子数构成的，那么数学可以告诉你这个数是奇数或偶数。但是你一定不能要求数学给你提供这个苹果、这些原子，以及它们的数目的有限性。不存在任何有效的推论能从纯粹的概率推出事实，或者换言之，能从纯粹的数学推出具体的性质。

第五节　没有形而上学预设就没有文明

现在是让这种实证主义学说直接面对科学史事实的时候了。我们想要发现的是那种体现在科学家的实践活动中的目的。为了避免有人怀疑我们的选择有偏见，请考察最新的这次发现。在我写这一章时，这一发现在美国报纸上占据了主要版面。我是指亚利桑那州洛威尔天文台对新行星的发现。对这一发现的最终解释是无关紧要的；即使在满足预言的行为中，自然界也经常会提供令人惊讶的现象。这方面的故事，典型的有以前对天王星的发现，还有对为数不多的双星的许多发现，以及对月亮运动公式中那著名的经验项的发现。

最近的这次发现基于人们观察到天王星和海王星的运行轨道偏离了计算轨道。这个计算包括了先前知道的太阳系所有天体对这两颗行星的影响，是以万有引力定律的存在为假设的。但是，它们被观察到的运动稍微偏离了如此这般计算出来的轨道。然而，要制订一个数学公式，以之来描述这种被观察到的偏离，并无任何困难。这种数学公式将会具有最基本的数学特征。它将会包括一些涉及三角法的正弦和余弦的术语，用一些数字成分来界定它们的周期，用另一些数字成分来定义它们的振幅，并用另一些数字成分来界定它们的往返时间——或者用现代流行的术语，它们的"时间零点"或"零时刻"。总之，这个描述的简洁

观念的探险

性令人着迷，柏拉图将会喜欢这个描述，因为它对柏拉图关于未来数学的最大胆思辨提供了例证。

每一个实证主义者当时一定得到了完全的满足。与可观察事物相符合的简单描述终于得以逐步发展了。实证主义者们此时可以重新回到他们那未经说明的信念了，即这些公式在未来可以继续描述天王星和海王星的运动了。实证主义所能提供的观点至此已全部披露。但是，天文学家并不满意。他们还记得"万有引力定律"。珀西·洛威尔算出了加速度的矢量成分的方向和大小，这种加速度指向于一个想象的点，它以椭圆轨道绕太阳旋转，这个轨道甚至比海王星轨道还遥远。他成功地选择了自己假设的轨道，因而认为这种加速度的大小是不断变化的，它与海王星和那个移动点之间的距离平方成反比。这样，一种新的描述被发现了，它要求用某种复杂的数学方法把这个点与天王星的连续位置联系起来，但是要符合牛顿定律的一般形式。由此，在概括方面我们有了某种收获，如果你对描述有鉴赏力，这件事是令人愉快的。但是，我们已经把我们的主要兴趣忘记了："我们只仰望天空，朝洛威尔所说的那个移动点去观看，我们就会看到一颗新行星。"然而，人们肯定看不到这颗行星。任何人所能看到的一切，只是感光板上一些微弱的光点而已，这还要涉及借助于摄影技术、精良的天文望远镜、精密的设备仪器、长时曝光和有利于天文拍摄的夜晚等条件。这种新说明现在包含着对一大堆物理定律的思辨性扩展，涉及望远镜、光线和摄影术，而这些定律只是声称能记录观察事实。它还包含着把这些定律思辨地应用于天文台内的各种特殊情况,对这些情况而言,这些定律在当时还尚未得到证实。这种迷魂阵般的思辨扩展的结果,就是把天王星和海王星的轨道偏离与感光板上的光点联系起来了。

这一叙述是对清楚明白的事实的歪曲,尽管它是按照实证主义理论的严格要求而设计的。文明世界的兴趣在于,人们想到了这颗新行星:它孤独而遥远,在无数的年代里围绕着太阳旋转,并对潮水般的事件施加了自己微弱的影响。终于,它被人类的理性所发现。人类理性深入到了事物的本质之中,并把它们的相互联系揭示出来了。对规律的这种思辨性扩展在实证主义理论中毫无根据,而是明显地出自于对物质的持久性,即对诸如天文望远镜、天文台、山脉、行星之类的物质持久性思辨的形而上学确信,而这些物质性的东西根据宇宙的必然性,包括有关它们自身性质的各种理论而相互作用。关键在于,这种超越直接观察的思辨性扩展表达了对形而上学的某种确信,不管这些形而上学概念如何模糊地包含在清晰的思想之中。我们的形而上学知识是少量的、肤浅的和不完全的,因此各种错误会慢慢出现。但是,尽管如此,形而上学的理解却在指导着想象,并为目的提供正当性理由。没有形而上学的预设,就不可能有文明。

关于科学方法,有一种规范需要注意。所有科学进步都取决于首先要构建一个公式,以对可观察事实给予普遍的描述。洛威尔就是以他面前的这样一个公式而工作的，即对那些轨道偏离做了简单的数学表达。在一个阶段，所有的发现方法都同实证主义学说相一致。毫无疑问，在这一严格意义上，实证主义学说是正确的。

科学的某些分支在这个阶段停滞不前了好几个世纪之久。那时它们的信徒们接受了粗略的实证主义学说。然而，有一种不安的冲动迫使科学家们不只是满足于简单的描述，甚至不只是满足于**普遍**的描述。正是这种获得**说明性**描述的欲望，可证明超越现实的、特殊的观察例证而对规律进行思辨性扩展是正当的。

这种对说明性描述的强烈要求，提供了科学与形而上学之间的相互作用。形而上学学说由此得到了修正，以便能提供这种说明，而科学的说明正是根据在这些科学家的想象中挥之不去的流行形而上学而设计的。

从柏拉图时代到当今时代的思想史，其中一个方面，就是形而上学家与实证主义者在解释自然规律问题上进行斗争的历史。希腊人不同于亚历山大时期的人，他们通常被视为观念的发现者，而不是把观念体系化的人。因此，毫不令人感到惊奇的是，柏拉图对这个主题的态度不像前面引文中可能包含的那样清晰。在他的某些对话中，他的注意力集中在完全对理解开放的永恒观念世界与感官所揭示的流变世界之间的区别上，而这种流变世界并不具有那些永恒形式的任何精确的明晰性。在这个意义上，感觉世界对知性是封闭的。它的历史被归结为事实，不能完全地理性化。从构想山洞崖壁上影子神话的柏拉图,到休谟(即《人性论》的休谟)、穆勒、孔德和赫胥黎的成熟实证主义学说,仅有短短的一步之遥。这种精神状态下的柏拉图与现代人之间的主要区别——且是重要的区别——乃是柏拉图对永恒观念世界显著的实在性的强调一定会被大多数这些现代人的唯名论所取代。

但是,在其后来的对话中,柏拉图的兴趣则集中在宇宙论上;并且正如前述引文所示,他的最后判断,或者他因年迈力衰,精力不济,把他引向了介于内在规律说和外来规律说之间的中间位置。

第六节 神学在哲学思想史上的价值

正是处于后期精神状态下的柏拉图提出了这样的观点:"而且我坚持认为,存在的定义就是力。"这一观点是对内在规律说的特许。

历史中这一学说的下一个重要的里程碑是由亚历山大派的神学家们提供的,时间大约在四到六百年之后。人们习惯于低估神学在世俗哲学思想史上的价值。这是错误的,因为在大约一千三百年的时期内,那些最有能力的思想家大多数是神学家。

亚历山大时期的神学家受过重要的训练,他们相信上帝在世界上无处不在。他们思索了如下普遍的问题:这个原初的存在——作为促进世界秩序必然反复出现的源泉——是如何与世界分享其本质的。在某种意义上，原初的存在是所有的易变事物本质之中的成分。因此，理解世间万物的本质，包含着领悟这种永恒存在的无处不在。这一学说造成了外来规律说与内在规律说之间重要的调和。因为根据这一学说，朝向秩序的必然趋势并非产生于超验的上帝所强加的意志，而是产生于这样的事实：自然界中的存在分享着无处不在的上帝的本质。

这个学说，在任何清晰的形式上，都不是柏拉图的，尽管它是对柏拉图的学说进行的自然的修正。但是，在《蒂迈欧篇》中，柏拉图提出的这个世界灵魂绝对不是那个终极的造物主。通过这一概念，柏拉图为诺斯替教徒，连同他们那奇异的流溢说铺平了道路，也为阿里安斯教派铺平了道路。在《蒂迈欧篇》中，这一学说可作为寓言来读。在这种情况下，它乃是柏拉图最令人遗憾的神话文章了。作为流溢物，世界灵魂乃是未成熟的形而上学的创造者，它只是把永恒的实在和流变的实在之间的关系这一终极问题弄得模糊不清了：这个中介物一定是万物共有的成分，而不是超验的显灵。

西方神恩学说来源于圣奥古斯丁，他严重倾向的这个概念认为，全然超越的上帝把自己的偏好强加给了世界。实际上，加尔文坚持的同样僵硬的学说提出了摩尼教学说，即认为全然邪恶的物质世界部分地是通过上帝任意的选择而得到拯救的。对加尔文教派的思想来说，这个世界的物质秩序乃是上帝的意志所任意强加的。实际上，奥古斯丁的学说具有不同的侧面,因为它源于超验的上帝意志,或者无处不在的上帝本质。

这种对秩序的无可争议的信念,由于其变换不定的历史——柏拉图和伊壁鸠鲁、诺斯替教派、亚历山大学派的神学家、安提阿和摩普绥提亚教派的唯理主义者、摩尼教派、奥古斯丁、加尔文——最终在16世纪开启了现代世界的第一阶段,它那绝对的预设前提是存在着自然秩序,这一秩序的每一细节都是人类能理解的。

这个信念最早可追溯到柏拉图和那些犹太先知们。但是,很有可能,他们中任何人都未能清晰地阐述过这个信念,也没有执著地相信它。卢克莱修对自然秩序的精确细节学说给予了最清晰的阐述。但是,即使他也不得不使万物依赖于原子的偏离,这种偏离发生于"不固定的空间和不固定的时间"。

第七节 对自然秩序的三种解释

这个在17世纪得出的结论,标志着宇宙论学说在随后两百年间重新处于稳定状态。这个时期,极端的实证主义学说已不复存在,但异常奇怪的是,牛顿、莱布尼兹、洛克这三位在当时思想界占主导地位的伟大人物,却对柏拉图和卢克莱修的问题给出三种不同的解释。

牛顿的立场更有利于证明当时和未来的科学状况所要求的方法论。他坚持用最简单的方式来表达卢克莱修的虚空学说，用最简单的方法来表达卢克莱修的物质原子学说，并且用最简单的方法来表达由神的命令所强加的外来规律学说。在任何形而上学探究方面，他的唯一方式在于他把虚空与神性自然的感觉器官相联系的方法。他的宇宙论非常容易理解，但是却很难让人相信。从实效性上看，这种宇宙观在两个世纪里经历了最高的证明。因此，在这同一个时期，它的真理性已在实效性上得以确立。他的学说作为清晰而独特的观念体系将会永存，并得到广泛应用。任何宇宙论都必须能解释这个体系，并能指出它的种种局限。

莱布尼兹的单子论构成了另一种宇宙原子论学说。毫无疑问，牛顿的确采取了笛卡尔物理学的某些主要立场。但是，牛顿完全不知道由笛卡尔引入的思想中那些主观偏见。牛顿发现自己认识到的许多事物是以笛卡尔方式来解释的，并且他成功地对如此解释的知识做了系统化工作。但是，笛卡尔在攻击物理学的问题之前提出了一些重要问题：我是如何认识的，我如何能消除我的知识中那些可疑的解释？经过一个世纪的哲学思维之后，最终得出这种主体性思想序列，这要归功于休谟的精神原子论，这在本章已经提到过。

莱布尼兹敏锐地意识到了关于知识批判的问题。因此，他是从主体方面进入宇宙论问题的，而卢克莱修和牛顿则是从客体视域进入宇宙论的。他们含蓄地提出的问题是：原子世界对于研究它的理智来说看上去是什么？对于广阔壮观的原子宇宙，这样的理智会说什么？这些问题的答案就包含在卢克莱修的史诗《物性论》和牛顿的《原理》这些不朽的著作之中。

但是，莱布尼兹回答了另一个问题。他说明了要成为原子就必须是什么的问题。卢克莱修告诉我们的是原子在他人看来是什么样子，而莱布尼兹则告诉我们原子是如何感受其自身的。在这个说明中，莱布尼兹是在奋力地同影响着现代宇宙论的难题做斗争，这个难题是柏拉图、亚里士多德、卢克莱修和牛顿完全没有意识到的——或许因为他们本来要宣称它是建立在错误的基础之上的难题。笛卡尔则像通常的新思想学派的创建者一样，使自身在这种旧方法和他作为创立者的新方法之间保持着精确的平衡。现代世界观产生于亚里士多德逻辑的缓慢影响，这种影响的时间延续长达两千年之久。同时，亚里士多德逻辑是建立在对最简单的口头句子的分析之上的。例如，"水是热的"，这个句子就把高温的特性赋予一个具体澡盆中的具体物质，即赋予其中的水具有这个属性。"是热的"这个属性是抽象的。许多不同事物可能是热的，并且我们能想到它们是热的，而不会想到澡盆中有任何具体的热的东西。但是，在实在的物质世界中，"是热的"这个属性，只能作为其本身确实是热的具体事物的特征而出现。

好吧，我们继续讨论源自亚里士多德逻辑的这个观点。如果我们要对物质世界中实在的具体事物给予完整的说明，对这个问题充分的答案需要根据一组抽象特征来表达，因为这些特征组成了一个个性化的整体，而这个整体正是我们所讨论的实在事物。

这个答案极其简单，富有美感，但它完全没有说明实在事物之间的内在联系。每一个实体性事物就这样被认为其本身是完整的，同任何其他实体性事物没有任何关系。对终极的原子，或者终极的单子，或者终极的享有经验的主体的这种说明，就使得内在相关的实在个体世界不可理解了。宇宙被分割为一大堆互不相关的碎片式实体性事物，每一事物以其自身的方式展示其自身具有的那一系列抽象特征，这些特征在其自身实体的个体性中找到了共同家园。但是，这些实体性事物不可能与其他实体性事物发生呼应。一种实体性事物可以获得质量、信用——但却永远没有其实在的产地。以这种方式，亚里士多德的谓词学说和基本实体学说，就发展为属性结合说和基本实体相互分离的学说了。

全部现代认识论和全部现代宇宙论都在为应对这个难题而苦恼。对这些学说而言，有一种神秘的实在潜藏于不可见的背景之中，本质上是不能通过任何直接的交流认识的。在直接享有的感受面前，则存在着各种各样的性质之间的作用和相互作用，它们使所讨论的这些孤立个体的实体统一性表面千差万别，千姿百态。

但是，每一个经验主体都有一个特征，亦即都有一种神秘的冲动，这就是要解释它所享有的由各种特性组成的私人世界，以表明和以符号来界定那些终极实在之间的复杂交流。然而，根据这些现代宇宙论的学说，这类交流如何进行，或者为什么要交流，则一定永远是超越理性的：

因为理性只能辨识那一组构成单个实体之性质的属性。

这就是亚里士多德逻辑对宇宙论发生的长期而缓慢的影响。莱布尼兹是既接受现代学说,又坦率地面对其困难的第一人,也是迄今最伟大的哲学家。[①] 他大胆地把上帝排除于这个学说之外。上帝和每一个个体性单子是有交流的。因此,根据他的学说,单子之间以上帝为中介而进行间接的交流。但是,每个单子都可根据其自身特性而独立地发展自身的经验,而其特性则是因其与上帝的交流而最初施加给它的。莱布尼兹的这种前定和谐规律说是外来规律说的极端例子,它可以用某种方式通过上帝无处不在的概念得以缓解。但是,他没有给出任何理由来说明,为什么这个最高级的单子上帝被排除在孤立的共有命运之外。根据这个学说,单子相互之间是没有窗口的。那为什么它们有通向上帝的窗口,并且为什么上帝有通向它们的窗口?

这里,探究一下古代那些宇宙论者——柏拉图和卢克莱修——是如何回避这一难题的,是非常有趣的。

首先,必须承认,在柏拉图的《对话录》中,可以发现有许多不严谨的陈述和许多不同的思想观点,它们本身就会直接导致这种现代难题。事实上,从这个方面看,我们在柏拉图的论述中就可发现亚里士多德逻辑的萌芽。但是,在这些古代宇宙论中,包括亚里士多德自己的物质学说中,我们也可发现另一种不同的思想路线,它在事实上

[①] 译者注:怀特海对莱布尼兹评价很高,称他为"迄今最伟大的哲学家"。

显然是一种关于实在的交流学说。柏拉图关于实在的"容器"学说和伊壁鸠鲁关于实在的"虚空"学说，在某些细节上是不同的。但是，这两种学说明显地断定了那些终极实在之间具有的实在交流。这种交流并不是偶然的，而是每一种物质性的现实性之本质属性的组成部分，而这种现实性本身则是限定这种容器性质的元素，并且对该容器的这些限定因素也会进入其自身性质之中。根据柏拉图的观点，该容器本身，以及从其本身中抽象出来的各种现实，都无形地参与到交流之中。但是，他给其定名为"所有生成之母"。后来在同一对话中，他又称之为"所有事物的自然母体"。它是通过把各种现实物包容到自身之内而获得其形式的，并且它所采取的方式并非是从这些现实物中抽象出来的。正如在《蒂迈欧篇》中所讨论的那样，该"容器"便是柏拉图用来把物质世界的许多现实物当作相互本性之中的成分的方法。这就是内在规律说，它源于这些现实物相互之间的无处不在。这就是柏拉图的内在交流媒介说。①

因此，最终我们可以理解，根据柏拉图的"容器"说，根据卢克莱修的"虚空"说，以及根据莱布尼兹的上帝说，

---

① 在这个主题上，要确定笛卡尔是否坚持一个单独物质实体具有诸多不同的运动样式的学说，或者是否坚持许多不同的单独物质实体在本质上是通过广延关系而联系起来的学说，这是极为困难的。他的几乎所有的用语在这一关键点上都是模糊不清的，有一个例外是他的《哲学原理》第一部分第六十原理。在这里他毫不含糊地说到了每一个物质实体，因此——至少在这个地方——决定着这类实体具有多样性。不管哪一种学说都会把他引向困难。

它们在宇宙论中所起的作用是相同的。牛顿在其一般评注中，也明确地把卢克莱修的虚空说与莱布尼兹的上帝说联系起来。因为他称虚空为"上帝的感觉器官"。我们在这里看到了这些不同的天才人物，即柏拉图和亚里士多德、伊壁鸠鲁和卢克莱修、牛顿和莱布尼兹展示出来的惊人作用。现代宇宙论就是我们所讨论过的这些重要宇宙论在全部细节方面有所变化的变体形式。它们都是围绕着不同的规律概念，不同的实在个体之间的交流概念，以及不同的这一类交流能得以获得的媒介基础概念而进行的。另一个难题源于这些一般原理，但是对人类生活却特别重要，这就是关于人的精神在事物系统中处于何种地位的学说。

宇宙论中这个比较特殊的难题，乃是本书第一部分所讨论的主题。我们已经描述了它对人类历史进程的重要影响。但是我们一定不要以为，宇宙论更为一般的难题处在实践兴趣的范围之外。在各个时代，那些指导人类活动的观念，和同一时代中这一类指导观念的冲突，都是由对宇宙论难题不成熟的现成解决方案所造成的，因为它们在广大人群中得到了普及。数百万人去冲锋陷阵，去参加残酷的战斗，激励他们的东西乃是对意志坚定的阿拉所制定的法则的坚定信仰：这一条法则让每个人都享有他自身天生注定的命运，这一条法则让每个虔诚的穆斯林或则享有胜利，或者死亡进入天堂。数百万佛教徒避开了依赖于非个人的内在规律的穆斯林狂热情感内在固有的邪恶，这是由佛教学说给他们讲清楚的。由于基督教的柏拉图主义，这两种学说达成了和解，数百万人根据这种和解塑造了他们的生活。

最后，现代人不懈地追求观察的精确性不断增加，追求说明的细节不断增长，这都是建立在对规律的支配不容置疑的信念之上的。没有这种信念，科学事业便是愚蠢无知，毫无希望的。

第八节　习俗解释规律说

在关于自然规律的四种学说中，最新的一种学说，即习俗解释说，到现在还未讨论。这一学说的确表达了自由的思辨借以成为解释自然的方法。我们通常会精心制作一种观念体系，它与对事实的任何直接而详细的观察没有关系。例如，这种脱离详细观察的方法，从表面上看，似乎是柏拉图《对话录》的特征。它们并不具有根据事实进行耐心推论的样态，而是受思辨和辩证法支配的。同时数学也得到了发展，尤其是在最近这些年，这是通过对秩序类型的思辨兴趣而实现的，可是对这些类型所说明的具体存在，则没有任何的确定。但是，自然界随后却被人们根据这种数学法则得以解释了。结论似乎是，大自然对我们感兴趣的规律的解释是耐心的。

然而，另一种考察支持这一观点。在我们解释物质世界的几何特征时，有一种任意选择的成份。数学家已经证明，任何能以具体实例来证明欧几里得度量几何学的区域，也能以具体实例来证明椭圆度量几何学，并且也能以具体实例来证明双曲线度量几何学。进一步说，如果我们以这三种几何学的任何一种开始，我们就能证明其他两种类型的几何学在同一主题中也分别地被以具体实例证明了。

但是，如果推论说，这个数学真理与把自然规律看成是任意习俗的概念有任何关系，那则是完全错误的概念，即使某些数学家已有这种概念。因为在这三种应用于相同主题的度量几何中，关于距离的定义是不同的。因此，数学家已证明，如果有欧几里得式的度量几何，那么用另一种距离定义，并因此而用另一种全等定义，就会有也适用于相同主题的椭圆度量几何。在这个主题内，有三种不同的关系系统，它们是有关系的，如果一个系统存在，那么另外两个系统也会存在。当然，根据另外两个系统中的任意一个系统，我们也能描述一组关系，虽然会显得很笨拙。在这里不存在任何"习俗的"东西，除了如下明显的事实：我们可以把注意力放在任何选定的一组事实上。当然，问题依然存在，即在我们说我们已步行了三十英里并感到疲倦时，我们指的是哪一组几何关系呢？它们是三十欧几里得几何意义上的英里，抑或是三十椭圆几何意义上的英里，还是双曲线几何意义上的英里？在这里，参照标准在两种情形中可以是相同的，即在华盛顿特区牢固地确定的两个指定标志之间的间隔。

再者，在几何上还有另一个模糊问题。为了坚持同一种几何学——比如说欧几里得几何学，但是其他两种几何之中的每一个也是同样可以的——坚持欧几里得几何学，就会有无数个定义距离的不同可选方式，因而会产生不同的欧几里得几何体系。因此，只要承认一个欧几里得体系成立，无数个其他欧几里得体系也成立。这样，当一位朋友说他开车一百英里来看我们时，我们应当问一下他采用的具体是哪一种几何度量制。他若只是回答欧几里得几何，那就仍未解决问题，而且其差别还不一定小。根据一种度量制说两个城市之间有一千英里，而在另一种度量制下，则有可能是两英里。由此可以说，每一个立法机构应当尽快地确定其所要采用的度量制。这个问题与英里和公里之间的区别毫无关系，或者与纯粹的度量制不完善也无关。那些问题的意义小得多。

非常明显，除了知觉有微小的不精确以外，我们在事实上全都采用的是同一度量制。三十英里的距离对任何人都是很长的步行路程，这是自然的事实，与习俗无关。因此，在我们讨论自然规律的习俗性问题时，诉诸几何学是没有必要的。

第九节　大自然以自己的方法展示科学

但是，几何学的类比则提出一个重要反思。众所周知，几何学可以不参照任何度量而得到发展——并且在表示点时，不需要参照任何距离，也不必参照任何数字坐标。以这种方式发展起来的几何学，一直被称为"非度量投影几何"。在其他地方①，我曾称之为"交叉分类科学"。亚里士多德的分类学把事物分为类、种和亚种，这是相互排斥的分类学，它发展了柏拉图提出的"区分"科学。

投影几何学只是交叉分类科学的一个例证。其他这类科学之所以未能发展起来，部分是因为没有明显的应用强推它们，部分是因为对这类科学的抽象兴趣未能引起任何比较大的数学家群体的兴趣。例如，在《数学原理》② 第93节"论关系域的归纳分析"中，我们就提出了另一种这样的科学。实际上，该书整个第一卷就是致力于创立非数字准几何学，同时还论述了详细阐述它们的技巧。这部著作后面的部分专门探讨了这些更为特殊的包含数和量的数学科学。

这里提及《数学原理》的目的是要提醒我们注意，这种源自度量的数量关系构成了数学中非常特殊的发展主题。这个发展构成了到那时为止数学中唯一真正重要的部分，除了揭示出普通几何学独立于度量和数值这一给人深刻印象的成就以外。

由此可得出结论说，还有无数的纯粹抽象科学，连同它们的规律、它们的规则及其复杂的定理——迄今全都尚未得到发展。我们几乎不能回避这样的结论：大自然在以

---

① 《投影几何学公理》，载《剑桥数学论文集》第四卷，剑桥：剑桥大学出版社1906年版。参见该书第三部分第一章。
② 〔英〕伯特兰·罗素、怀特海：《数学原理》，剑桥：剑桥大学出版社1910年版。

其自身的程序方法展示着许多这样的科学。因为我们对要寻求的那一类规则一无所知，我们对这一类展示茫然无知。在这种情形下，我们可以模糊地感觉到新情况中具有的某种熟悉物，而对如何进一步分析这种模糊感受，则没有任何概念。

因此，人类意识中突现的某种自然规律包含着一定量的习俗。这种突现的秩序取决于文明的人类事实上选择来加以发展的那些抽象科学。

但是，这类"习俗"不应当被歪曲为是指任何自然事实都能被解释为是在展示我们乐于赋值的任何规律。

第十节 哲学中的主要危险

139　对自然规律各种各样的可能类型所进行的这种讨论，可使我们注意到三重区别，在进行哲学讨论时，把这些区别牢记在心是非常重要的。它们是：（1）我们的直接的直觉，它是我们在能用语言进行表达之前就已经具有的；（2）我们对这类直觉的书面言语表达方式，以及根据这类言语准则所进行的辩证推论；（3）这些纯演绎科学之集合，由于这些科学得到了发展，因而它们所处理的可能关系网络在文明的意识中已为人们所熟悉了。

纯演绎科学指引着人们专注于探索经验的奥秘，同时也有助于提供属于第二类区分之中的言语准则。哲学中的主要危险在于，根据不充分的准则而进行的辩证推论可能会排除由清晰的注意中所得来的直接的直觉。事实上，这些抽象科学倾向于纠正语言的不充分所造成的恶果，和假设了语言是充分的逻辑后随之而来的各种危险。

第九章
科学和哲学

第一节 科学和哲学的青春期

140 在某种意义上,科学和哲学不过是人类心灵进行的一项伟大事业的不同方面。我们将详细考察它们在把人性提高到高于一般动物生活层次之时是如何共同起作用的。在这种低级的动物层次上,曾经闪现过审美的洞察力、技术的成就、社会组织和亲密的感受。夜莺、水獭、蚂蚁,它们对自己幼崽体贴入微的养育,均可证明动物世界存在这种生活层次。当然在人类中,所有这些起作用的方式都被提升到了无法估量的高级层次。在人类中,这些各种各样的起作用方式展示了更为种类繁多的适应特殊情况的方式,它们更为复杂,并且相互之间更加交织在一起,难解难分。但是毫无疑问,它们在动物中间也存在,也可被我们的观察清晰地证实。

第九章 科学和哲学

在这个星球的所有生物中，迄今直接的证据表明，科学和哲学仅只属于人类。它们二者所关注的都是把个别事实理解为一般原理的说明。这些原理被理解为抽象的，而事实则被理解为这些原理的具体体现。

例如，动物似乎都非常熟悉物体下落的习惯。它们对这种现象丝毫不感到惊讶，并且通常还会把东西撞翻。但是，在现代欧洲科学历史上很早的时期，我们就发现亚里士多德明确地表达了这一定律：物体有寻求地心的倾向。这一条定律几乎可以肯定地说并非亚里士多德发现的，而是希腊思想中盛行的常识，虽然并非所有人都接受它。但是，正是在他的著作中这一定律被明确地提出来了，因而我们的着力点不是进一步沉溺于考证猜测了。这一条科学定律对我们似乎过于古老了，并且事实上也不特别真实。它过于特别了，尚需严格的限制条件，才能以任何严格的量化测量来证实它的陈述。我们将会发现，这一定律随后的历史及其不断修正的历史，会极大地表明科学和哲学的相互作用。

但是，我们还是先考察一下亚里士多德的这一条定律吧。这一条定律是西方科学的早期学说之一。西方科学的历史从生活在公元前600年的米利都学派的泰勒斯以降，一直延续到今天。大体上说，其间约有两千五百年的历史。当然，在埃及、美索不达米亚、印度和中国，也有科学的某些思想萌芽。但是，现代科学，就其由人类精神的好奇心所推动，充满了批判精神，并摆脱了世代相传的迷信特征而言，则是由希腊人创立的；并且在这些希腊人中，泰勒斯是我们所知最早的科学倡导者。

就这种一般特征而言，科学和哲学是没有区别的。但是，"好奇心"一词有点轻视驱动人的内在动机。在其更大意义上，在其于此处所使用的意义上，"好奇心"是指理性的渴求，即渴望在经验中分辨出的事实能得以理解。这意味着理性的人拒绝满足于一堆杂乱无章的单纯事实，或者甚至拒绝满足于单纯的常规习惯。科学和哲学迈出的第一步，乃是人们掌握了每一种常规都是原理的实例，而原理则是根据具体实例所能做出的抽象陈述。好奇心乃是驱动文明离开过时的安稳而前进的牛虻，是那种以其抽象形式来陈述这些原理的欲望。在这种好奇心中，有一种最终会使人不安的无情元素。我们是美国人，或者法国人，或者英国人，我们都热爱我们的生活方式，热爱这些生活方式的美好，也热爱它们的款款柔情。但是，好奇心驱动我们试图去定义文明；并且在这个概括过程中，我们很快发现我们失去了我们所热爱的美国、法国和英国。① 普遍性在这里保持着冷冰冰的不偏不倚，而我们的感情在这里却眷恋着这个或那个具体的东西。

对亚里士多德引力定律的考察以具体的例证说明了科学中内在固有的这种抽象过程。这个定律涉及对我们周围事物的分类。有一些沉重的物体具有倾向于向下坠落的属

---

① 译者注：这里是说，怀特海认为一般的文明已经不分国界了，可使我们忘掉自己是哪一个国家的人，只想到普遍的文明。

性，而另外一些元素，诸如火焰，则具有倾向于向上升腾的内在本性，虽然它们是地球表面的事物成分。这些向上运动的事物倾向于它们在天上的恰当地方。恒星和行星则组成了第三类事物，它们根据自己的本性是位于天上的，这些事物是不生也不灭的。根据对物质自然界的组成成分进行的这种分类，还存在着第四种分类，依其本性是独一无二的，因而是它那一类中的唯一成员。这个成分就是地球，即宇宙的中心，所有的其他种类的存在都是根据它来定义的。

根据对物质自然界的各种成分进行的这种分类，亚里士多德使得科学和哲学对物质自然界的事实进行了第一次影响广泛的分析。你们将会注意到，这种分类完全是根据功能来进行的，非常具有现代精神。在不可解释的困境之处，在神话和巫术瘟疫似的流行之处，他为我们的理解建立起庄严而协调的体系，这个体系明白易懂，并建立在我们显而易见和持续存在的经验事实之上。就其范围的普遍性而言，它既是哲学的也是科学的，并且后来在其之上为基督教的拯救体系提供了物质背景。一千八百年后，路德和罗马教会同样反对推翻它。作为庄严宏伟的归纳概括方法的范例，因其诉诸明显的事实，并忽略杂乱无章的细微差别，亚里士多德关于物质宇宙的普遍概念迄今仍是无人超越的。其中的每一个特征都诉诸观察；并且所要诉诸的每一个观察，都可能会有无限的重复。由于亚里士多德和伊壁鸠鲁，现代文明的科学进入了"青春期"。

第二节 现代科学的第一阶段

亚里士多德的学说具有明显的清晰性,而这是柏拉图宇宙论完全缺乏的。当然,无论是柏拉图还是亚里士多德,都没有开创其自己特殊的思想路线。在他们之前的思想史上,已有三四代思想家,可回溯到泰勒斯和毕达哥拉斯这样的模糊不清的人物,甚至可回溯他们之前更远古的人物。同时,亚里士多德在柏拉图学园里工作了二十年,并从那一群活跃的、富于思辨的思想家那里吸取了诸多观念,现代世界应当把自己的思辨、自己的批判精神、自己的归纳和演绎科学,以及自己的宗教概念的文明,都归功于他们。他们是埃及、美索不达米亚和叙利亚的混合传统,以及希腊的海上文明传统都要通过的狭长通道。从这个学园及其亚里士多德分支机构,涌现出各种各样的思想路线,它们被后来的亚历山大学派转化为现代科学的第一阶段,包括自然科学和人文科学。毫无疑问,世界从那时起便失去了栩栩如生的生动性。因为那些先知们被教授取代了。换言之,随着这场运动日益深入人的思想习惯,直觉的信念面对批判精神而枯萎凋谢了。可是,虽然受到了人性的所有限制,并在浩瀚的宇宙中茫然游荡,知识却重新规定了人的生活,并使得要求这类理智分析方法的美德成为可能。

柏拉图和亚里士多德二人共同努力,成功地表明了科学和哲学之间的主要联系。科学强调的是对具体现象的观察和归纳概括，从而导致根据事物起作用的方式，换言之，根据它们所说明的自然规律，而对事物进行广泛的分类。哲学强调的则是概括或者做出普遍性命题，由于它们具有普遍的应用性，几乎不能对它们做出分类。例如，所有事物都包含在宇宙的创造性进展之中，也就是说，都具有影响万物的普遍暂时性，甚至在所有的时间中它们都保持着自我同一。因此，虽然亚里士多德通过考虑重量的不同而把重物分为四类，可他不会以同样方法来对时间进行分类。

　　柏拉图强调过亚里士多德这种分类概念的重要性，不过，他称这种概念为"划分"。或许，他在实际上发明了这一分类方法。他这样做将非常符合他那清晰精微的理智。我们可以在他的《对话录》中发现对逻辑科学的首次明确阐述。但是，他对这种方法的应用，从自然科学的发展观点看，则是极端薄弱的。尽管亚里士多德在其毕生工作中紧紧抓住了一般的分类概念，他却对不同类别事物之间的相互关系内在固有的复杂性给予了精巧的划分。他还把自己的理论学说应用于生物学、物理学、社会学领域中通过直接观察而收集的大量材料之中。实际上，几乎我们所有的具体科学，包括自然科学和与人类精神活动有关的科学，都必须追溯到他。追求对每一种给定情形进行精确的分析，这最终创造了现代欧洲科学，而这一追求的源头正是在他那里。在其毕生的辛勤劳作中，我们可看到哲学的直觉成为科学方法第一个清晰的范例。

第三节　哲学直觉向科学方法的转变

从哲学的直觉转化为科学的方法，事实上就是本章的全部主旨。一种哲学体系，如若被看作试图协调所有的这类直觉，几乎不可能对具体科学有任何直接的意义。每一种这样的科学，在追溯其基本概念的观念来源时，通常都半途而废了。它停在了那些为了实现其直接目的和直接方法的概念上，认为不必再做任何进一步的分析了。这些基本概念是特化的概念，它们来自那些构成所讨论的该时代之文明思想的哲学直觉。作为直觉，它们除了在科学中使用以外，日常语言很少能以任何精确的定义来表达它们，却在习惯上把它们预设在流行的词汇和短语之中。例如，"桌子""椅子"和"岩石"这些词汇，就预设了科学的物体概念，这一概念从17世纪到19世纪末一直统治着自然科学。

但是，即使从特殊科学的观点看，那些雄心勃勃旨在完全理解世界的哲学体系也并非是无用的。它们是人的精神用来培育其自身更深直觉的方法。这一类体系给冷漠的思想赋予了生命与运动。脱离了这些协调方面的努力，冷漠的思想将会在空闲的时刻闪现，照亮一下转瞬即逝的反思阶段，然后便消失殆尽，被人遗忘。直觉的范围只能通过其与其他具有同样普遍性的概念相协调来界定。甚至相互竞争的哲学体系之间的不一致，都是促成进步必不可少的因素。欧洲思想史，即使直到今天，都一直被致命的误解所侵蚀。我们可称这种误解为"教条之谬误"。其错误在于坚持这样一种信念，即我们能制定一些得到恰当定义的概念，它们能表达想要说明的实在世界之中的复杂关系。难道我们凭借探究就能描述宇宙吗？或许，除了较为简单的算术概念以外，即使我们熟悉的一些观念，表面上看它们显而易见，也染上了这种不可救药的模糊性。我们对理智进步方法的正确理解，取决于牢牢记住我们的思想具有这一特征。那些运用在每一种成体系的主题之中的概念，都需要来自不同视域的每一种观点的启发。它们必须受到来自该主题自身内部的观点是否一致的批判，还要受到具有类似普遍性的其他观点的批判，还要受到范围更广的有关所谓哲学主题的观点的批判。在欧洲中世纪期间，主要是那些神学家们在相信教条主义终极真理方面犯了错误。在最近这三个世纪里，他们的这种明显的坏习惯传给了那些从事科学的人。我们的任务便是要弄明白，人的头脑事实上如何能成功地开始着手逐渐界定其所习惯的观念。这个过程是循序渐进的，永远不会取得最终的胜利。我们不可能对那些定义良好的普遍原理做出最终的调整，以构成完整的形而上学。但是，我们能制定出各种各样的包含有限普遍原理的不完整体系。在任何一个这样的体系中，观念的协调一致都会表明该思想体系之中的基本概念的范围和活力。同时，体系和体系之间的不协调一致，以及每一体系作为片面的说明方式的成功，都警示我们注意我们的直觉所受到的限制。而这些尚未发现的限制便是哲学所要研究的主题。

我们的最好的观念容易受到各种限制的影响——这一学说可由刚刚提到的物体概念来说明。这一概念非常明显，因而不管我们在历史上回溯多远，都可以在语言中发现它的影子。最后，在17世纪，为了物理科学的目的，它被赋予新的精确含义。物理科学经过这样的重新规定之后，也证明其在三个世纪中具有压倒性的成功。它转变了人类的思想，并转变了人类的物质活动。人类似乎终于获得了适用于所有实践目的的基本概念，并且在它之外的普遍性方面就只有纯粹无目的的思辨了。但是在20世纪，这一重要概念，即由伽利略和牛顿所形成的而供人们所使用的概念，就其作为物理科学的基本概念的作用而言，却完全土崩瓦解了。在现代科学中，它是一个局限于特殊目的的有限概念。

19世纪教条主义的这一土崩瓦解是一种警示，它告诫我们，特殊科学要求人们的想象力要丰富，要尽可能地想象那些在服务于科学说明时迄今尚未使用的观念。在关于某些种类的动物或植物或微生物的历史中，我们可以看到最为接近的类似情况。这种观念作为自然界中不起眼的副产品，在某个偏僻的丛林或沼泽地或岛屿蛰伏了几个时代。然后由于某种机缘巧合，它逃到外面的世界转化为某种文明，或者毁灭了某个帝国或者某个大陆的森林。这就是观念的潜在力量，它们存在于各种各样的哲学体系之中。

当然，在这种作用与反作用中，科学与哲学二者是相互帮助和相得益彰的。哲学的任务是研究各种观念的一致性，这些观念被认为是对实在世界中的具体事实的说明。它所追求的是描述事实的完整实在性的普遍概念，而脱离了这些普遍概念，任何事实都一定会陷入抽象。但是，科学则是找出这些抽象，并且仅仅满足于理解关于事实的某些本质方面的完整性。科学和哲学相互批判，并彼此为对方提供想象的材料。一种哲学体系应当为科学能据以进行抽象的具体事实提供说明。同样，科学应当在哲学体系所提供的具体事实中发现自己的原理。思想史乃是衡量这种合作事业之成败的历史。

第四节 柏拉图对科学和哲学概念的贡献

柏拉图对有关科学和哲学的基本概念的贡献是在其生平的后期最终确立的，这一贡献的优点完全不同于亚里士多德，虽然对思想的进步而言，两者的作用是完全相同的。如果我们通读《泰阿泰德篇》《智者篇》《蒂迈欧篇》和《法律篇》第五、第十卷，然后再回过头来阅读柏拉图的早期著作《会饮篇》，就会发现这一点。他从来没有完全地自我一致，并且很少做到表达清晰和避免模糊。他感受到了这些困难，并表达了他的困惑。对亚里士多德的分类，没有任何人感到困惑；而柏拉图则徘徊在一个碎片似的体系中，像一位被其自己的深入钻研弄得茫然不知所措的人。

但是，柏拉图的一些主要学说则是引人瞩目的，对广义的科学而言，具有不可估量的意义。在把这些学说协调组织为体系方面，他不是教条主义者，只会讲"最可能的故事"。实际上，在其《第七篇书信》中，① 他就批判了认为终极体系可用语言来表达的观念。他的后期思想围绕着七个相互交织的主要概念而展开，即：理念、物质元素、心灵、爱欲、和谐、数学关系、容器。这些概念现在对我们依然重要，正如它们当时在现代世界黎明时分，在旧式文明正在衰亡时一样重要。根据这些观点看，雅典人当初指责苏格拉底有罪是正确的。在希腊和闪米特思想相结合之后，旧的生活秩序注定灭亡，西方文明由此获得了新的理智特性，并且这种理智还得到了清晰化、人性化和道德化。

就这些理念本身来考虑时，柏拉图指出，任何选择要么与共同的范例是相容的，要么是不相容的。因此，诚如他所指出的那样，确定这些相容和不相容对思想的融贯性来说是关键，并且对于把世界的功能理解为观念在俗世中实现自己的舞台是关键。亚里士多德逻辑学只是这个普遍概念的特殊派生物而已。

随后，柏拉图继续论述观念借以在创造性进展中获得功效的动力问题。由于他是抽象地看待观念的，他发现这些观念是静态的、僵硬的和无生命的。当它们被接纳到有

---

① 参见柏拉图《第七篇书信》341C。

生命的智能中时，它们才获得"生命与运动"。这样一种有生命的智能及其"对观念的注视"就是柏拉图所说的心灵，我们可以把这个词语译为"灵魂"。然而，我们必须小心摆脱由于几个世纪以来基督教的影响所积淀的这个英文词的联想含义。他设想了一个基本的心灵，其对观念的能动掌握公正地决定了宇宙的整个进程。这就是那个"最强大的工匠"，世界所展现的秩序性程度就取决于这个工匠。在这个心灵中有一种至善，柏拉图发现他无力对之作出说明。其中还存在着各种层次的有限灵魂，包括人的灵魂，它们通过观念的内在说服作用，全都在决定自然方面发挥着自己的作用。

但是，纯粹知识亦即纯粹理解的概念，与柏拉图的思想却迥然不同。教授的时代那时还没有到来。按柏拉图的观点，享有理念与内在的躁动是相联的，这是一种主观感受活动，既是直接的享受，也是融化到行动之中的欲望。这就是柏拉图的爱欲，他把这一概念升华为享有其创造性功能的灵魂概念，它源自于对观念的拥有。"爱欲"一词就是指"爱"，并且在《会饮篇》中，柏拉图逐渐地引出了他的追求理想的终极至善概念。显然，他本应该给这一篇对话再写一个姊妹篇，如可命名为《复仇篇》，讨论在实现非至善过程中潜在的恐惧。

柏拉图虽然未曾撰写这一篇缺失的对话，却并未忽视自然界中的混乱和无序。他明确地否认他所说的最强有力的工匠无所不能。拥有观念的影响永远是说服性的，并且只能产生这类可能的秩序。然而，在这一点上他是摇摆不定的，并且有时他所写的东西仿佛是这位最强有力的工匠是在根据其最高意志给世界施加影响。

这种部分地获得了、部分地丢失了的卓越概念，提出了另一个问题，这一问题极大地锻炼了柏拉图时代的希腊思想。这个问题能采取许多特殊形式。例如，美在于什么？在于一首乐曲的美，一座雕像的美，或者一座诸如帕特农神庙那样的美？此外，还有其他形式的美，即行为得体。或许，从这种朴素形式上说，这个问题没有答案；因为"善"是终极属性，不能根据任何比其自身更为终极的事物来分析。但是，我们可以问一个类似问题，希腊思想对这个问题的答案是一致的：美的概念适用于何种事物，尤其是唤起美需要何种条件？希腊人对后两个问题的回答是，美属于合成物，并且这种合成物的许多成分在某种意义上获得了合适的比例时，它就是美的。此乃希腊人的和谐学说，对此，柏拉图和亚里士多德从未动摇过。

和谐乃是希腊人所做出的发现，这一发现是思想史上的里程碑。他们发现，精确的数学关系，正如它们在几何学和度量的数值比例中的存在一样，也可实现在各种明显的美的结构中。例如，阿契塔发现，在其他条件相同时，一根拉紧的弦所发出的音调依赖于该弦的长度，并且美妙的音乐作品符合于特定的关于弦的长度比例的简单定律。同时他们也研究了建筑的美，认为这种美取决于在各种不同的维度中保持恰当的比例。这是一个重大发现，即世界上那些质的元素依赖于数学关系。这些事实逐渐地在数千年间积累起来。早期巴比伦人就已知道，四季更替这种质的事实依赖于确定的天数流逝。事实上，他们那时制定了非常可信的历法。但是，希腊人则以其所擅长的概括能力，掌握了质的事实与几何的和量的构成相互交织的完整规律。他们具有的天赋令人震惊不已。

柏拉图得出结论说，理解自然界尤其是物质元素的关键是研究数学。我们有充足的理由相信，他的学园中绝大部分研究都是致力于数学。后世的数学家，并且实际上随后两百年间的数学家，直到天文学家托勒密和希帕克斯为止，都是由这个样板和柏拉图的学说所形成的这种一贯传统的产物。当然，该学院继承的是毕达哥拉斯的数学传统。

因此，由于柏拉图和亚里士多德，一个新的时代出现了。科学获得了逻辑的和数学的清晰性的净化。亚里士多德确立了把事物分为种和属的科学分类的意义；柏拉图预言了未来的数学应用范围。不幸的是，后来对柏拉图学说的明显发展，无一例外地一直是在宗教神秘主义者、文学研究者和文学艺术家手中进行的。柏拉图作为数学家，在很长时期内从明显的柏拉图传统中消失不见了。

和谐和数学关系这些概念，不过是更为普遍的哲学概念，即事物的普遍的内在关系的特例。这种普遍的内在关系把具有多重性的"多"变成了具有统一性的"一"。我们以单数谈论宇宙、自然界、过程。有一个包罗万象的事实，

观念的探险

这就是宇宙不断前进的历史。这个世界共同体是所有的产生之物的母体,并且其本质是保持联系性的过程——这个共同体就是柏拉图所说的"容器"①。在我们努力猜想他的意思时,我们必须记住,柏拉图说过这个概念是朦胧不清和难以理解的,并且就其自身的本质而言,容器是没有任何形式的。因此它的确不是普遍的、具有其数学关系的几何空间。柏拉图称其容器为"所有生成之母"。显然,他认为这是个必不可少的概念,没有这一概念,我们对自然界的分析就是有缺陷的。忽视柏拉图的直觉是危险的。在提到"容器"时,他小心翼翼地变换着自己的术语,并且隐含着对于他所说的话,要从其最抽象的意义上来理解。"容器"给所有发生的事都施加了共同的关系,但却没有强制那种关系将是什么关系。这个概念似乎比亚里士多德的"质料"概念更为微妙,当然,这个质料并非伽利略和牛顿所说的"质料",尽管它们是同一个词。柏拉图的"容器"可以被看作必然的共同体,历史过程就是设定在这个共同体之中的,它是从所有具体的历史事实中抽象出来的。我之所以特别关注柏拉图的"容器"学说,乃是因为相比于柏拉图逝世以来,这算是目前物理科学最前沿的学说。现代数学物理学的时间—空间,由于被看作是从应用于其中所发生事件的具体的数学方程中抽象出来的,几乎同柏拉图的"容器"完全一样。可以看到,这些数学物理学家对

---

① 译者注:亦译"接受器"。

这些方程式到底是什么极端的不确定,他们也不相信任何这样的方程式可以从纯粹的时间—空间概念中派生出来。因此,诚如柏拉图所声称的那样,时间—空间本身是没有任何形式的。

第五节 脱离形而上学的推理是有害的

在前面的概述中,我们只是提出一个偶然的概括,这是从亚里士多德一生大量劳作中选取的一个主题。亚里士多德同时既是科学家和哲学家,也是文学批评家和政治理论学家。对于构成可见宇宙的事物进行这种具体的分类之所以在这里加以讨论,乃是因为它几乎是完美无缺的科学归纳的范例,可满足现代科学哲学所要求的所有条件。这个概括是从观察事实中得来的,并能为重复性的观察所确证。在其存在的那些岁月里——其存在延续了一千八百年之久——它是极其有用的;而现在它已经死了,完全彻底地僵死了,只有考古学还对之有好奇心。这是科学概括的宿命,只要联系它们的严格的科学目的来考察,就必然会如此。到其漫长的生命终结之时,这种学说就会失去自己的效用,并转化为某种具有阻碍性的力量。

而柏拉图的这一组被我们考察过的概念,则丝毫没有亚里士多德那一组概念的优点。事实上,这些概念是哲学概念,不是严格意义上的科学概念。这些概念并不建议我们进行任何详细的观察。实际上,人们总是指责柏拉图,说他将人们观察具体事实的兴趣转移到别处去了。就政治理论而言,尤其在法理学方面,这种谴责的确是不正确的,而是由于人们习惯于根据文学色彩把兴趣集中在他的对话录上使然。尽管如此,这一断定从物理科学方面看是毫无疑问的。但是柏拉图却对人们另有启示。在亚里士多德谈到"观察"和"分类"的地方,柏拉图所讲的寓意则是研究数学的重要性。当然,他们二人都不会如此愚蠢,因而会劝告人们不要去观察,或者还会否认数学的用途。也许亚里士多德认为,他那个时代的数学知识已能最大限度地满足物理科学的目的了。再有任何进步,也只能是为了满足关于微妙的抽象观念的某种不切实际的好奇心而已。

在柏拉图的宇宙论思辨中蕴藏着一种强烈的信念,这就是关于数学关系的知识将会被证明为是打开自然界的关系性秘密的钥匙。在一篇文章中,他斥责了一些人的愚昧无知,① 因为这些人没有研究关于比例的学说,因而不能表达数值比率之类的问题。他明显地感受到,对和谐的本性进行精妙阐释的机会正在愚蠢地丧失。他自己对自然进程的思辨,全都是建立在猜想性地应用某种数学建构基础之上的。就我的记忆而言,在每一种情况下他都进行了合理的"射击",而事实上却都未中的。

虽然《蒂迈欧篇》影响广泛,然而在他们的时代之后大约一千八百年间,亚里士多德的观点似乎是正确的,而

---

① 参见《法律篇》第七卷,819D。

柏拉图的观点则是错误的。某些数学公式是与科学观念交织在一起的，但是，除了在他的时代得到最新的精致化以外，亚里士多德只是对当时的知识十分熟悉而已。那些活跃的科学家所坚持的宇宙论体系事实上就是亚里士多德的。但是，柏拉图的预测却具体地表明了哲学的另一重要功能。它激发起人们对那些距离我们粗略地理解自然力的相互作用尚且遥远的主题的兴趣。未来的科学只有基于其已有的进步，才能先行阐明那些尚未在自然界中被观察到的假设性的复杂联系。柏拉图的数学思辨，一直被那些追随意大利文艺复兴的文学传统的学者们视为纯粹的神秘主义。而在事实上，这些思辨是这位天才人物在深度思考、理智探索神秘世界的未来时所产生的观念。

希腊人、埃及人、阿拉伯人、犹太人和美索不达米亚人，已经把数学科学推进到了超越柏拉图最狂野梦想的程度。不幸的是，柏拉图在这方面的兴趣却是基督教教徒们明显缺乏的。

我深信不疑的是，任何基督教教徒在文艺复兴时期的科学复兴之前，都没有对数学科学做出过任何原创性的贡献。教皇西尔维斯特二世——热尔贝，他于公元1000年就任教皇——研究过数学，但是他对数学并无任何贡献。罗杰·培根宣称数学具有重要意义，并提到过同时代的一些数学家。在13和14世纪，牛津大学重视数学。但是，在中世纪的欧洲，无人曾经推进过该学科的发展。有个例外必须提到，这就是比萨的列奥纳多，他在13世纪之初处在其鼎盛时期。他是第一个在数学科学上做出进步的基督徒，在数学发展的早期历史上，这表明了希腊化时期的希腊人与近东在文化上的联系。但是，虽受制于这个限制，16世纪的数学则完全建立在非基督教的来源基础上。在基督徒中，数学和魔术曾被混为一谈。就连教皇本人在这方面也几乎未能幸免。我们几乎不能指望还有更好的例子来说明文明的各个时代和各个学派具有的这些稀奇古怪的情况了。鉴于柏拉图对基督教思想的影响，这格外显得有趣。

但是，柏拉图关于和谐与数学关系相互交织的学说被证明是正确的，并大获全胜。而亚里士多德建立在性质谓词基础上的分类法，如果不引入数学公式，则其应用非常有限。实际上，亚里士多德逻辑学，由于其忽视数学概念，其对科学进步所起的好作用几乎同坏作用一样多。我们决不可回避如下这些问题：——有多少？有多大比例？——与其他事物具有何种排列模式？比例精确的化学定律造成了一切区别：一氧化碳（CO）会使人死亡，而二氧化碳（CO_2）只会使你头痛。同时，二氧化碳是稀释空气中的氧气必不可少的元素，但是二氧化碳太多或太少都同样有害；砷既可使人健康，也可使人死亡，这要根据它在环境模式中的比例而定。同样，当二氧化碳与自由氧的比例达到了使人健康的状态后，重新安排碳和氧的这些比例，使它成为一氧化碳和自由氧，那就成了有毒混合物了。在政治经济学中，收益递减定律表明的是一定量的资本取得最大效益的条件。事实上，我们几乎提不出任何不带限制条件的问题:这些限制条件就是关于"有多少"和"何种条件模式"等。亚里士多德逻辑学,如果脱离了数学的保护,那就是产生各种谬误的富饶土壤。它所处理的命题形式只适用于表达高度抽象的观念,这一类抽象观念在流行的谈话中是司空见惯的,而其中所预设的背景却被人们忽略了。

但是,即使诉诸数学显然也太狭隘了,至少在数学被认为是指那些迄今所发展出来的分支时是这样。一般的数学科学是关于联系性的模式的探究,这种探究脱离了具体的关系项和具体的联系方式。只有在数学的某些特殊分支中,量和数的概念才是重要的主题。真正的关键在于事物的本质联系决不可能稳妥地被省略掉而不出问题。这便是彻底的相关性学说,这种相关性影响着宇宙,并使事物的整体仿佛是把所发生的一切统一起来的容器。

希腊人的构成与和谐学说已经由思想的进步所证明是正确的。然而,希腊人生动的想象力也倾向于给宇宙中每一因素赋予独立的个性,例如,自足的观念王国,它在柏拉图早期思想中占主导地位,并且不时地会闯入其后期的对话之中。但是,我们绝对不要谴责希腊人的这种过度的个体化。所有语言都可证实具有同样的错误。我们习惯于谈论石头、行星和动物,仿佛每一种单独的事物脱离了环境都能存在,甚至能存在转瞬即逝的一刻,而实际上,环境是个体事物自身性质中必不可少的因素。这种抽象是思想的需要,并且必要的系统环境背景可作为其预设前提。

这是千真万确的。但是，也可得出结论说，在缺乏对事物终极性质的某种理解，并因而缺乏这类抽象陈述中预设的那些类别的背景时，所有的科学都会遭受如下缺点之害，即有可能会把暗中预设了不一致背景的各种命题结合在一起。没有哪一门科学能比其暗中预设了无意识的形而上学而更安全的了。个体事物是对其自身环境的必要修正，并且脱离了其与环境的联系是不能理解的。脱离了对某种形而上学的参照，所有的推理都是有害的。

第六节　科学的确定性是幻象

因此，科学的确定性是幻象。这些确定性会受到各种未知条件的限制。我们对科学学说的处理是受我们的时代中普遍存在的形而上学概念所控制的。即使如此，我们的预想中仍然会不断地出现错误。同时，每当我们获得了观察经验的某种新方式时，旧的学说就会土崩瓦解，成为一片模糊的烟雾。

我们的协调一致的知识，在这个词的一般意义上就是指科学，其是由两种经验序列的会合所构成的。一种经验序列是由对具体观察的直接区分所构成的，另一种经验序列则是由我们看待宇宙的普遍方式所构成的。我们可称之为观察序列和概念序列。需要记住的第一个要义是，观察序列一律要根据由概念序列所提供的概念来解释。它们二者哪个占优势地位的问题，就这个问题的目的而言，是个悬而未决的学术问题。我们继承了一种观察序列，即我们在事实上可以分别出来的事物类型；并且我们继承了一种概念序列，即我们事实上用来做出解释的初步观念体系。我们指不出来在人类历史甚或动物历史的哪个时代它们二者开始发生相互作用。同时千真万确的是，新的观察会修正这种概念序列。但是同样，新的概念也会提出新的观察辨识的可能性。

除非我们考虑到观察序列中存在着严重缺陷，否则，我们就不可能理解思想史。观察中的辨识不是由不偏不倚的事实来讲述的。它进行选择和舍弃，并且其所保留的东西是根据主观的显著秩序来重新安排的。观察中的这种显著秩序事实上是对事实的扭曲。因此，我们必须从显现的事实中拯救本来的事实。我们必须拯救那些被舍弃的事实，并且我们必须舍弃主观的显著秩序，它们就其本身来说是观察事实。例如，思考一下在早期文明阶段那些被观察到的事实。根据这些被观察到的事实，地球是平的，天空像个圆形穹顶。即使对教皇西尔维斯特的同时代人来说，地球有两极也是不可设想的，并且他号称相信地球有两极，也没有给教皇原有的奇才增添光彩。

此外，我们在晴天中午观看天空，天是蔚蓝色的，充满阳光。直接的观察事实是作为唯一光源的太阳和空荡荡的天空。设想一下神话中的亚当和夏娃，他们在伊甸园里第一天过人的生活。他们观看了日落，星星随后出现了：

"啊，看哪！创造拓宽了人的眼界"。

过多的光线可揭示事实，也可遮蔽事实。它会歪曲人类观察到的事实。思辨的一项任务就是要求观察超越虚假的完整性的边界，并要求科学学说超越它们那种虚假的貌似掌握了终极真理的样子。

我们现在可以简要地描述从中世纪的宇宙论转变为我们的现代立场的这一段历史具有哪些特征。在这一转变过程中，这种有影响的力量所持续的历史大约有一千八百年之久，且其完全脱离了物质的观察。这一历史是抽象的思想发展史，亦即数学的发展史。兴趣乃是这一发展的动力。这种兴趣就是协调理论概念的兴趣，以及由这种概念占支配地位而产生的理论建构的兴趣。然而，如果许多现代哲学家和科学家有办法的话，他们就会劝阻那些希腊人、犹太人和穆斯林，请他们放弃这类无用的研究，放弃这类纯粹抽象的观念，因为根本看不到它们有天赐的可应用的影子。幸亏，他们见不到自己的先人。

第七节　牛顿自然体系对人类的贡献

牛顿的自然体系给人类提供的服务是不可估量的。它把源自柏拉图、亚里士多德和伊壁鸠鲁的观念融合起来，组成一个前后一致的思想体系，其可说明无数的观察事实。因此，它使人类能对自然获得新的控制。我们以前必须服

第九章 科学和哲学 II

从遵命的地方，现在我们则可以在此发号施令。但是，最终，牛顿的宇宙论崩溃了。

这一崩溃的历史过程延续了一个多世纪。因为在这个时期的大部分时间里，科学家们完全没有意识到他们所引入的观念缓慢地、一个接一个地最终积累成一个思想实体，这一思想体系与支配着他们的思想和形成他们的表达方式的牛顿的观念不一致。这一历史过程始于光的波动理论，结束于物质的波动理论。它给我们最终留下的哲学问题是：表示波动的这种数学属性的具体事实是什么？

从细节上描述这一段历史就是现代物理学史，这超出了本书讨论的范围。我们只需要理解分别作为牛顿物理学和现代物理学之基础的那些最一般概念之间的区别。牛顿物理学是以每一小点物质的独立个性为基础的。每一块石头都可被认为脱离了对任何其他物质部分的参考也能得到充分的描述。一块石头可以独立地存在于宇宙之中，是不变空间的唯一占有者。但是，它将依然是其现在这个样子的那一块石头。此外，无需对过去或未来有任何参照，这一块石头也能得到恰当的描述。我们可以充分和恰当地把石头设想为完全是由当下时刻构成的。

这就是牛顿概念的全部，而现代物理学的进步却一点一点地把它抛弃了，或者说把它消解掉了。这一概念是彻头彻尾的"简单位置"学说和"外部关系"学说。对于外部关系，人们见仁见智，众说纷纭。牛顿本人倾向于根据相邻物体之间的撞击和压力来解释外部关系。但他的直接继承者，诸如罗杰·柯特斯，则提出了远距力的概念。但是，不管哪一种说法，说的都完全是当下的事实，亦即两块相邻或分开的物质之间的外部关系这一事实。而与之相反的学说，即内在关系说，则一直受到歪曲，因为对它的描述所用的语言是适合于作为其预设前提的牛顿式外部关系的。即使其坚持者，诸如 F. H. 布兰德利，也落入了这一陷阱。必须记住，正如关系制约着关系者的本质一样，关系者也制约关系的本质。这种关系不是一种共相，而是具体的事实，其同关系者一样具有相同的具体性。原因在结果中无处不在，这一概念就说明了这一真理。我们必须发现一种既可表达物质功能和精神功能的具体关系，表达过去与现在的具体关系，也可表达个性不同的物质实在的具体构成的自然学说。

现代物理学已经抛弃了简单位置学说。我们称之为恒星、行星、物体、分子、电子、质子、能量的物质性事物，每一个都可被看作是时空内的制约条件，它们在其整个范围内具有广延性。这里有一个聚集区，用日常语言说，就是事物所在的地方。但是，其影响却会扩展到这个聚集区以外，以有限的速度达到时空的最深处。当然，把受到如此制约的这个聚集区说成是位于其中的事物本身，这也是自然的，并且对某种目的来说是完全恰当的。但是，如果我们在这条思想路线上推进得太远，那就会出现各种困难。对物理学来说，这一事物本身就是它所做的一切，而且它所做的一切就是这种不同的影响之流。此外，这一聚集区不可能与外部的流动相分离。它固执地拒绝被看作是瞬间事实。它是一种躁动状态，唯一不同于所谓外部流动的是它在这个聚集区内占有至高无上的支配地位。我们仍然感到迷惑不解的是，如何精确地表达这些物质性事物在任何确定时刻的存在。因为在每一个瞬时的点事件中，不管是在该聚集区内还是以外，由该事物所造成的制约作用，会先于或后于由该事物在另一个点事件中所引入的相应制约。因此，如果我们要努力地去设想所讨论的物质性事物的存在的完整例子，我们就不能把自己局限于一部分空间或一定时刻。物质性事物就是对时间和空间的某种协调和对这些时间内这些空间中的各种条件的协调，这种协调说明了可用数学关系来表达的某种一般规则的范例。在这里，我们又回到了柏拉图的基本学说。

此外，由于否定了简单位置，我们就必须承认，在任何时空区域中，这些不可计数的大量物质性事物，在一定意义上是重叠的。因此，在每一时空区域中的物质事实，就是由该区域所意指的全部宇宙中的物质性存在所构成的。但是，一个完整的存在并非是由数学公式、纯粹的公式所构成的，而是由数学公式所说明的事物构成的。这里有质的元素和量的元素的交织。例如，当食物被一个生命体吸收时，该事实不可能纯粹是一个数学公式吸收另一个数学公式，不可能纯粹是二加三等于五吸收了三乘三等于九这个事实，也不可能是数字十一吸收了数字十六。这些数学公式中的任何一个都可以得到阐明，但是该事实却不只是所阐明的这个公式。

第八节 完整的事实与实在的本质

最终的问题是要设想完整的事实。① 我们只能根据关于实在的本质的基本概念，才能形成这样的概念。我们现在又被抛回到哲学上来了。数个世纪前，柏拉图就已预言了事实中所交织的七个主要因素：理念、物质元素、心灵、爱欲、和谐、数学关系、容器。所有哲学体系都是在努力地表达这些成分的相互交织。当然，把我们的这些现代概念等同于柏拉图的那些古老思想，这是最无知的。在我们看来，每一种事物都有细微的差别。但是，为了所有的这些差别，人类思想现在正在努力地表达自然构成中的相同元素。它只是在模糊地辨识，错误地描述，并错误地联想着。但是，这里永远有同样的灯塔般的吸引、指引着人们。各种科学的和哲学的体系来来去去，不断地出现又解体。每一种有局限的理解方法都被人们仔细地详尽讨论过了。每一种体系在其鼎盛时期都大获全胜，非常成功；而在其衰落时期，则令人讨厌，成为阻碍。通过恢复最深刻的直觉，以重新恢复想象力，才能获得富有成果的新理解。在最终——虽然不会有终结——人们的眼界得以开阔，产生了

---

① 参见《智者篇》，248E，τῷ παντελῶς。这里的ὄντι παντελῶς常被误译为"绝对的"。关于柏拉图提到的"绝对的"和"相对的"，参见《智者篇》255C。

更多的机遇。但是,机遇既可引导人们向上,也可导致人们向下。在没有思想的自然界,"自然选择"是"滥用"的同义语。哲学此时应当发挥其最终的作用。它应该去寻求洞察之力,尽管尚显模糊,却能帮助对超越单纯动物式享乐的价值极为敏感的人类,摆脱大范围的灾难。

第十章
新教改革

第一节 新教衰败与宗教精神的胜利

本章的主题可通过关注一个对比来引入。基督教新教，就其组织机构和教义形式而言，虽然从路德、加尔文和英国国教改革以来已繁荣了三百年之久，现在却表现出逐渐衰败的迹象。它的教义已不再起支配作用，它的分支已不再令人感兴趣，它的机构也不再能指引人们的生活模式了。这便是上面所说的对比的一个方面。

对比的另一方面则是作为人类事务中有效元素的宗教精神，它刚刚（1931年4月）获得了其最显著的胜利之一。在印度，暴力和对抗的各种力量，不管是统治者与人民之间、种族之间、宗教之间的对抗，还是社会阶层之间的对抗——凡是威胁着要用暴力来压倒数百万人民大众的力量——这些力量在当下都受到了两个人的遏制，他们以宗

第十章 新教改革

教信仰作为道德权威来行动，这两个人就是圣雄甘地和印度总督欧文勋爵。

他们可能会失败。两千多年前，作为人类圣哲的柏拉图就已宣称神的劝导是世界秩序的基础，可它只能在各种野蛮力量中产生其可能完成的某种程度的和谐。我认为，这就是柏拉图圣恩学说的明确预言，是在距离贝拉基和奥古斯丁时代七百年前做出的。

但是，这种由甘地和这位印度总督造成的戏剧性遏制，则需要印度、英国、欧洲和美洲无数民众做出有效的响应，这便证明了那种宗教动机，即我所说的对神的劝导的回应，依然对人的心灵和良知具有其自身旧日的力量，甚至超过了其旧日的力量。在这一回应中，英帝国的新教信徒，更重要的是美国的新教信徒，虽然距离遥远，但都维持了他们的作用。我们现在正置身于历史进程取决于由公众的宗教观点所产生的冷静理智时刻，并已取得了初步的胜利。

这里有衰亡与幸存的对比。我们必须估计出什么东西在衰亡，什么东西幸存下来了。我的论点是新的改革正在全力前行。这是一种**重建**，但是，它的结果究竟是幸或不幸，则主要取决于相对的少数人的行动，并且明显地取决于新教教士的领导人。

我坚持认为，在信仰细节上完全相同是不可能的，甚至是不必要的。但是，我们却有可能达成共识，即尽管在信仰上有千差万别的分歧，这源于形而上学洞见上展示的强调重点不同，源于对历史事件不同的同情性直觉，在保持这些差别的前提下，仍有可能对人类的这些亲密体验和普遍历史中的这些元素达成共识，它们是我们选择来具体展示神的无处不在这种终极主题的，这是我们的宇宙观所要求的完整性。换言之，我们可以对这些宗教事实的质的方面达成一致，并对它们在形而上学理论中的普遍协调形式达成一致，而同时却在各种不同的说明阐述方面各自保持己见。

然而，这个问题并不像本章开始时所提出的问题那么简单明了。我们所处理的主题是错综复杂的，且包括着诸多方面。它因为要使我们最深刻的直觉相和谐，所以包含着提出或判断不同的理解问题，包含着对思想阐述和行为模式的情感反应，还包含着目的指向和行为修正。它嵌入在人类存在的每一方面。就宗教问题而言，简单的解决方案就是虚假的解决方案。有人写过：一个人只要会跑，他就会阅读。但是，这并不是说，是他写下了这句话。

宗教涉及我们对目的和情感的反应，这是由于我们个人的直觉程度已进入到宇宙终极的神秘性之中。所以，我们一定不要视简单性为理所当然。历史和常识的证据告诉我们，系统的阐述乃是强调、纯化和稳定性的潜在动力。基督教若是脱离了从其一开始直到当今在地中海东部各国和欧洲的理智运动，它早就堕落成有害的迷信了。这一理智运动乃是理性努力地要提供一种精确的神学体系。实际上，在这种理性化努力衰亡的那些边远地区，这种宗教事实上已陷入失败的衰落之中。

第二节 对系统思想的攻击是对文明的背叛

因此,自由主义的教士和在俗教徒,在18和19世纪对系统神学的攻击的想法是完全错误的。他们抛弃了抵御狂热迷信情感的主要防护措施。文明化宗教应当旨在培养一些情感,即对在伟大的人类历史时代里具有重要影响的形而上学直觉进行文明的理性批判时所自然产生的情感,所谓诉诸历史就是要诉诸获得一定高度,即超越我们自身个体存在的任何直接的清晰性。这就是诉诸权威。诉诸理性就是要诉诸终极审判,它既是普遍的,同时对每个人来说又是特别的,所有的权威在它面前都必须俯首称臣。因为承认某种程度的理性解释,历史才具有迄今为止的权威,并且它正具有迄今为止的权威。

因此,对系统思想的攻击乃是对文明的背叛。然而,那些伟大的心灵,即亦为我们的现代精神奠定基础的心灵——例如约翰·洛克——却有理由对传统的教条神学不满意,虽然他们部分地误解了他们的态度应当建立于其上的基础。他们的真正敌人是教条主义的终极学说,这种学说曾经以同样的活力活跃过,并且现在仍然活跃在整个神学、科学和形而上学之中。从希腊人到我们自己时代的理性思想的方法论,一直受到这种基本的错误观念的损害。这些错误并不限于宗教思想,而是感染了所有的知识部门。

它们的总体影响在于给每一个时代引入了教条主义的终极感受。它们对确定性的强调一直被错误地坚持着，并且同样错误地强调对教条主义的拒斥。

从最早的批判性思维开始，我们就发现两类主题是有区别的：一类主题是承认知识的确定性，另一类主题是认为我们只能获得不确定的意见。这种区分的黎明期，在明确地获得时，便成为现代精神的黎明期，因为它引进了批判精神。这一类概念几乎没有进入《圣经》任何章节之中，也未能进入耶和华或他的任何崇拜者心灵之中。这种新区分的第一个结果是非常不幸的，因为它过于头脑简单了，并且也误解了确定性的区域。例如，我们发现柏拉图在晚年时期曾提倡过宗教迫害，并且他以这个主题是重要的和他自己的证明是确定的为由，来证明自己是正确的。①

我认为，系统化的神学的发展应当伴之以批判性地理解语言表达与我们最深刻和最持久的直觉之间的关系。语言是因实际行动中的各种刺激而发展起来的，它与显著的事实相关。这类事实是意识为进行细致审视而捕捉到的，其着眼点在于引发能导向当即有目的行动的情感反应。这些明显事实就是那些易变的事实——例如，关于一只老虎、一声雷鸣或一阵疼痛的现象。这些事实以我们的感觉器官为中介而进入我们的经验之中。因此，便有了关于这些作为经验来源之材料的感觉主义学说。

---

① 参见柏拉图的《法律篇》，第十卷。

但是，这些明显的事实是表面事实。由于它们是表面的，因而变化无常；由于它们变化无常，因而可进入意识的划分之中。在我们的经验中还有一些其他元素，它们虽处在意识的边缘，却极大地制约着我们的经验。所谓这些其他事实，正是我们那闪烁不定的意识，而不是那些事实本身。它们总是忠实地在那里，几乎没有得到辨识，然而却是不可回避的。例如，我们追溯一下自己是如何从四分之一秒之前的直接变成现在的自己。我们的现在是过去的继续，我们与它相同，延续了它的情调，享有它的材料。然而，我们对过去也有所修正，有所偏离，使它的一些目的有所变化，改变了它的情调，并用新的元素来重组它的材料。

我们可把这一过去凝炼为一种视域，且将它当作我们此刻的现实基础。我们与之不同，然而我们仍可与之保持个体的同一性。这便是个人同一性的秘密所在，过去在当下之中无处不在的秘密所在，无常的秘密所在。我们所有的科学、所有的说明都需要这些起源于这种产生经验的概念。对于这类直觉，语言尤其是不能给予充分表达的。我们的分析能力和表达能力同我们的意识同样闪烁不定。认为人的意识中有确定的区域，在它的内部有清晰的划分，而在其之外则是纯粹的黑暗，这种观点是不正确的。同样不正确的观点是认为，经验元素的重要性同它们在意识中的清晰性是成正比的。

诉诸历史之所以具有其意义，正是由于人类经验具有这种复杂特性使然。形而上学和神学同样需要它。必要的证据不可能单纯依赖一些眼光清晰的个人在某个时代进行的直接反省而获得。如果遗忘的"洪水"淹没了人的记忆，我们可通过这种反省方式回想起乘法表，但回想不起其他更多的东西。在这个世界的每一时代，人们的行动及其对情感、动机和目的的诠释，可照亮他们的经验深处。在这种关于历史对生活、行动和感受有何意义的说明中，各个时代是互不相同的。在对这种历史证据进行辨识时，需要有建立在趣味基础上的批判精神，还需要有建立在逻辑分析和归纳概率基础上的批判精神。

这两个批判精神的基础，即审美和逻辑的基础，在理性逐个对历史时期的比较进行最终判断时，就结合在一起了。每个时代都保存着其自身关于事物本质神秘特性的信息。文明只能被文明人所理解。并且文明具有这样的特性，即在理解中使用它们时，会揭示关于我们自身本性的真理。有人指出，那些呈现在观众面前的伟大悲剧具有纯化激情的作用。以同样方式，那些伟大的历史时期会起到启蒙作用，它们向我们展示我们自身。

第三节　宗教改革与道德和
形而上学直觉的关系

基督教把自己建立在广泛地研究某些历史事件的意义上，这些历史事件无规律地出现在大约一千二百年间，从早期希伯来先知和历史学家起，直到奥古斯丁稳定了西方神学时为止。这一故事发生在地中海东海岸周围，从这些先知们的巴勒斯坦到柏拉图的雅典，在加利利和耶路撒冷达到顶峰。它的主要兴趣随后则不确定地来来回回徘徊于安条克、以弗所、埃及、罗马、君士坦丁堡和非洲。当奥古斯丁在430年逝世于希波时，欧洲各种族的宗教在其主要格局上已确定下来，它能容纳各种异己形式的全部能力已内化了。罗马天主教会、东正教会、威克里夫和胡斯、路德和加尔文、大主教克兰麦、乔纳森·爱德华兹和约翰·卫斯理、伊拉斯谟、罗耀拉的圣依纳爵士、乔治·福克斯和梵蒂冈会议，都有同样的权利诉诸历史。而从这种诉求中所得出的结论则完全取决于指导你进行选择的价值判断，取决于支配你的关于协调一致的神学概念的形而上学预设。这种诉求涉及那些行动、思想、情感和制度，那些伟大人物和伟大事件在先前的历史时期就是用这些东西来影响地中海沿岸的。

在这种对历史的诉求中，我们必须记住，现存的各《福音书》与同它们有关的事件在时间上有间隔：有些说明不相一致，传统上从一种语言译为另一种语言会有变异，某些段落令人可疑，此外，还有对直接历史证据明显的不管不顾，最著名的是对圣保罗的记载，他退回到了阿拉伯，我们认为当时他会求助于那些见过其主的门徒。我提到后面这几点的原因是，尽管图书馆里对它们的记载数不胜数，却只是为了得出如下毫无疑问的结论：任何现代宗教革新，都必须首先集中于关注充斥于那整个时代之中的道德和形而上学直觉。这个结论是现代思想的老生常谈。

由于我对有关这一段漫长历史的文献完全不专业，只能忐忑不安地指出，即使现在，我们仍有余地提出新诉求，即从这一段历史中学到一些教训。在本章，我将完全地根据一般的原理来讨论。我个人关于重构历史细节的结论，没有任何可归之于学术方面的重要性。同时十分坦率地说，我不可能把这个时期内的任何事件放在突出地位，使其与其他地方发生的类似现象在类型上不同。然而，我坚持认为，这个时期的顶点体现为道德和理智直觉表达方面的最大进步，这标志着文明在近期有所增长。

这一时期从整体上说开始于野蛮时代，并以失败而告终。它的失败表现为如下事实，即那些野蛮元素和缺陷在人们的理智理解中并未得到消除，但是，它们却在各种正统的或异教的基督教神学阐释中作为本质元素保留下来了。此外，在这一方面，后来的新教改革甚至是更为全面的失败，对天主教会丝毫没有改进。贵格派或许是这一陈述的小例外。但是，乔治·福克斯生活在路德时代之后一百年。这些失败导致了基督教的悲惨历史。

第四节　柏拉图的劝服说

我认为，在那整个时期有三个阶段达到了顶峰。这三个阶段用神学的语言来说构成其三重启示。第一和最后一个阶段主要是理智的，具有充分的道德洞察力的背景。中间那个阶段，由于形成了宗教的驱动力，主要地是展示了生命之中的道德直觉，这种直觉具有充分的理智洞察力，可清晰地表达独特的美。这三个阶段先是作为理智的发展而结合在一起，尔后作为范例结合在一起，最后则是作为形而上学的诠释而结合在一起的。而这种理智的发展与范例在历史上是相互独立的。

第一阶段是从柏拉图公开他的最终信念开始，直到其生命终止时的时期构成的。① 他的最终信念认为，世界上的神圣元素应看作说服力而不是强制力。这个学说应当被视为宗教史上最伟大的理智发现之一。它是由柏拉图清晰地阐述出来的，虽然他未能把它系统地与他的别的形而上学理论相协调。实际上，柏拉图试图把自己的学说系统化时总是失败，而在他展示其深邃的形而上学直觉时则总是成功——他是伟大的形而上学家，然而却是最无力构建理论体系的思想家。而在历史上不时流行的另一种与此不同的学说则认为，要么有诸多神，要么有一个神，具有终极的强制力。当这种作为最高强制力的神性学说升华为形而上学学说时，神就被转化为唯一的最高实在，无所不能地安排着整个被派生的世界。柏拉图内在不一致地在这两种不同的概念之间摇摆不定。但是，他最终还是毫无限制地阐明了这种神性说服说，正是因为这种学说，理想才在世

---

① 参见《智者篇》和《蒂迈欧篇》。

上是有效果的，并且各种秩序形式才能得以演化。

第二个阶段，根据基督教来看，乃是宗教史的鼎盛时刻。基督教的实质乃是借助基督的生活来启示上帝性质及其在世力量。对基督的记录是零散不齐、前后矛盾和不太确定的。对于如何重构有关基督的历史事实最可能的故事，我不必表达任何意见。因为这样做不仅无用，毫无价值可言，并且放在本书中也是完全不合适的。可毫无疑义的是，这些记录中的某些元素激起了人性中最优秀部分的回应。圣母、圣子和光秃的马槽；那个地位低贱的人，无家可归且心底无私，还传递了和平、爱和同情的要旨；苦难、痛苦、生命奄奄一息时温柔的话语、最终的绝望；以及具有获得最大胜利的权威整体。

我不必再详加阐述。基督教的力量就在于它对行动的启示，这是柏拉图在理论上做过的预言，对此，难道我们还有任何怀疑吗？

第三个阶段依然是理智阶段，它是基督教神学通过主要与亚历山大学园和安提阿学园相联系的思想学派而构建起来的那个过程的第一个时期。这些学派对世界原创的思想贡献及其价值一直被大大地低估了。这部分地是由其自身的缺陷所造成的，因为这些学派的成员固执地坚持宣称，他们只是在陈述当初传递给自己信徒的信条，而实际上他们是在寻求解决根本的形而上学难题，虽然这个难题是以极为特殊的形式呈现给他们的。

这些基督教神学家与众不同的是，他们是唯一以根本的形而上学学说证明了柏拉图学说的思想家。诚然,这个时期的基督教神学是柏拉图式的。但是,柏拉图同样也是异教和基督教神学最薄弱部分的创始人。当柏拉图面临如何表达神与世界的关系以及神与这些以神的性质来思考理念世界的关系问题时,他的回答总是无一例外地根据纯粹的戏剧模仿说来进行。当柏拉图转向世界时,由于他把上帝看作可给那些包含在神性之中的观念赋予生命与运动,那他就只能在世界上找到二等替代物,而决不可能找到原创物了。对柏拉图而言,世界上存在着派生的二等神,他纯粹是个偶像,也就是说是个形像。此外,当他寻找理念时,他只能在世界上找到摹本。因此,在柏拉图看来,世界只包括神的影像及其理念摹本,而没有神及其理念。

柏拉图具有确定的理由来说明这种暂时世界与神的永恒性质之间的差异。他是在逃避难题,虽然他只是获得了最弱的解决方案。形而上学所要求的解决方案应当是能把个体的复杂性展示为与宇宙的统一性相一致的解决之道,并且是能把世界展示为要求与神相结合的解决之道,以及能把神展示为要求与这个世界相结合的解决之道。正确可靠的学说还需要我们理解,神的性质中的理想是如何通过它们在自己性质中的地位而成为这种创造性进展中的劝导性元素的。柏拉图把来自神的派生物作为其自己意志的基础;而形而上学则要求神与世界的关系应当建立在偶然的意志之上,并且它们要建立在具有必然性的神的本质和世界的本质之上。

这些问题以高度特别的形式出现在基督教神学家面前，这使他们不得不考虑神的性质。对这个话题，毫无疑问，阿里乌的解决方案，由于涉及派生性的偶像，乃是正统柏拉图主义，虽然它是基督教异端。这种被人广泛接受的解决方案认为，上帝的性质是多重性的，其每一成分都无条件地具有神性，这便涉及神性相互内在的学说。关于这种多重性的最初假定的对与错，我无论如何都不敢贸然确定。关键在于它求助了相互内在学说。

　　同时，这些神学家们又建构了基督位格说。与此同时，他们还拒绝这种把人的个体与神的个体相联系的学说，这涉及对人的个体反应性的模仿。他们坚持认为，上帝直接地内在于基督这一个人之内。他们还认为，在某种意义上，一般地说上帝直接地内在于世界之中。这就是他们的三位一体圣灵学说。我在这里并不是要对他们的神学细节，例如这种三位一体论作出任何判断。我的观点是，在柏拉图采取次级偶像和模仿说的地方，他们要求采用直接的上帝无所不在学说。正是在这一方面，他们做出了一个形而上学发现。他们指出了柏拉图的形而上学应当如何发展的方式，如果它要对上帝的劝服力量的作用给出合理说明的话。

　　不幸的是，这些神学家们没有将这个进展纳入普遍的形而上学。造成这种中止的原因是另一个不幸的预设。上帝的性质是不能用形而上学范畴来规定的，因为这些范畴只适用于这个世俗世界中的个体事物。而上帝概念则是由其原始本源升华而来的。他与整个世界的关系同早期埃及或美索不达米亚国王同其臣民的关系类似。同时，他们的道德特征也非常相似。在这种最终的形而上学升华中，他成为所有存在绝对的、全能的、全知的来源，因为他自己的存在不要求同在他以外的任何事物发生关系。他具有内在完满性。这一概念与柏拉图的次等派生物学说非常一致。经过思想上的徘徊迷茫之后，基督教早期时代的神学家们最终一致坚持上帝是无所不在的，这是他们由此而更为努力地进行的精致的形而上学想象所造成的。但是，他们关于神性的这一普遍概念阻止了所有进一步的概括。他们并未努力地用他们解释上帝的那些形而上学范畴去设想世界，也没有努力地根据他们用来解释世界的那些形而上学范畴来设想上帝。在他们看来，上帝显然是实在的，而世界则是派生的实在。上帝对世界是必要的，而世界对上帝则并非是必要的。它们之间存在着一条鸿沟。

关于这一条鸿沟，最糟糕的是我们很难知道对面正在发生的是什么。这一直是传统神学中上帝的命运。只有通过长期的神秘主义思考，我们才能在世俗世界中收集到有关他存在的证据。另外，关于无条件的无所不能说，最糟糕的是，它一直伴随着要对每一个发生的每一个细节负责。对这个主题的全部内容，休谟在他的著名对话录中都已经讨论过了。

第五节　通过宇宙的多样性掌握统一性

170　　我认为，新教神学应当发展出对宇宙的某种诠释作为自己的基础，即坚持在宇宙的诸多多样性中掌握其统一性。而要获得这种诠释，就是要把表面上诸多不相容统一起来。但这些不相容并不是假设的。它们就在历史舞台上，确定无疑，并要求给予解释。根据公众的观点，这些永恒理想具有劝导性，这与基督教创建者们所实现的理想是相同的；而物质自然界的强制性，虽在逐渐消失却依然存在，并且那种要求实现社会联合的强制力，例如罗马帝国，在当时和现在都是梦想。自然界一直在变化，并且现在依然如此。而这些理想虽宣称自己是永恒的，却一直在流逝，犹如亮光一般闪烁而过。

在这个表面上以无情的强制力之间的冲突为基础的世界，哲学神学的任务就是要对文明的兴起和生命本身的脆弱性提供理性的理解。我并不想隐瞒自己的观点：在这一任务方面，神学在很大程度上是失败的。绝对专制者的概念横亘在神学道路上。神恩学说已经贬值，而各种赎罪学说大多数是粗糙的。最近两百年间，自由主义神学的缺陷在于，它将自身局限在提出一些琐屑乏味的理由，以此来说明为什么人们应当继续以传统方式去教堂做礼拜。

在《圣经》的最后一卷说明中，那些被保留下来的原初元素损害了基督徒的直觉。就其本身来说，且除了其所承载的宗教感情以外，詹姆斯国王钦定《圣经》译本是虚构文学最优秀的范本之一。同时，作为历史文献，不论其来源是基督教的还是犹太教的，在理解基督教形成过程中所流行的思想线索方面，其价值是无限的。最后，这一卷只是陈述了整个《旧经》和《新约》，甚至《福音书》中所流行的观念而已，只是它更为直接和更为生动罢了。然而，令人吃惊的是，想到这一卷书是为了形成宗教感情而被保留下来，而伯里克利描述了雅典文明理想的演说，则在这一方面受到了忽视。我所提倡的观点可作为如下这种转变的象征：即在那个具有权威性的宗教文献集最后一卷中，圣徒约翰的《启示录》被修昔底德关于伯里克利对雅典人演讲的虚构性说明取代了。它们二者都不是历史：圣徒约翰从未接受过那种启示，伯里克利也从未做过那个演讲。

第六节 文明的四种构成要素

还有最后一个问题需要讨论。我想强调的是，在诸多不同诠释中，宗教思想领袖今天应当关注基督教传统，尤其要关注其历史起源，这是颇有意义的。对于那些更为保守的思想派别，这种建议当然是不必要的，实际上也是毫不相干的。但是，仍然需要讨论的问题是，为什么那些比较激进的派别就不应当完全放弃对过去的任何诉求，并应当完全专注于当代世界和当前的事例。对此，概要的回答是，只要完全诚心诚意地诉求于传统，就会在普遍的效果上有巨大收获。

文明是由四种因素构成的：(1) 行为模式；(2) 感情模式；(3) 信仰模式；(4) 各种技术。因为技术因素不在我们这个话题范围之内，我们可立刻把技术因素撇开不谈，虽然这所有的四个构成因素是相互作用的。另外，从长远观点看，行为模式是受情感模式和信仰模式维护和修正的。宗教的主要任务便是关注情感和信仰。

那么，就具有普遍特征的信仰而言，摧毁情感要比产生情感容易得多。在关于观念的探险的任何探究中，最令人吃惊的莫过于新的普遍观念很难为自己获得具有任何强度的恰当情感模式。不断闪现的深刻洞见在数个世纪中一直不见成效，这并非因为它们不为人知，而是因为那些占主导地位的利益拒绝对这一类普遍观念作出反应。宗教史乃是无数代人的历史，它要求为了利益而把自身与那些深刻的观念相联系。由于这一原因，宗教相对于它们在其中得以繁荣的文明而言，常常更加野蛮。

172　普遍观念在人类心灵中的微弱印记还有一种后果。这就是，甚至敏锐的思想家都难以理解那些以不同术语表达出来的，并以不同种类的例子来说明的观念之间有哪些相似点。因此，以不同方式表达相同观念的哲学家们之间便发生了殊死的理智战。由于这两方面的原因，如果你想要以深刻的普遍观念为基础在宗教上做出新的开端，那你就必须满足于等待一千年。宗教就像动物的物种，它们并非起源于特殊的创造。

最后，如果认为文字表达具有教义的终极性是错误的这一论点有任何真理性，那么，以共同的方法模式，把相似种类的宗教意见汇集在一起，便具有巨大的优点。它们可以相互学习，相互借鉴，并会使个人发生微妙的转变。更为重要的是，它们可以学会相互理解和相互付出爱。

"宗教"必定永远是"仇恨"的同义语吗？人们对宗教的伟大社会理想是，它应当成为文明统一体的共同根基。只有这样，它才会证明自己那超越各种野蛮力量之间时时冲突的洞见是正确的。

本讨论一直集中在三个顶峰阶段，即柏拉图思想、基督一生和基督教神学第一个形成时期。但是，整个十二世纪时期，由于包含传说中的先行者及其现代继承者，是完成基督教传说所必需的。整个说来，这个故事是关于那些属于不同层次之洞见的观念是如何相互作用的。这种宗教精神永远处在被曲解、被歪曲和被遗忘的过程之中。然而，自从人类走向文明征途以来，宗教精神就一直存在。

神学的任务就在于表明，世界是如何建立在超越转瞬即逝的纯粹事实之上的。暂时世界乃是有限成就的舞台。我们要求神学来表达那不断消逝的生命之中的永恒因素，因为它表达了适合于我们有限本质的至善。以此方式，我们将会明白，生命何以包含着比欢乐或悲哀更加深刻的满足方式。

第三部分

哲学的观念

第十一章 客体和主体

第一节 前言

当笛卡尔、洛克和休谟从事经验分析时,他们都使用了他们自身经验之中的那些清晰明白、适合于理性论述的因素。除柏拉图以外,人们都默认那些较为根本性的因素将会导致特别清晰的划分而可以辨别。这个假设在这里受到了直接的挑战。

第二节 经验的结构

任何话题都没有像哲学家们所说明的经验的客体—主体结构那样受到他们这种倾向的不良影响了。起初,这一结构只是被等同于认识者与被认识者的关系。主体是认识者，客体是被认识者。因此，根据这种解释，客体—主体关系乃是被认识者—认识者关系。由此可以推断，这一关系中的任何事例越是清晰得易于划分，我们就越是可靠地能用之来解释经验在事物的宇宙中的地位。因此，才出现了笛卡尔对清晰性和明显性的诉求。

这一推论的预设前提是，主体—客体关系是经验的基本结构模式。我同意这一预设，但并不是在主体—客体是与认识者—被认识者相等同的意义上。我坚持认为，纯粹知识的概念是高度的抽象，而有意识的区分本身则是可变因素，它只存在于更为复杂的经验发生事例中。经验的基础是情感性的。更为一般地说，基本的事实是情感基调的产生，它发源于其关联性已既定存在的事物。

第三节 术语

因此，贵格派的"关怀"一词，由于摒弃了任何知识的意味，更适合于表达这一基本结构。作为主体的发生对"客体"有"关怀"。并且这种"关怀"立刻把该客体作为成分置入该主体的经验之中，并带有来自这一客体并指向于它的情感基调。根据这种解释，主体—客体关系乃是经验的基本结构。

贵格派的这些语言用法并未得到广泛流传。同时，每一术语都会导致大量误解。这种主体—客体关系可被看作是接受者和引发者的关系，这里被引发的事实是关于被引发者在被引发的经验中的地位所具有的情感基调。同时,被引发的整个发生就是包含许多这类被引发事例的整体。此外,这一术语也是不幸的,因为"接受者"一词暗示着被动性,而这是错误的。

第四节 "摄入"

更为正式的说明如下。所谓经验的发生就是活动,可分解为各种作用方式,它们共同构成了其自身的生成过程。每一种方式又可被分解为作为活动主体的整体经验,以及与该特殊活动有关的事物或客体。这个事物就是材料,也就是说,不必参照它在该发生之中的参与就可加以描述。客体是能起到这种材料作用的任何事物,它能引起所讨论的该发生的某种特殊活动。因此,主体和客体是相对的术语。所谓发生乃是主体,即就其特殊活动关涉到客体意义上的主体;而任何事物,就其能在主体中引起某种特殊活动而言,则就是客体。这样一种活动方式可称之为"摄入"。因此,"摄入"包括三种因素。一是这里存在着经验的发生,其中"摄入"乃是活动的细节;二是这里存在着材料,它的关联性引起了这种"摄入"的开始,这个材料就是被"摄入"的客体;三是这里存在着主体形式,它就是决定该"摄入"在那个经验发生中之效果的情感基调。*177*
经验如何构成其自身,取决于其主体性形式的复杂性。

第五节　个体性

一个发生的个体直接性乃是主体性形式的最终统一，它就是作为绝对实在的发生。这种直接性就是其纯粹个体性瞬间，它被本质的相关性维系在任意一方。这种发生产生于相关联的客体，并且在消逝后生成为其他发生的客体状态。但是，它享有其作为情感统一性的绝对自我完成的决定性瞬间。因为这里所使用的"个体"一词和"原子"具有相同意义，所以它们都适用于具有绝对实在性的复合事物，而它们的成分则没有这种绝对实在性。这些词语恰当地适合于具有其自我完成的直接性的现实存在，即在它单独为了突显其自身，并具有其自身感情上自我享有时的现实存在。"单子"一词也表达了这种处在从生到死的决定性瞬间上的本质统一性。世界的创造性就在于过去不断搏动的情感把自身投入到新的超验事实之中。它就是卢克莱修谈到过的"飞镖"，它被"投掷"到了世界之外。

第六节　知识

所有的知识都是对被经验到的客体的有意识的分辨。但这种有意识的分辨即知识不过是主体与客体相互作用的主体性形式中的附加因素。这种相互作用就是构成这些个体事物的原料，宇宙的唯一实在性就是由这些个体事物构成的。这些个体事物就是个体的经验发生,就是现实存在。

但是,我们并不能轻易地摆脱知识。不管如何,知识正是哲学家们所要寻求的东西。并且,所有的知识都来源于直接的直觉观察,并由其来验证。我接受以这种一般形式所陈述的经验主义格言。由此而产生的问题是,上面所概述的经验结构何以能被我们直接地观察到。在回答这一挑战时,我想起了那个古老的观点,即最能对付批判性审查的学说就是那些在最长时期内未曾受到质疑的学说。

第七节 感官知觉

在我心灵中具有的一组久远的特别学说是:(1)所有的知觉都要以我们的身体感官,诸如眼睛、味觉、鼻子、耳朵和构成触觉、痛觉以及其他身体感觉的遍布全身的组织为中介;(2)所有的知觉对象都是纯粹的感觉材料,它们处在具有一定模式的联系中,是由直接的当下所给定的;(3)我们对集合体世界的经验乃是解释性的反应,它们完全是由这种知觉所派生的;(4)我们的情感的和有目的的经验乃是反省性的反应,它们是由这种原初的知觉所派生的,并且与那种解释性的反应交织在一起,并且部分地形成了它。因此,这两种反应是一个过程的不同方面,涉及各种解释性的、情感性的和有目的性的因素。当然,我们都觉察到有些强有力的哲学派别明确地反对这一学说。然而,我仍然不能说服自己,认为属于所讨论的这一学派的著作家们认真地对待了这一反对意见。当出现关于被知觉事物的直接问题时，在我看来，其回答总是根据感觉材料而做出的。

第八节　知觉功能

在审视感觉主义学说时，需要质问的第一个问题是，通过这些经验的功能，即我们称之为"知觉"的东西，我们所指的一般定义是什么。如果我们把知觉定义为这些经验的功能，并认为这些功能直接地产生于各种身体感官的刺激，那么就不会有争论了。这种传统学说因而就成为对"知觉"一词之用法的单纯定义了。实际上，考虑到长期存在的用法，我倾向于赞同哲学家们把"知觉"一词局限于这种有限的意义，这也许是明智的。但是，我坚持的要义在于，这个意义是有局限性的，并且还有更广泛的意义是"知觉"一词的这种有限用法心照不宣地得到认同。

第九节　客体

经验的过程是由把各种先于该过程的存在接收到作为该过程本身的复合事实之中的活动所构成的。这些先在的存在，由于作为因素被接收到经验过程之中，可被称为该经验发生的"客体"。因此，"客体"一词主要地表达了这样表示出来的存在与一个或多个经验的发生之间的关系。

为了使一个存在可以在经验过程中发挥客体的功能，必须满足两个条件：（1）这个存在必定是**先在的**；（2）这个存在必定是凭借其先在性而被经验到的；它必定是**给定的**。因此，客体必定是被接收的事物，并且一定不是接收的**方式**或是在该发生中**产生**的事物。因此，经验的过程乃是由把客体接收到作为该过程本身的复合发生的统一性中的活动所构成的。这个过程创造了其自身，但它并不创造那些客体，那些客体是该过程作为因素接收到其自身性质之中的东西。

对发生来说，"客体"也可称为发生的"材料"。这些术语的选择完全取决于你所喜欢的比喻。一个词的字面意思是"位于……路上"，另一词的字面意思则是"被给予"。但这两个词都有缺陷，都含有经验的发生源于某种作为一堆单纯材料的被动情形的意思。

第十节 创造性

实际情形恰好相反。最初的情形是一种活动因素，它就是产生那种经验发生的理由。这种活动因素便是我所说的"创造性"。这种具有创造性的最初情形可被称为新的发生的起始阶段，同样也可被恰当地称为同该发生有关的"现实世界"。它具有自身的统一性，表达了它具有为新的发生提供所需客体的能力，并且还表达了它由此而在本质上成为新的发生的主要阶段的联合活动。因此，可称之为

"实在的潜能"。这里的"潜能"是指被动的能力,而"实在的"一词则是指创造性的活动,柏拉图在《智者篇》中的"实在"定义指的就是这个意思。这种基本情形,这种现实世界,这种主要阶段,这种实在的潜能——不管你怎样描述其特征——作为整体是能动的,具有其内在的活动,但在细节上,它所提供的却是被动的客体,这些客体是从该整体的创造性中获得其活动的。这种创造性乃是潜能的现实化,而这种现实化的过程则是经验的发生。因此,抽象地看,客体是被动的,而从联系的观点看,客体则承载着驱动这个世界的创造性。这种创造过程便是宇宙统一性的形式。

第十一节 知觉

在前面几节中我们已说明。客体是经验中的因素的发现。这种讨论所使用的措辞,其根据是一种不同的本体论,即一种超越直接目的的本体论,虽然如果没有这种本体论来说明客体在经验中的作用,也就是说,说明为什么经验的发生由于其自身的性质而需要客体,客体的地位便不能被理解。

客体是经验中的因素,其作用是为了表明,该发生的产生是由于包含着一个超越的其他事物领域。因此,每一个经验的发生都有这样的本质,即它关涉到超越其自身的他者性。该发生是其他发生之中的一个,并且包含着它在其中的其他发生。意识所强调的是对这些客体的选择。因此，知觉是对那些为了这种强调而选择的客体进行分析的意识。意识乃是强调的顶峰。

显然，这个知觉定义的含义要宽于以感官知觉、感觉材料和身体感官为基础的狭隘定义。

第十二节 非感官知觉

这个含义宽泛的知觉定义，只有在我们能探察到经验的发生展示了更大范围内的作用方式时，才是有意义的。如果我们发现了这一类非感官知觉的例证，那么，把知觉默认为等同于感官知觉就一定是致命的错误，这种错误阻碍了系统的形而上学的进展。

首先，我们必须明确地承认，感官知觉的范围内在地具有诸多局限性。这种特殊的功能方式在本质上把知觉材料展示为**在这里、现在、直接的和分离的**。休谟指出，每一种感觉印象都是一种不同的存在，并且对这一学说不可能有任何合理的怀疑。但是，即使休谟也给每一种印象"穿"上了力量和生动性的"外衣"。必须清楚地懂得，任何摄入，甚至是对纯粹的感觉材料的摄入，都不可能摆脱其情感基调，亦即贵格派意义上的"关怀"特征。关怀乃是知觉的本质特征。

请注视一块红斑。就其本身是个客体，并且与其他有关因素相脱离而言，这一块红斑，作为那个当下知觉行为的单纯客体，对于过去和未来都是静止的。它是如何产生的，它将如何消失，实际上它是否有过去和是否有未来，都不是由其自身性质所揭示的。感觉材料本身并不会提供任何材料来解释感觉材料，因为它们明显地、公开地展现在那里，既是当下的，也是直接的。我们确实要解释它们；但是这一功绩并不归功于它们。最近两百年来，认识论的研究是通过暗中引入别样的考虑，并通过非批判地使用现行语言形式来进行的。因此，大量使用简单的文字形式，可能会提供一种人们乐于阅读、容易理解的哲学，但这种哲学却是完全错误的。尽管如此，语言的各种用法确实证明，我们对这些空洞的感觉材料的习惯性解释主要是在满足常识，虽然在特殊事例中这些解释容易出错。但是，这些解释所赖以成立的证据完全来自于非感官知觉的广泛背景和前景，而感官知觉则是与这些非感官知觉融合在一起的，若没有这种融合，感官知觉就不会是这样。我们不可能分辨出完全与当下事实有关的清晰的感官知觉。

在人的经验中，非感官知觉最令人信服的例子是我们关于自己直接过去的认识。我所指的并不是我们对过去一天前，或一个小时前，或一分钟前的记忆。这种记忆因我们个人存在中的各种发生相互干扰而模糊不清和混乱不堪。但是，我们的直接过去是由那种发生，或者那一组混合的发生所构成的，它进入了经验之中，却缺乏任何可知觉媒介在它和当下直接事实之间发生干预作用。大体上说，它是位于十分之一秒和二分之一秒之间的那一段过去。它已成为过去,然而仍在这里。它是我们无可置疑的自我,即我们当下存在的基础。尽管如此,这种当下发生虽然在宣称自我同一性,虽然在把这种已过去的发生性质分享在所有的其自身的生命活动中,然而却一直在修正它、调整它,使之适应**其他**影响,一直在以其他的价值完善它,一直在使之偏转,以达到**其他**目的。这个当下瞬间就是由这个**其他**流入那个自我同一性的过程所构成的,而这种自我同一性就是直接过去在直接当下之中的生命延续。

第十三节 例证

请考虑让一位说话速度适当的人说出专有名词"合众国"(United States)。这个英语名词有两个音节,即"Untied"和"States"。当读到第二个词时,第一个词可能成为直接的过去;的确,在读到"States"这个词时,第一个词"Untied"在直接的当下之外。请考虑一下这位说话者自身存在的发生。每一个发生都为他获得了关于声音的直接感觉表现,先前发生中的那些先前的音节是"United",而"States"这个音节则在最后的发生中。关于单纯的感官知觉,休谟是正确的。他说"United"这个声音是单纯的感觉材料,它与"States"的声音在性质上没有任何关系。然而,说话者通过说"United States",就把"United"和"States"这两个词共同地联系在当下了,因为过去的发生在要求其自我同一地存在于当下时,其本身是活生生的东西,因而这就把过去的发生强化了。这种直接的过去,作为继续的存在而重新生活在当下,此乃是非感官知觉的绝佳例子。

休谟的解释,由于包含着"观念的联想",对这个主题是有意义的。但是,对这个例子来说,它并不是关键所在。这位说话者,作为美国公民,他对这个术语非常熟悉,事实上他可能想发出的声音是"联合水果公司"(United Fruit Company)——这个公司非常重要,他可能是在半分钟以前才刚听说过。在他的经验中,这一短语的后半部分和前半部分的关系完全同以上所说的"United States"相同。在后面这个例子中,值得注意的是,虽然联想有可能会引导他说出"States",但刚刚过去的经验则迫使他在当下直接说出了"Fruit"这个词。他在说出"States"这个词时,对于具有"Fruit"这一感觉材料的直接将来便有了非感官预期。然后,他说出了"Fruit"这个词,对感觉材料"United"的直接过去又具有了非感官知觉。但是,由于他不熟悉联合水果公司,他便不能靠联想把"联合水果公司"这一短语中的各个词连接起来。而由于他是一位爱国者,他便具有最强烈的联想把"合众国"这几个单词联系起来。也许,在实际上,他就是这家公司的创办者,并且这个公司名称就是他取的。他因而是英语史上说出"联合水果公司"的第一人,那么就不可能有任何联想的痕迹可以帮助他。促使他说出"公司"一词的经验中,其最终的发生只能被解释为他对先前的发生的关怀或关联,这些发生具有说出那个完整短语的主体性形式。此外,只要这里存在着意识,就会有对过去的直接观察,并具有在当下事实中发现其完成的意向。这就是直接的直觉观察的例证,不能把它归结到感觉主义公式中。这一类观察没有感官知觉的那种清晰而明确的精确性。但是,对于它们确定无疑不可能有任何怀疑。例如,如果这位说话者在说完"联合水果"之后被打断了,他可能会以"我的意思是还要加上'公司'这个词"重新开始说话。因此,在他的话被打断期间,他过去的经验得到加强,因为其中还负载着尚未完成的意向。

第十四节　感受相符

在这个说明中出现了另一个论点,也就是自然的连续性学说。这一学说平衡和限制着每一个经验发生都是绝对个体的学说。在刚刚过去的发生的主体性形式与产生这种新的发生的最初摄入之间具有连续性。在综合诸多基本摄入的过程中,出现了修正。但是,直接过去的主体性形式与当下的主体性形式是连续的。我把这种连续性学说称为"感受相符学说"。

假设在某个时期内,某人的某种生活状况使他感到生气。他现在如何知道四分之一秒前他生气了?当然,他对此记忆犹新,对此我们也都知道。但是,我现在要探究的是关于记忆这一奇特的事实,并且选择了最为生动的例子。单纯的"记忆"一词什么也说明不了。在新的直接发生中,其第一个阶段就是感受相符。由过去的发生享有的感受此时存在于被感受为材料的新发生之中，它具有与该材料的主体性形式相符合的主体性形式。因此，如果 A 是过去的发生，D 是由 A 以主体性形式（可描述为 A 生气）所感受到的材料，那么，这个感受——即 A 以生气这一主体性形式感受到 D——最初是由新发生 B 以相同的生气这一主体性形式所感受到的。"生气"连续地存在于整个相继进行的经验发生之中。这种主体性形式的连续性便是 B 对 A 的最初情感上的认同。这便是自然连续性的原始基础。

且让我们详细思考一下那一位生气的人。他的生气就是他感受某种材料 D 的主体性形式。四分之一秒后，他有意或无意识地把他的过去作为材料体现在当下，并把这种来自过去的材料即"生气"维持在当下。只要这种感受落入意识的光照之下，他对过去的情感就会享有非感官知觉。他对这种情感的享有既是客观的，因为它属于过去，又是延续的，因为它持续在当下。这种连续性乃是自然连续性。我之所以下功夫讨论这一论点，是因为传统学说都否认这一论点。

因此，非感官知觉是自然连续性的一个方面。

第十五节　休谟的习惯说

休谟的习惯学说认为，力量和生动性是感觉印象中的基本因素。这个学说不过是一种特殊情形的主体性形式说而已。同时他也认为，一个发生的力量和生动性会进入随之而出现的发生的特性之中。他的整个"习惯"说都是建立在这个假定之上的。假如像休谟所坚持的那样，这些发生全都是分离的，这种特性的转化在事物的本性中就没有任何根据。休谟在诉诸记忆时，他实际上所做的就是诉诸所观察到的"过去内在于未来"，其中包含着主体性形式的连续性。

根据这种补充，休谟在《人性论》第三卷中的每一个论才能被接受。但是，随后有这样的结论，即在这些发生之间存在着可被观察到的因果关系。这种可观察关系的普遍特性既说明了记忆，也说明了个人的身份特性。它们都是经验的内在发生说的不同方面。还可由此得出结论，即只要我们应用因果关系概念来理解自然中的事件，我们就必须把这些事件看作适用于经验发生的普遍概念。因为我们只能根据我们对这些发生的观察来理解因果关系。这里求助于休谟的唯一目的在于阐明现在这个论题在常识上看具有清晰性。

第十六节 能量流

包括人的精神在内的经验发生，在构成自然界的那些发生的事件中，从一个方面说，是个极端的事例。到现在为止，我们这个讨论一直专注于这种极端情况。但是，任何学说，只要它拒绝把人的经验置于自然界之外，就必定在描述人的经验时会发现一些因素也进入了对那些不太特殊的自然事件的描述之中。如果没有这些因素，那么，关于作为自然界中某个事实的人的经验学说就只是粗俗的，是建立在模糊术语之上的，其唯一优点便是有使人感觉舒服的亲切感。我们要么应当承认二元论，至少把它看成一种权宜之计学说，要么应当指出这些完全相同的要素把人的经验与物理科学联系起来了。

物理科学把自然的发生看作能量的轨迹。不论这种发生可能是什么，它总是具有该能量的个体事实。电子、质子、光子、波状运动、速率、硬辐射、软辐射、化学元素、物质、虚空、温度、能量衰变，所有这些都指向这样的事实：物理科学根据每一种发生具有其能量的方式来确认不同发生之间的质量差别。

这些差别完全是由能量流构成的，也就是，所讨论的这些发生以何种方式从自然的过去继承它们的能量，并且它们以何种方式把自己的能量传递给未来。波因廷对能量流的讨论是电动力学中最引人入胜的内容之一。四十七年前，当我还是一名年轻的研究生时，第一次在 J. J. 汤姆森爵士的一次讲座中听过这个理论。那时它还是波因廷刚发表的新发现。但是，该理论之父乃是伟大的克拉克·麦克斯韦，是他阐述了这个理论中所有必要的原理。我们所关心的唯一结论是能量在整个时间和空间中具有可辨的轨迹。能量总是从特殊的发生向其他特殊的发生传递。在每一点上都存在着能量流，它的流动具有某种量和确定的方向。

这就是根据连续性来理解的物质自然界概念。事实上，连续性概念在麦克斯韦的思想中是占主导地位的。但是，在更新的物理学中，关于可区分个体的另一个概念又变得重要起来。电子、质子和光子都是单位电荷；同时也存在着量子态的能量流。自然界的这些相对对立的方面，即连续性和原子性，在欧洲思想史上已历史悠久了，可以回溯到希腊科学的起源时期。更为可能的结论是，它们二者都不能省略，我们只能见证的是这种与科学的当下时期有关的现代对立时期。

第十七节　心灵与自然比较

我在前面概述的这种人类经验学说，为其自身的目的，也保留了一种可区分的个体学说，这些个体就是分离的经验发生，同时还保留了连续性学说，这种连续性表现为主体性形式的同一性不加变化地从一种发生到其他发生。这种物质流对应于每一种经验发生的根基中不加变化的继承。这种继承，尽管有其自身的主体性形式的连续性，却是对明确的个体发生的继承。因此，如果要保持这种相似性，在说明把过去约束到当下这种普遍的关系系统时，我们就应当期待量子学说，其中诸多发生的个体性是相关联的，同时还要期待连续性学说，其中主体性形式的保形转移是占主导地位的事实。

因此，作为物理学之根基的物质能量概念，必须被看作是根据复合能量作出的抽象。这种复杂能量是有情感和有目的的，它是终极综合的主体性形式中内在固有的，每一个发生就是在这种终极综合中完成其自身的。物质能量是每一种经验活动的全部活力。单是认为"物理科学是一种抽象"这个说法就是承认了哲学的失败。理性思想的任务就是要描述这种抽象得以产生的更具体的事实。

第十八节　个性

在我们说明人类经验时，我们将人的个性简化为人的经验发生之间的继承关系。然而，个性具有统一性乃是不可回避的事实。柏拉图和基督教的灵魂学说，伊壁鸠鲁的精微原子构成复合体的学说，笛卡尔的思维实体学说，关于人权的人道主义学说，关于文明人类的普遍常识学说——这些学说一直在西方思想中占据主导地位。显然，有一个事实需要说明。任何哲学都必须提供关于个人同一性的学说。在某种意义上，在每个人的生命中，从生到死都有统一性。有两位现代哲学家最为执著地反对有自我同一的灵魂实体概念，这就是休谟和威廉·詹姆士。但是，要对这个毫无疑问的个人统一性问题提供充分的说明，因而能在这种混乱情形中保持自身，这个问题对他们来说依然存在，正如对有机体哲学来说这个问题依然存在一样。

第十九节 柏拉图的"容器"

在数学研究中,凡是有需要解决的难题,合理的方法就是进行普遍性概括,以便剔除与解法无关的细节问题。所以,且让我们对这个个人统一性问题做个普遍的描述,以抛开那些人性中的微小细节。为达此目的,引述柏拉图《对话录》中的一段文字来作证明,那是最好不过的了。在概述这一段文字时,我插入一些诸如"个人统一性""事件""经验"和"个人身份"之类的术语,以代替其自身原有的两三个术语:除了它们用来说明杂乱的事件和形式的概念以外,我们还需要第三个概念,即个人统一性。这个概念复杂而模糊,我们必须把它设想为我们的经验发生之生成的容器,或者如我所说,把它设想为保育器。这种个人身份可接受该个人存在的所有发生。它就在那里,就像所有生命转换的自然母体一样,被进入它之中的事物所改变,并被赋予不同特色,因而在不同时间其特性是不同的。由于它能把所有的经验方式接收到其自身的统一性中,它本身必定是没有一切形式的。即使我们把它描述为不可见的、无形式的和无所不能接收的,也不会错得离谱。它是持续存在的点,并可为所有的经验发生提供安身立命之地。在其中所发生的一切,既要受到其自身之过去的强制性制约,也要受到其内在理想之劝说的规定。

诸位读者将会看到,在这一段描述中,我对柏拉图

《蒂迈欧篇》① 有所改写，稍微有些变化。但是，这并不是柏拉图对灵魂的描述，而是他关于容器或地点的学说，其唯一的功能在于把统一性强加给自然事件。这些事件由于共处于它们在该地点的共同体之中，因而它们是结合在一起的，并且它们由于在这个共同体中的地点而获得了自己的现实性。

第二十节　内在

这既是关于自然统一性学说，也是关于每个人的生命统一性学说。由此而得出的结论是，我们意识到自我同一性普遍地存在于我们的发生的生命线中，这种意识只不过是认识到了在自然的普遍统一性中存在着一段特殊的统一性。它是整体中的一点，由于其自身的特异性而显得格外突出，但在另一方面却展示了指导该整体之构成的普遍原理。这个普遍原理就是由客体到主体的经验结构。另外，也可把它陈述为自然界的矢量结构，或者也可把它看作过去内在地强化于现在的学说。

这种内在学说实际上就是古埃及那些希腊化基督教神学家们所勾勒的学说。但是，他们把这个学说仅仅应用于神与世界的关系，而不是应用于所有的现实物。

---

① 原著作者注：此处使用了 A. E. 泰勒的翻译，有压缩和词语变化。

第二十一节　时间和空间

时—空概念表现了柏拉图不施加任何形式的基本容器说同施加其各种形式的现实世界之间的某种妥协。这种形式的施加要服从于各种情调的不相容所要求的透视消除。几何学是关于各种中介物之轨迹的学说，这些中介物在继承的过程中会施加透视。在几何学中，这个学说仅局限于在这个宇宙时期内盛行的最明显的协调普遍性。这些普遍性唯一关心的是持续地以事件的联系来说明的复杂序列关系。

我们对宇宙的这种几何秩序的知觉，否定了把继承仅限于单纯的个体秩序。因为个体秩序意味着一维的序列秩序，而空间是多维的。由于中间发生的多样性，空间性包含着分离性，并由于现在内在地产生于过去，因而它也包含着联系性。因此，在物质自然界中能量从特定的发生转化为特定的发生，与具有其情感能量的基调从任何人类个体性中的一种发生转化为另一种发生之间，存在着相似性。人类经验的这种从客体到主体的结构是由物质自然界中的这种从特殊到特殊的矢量关系所衍生的。希腊人在分析繁衍时有一种缺陷，这就是把它设想为仅仅是新的抽象形式到来了。这种古代人的分析未能抓住先行特殊事物的真正运作，即它们把自身强加给创造过程中新的特殊事物了。因此，这种在事实上表现出来的几何学，与它们对事实如何产生的说明相分离了。

第二十二节 人的身体

189 但是，物质自然界与人类经验的这种相似性是有限的，因为事实上在任何一个个体性中，人的发生序列都是线性的，而在物质的时—空中，这些发生的序列则是多维的。

为了证明这种差异仅仅是表面的，现在仍需讨论的是，直接继承的人类经验是否与这种空间多维特性有任何相似性。如果人类的经验发生在本质上是以一维个体秩序来继承的，那么，在人的发生和自然的物质发生之间就存在着难以逾越的鸿沟。

人体的特殊地位立刻把自身表现为否定这种严格的人类继承的个体秩序概念。我们从自己直接的过去发生中的主要继承，由通过其他渠道的无数继承打破了。敏感的神经，我们的内脏的各种功能，我们的血液构成中的各种紊乱现象，都闯进我们的继承主线之中。以此方式，各种情绪、希望、恐惧、禁忌、感官知觉等得以产生，生理学家们满怀信心地把它们归之于身体的功能。这种身体的继承如此亲切和明显，因而通常的谈话并不区分人的身体与人的个体。灵魂与肉体已融合在一起了。同时，这种通常的等同，在生理学家进行科学探究后仍然保存下来，因为生理学家很容易在人类身上更多地看到肉体而不是灵魂。

但是，人体无疑是各种发生的复合，而这些发生则是自然空间的一部分。正是这一套发生奇迹般地相互协调，才把其自身的遗传渗透到人脑的各个区域。因此，我们有各种理由相信，我们对身体的统一感与我们对个人经验的直接过去的统一感具有共同的起源。这是另一种情形的非感官知觉，只是其此时缺乏严格的个体秩序而已。

但是，生理学家和物理学家都一致同意，身体是根据物理规律而从物质环境中继承物质条件的。因此，在人类经验和物理发生之间存在着普遍的连续性。详细阐述这种连续性乃是哲学的一项最明显的任务。

第二十三节　二元论

本讨论一直在关注一个复杂的论点。我将以关注一个相关的普遍问题结束这一讨论。

我们可以把本讨论看作是《对二元论的反叛》的另一个例子吗？我们都曾以高度欣赏的心情阅读过洛夫乔伊教授批判这种反叛的精彩著作。现在，从表面上看，我在这里所提出的立场，确实是他所批评的反叛二元论的例子。但是在另一种意义上，我则是在努力地为二元论提出辩护，对之作出不同的解释。柏拉图、笛卡尔、洛克为休谟铺平了道路；而康德则追随了休谟。本讨论的要义在于表明另一种不同的思想路线，它避开了休谟根据哲学传统所做的推论，同时又保留了从其三位伟大的先行者那里所获得的普遍思想倾向。柏拉图后期对话中的柏拉图式的"灵魂"

和柏拉图式的"物质"自然界之间的二元论，笛卡尔的"思维实体"和笛卡尔的"广延实体"之间的二元论，洛克式的"人类理解"和伽利略与牛顿为他所描述的洛克式的"外在事物"之间的二元论——所有这些类似的二元论，在这里都可发现它们处在现实性的每一种发生之中。每一种发生都既有其物质性的继承，也有其精神性的反应，这种反应驱使着它走向自我完成。世界并非是纯粹物质性的，也不是纯粹精神性的。它也并非纯粹是具有许多从属性阶段的"一"，也并非纯粹是一个完满的事实，其在本质上是静止的并具有变化的幻象。凡是错误的二元论出现的地方，都是由于错把抽象当作终极的具体事实了。

在最充分的意义上，因为宇宙既是无常的，也是永恒的，所以宇宙是二元的。因为每一种终极的现实性既是物质的，也是精神的，所以宇宙是二元的。因为每一种现实性都需要抽象的特性，所以宇宙是二元的。因为每一种发生都把其自身的形式的直接性与客观的他性结合起来了，所以宇宙是二元的。宇宙是多，因为它可以被整体地和完全地分析为许多终极的现实性——或者用笛卡尔的语言来说，可被分析为许多实在物。宇宙是一，因为它是普遍地无处不在的。因此，在统一性和多样性之间的这种对照中，存在着一种二元论。在整个宇宙中，对立物的联合占据主导地位，此乃是二元论的根据。

第十二章
过去、现在、未来

第一节 未来与现在的关系

在前一章我们已充分地讨论了过去的发生内在于与之相关联的未来发生之中的学说。根据这一学说,过去在现在中具有客观的存在,而现在则位于超越其自身的未来之中。但是,这里所说的"未来可以说内在于其自身之前的诸发生中"的意思,以及"当下的发生相互地内在于各自之中"的意思,根据经验的主体—客体结构学说来看,还不是十分清楚明白。首先我们关注一下未来与现在的关系,这要简单一些。显然,对现在来说,未来的确是重要的。人类最熟悉的习惯可证明这一事实。在其自身已实现的结构中,现在承载着与未来的关系,而未来是超越现在的。如果脱离这一事实,那么各种类型的法律合同、社会理解、理想抱负、焦虑情绪、列车时刻表,凡此种种,都成为意识的无效表现了。割断了未来,现在就会土崩瓦解,放空其自身的恰当内容。直接的存在要求将未来插入现在的缝隙之中。

人们曾接受的严格训练是以批判性思维进行长远而广阔的预见和追溯,而在这里,这种习惯却再次对哲学产生了不幸的影响。我们思考未来通常是以数个世纪、或者数十年、或者数年、或者数天的时间跨度来进行的。我们批判性地思考众多被称为历史的传说。其结果是,我们认为,单纯努力地依靠纯粹的抽象性想象,完全不需要直接地观察特殊的事实,我们自己就与过去或未来发生了关系。如果我们承认这个结论,那么,就不会有任何真正的证据表明曾经有过过去,或者将会有未来。我们对这一点的无知是彻头彻尾的。我们所能观察到的一切是由现在之中的各种概念性劝导组成的。这便是我们思索遥远的未来或久远的过去这种刻板的习惯所造成的结果。文献保存了人类的智慧,但以这种方式,它也削弱了对第一手直觉的强调。在考察我们对过去或未来的直接观察时,我们应当把自身局限于一秒,甚至几分之一秒数量级的时间跨度。

第二节 未来的发生不在现在之中

如果我们把自己保持在这种短程的直觉状态,未来就确定不是无,它能动地生活在其自身先前的世界里。每一个经验瞬间都必须承认自己是两个世界之间的过渡,即直接的过去和直接的未来这两个世界之间的转化。这就是共同感的持续传递。同时，这种直接的未来是以某种程度的结构性定义而内在于现在之中的。其困难在于，如何根据经验的主体—客体结构来说明这种内在性。作为具有其一定程度的绝对完满性的个体实在，未来的发生在现在之中是不存在的。因此，未来一定是以某种与过去的个体发生的客观永恒性不同的意义而内在于现在的。在现在中，并不存在属于未来的个体发生。现在包含着最遥远边缘的这一类已实现的个体性。关于未来的整个学说可根据对每一个体现实发生的自我完成过程的说明来理解。

这个过程的特性可简短地描述为从再现到预期的流变。这一转化的中间阶段是因获得了新内容所构成的，这是该直接主体的个人贡献，其目的是为了把它的初级再现阶段重新形成为其最终的预期阶段。这个最后阶段也可称为"满足"，因为它标志着已穷尽了该个体性的创造性冲动。这个新内容是由肯定性的概念性摄入构成的，也就是说，是由概念性感受所构成的。这些概念性感受由于物质性地摄入了先前的发生而成为整体性的存在，并因此而产生了与过去有关的命题。这些命题再次与概念性命题相结合，并相互再次结合起来，同时还产生了其他命题。

最后，与直接主体的构造有关的命题出现了。它属于这一主体的本质，因而成为客观不朽的东西。因此，在它自身的构造中涉及其自身的**自我**构成活动成为它在**其他**构成中的活动。正是由于当下主体的这种构造，未来将会体现为这种当下主体，并将会再现它的活动模式。但是，这些未来的个体发生此时还是非存在。唯一直接的现实性是当下主体的构造，它体现着其自身获得客观永恒性的必然性，而这种客观永恒性是超越其自身的直接自我形成的。这种客观永恒性对未来而言是一个不可更改的事实，涉及其视域再现的模式。

最终的预期阶段是这种当下主体的本质在命题上的实现，即是关于这种主体施加给未来，使其体现自身并再现自身的必要性，只要兼容性可能允许的话。这样一来，经验发生的自我享有，既是由享有在其自身中仍然活着的过去而启动的，也是由享有在未来中活着的其自身而终止的。这就可以说明宇宙的创造性冲动何以能在每一个单独的个体发生中起作用。从这个意义上说，未来内在地存在于每一个当下发生之中，它同现在的特殊关系以各种不同程度的优势固定下来了。但是，未来的个体发生此时是不存在的。这些预期性命题全都同现在发生的构造及其内在的必要性有关。这一构造必然会要求有某种未来，必然会要求有一定份额的贡献来再现未来发生的初级阶段。

需要记住的要点是，每一个个体发生都是被这种创造性冲动所超越的，这一事实乃属于每一个这样的发生的本质构成要素。也就是说，它不是同任何这类发生的完满构成无关的偶然因素。

在每一个现实性的发生的形成中，从再现到预期的摆动，都可归之于精神性介入的影响。不论由新的概念性摄人所如此引进的观念是新还是旧，它们都有这种决定性的后果，即这种发生总是作为面向其过去的结果而出现的，并且是作为面向其未来的原因而终结的。宇宙的目的论就存在于这二者之间。

如果精神活动不包含引入任何理想的新生事物，概念性感受的材料就只不过是已经由再现的初级阶段所展示的永恒客体。在这种情形下，与初级阶段的重新整合就只不过是将最初一致的接收行为转化为预期，即预期保存那一类在继承中已占主导地位的感受秩序和模式。默许在这里占上风。以此方式，这类发生的区域便呈现出被动屈从于强加的自然规律的侧面。但是，当这里存在概念性的新生事物，且是通过其不断地重申并在整个得到协调的发生中对其增加强调而使之变得有效时，我们所具有的侧面就是具有持续目的的持久个体，这种目的是由该个体产生的，并在该个体的环境中成为有效的。因此，在这种情形下，对于同未来之关系的预期便呈现出把概念转化为事实的目的形式。不论在这两种情况的哪一种情况下，不管概念性的新生事物是否存在，这些概念性摄入的主体性形式都会构成宇宙的推动力，每一种发生都会借此把自身投入未来。

第三节 未来内在于现在的意义

现在我们有可能确定未来内在于现在的意义了。未来之内在于现在，是因为在现在的本质中承载着其将与未来不得不发生的关系。因此，在现在的本质中包含着未来必定与之相一致的必然性。未来存在于现在之中，此乃是事物的本质所具有的普遍事实。因为它位于这种具体的现在的本质之中，它还会给一定会随之而来的具体未来施加这一类普遍的决定。所有这一切都属于现在的本质，并把如此决定的未来构造为现在的直接主体所摄入的客体。以此方式，每一种现在的发生都会摄入宇宙的普遍的形而上学特性，并由此而摄入了该特性之中其自身的份额。因此，对现在而言，未来乃是主体的客体，它在现在之中具有客观的存在。但是，未来在现在之中的这种客观存在不同于过去在现在之中的客观存在。过去的各种具体发生此时处于存在之中，并且分别地在现在之中发挥着摄入的客体的作用。过去的现实发生所具有的这种个体性客观存在，由于每一个都在每个现在的发生中发挥作用，构成了作为动力因果作用的因果关系。但是，在未来中并不存在任何已经建构好的现实发生。因此，在未来中并没有任何现实发生在现在发挥着动力因的作用。现在之中的客观存在乃是现实发生的未来之中必然存在的东西，并且这些未来的发生必然要符合这种现在发生的本质中所固有的条件。未来属于现在事实的本质，其没有任何现实性不是现在事实的现实性。但是，它与现在事实的具体关系已经实现在现在事实的本性之中了。

第四节 共时事件

共时事件的定义是：这些事件的发生彼此之间没有因果依赖性。因此，两个共时发生乃是二者都不属于他者之过去的发生。这两个发生不具有任何直接的动力因关系。共时发生在因果关系上相互独立，给它们在宇宙中保留了活动余地。这给每一种现实性提供了受欢迎的不负责任的环境。"我是我兄弟的监护人吗？"这句话是自我意识最早的表露之一。我们对自由的要求植根于我们与自己当下环境的关系。自然界的确为独立活动提供了场地。对宇宙的理解要求我们在考虑其各种各样的作用、其动力因、有目的的自我创造和共时的独立性等因素时，要考虑它们相互之间的恰当关系。这一充分的概念还要求理解视域的消除，理解支配多个时代的那一类秩序，以及理解具有其自身额外的秩序模式的次要秩序，它们在其存在的每一个更长时代中是多种多样的。

共时发生的相互独立性严格地存在于它们有目的的自我创造领域。这些发生来源于共同的过去，它们的客观不朽性在共同的未来发挥作用。因此，这些发生间接地通过过去的内在性和未来的内在性而联系起来。但是，就共时发生而言，这种自我创造的直接活动是分离的和隐秘的。

因此，共时发生相互之间具有某种间接的内在性。如果 A 与 B 是共时的，而 C 处于它们二者的过去，那么 A 和

B 在一定意义上分别地内在于 C 之中，其方式是未来可以内在于其过去的那种方式。但是，C 在 A 和 B 中是客观不朽的。因此，在这种间接意义上，A 内在于 B 中，B 也内在于 A 中。但是，A 的客观不朽性并不在 B 中起作用，B 的客观不朽性也不在 A 中起作用。作为个体的完整现实性，A 隔离于 B，B 也隔离于 A。认为两个共时的 A 和 B 享有共同的过去，并不完全是真实的。首先，即使 A 的过去之中的发生完全等同于 B 的过去之中的发生，然而由于 A 和 B 具有不同的地位，它们也是通过不同的视域消除而享有那个过去的。A 中的过去的客观不朽性不同于 B 中的相同过去的客观不朽性。因此，两个共时的发生，由于彼此相距很遥远，实际上源于不同的过去。

同样，根据现代物理学最近提出的时间概念，如果 A 和 B 是共时的，且 P 是与 A 共时的，那么，认为 P 是与 B 共时的，则并非必然是真的。P 可能早于 B，或者它可能会晚于 B，这是可能的。因此，即使 A 的过去之中的发生也不完全地等同于 B 的过去之中的发生。当 A 和 B 相邻时，它们的过去之间的这种区别可忽略不计。但是，当它们彼此相距遥远时，这种区别便可能是十分重要的了。

根据这一讨论我们可以推断，只要相关的环境是由任何类型一致的协调相支配的，任何发生都将会把它的过去经验为"预想"，即预想那一类秩序延伸到了超越该过去的未来之中。但是，这个未来包含着所讨论的那个发生及其共时环境。以这种方式，其共时世界便间接地内在于该发生之中，这不是就其具体的个体发生而言的，而是就那种秩序关系的一般基础而言的。这一类秩序将会把它们之中的共时世界的各个部分联系起来，也会把这些部分与所讨论的那种发生联系起来。但是，共时世界的这些部分的功能只是在作为这类秩序的关系者时，它们才属于该发生的经验。这便是共时世界为什么应当被看作统一空间关系之场的一般说明。它并未给出任何理由来说明为什么任何特殊的关系系统应当支配这个时期。但是，该说明确实给出了理由，可说明为什么某种统一的关系系统应当主导我们关于共时世界的概念。同时，那种内在活动已消失。这种共时世界已作为关系的被动主体和性质进入经验之中了。

第五节 宇宙的现实性是经验过程

宇宙的现实性乃是经验的过程，而每一个过程都是个体性的事实。整个宇宙就是这些不断前进的过程之集合。亚里士多德学说认为，所有的能动性都只限于现实性，这一学说已被人们接受了。同样，柏拉图的如下名言也被人们接受了，这就是：存在的真正意义是"成为一种起作用的因素"，或者换言之，"形成差异"。因此，"成为某物"就是在分析某种现实性时可被发现是一个因素。由此可见，在一种意义上，根据其自身的存在范畴来看，每一种事物都是"实在的"。在这个意义上，"实在的"一词只能意味着某个声音或记号是个有指示意义的词。但是,"实现"一词则是指现实存在把所讨论的存在作为一个肯定因素包含在其自身的构成之中。因此,虽然每一种事物都是实在的,它却并不一定会实现在某一组具体的现实发生之中。但是,必然地会发现它存在于某处,实现在某种现实存在之中。不存在任何不能在某种意义上得以实现的东西,不管它们是物质性地还是概念性地实现。"实在的"一词也可标志由物质的和概念的实现之间的对比所产生的区别。

第六节 现实发生相互内在

任何一组现实发生都是由诸发生的相互内在而联合起来的,每一个发生都内在于另一个发生之中。它们根据联合的程度而相互制约。显然,一对发生之间的这种相互内在和相互制约一般地说并不是对称关系。因为除了共时的发生以外,一个发生将会处在另一发生的未来中。因此,先前那个发生,根据动力因程式,将会内在于后来的发生之中,而后来那个发生,根据如上所述的预期方式,则会内在于先前那个发生中。任何一组发生,若可被视为因此而结合为一个统一体,可称之为聚合体。如果各种发生分散处于宇宙之中,每一个发生与其他发生具有极为不同的地位,那么,这一类聚合体的统一性就可能是微不足道的。当这种聚合体的统一性占据重要地位时,不同类型的聚合体就出现了,可分别把它们命名为区域、集合体、个体、持久客体、物质实体、生命有机体、事件等类似术语，以表达自然界所具有的各种不同层次的复杂性。在下一章我们将会充分地来说明这些聚合体的一些特殊类型。

第七节 自由的根基

我们在思考制约和自由时，通常是根据与它们相联系而实现的价值，以及根据它们之间的对比来进行的。但是，还有另一种思考它们的方式。我们可以追问，在事物的物质本性中，是何种东西构成了在物质上实现了自由，或者制约，或者二者以合适的模式实现兼容的联合。

事实上，我们在习惯上确实是根据自由和制约来解释人类历史的。脱离了这一对比在物质现象中的实现，人类文明史就是毫无意义的系列事件，其中包含的与概念有关的情感作用完全同物质事实无关。

共时发生之间不存在任何因果关系，此乃是宇宙中的自由根基。当下世界面临的各种新生事物是由共时发生在孤立状态下所处理的，这便有了完全的当下自由。认为世上不管发生什么，都会立刻成为给其他每一种事物所设置的条件，这一观点是不正确的。这样一种完全相互决定的概念是对宇宙共同体特性的夸大。这一类"零星的显象"和"相互无关"的概念可以实在地应用于事物的本性。此外，由主体性形式的不相容性所施加的视域，也以另一种方式提供着自由。先前的环境并不会完全有效地决定从中产生的发生的初始时期。该环境中有一些因素被消除了其自身作为新的创造过程中明显事实的作用。这种奔流会纯化自身，或者失去在更好的环境中本可保留的某种品德。每一个新的发生的起始时期，都会表现出超出其自身客观存在的过去之内某种斗争的结果。决定这种斗争的因素就是那种最高级的爱欲，它把其自身具体地体现为新的现实过程中个体的主体性目的的第一阶段。因此，在宇宙的任何两个发生中，任何一个发生都会有一些因素同另一个发生的构成不相关。如果忽略这一学说，就会导致认识事物本质时过分的道德化。幸亏有很多很多无关紧要的事物，使我们可以随心所欲地处理它们。与此相对立的观点则是狂热的温床，并给历史染上野蛮的色彩。

第八节　宇宙时期的结构

如果根据这里所提出的这种类型的形而上学来理解宇宙，便要求我们从其不同的相互关系上来考虑如下因素：动力因、有目的的自我创造、视域消除、共时的独立性、支配多个时代的秩序的规律和每个时代内的次要持久物。对这一类理解，也可以以如下术语来概括性地给予表达：制约与自由、幸存与毁灭、深度感受与肤浅感受、概念性实现与物质性实现、现象与实在。对观念的探险进行任何说明，都会涉及观念在这些不同术语所表现的各种选择中是如何曲折前行的。

当我们审视我们存在于其中的宇宙时期的结构时，可以发现，这个结构展示出各类秩序前后相继的层面，每一个层面都会引入某一类额外的秩序，这一秩序存在于某个有限区域之内，而这一有限区域则是某个更大环境中更为普遍的秩序的一部分。同时，这个更大的环境反过来则是我们所知的普遍创造时代内一个特殊区域。每一个这样的区域，由于具有其占支配地位的秩序关系，既可以根据其各部分彼此之间相互关系的观点来考虑，也可以根据其作为统一体对外部知觉者的经验施加影响的观点来考虑。还有把这两者结合起来的第三种考虑方式。这个知觉者可以是该区域中的某个发生，也可以把该区域理解为整体，包括该知觉者本身也是其成员。

因此，如果以第一种方式来分析，可以把一个区域看作是受制于一定自然规律的区域，这些规律是这个区域中占主导地位的一组秩序关系。根据第二种思考方式，综合取代了分析。所讨论的这个区域呈现出持久统一体的外观，其本质是某种复杂的外部特性。这种本质特性，根据其在第二种方式中的表现，不过是该区域中起主导作用的一组自然规律而已，这与它们在第一种方式中的表现一样。这两种方式中的任何一种，只是在强调构成该区域的许多发生中那种具体联系里普遍存在的主要同一特性。该区域的这种统一性是双重的——首先是由于它有纯粹的联系性，这源于包含在其中的各种发生具有相互的内在性；其次是由于它有普遍的相同性，由此各个部分在任何外部发生中发挥着类似的作用。因此,该区域具有其自身的自然规律,与该持久实体具有其自身的本质特性,乃是同义语。

第十三章
发生的组合

第一节 聚合体

发生的组合是知觉经验中的发生共同作用的结果。因此，这些组合起来的发生获得了统一性。对知觉者的经验来说，它们成为一种复合物，因为其可分成许多发生，或者分成诸多一组组从属的发生。因此，这些从属的发生组成了复合统一体，每个统一体都属于总体的形而上学存在范畴。这一特色，亦即可分为一组组相似类型的存在，便是普遍的广延性概念。这些特异关系（如果有的话），由于系统性地分布在一个时期内各个广延的组之中，便构成了该时期内普遍存在的几何系统。

由任何一组现实发生所表现出来的普遍共同作用，即是相互内在的共同作用。用柏拉图的语言来说，这种作用属于共同的容器的作用。如果只是根据这种相互内在的基本属性来考虑这种现实发生组，不管它在其他地方如何缺乏共同联系，那么——若把它看作这种普遍联系性的例证——这一组现实发生就可称为聚合体。

因此，聚合体这一术语并不以任何特殊类型的秩序为前提，也不以其成员中普遍存在的任何秩序为前提，而是以相互内在这种普遍的形而上学要求为前提。但在事实上，宇宙的目的论，因其具有追求强度和多样性的目的，产生了具有各种类型的秩序的时期，这些秩序支配着相互交织在一起的从属性聚合体。一种聚合体可以在空间上和时间上扩展自身。换言之，它可包括一组组相互共时的发生，也可包括一组组其过去和未来是相关的发生。如果该聚合体纯粹是空间的，那么它将包括一些不是成对的发生，因而这一对中的一个发生会先于另一个发生。该聚合体内各个发生之间相互内在，因而将成为共时发生特有的间接类型。正是因为这一理由，外在性概念才支配着我们的空间直觉。如果该聚合体纯粹是时间的，那么它将包括非成对的共时发生。它将只是从发生到发生的线性时间过渡。这种时间过渡观念不可能完全摆脱"因果关系"的观念。后面这一观念只不过是把过去看作直接内在于未来的特殊方式而已。

第二节 发生的相邻性

发生的相邻性是个重要概念。两个非共时的发生，在没有任何发生先于它们中的一个发生，也没有任何发生后于另一个发生时，它们在时间上就是相邻的。由各个发生所构成的一个纯粹时间的聚合体，当其中的每一个发生都是与先前的发生和后来的发生相邻时——最早的发生与最后的发生除外——那么它就是连续的。该聚合体因而会形成一条时间上的或序列秩序上的不间断的线。该线条上的第一个和最后一个发生，当然，就只能享有与该线条单方面的相邻。

定义空间的相邻比较难，这要求参照时间维度。可借助于如下学说来定义它：没有哪两个共时发生产生于完全相同的过去。因此，如果 A 和 B 是两个共时发生，A 的过去包括的一些发生不属于 B 的过去，并且 B 的过去也包括一些发生不属于 A 的过去。那么，A 和 B 在以下条件下便是相邻的：（1）没有任何发生与 A 和 B 是共时的；（2）因而它的过去包括所有的发生，其中每一个发生既属于 A 的过去，也属于 B 的过去。这一定义的特殊形式并没有特别重要的意义。但是，这里所包含的"现在的相互关系产生于对过去的参照"这一原理则是一条基本原理。它说明了为什么当下世界被经验为是无生命实体的展示，而这些实体被动地表现了强加给它们的特性。

不管怎样，我们可以根据内在性学说来定义时间和空间的相邻性。借助相邻性概念，可以把区域概念定义为指示了某种聚合体，某些相邻条件被保存在这种聚合体之中。这个定义在逻辑上的细节与本讨论无关。

至此，我们一直在思考各种各样的聚合体，它们唯一的统一性原理产生于相互内在这一明显的事实。我们将称之为聚合体的属，它的种是由明显的广延模式的差别而区分开的。更简洁地说，可称之为"模式化聚合体的属"。每一种聚合体都属于这一属的某个种，如果我们将在其模式中相互交织在一起的那些质的因素剥离出来的话。

第三节　一般的集合体

我们现在继续讨论一般的集合体概念。这一概念引入了对秩序类型和秩序传播的普遍思考。该定义取决于如何说明在分析模式化聚合体的属时所省略掉的那些因素。

集合体乃是"演示"或"分享"了某种"集合秩序"的聚合体。"集合秩序"① 可定义如下："在下列情况下，聚合体享有'集合秩序'：(1) 有一种共同的形式要素，确定地表现在每一个它所包含的现实存在之中；(2) 这种共同的形式要素产生于该聚合体每一成员之中，这是由于它摄入了该聚合体中某些其他成员施加给它的那些条件所造成的。(3) 这些摄入施加那些再现条件是由于它们包含着② 同该共同形式有关的肯定性感受。这样一种聚合体便叫做'集合体'，而那种共同形式是该集合体的'定义特征'。"

---

① 参见《过程与实在》第一部分第三章第二节。
② 在《过程与实在》原来的表述中，"包含"一词是"那个"。

对这同一个定义，还有一种表达①是："这里所使用的术语'集合体'的要义是，它是自证的；换言之，它是其自身的理由。因此，集合体不只是一组适合于相同类别的'现实'存在，也就是说，它所包含的不只是纯粹的数学上的'秩序'概念。要构成一个集合体，这个类别的名称必须适合于每一成员，这是由于它从遗传上产生于该同一个集合体的其他成员。该集合体的成员之所以是相似的，是因为它们有共同的特征，会导致它们把相似的条件强加给该集合体的其他成员。"

显然，根据对这里所使用的"集合体"概念的这个描述，一组相互共时的发生不可能形成一个完全的集合体，因为这样一组共时发生不可能满足遗传的条件。当然，一组共时发生可属于某个集合体。但是，这样一个集合体必定包含先前的和后继的发生。换言之，集合体必定会表现出独特的持久性质。具有持久性的实在现实事物全都是集合体。它们不是现实发生。正是把集合体与作为现实发生的完全实在事物相混淆这一错误，从希腊时代起就阻碍着欧洲的形而上学。集合体有一个基本特性，正是这一特性决定了该集合体是其所是，同时它也有随情况改变而变化的一些偶然属性。因此，作为完全的存在，并为了保持相同的形而上学地位，集合体享有其历史，该历史表现着其对情况变化所做的不断变化的反应。② 但是，现实发生则没

---

① 参见《过去与实在》第二部分第三章第二节。
② 这个"集合体"概念类似于笛卡尔的"实体"概念。参见笛卡尔的《哲学原理》第一部分，原理，第51至57页。

有这样的历史。现实发生从来不会变化，它只是生成和消逝而已。现实发生的消逝乃是它在宇宙的创造性进展中担负着某种新的形而上学功能。

集合体的自我同一性建立在其定义特征，以及其发生的相互内在性的基础之上。但是，没有任何确定的聚合体是潜藏在该集合体中的聚合体，除非该集合体完全属于过去。因为潜藏于该集合体中已实现的聚合体总是随着向未来的创造性进展而自我增加的。例如，一个人给自己的生命再增加一天，地球给自己的存在周期再增加一千年。但是，直到此人死亡和地球毁灭之前，并不存在任何确定的聚合体在绝对意义上就是此人，或者就是这个地球。

第四节　聚合体与集合体

虽然没有任何一个聚合体可宣称是集合体，但只要该集合体是实存的，便会有一系列聚合体，其中每一个聚合体都是达到其实存阶段的完全实现的集合体。对于一个给定的集合体来说，这个系列各个成员的广延模式可能是不同的。在这种情况下，这些广延模式由于彼此不同，不可能是该集合体定义特性的任何元素。但是，该序列各种聚合体的广延模式可能是同一的，或者至少它们的广延模式可具有某种共同特征。在这种情形下，这种共同模式或共同特征，可以是所讨论的该集合体定义特征中的一个元素。

在集合体不断进步的实现过程中有一些连续的聚合体，

这一类聚合体具有共同的广延模式。集合体最简单的例子是每一个这样的聚合体都是纯粹时间性的和连续的。因而，集合体在其实现的每一个阶段都是由一组以序列秩序的形式而相邻的发生所构成的。如果把一个人定义为持久的知觉者，那么，这个人就是这样的集合体。这个定义中的人完全是笛卡尔所说的思维实体。不要忘记，在其《哲学原理》（第一部分，原理XXI；以及《沉思录》III）中，笛卡尔指出，持续性不过是上帝进行的连续再创造而已。因此，笛卡尔所说的人的灵魂概念同这里所提出的概念，其区别仅在于是否归之于上帝的作用。这两个概念都包含着一系列发生，每一种发生都具有其直接完满性。

普遍类型的集合体，鉴于它们已实现的聚合体是纯粹时间性的和连续的，可称之为"个体的"。任何这种类型的集合体都可称为"个体"。因此，根据上述定义，一个人便是一个个体。

但是，一个人不仅仅是一系列连续的经验发生。这样的定义可能会使哲学家们满意——例如，笛卡尔会满意。但这个定义并非"人"这个术语的通常意义。动物不仅有肉体，而且也有心灵；而在我们的经验中，这类心灵永远是合并统一出现的。因此，动物躯体就是集合体，其包含着大量的发生，它们在空间和时间上是相互协调的。由此可见，在日常用法的充分意义上，一个"人"并不是这里所界定的一个"个体"。它有更为广泛的集合体的统一性，其中集合性的协调是其各个部分行为中的主导因素。

同时，当我们考察由动物和植物组成的生物界时，可以发现，这里有各种类型的生物体。每一个生物体都是集合体，其并非是个体的。但是，大多数动物，包括所有的脊椎动物，似乎都有它们的集合系统，该系统是由作为"个体"的从属集合体支配的。这种从属集合体，根据以上对个体的定义，与"人"属于同一类型，虽然占支配地位的个体集合体的发生中的精神极当然不能达到人类精神的高度。因此，在某种意义上，一只狗是一个"个体"，而在另一意义上，它则是非个体的集合体。但是，动物生命的低级形式，以及所有的植物，似乎缺乏任何内在包含的个体集合体的支配。一棵树是一种民主政体。① 因此，生命体并不等同于受个体支配的生命体。"生命"与"个体性"之间并不存在必然的联系。一个"个体的"集合体，在这个术语的普遍意义上，不必是"有生命的"，而一个"有生命的"集合体不必是"个体的"。

第五节　宇宙如何获得价值

宇宙是通过把集合体协调成集合体，并在集合体之集合体的集合体中进行协调而获得其价值的。因此，军队是众多军团的集合体，军团是众多个人的集合体，个人是细

---

① 译者注：这是怀特海的名言之一，意思是一个棵书内部的各种元素相互之间是平等的，不像动物的身体那样，有一个"首脑"（大脑）作为主导机构，其他部位则需要受到大脑的支配。

胞、血液和骨骼的集合体，还有人的个体经验所主导的集合体，而细胞则是诸如质子之类的微小物质存在的集合体，如此继续下去，永无止境。同时，所有的这些集合体都是以集合的物质活动的周边空间为前提的。

显然，前面之所以那样表述"集合体"的定义，是为了给其意义提供一个简单概念。因为界定其特征的概念必须可以被解释为包含着诸集合体之间相协调的概念。因此，世界上存在着不同层次的集合体。例如，军队作为集合体，与团这个集合体不在一个层次上；同样，团与士兵个人不是同一个层面的集合体。自然界是持续客体组成的复合体，而这些客体在更大的物质—空间集合体中起着从属元素的作用。这个更大的集合体对我们来说就是自然宇宙。然而，没有理由把宇宙等同于由现实事物构成的无边无际的整体。

同时，每一个这样的持续客体，诸如桌子、动物躯体和恒星，其本身都是一个次级宇宙，并包含着次级的持续客体。我们能以直接的直觉加以区分的唯一严格的个体集合体，便是我们自身的个体经验所构成的集合体。我们也能直接地（虽然模糊地）直觉到从我们的身体先前的作用产生的经验，并能更为模糊地直觉到由外部自然所产生的身体经验。

自然界给我们的观察提供了事物的差别，然后又仿佛不让它们受到挑战。例如，日常物体呈现为固体。但是，固体可以转化为液体，液体又可转化为气体。并且从气体又可以恢复成固体。同时，最具固态性的固体是专为特定目的而呈现的黏滞流体。此外，不可入性的概念难以理解。盐可溶于水中，并能从水中重新提取出来。气体可渗透于液体之中。分子产生于一定模式的原子融合。食物可被身体吸收，并能使人感觉有了精力。这种情形尤其在液体兴奋剂方面更加明显。所以，直接的切身体验表明，不可入性①的明显地位经不起挑战。

第六节　生命体与无生命体的差别

生命体与无生命体之间存在着另一种差别。然而，生命体可以一直追溯到无生命体的边缘。同时，无机物的作用在有生命物体的作用中仍保持原样。在明显的有生命物体中，似乎达成了协调，它使终极的发生中内在固有的某些功能上升到明显地位。对无生命物来说，这些功能则相互阻挠，并达到平均值，因而只会产生微不足道的整体效应。而在生命体情形中，这种协调会发生干预作用，并且这些密切作用达到的平均效应必须加以考虑。

在现实发生的自我形成过程中出现的这些活动，如能得到协调，就会产生有生命的集合体，而这些活动则具有中介性的精神功能，它们可把接受的初级阶段转化为预期

---

① 译者注："不可入性"是哲学史上的一个概念，原意是指作为宇宙最小的构成单位，例如原子，是不可再分的，没有内部结构的，其他元素不可能再进入其中，所以叫"不可入性"。

的终极阶段。只要诸发生的这种精神自发行为不相互阻挠，而是指向不断变化的环境之中的共同目标，那么就会有生命。生命的本质乃是有目的地引入新事物，并具有一致的目标。因此，新环境与适合于目的稳定的新功能相邂逅。

生命会给集合体中普遍存在的一组发生赋予特征，虽然这并非必然包括该集合体中所有的发生，抑或大多数发生。给这些发生赋予特征的共同目的元素一定要被看作决定该集合体之特征的元素。显然，根据这个定义，任何单独发生都不能被称为是有生命的。生命乃是存在于集合体内诸发生中的精神自发行为的协调。

但是，除了生命以外，个体发生中的高级精神状态似乎是不可能存在的。个体的集合体，由于其本身是有生命的，且对比其自身更大的生命集合体有重要影响，是能提供高级精神之发生的唯一一类组织。因此，就人而言，人的有生命的身体中普遍充盈着就精神性来说由低级的发生所构成的有生命集合体。但是，其整体是协调的，以支持由高级发生构成的个体生命集合体。这种个体集合体便是被定义为个体的人，亦即柏拉图所说的灵魂。

这个灵魂在何种程度上能超越自己的身体，从而找到对其存在的支撑——这是另一个问题。神的永恒性质，由于其在一定意义上是非时间性的，而在另一种意义上又是时间性的，可以同灵魂建立起特别强烈的相互内在关系。因此，在某种重要意义上，灵魂的存在可以摆脱其对肉体组织的完全依赖。

但是，值得注意的是，动物机体的个体性可多可少。这并非是一个纯粹的有灵魂或无灵魂的问题。问题在于如果有灵魂，那么有多少？任何向高级多重个体性发展的趋势，由于有不同目的的对抗，都将是自我毁灭的。换言之，这一类多重个体性所毁灭的正是生命的本质，即合目的性。

第十四章 现象与实在

第一节 现象与实在

经验发生的客观内容以两个对立的特征——现象和实在——把自身突显出来。须注意的是,这并非经验中展示的唯一二分性。除此以外还有物质极和精神极,被摄入客体和摄入的主体性形式。事实上,现象与实在这一对终极的对立物,从形而上学上看,还没有另外这两对二分性更为根本。

首先,现象和实在之间的区分并未涵盖全部经验。这种区分只涉及经验的客观内容,并忽略了所讨论的直接发生的主体性形式。其次,除了它在高级阶段的经验功能——此时精神功能与物质功能获得了极其复杂的综合——以外,其重要性可以忽略不计。但在这些高级阶段,现象与实在的对比则主导着这些经验因素,它们在意识中被异常清晰地区分开来。因此，要寻找形而上学的基础，就应当理解经验的主—客体结构，并应当了解这种物质和精神功能的不同作用。

不幸的是，"现象和实在"的对比在意识中所占据的优势地位导致形而上学家们从希腊以降，就开始从更为表面的特征进行研究。这一错误对现代哲学的歪曲程度，远大于它对古代或中世纪哲学的歪曲。这种歪曲采取的形式是执著地依赖感觉主义知觉论，把知觉作为所有经验活动的基础。它所造成的后果是把"心灵"同"自然"断然地区分开来。这种现代哲学中的分离，其第一个例证存在于笛卡尔二元论中。但是必须记住，这种现代发展只是在古代欧洲哲学中已存在的原理执著地传到现在而已。这些原理的充分意义在公元后17和18世纪才进入人们的心灵，其间已过了两千年。

第二节 现象与实在区分的基础

"现象"与"实在"之间的区分是以每一现实发生自我形成的过程为基础的。接受的初级阶段的客观内容是先前的实在世界，即给予该发生的实在世界。这就是创造性进展得以开始的"实在"。它是新的发生的基本事实，具有其各种和谐和不和谐因素，它们有待于在新的创造物中得以协调。除了那些在发挥着其客观不朽功能的现实的过去的实在作用以外，这里什么也没有。这就是此时此刻该发生的实在。这里的"实在"一词是在与"现象"相对立的意义上使用的。

自我形成的中间阶段是性质评价的酵素。这些性质感受或者直接产生于该初级阶段所表现出来的性质,或者间接地产生于与它们的联系。这些概念性感受形成了相互之间的新关系,这些新关系由于对主体性形式的新强调而可以被感受到。该评价酵素则是与物质极的物质摄入结合在一起的。因此,最初的客观内容仍然存在于此。但是,它被新的混合摄入遮蔽了,并与它们混合在一起,这些混合摄入源于同概念性酵素的结合。在高级类型的现实发生中,命题性感受成为此时占主导地位的因素。这种被扩大的客观内容获得了协调,这可使其适应实现该新发生的主体性目的的享受和目的。

通过与物质极相分离,并通过内在的基本爱欲,精神极既给所有理想的可能性赋予了力量,也使其自身的客观内容得以产生。客观宇宙的内容从作为新个体之根基的功能成为实现目的的工具。这种个体的过程此时便感受到其自身的完成:我思故我在。根据笛卡尔的术语,"我思"不只是指理智的理解。

物质极初始阶段的客观内容与最后阶段的客观内容之间的差别,在物质极和精神极结合起来后,就构成了该发生的现象。换言之,"现象"是精神极活动的结果,由此这一给定物质的性质和协调发生了转变。这是由理想与现实相融合造成的:这是海上和陆地都未曾有过的光。

第三节　实在与现象的差异

不可能有任何普遍的形而上学原理可以决定在任何发生中现象如何不同于其从中得以产生的实在。实在与现象的差异，取决于主导所讨论的这个发生的环境具有的集合秩序。我们关于这一话题所有直接的和推论出的信息，都与这种一般宇宙时期有关，尤其是与地球表面的动物生命有关。

关于那些构成无机物体的集合体或者所谓虚空集合体的发生，没有理由相信，在任何重要方面，精神活动不同于这样一些作用，即与第一阶段的客观材料中内在固有的那些发生严格一致的作用。如果是这样，那就不会有任何新生事物产生了。视域消除是根据该时期内所固有的"自然规律"而造成的。这种活动的组合构成了物理定律。能产生结果的"现象"是不存在的。

但是，对那些作为地球表面动物生命成分的高级发生来说，情形就很不相同了。每个动物躯体都是感觉器官。动物躯体是有生命的集合体，其本身可能包含着由各种发生构成的占主导地位的"个体"集合体。这种"个体"集合体是由享有动物个体经验的发生所构成的，它就是人的灵魂。动物的整个躯体都是有组织的，因而一种普遍协调的精神最终涌入这种个体集合体的连续发生之中。因此，在这些发生的构成中，现象充分地协调一致，可产生结果。

同时，在高级动物的这些经验的主体性形式中，意识也得以产生了。意识的产生尤其与精神的功能有关，并且一定主要地与精神功能的产物有关。这样看来，现象乃是精神的产物。所以，在我们有意识的知觉中，现象是占主导地位的。它具有清晰的明确性，这在源自我们的现实世界的大量模糊感受中是没有的。现象已经没有其来源的痕迹。它位于我们的意识之中，仿佛是为了我们的欢乐和我们的目的而呈现给我们的世界。它是以强制活动的主题为外观的世界。发生把宇宙的创造性聚集在其自身的完成中，脱离了产生其自身之源泉的那些实在的客观内容。

"现象"在经验构成中的这一地位，造成了灾难性的形而上学学说，它认为物质是在被动地表现各种性质，且没有自我享有。人们一旦把清晰性和明确性当作检验形而上学的意义的标准，就会完全误解现象的形而上学地位。

第四节 现象与实在的融合

当高级精神功能在有机体中集合性地稳定下来时，现象便融入实在之中。举一个最明显的例子，可考虑一下一个人的生命中连续的个体经验。在这个个体生命中，现在的发生特别突出地继承了这一连续过程中先前的经验。但是，正如在那些发生中一样，这些先前的经验包含着"现象"。在实在世界处在直接的当下发生的初始阶段时，这些先前的现象就是实在的现实世界的实在功能的一部分。世界是以个体生命的这些先行发生为立场而如此显现自身的,此乃是自然界中的实在事实。而且撇开这种特殊的个体情形,更为一般地说,过去的客观实在,虽然现在它在当下起着作用,在其过去的日子里却是现象。它们可能会受到这种新发生的新现象的强调、修饰或者修正,从而得以增强。这样一来,便有了现象与实在、完成的事实与预期之间紧密结合、难分难解的融合。事实上,我们一直是在描述人类经验为哲学分析所呈现的准确情形。

我们通常会倾向于以高级的人类观点来思考这种融合。但是,这种融合发生于整个自然界之中。它是新生事物进入世界的功能之中的基本方式。

第五节　现象是简化版的实在

如果我们假定在人类理智层面,精神功能的作用是给经验的内容中增加微妙性,这是错误的。实际情形恰好相反:精神的作用是简化。正因如此,现象是令人难以置信的简化版的实在。这一陈述中不应有任何悖论。只要略加沉思,我们就会确认人类理智的作用及其派生的我们的模糊而极其复杂的感受所具有的弱点。需要讨论的要点在于,在动物的经验中,这种简化是如何形成的。

了解这一简化的最佳范例,是把一个集合的聚合体知觉为统一体,它所具有的特点是其个体成员及其相互联系所产生的性质。做了某种排除后,聚合体的定义特征可直接地被知觉为是在把聚合体限定为统一体。经常发生的情况是，在关于如此加以限定的聚合体这种知觉中，我们不知道应当把这种性质归之于作为"一"的群体，还是归之于其作为"多"的个体成分。因此，一个管弦乐团既是作为一个实体演奏出了嘹亮的音乐，也是人们可听到其个体成员用乐器演奏出了可被人听到的声响。精神的作用可以说明这些个人特征何以能转化为作为整体的群体特征。这里在概念上拥有那些由个体现实性所表现出来的性质。由许多个体所共有的性质可融合为一种占主导地位的印象。这种占主导地位的摄入可与该聚合体相结合，或者与其某个部分相结合，可被看作是说明该性质的统一体。作为整体的聚合体与性质相联系，对该经验主体来说，一般地将是一种以具体例子来表现的方式，这种方式不同于单个个体说明它的方式。一个军团的纪律内在于该军团之中，其不同于它内在于单个士兵之中的方式。表现方式的这种区别也许多多少少是明显的，但它确实存在。这提供了另一个理由，说明了性质被动地内在于实体中的这个方面。复合群体被动地表现其性质，而能动性属于个体的现实性。关于性质如何从许多个体转向作为整体的聚合体，这个问题在《过程与实在》第三部分第三章第四节中得到了详细讨论。在那里，它被称为"嬗变"。显然，被嬗变的知觉材料属于现象。但是，当它出现在动物经验中时，则属于与实在相结合的现象，因为它是从过去继承而来的。因此，世界如此显现，此乃是自然事实。这是地球表面有生命自然的一种结构性关系。在所有现象中,都存在嬗变元素。

第六节 感官知觉

对迄今地球上的动物生命来说,最重要的演化例证是由感官知觉提供的。任何感官知觉学说都不能忽视生理学的教学。感官知觉中的决定性因素是大脑的作用,而大脑的作用是以动物身体其他部分的先前作用为转移的。给定了必要的身体功能,就会产生感官知觉。动物身体以外的各种自然活动,只要它们具有支撑整个动物机体生存的一般特征,就是与它们的细节不相关的。人体则是产生人的感官知觉自足的器官。

首先,有一些外部事件,诸如光的传播或者物体的运动,它们分别是刺激某些特殊种类的感官知觉的正常方式。但是,首先,服用毒品同样也会刺激感官,尽管它在知觉中的结果不能非常确切地预知。因此,没有哪一种外部事件是必然地与一种感官—知觉印象相联系的。几乎没有任何知觉印象是严格地正常的。而严重的错觉则是数不胜数的,某种错觉元素几乎是普遍的。一面普通的穿衣镜在几乎每一个房间都会产生虚幻的知觉印象。

其次,当我们把自身局限于正常的刺激方式时,外部事件中唯一重要的因素便是它如何影响体表的功能。光线如何射入眼睛之中,加之正常身体健康状况,这是正常视觉中唯一重要的因素。光线可能来自远在一千光年之外的星云，也可能来自两英尺以外的灯泡，并经受了反射和折射的复杂排列。除了光线如何射入眼睛是重要的以外，其他如光的构成、密度及其几何排列，都无关紧要。身体对过去的刺激作用极度地冷漠，也不要求对其特性有何证明，独特的身体兴奋才是其关心的全部重要因素。

由此可得出的结论是，经由感官知觉而获得的直接信息完全同动物身体有关。这种与身体的统一感事实上支配着我们的感觉经验。但是，身体组织的安排最终会促使从先前身体功能中继承的感觉材料在整体上演变为不同区域特征，它们与这些功能的几何结构具有明显的几何关系。在这一演变过程中，所讨论的经验发生属于个体的连续发生，它就是动物的灵魂。身体功能和通过几何关系而与它们相关的聚合体内在于这种经验发生之中。从包含在这些功能之中的个体发生那里所继承的性质，被演化为各个区域的特色，这是由它们的几何联系明显地表示出来的。这一学说清晰地表现在对视觉的分析中，这里的形象占据着眼睛之内几何关系所表明的区域。而在其他感觉材料中，其情形就比较模糊了。

还需要记住的是，在个体连续的心智经验中，也会有从该个体连续的先前部分中所继承而来的感官知觉。同时，起初的感官印象也会在神经通道，或者在大脑邻近区域中形成自身。但是，最终的综合及其产生的现象，则会留给那些属于个体心智的发生。

第七节 感觉材料的性质

如何恰当地描述被称为"感觉材料"的东西具有何种性质,这是十分重要的。不幸的是,哲学的学究气传统使其并没有注意到它们的这些主要特征,即它们具有的巨大情感意义。有人提出一种有害的概念,认为只要单纯的娱乐,通过反省,没有任何明显的理由,就可获得某种情绪基调。正确的说明恰好与此相反。关于感官知觉的正确学说认为,身体功能内在固有的情绪基调,其性质特点已被演化为各区域的特征。这些区域因而可被看作是同这些性质特性相联系的,但这些同样的性质也被摄入的主体性形式所共有。这就是由感官知觉所强加的明确审美态度的根据。给客体赋予特色的感觉材料——也就是该对比模式中的感觉材料——它们的模式也进入了摄入的主体性形式之中。因此,艺术才是可能的。因为不仅是这些客体可以被预先设定,而且它们摄入的相应情绪基调也可以被预先设定。这就是建立在感官知觉基础上的审美经验。

第八节 感觉材料的基础

需要注意的另一要点是,在感官知觉中,当下世界中的区域乃是支撑感觉材料的基础。它是直接指向某个方向的区域。但是,这种"直接指向某个方向"的几何关系是由大脑的活动限定的。它与从底层区域向大脑的任何物质传递没有丝毫关系。根据现代科学理论对知觉的描述来判断，也许可做出这样的结论：我们是沿着光线轨迹来知觉的。但这种概念没有任何根据作保证。在动物身体以外的世界中，光线轨迹是毫不相干的。那个有颜色的区域是直接地在某个方向被知觉到的。这就是"直线"的基本概念。

所以，这种学说要保持自我一致，就有必要考查这些几何关系的主要结构是否包含对直线的测定。这种理论要求，在其各部分相互关系中展示出直线性的大脑之内，聚合体的摄入应当由此而决定着这些关系能延伸到大脑之外的区域。用更简单的语言来说，在大脑中被摄入的一段直线应当必然能决定它会延伸到身体外部，不管外部事件的具体特征如何。这便保证了"演化"可能包含着感觉材料的"投射"。

我在其他地方①讨论过这个问题，并给出了直线的定义——更一般地说，是平面的定义——该定义可满足这些要求。由此可避免必须把直线建立在度量基础上，并且把度量建立在具体发生的事情之上。关于直线、全等以及由此决定的距离概念，可以从某种一致的非度量几何系统潜藏的因素里推导出来。

在这一过程中我们可以注意到，如果直线建立在度

---

① 参见《过程与实在》第四部分第三、四和五章。在第三章中给出了所需要的定义，在第四和第五章中讨论了感觉材料的投射理论。

量之上,那么在非度量的存在中就不会有关于直线的知觉了。这样一来,"径直向前"的概念就一定是毫无意义的了。

第九节 现在的"现象"

以这种方式,来自过去的继承被抛到了现在,成为感官知觉,这就是现在的"现象"。

共时发生彼此之间的"相互内在",与内在于现在的未来结合起来了,虽然它呈现出其自身特征。这种内在性表现出因果关系上独立的对称关系。在人的经验中,对当前世界的摄入表现为感官知觉,这是由身体的感觉器官所造成的。这些感官知觉的主体性形式包含有意识的区分,具有不同程度的清晰性和明确性。实际上,感官知觉在意识中所表现出来的清晰和明确程度,是任何其他摄入所无法比拟的。其结果便是,所有的试图精确系统地表达事物性质的学说,都在寻求最明显的证明,以表明其理论是与感官知觉相符合的。由此所造成的不幸结果是,所有的直接观察都被等同于感官知觉。这个假设在第十一章中受到了批判。

但是,如果把感官知觉看作是孤立的和纯粹理想的,它就从来不曾进入过人的经验之中。因为感官知觉从来都是伴随着所谓"解释"的。这种"解释"似乎并非必然是精微的理性认识训练的产物。我们发现我们自身所"接受的"① 是作为实体的客体，它是直接地呈现给我们的经验的。我们的习惯，我们的心灵状态，我们的行为模式，全都是以这种"解释"为预设前提的。事实上，纯粹感觉材料概念是高级思维的产物。它使得柏拉图形成了洞穴影像的神话，使得休谟构建了纯粹感觉主义知觉论。甚至动物也有某种"解释"。有各种证据可以表明，动物也享有感觉主义者所说的经验。譬如，狗有灵敏的嗅觉，老鹰有犀利的视觉，噪声会吸引大多数高级动物的注意。同时，它们随后的行为方式表明，它们对周围的实体世界有直接的设想。事实上，这种纯粹的感觉主义知觉论假设并不能说明我们对当下世界的直接观察。这里还存在着某种其他因素，它与我们对感觉材料的知觉一样是原初的。这个因素是由过去内在于这种直接发生所提供的，而这种直接发生的知觉正是我们要讨论的。如果对未来内在于过去的学说不能给予适当的关注，我们就不能充分地理解过去如何内在于这种有知觉能力的发生。因此，作为这种有知觉能力的发生之中的客观构成因素，过去承载着其自身对超越其自身的未来的摄入。这种摄入客观地继续存在于这个知觉者的初级阶段。相应地，通过动力因的作用，这里有对由此而产生的当下发生的间接摄入。因为这种直接过去的直接未

---

① 参见 H. H. 普赖斯的《知觉》，尤其是其第六章"知觉的确信，知觉的接受"。普赖斯在其有重要价值的著作中给感官知觉赋予了比我的学说所能允许的更基本的作用。也可参见桑塔亚纳的"动物信念"学说。

来给这个知觉者构成了一组当下的发生。同时，这些直接过去和直接未来的摄入在它们各自的主体经验中起着主要作用。对当下发生的摄入，就是对那些受到该摄入主体的直接过去的发生所制约的发生的摄入。因此，现在是可知觉的，这是因为它是以知觉者之过去的动力因为转移的。那些重大的主要关系，由于对该时期的自然秩序是最基本的，便由此而以压倒性的明确性显示出来了。这些便是视域所具有的普遍的和无所不包的义务。这一类关系就是我们所说的空间关系，即是从观察者立场可知觉到的关系。

但是，当下世界的具体发生，由于每一个发生都有其自身个体的自发性，对观察者来说，乃是隐蔽着的。从这一方面看，知觉者经验中的当下世界便具有了未来特色。其相关环境，即人体的直接过去，对于它的几何经验，以及它的性质发生与这些几何关系的经验综合，是特别敏感的。以此方式，在事实上使产生于过去的有意义区域的发生与这些区域在现在的几何呈现之间的联系有了根基。①

由上可知，对当下世界的知觉所凭借的并不是其自身的适当活动，而是源自过去的活动。这种过去既规定着当下世界，也规定着当下的知觉者。这些活动主要地处在人体的过去，更遥远地是处在身体在其中发挥作用的那个环境的过去。这个环境包含着那些主要制约着那些被知觉到的当下区域的发生。这种共时知觉论允许我们习惯地相信，

---

① 参见《过程与实在》第三部分第三章第四节和第四部分第四、五节。

我们对当下世界的知觉，都要同把构成其各个区域的发生的本质在性质上普遍地联系起来，同时也在性质上具有扭曲的倾向，这是由知觉者的动物身体功能造成的。

有一种扭曲会直接地显现出来。每一个现实发生实际上都是一种活动过程。但是，人们对这些共时区域的知觉主要是根据它们与知觉者及其相互之间的关系这种被动视域来进行的。因此，它们就被知觉为只是那些在感官知觉中与之相联系的性质的被动接受者。这样一来，便形成一种虚假概念，即认为存在一种基础，其内在具有一些空虚性质。这里的"空虚"一词意思是指"缺乏任何个体的享有，即该背景中所实现的单纯事实所产生的享有"。换言之，具有复杂内在属性的基础被错误地认为只是纯粹的实现，缺乏自我享有，也就是说，缺乏内在价值。以此方式，唯一地依赖于感官知觉，这就造成一种虚假的形而上学。这种错误是高级理智造成的结果。实际上，支配人类生命和动物生命的这种本能解释，是以充满价值博动的当下世界为预设前提的。需要极大的能力才能做出如下灾难性的抽象，也就是说，使我们的纯粹感官知觉脱离我们大量持续的整体经验。当然，无论我们能用抽象方法做什么，都是抱有某些有用目的的——前提是我们知道我们要做什么。

第十五章 哲学方法

第一节 理论与方法相互规定

在第三部分最后这一章,我的目的是要讨论一些方法,这些方法有益于用来探讨思辨哲学。在说明过程中,并作为辅助的目的,我将提到我自己的一些学说,[①] 以及有关这些学说的一些评论。在本章,将主要强调自然界转瞬即逝的暂时性方面。

就方法论而言,本讨论的一般问题将是理论规定着方法,而任何具体的方法只适用于某一种相关理论。类似结论也适用于技术用语。这种理论与方法的紧密关系部分地产生于如下事实:证明的相关性取决于支配该讨论的理论。

---

① 参见《过程与实在》(简称 P. R.)和《科学与现代世界》(简称 S. M. W.)。

这一事实也是这些占主导地位的理论可称为"工作假设"的原因。

说明这一问题的例子是，我们可向经验索要或查询事物相互联系的直接证据。如果我们赞同休谟的主张，认为引起反省经验的唯一材料是感觉印象，并且如果我们也同他一样承认如下明显的事实，即没有任何这一类印象单凭其自身的个体性质就可以给另一个这类信息揭示任何信息，那么根据这个假设，相互联系的直接证据就消失了。另外，如果我们坚持笛卡尔提出的具有许多经验探险的灵魂实体学说，以及物质实体学说，那么根据这个假设，限制一个灵魂的两个经验发生之间的关系，并无证据表明，它也分别限制这两个不同灵魂的两个发生之间具有联系，并无证据表明灵魂与物体之间具有联系，也无证据表明一个物体的兴奋躁动所形成的两个发生之间，或者分别属于不同物体的两个这样的发生之间具有联系。但是，如果我们坚持认为，例如在《过程与实在》之中，所有终极的个体现实性都具有经验发生的形而上学特性，那么根据这个假设，就会有直接证据表明，一个人的直接当下经验发生与其直接的过去发生具有联系，这一联系可被有效地用来表明适合于自然界所有发生之间的联系范畴。许多混乱的哲学思想都源于它们忘记了这一事实，即证据的关联性是由理论规定的。因为你不可能用某理论认为与之无关而抛弃的证据来证明该理论。这也是在任何科学中如果不能产生任何具有充分应用范围的理论，其进步就必然会非常缓慢的原因。在缺乏理论的前提下，知道去寻找什么，并且知道如何把零星的观察联系起来，这是无稽之谈。如果哲学讨论缺乏理论，就没有任何标准来检验证据的有效性。例如，休谟假设他的联想学说毫无区别地适用于所有感觉印象和关于它们的观念。这个假设是他的理论的一部分。脱离了这一理论，每一种印象，例如，味道、声音、视觉等类似感觉印象，就要求分别诉诸不同的经验了。不仅要诉诸味道和声音自身内部的联系，而且还要诉诸味道和声音等等感觉印象之间的联系，以尽可能地穷尽每一种感觉印象，以及这些种类的印象之间每一种可能的结合方式。

总结这个序言可以说，每一种方法都是巧妙的简化。但是，只有同一种类型的真理才能以任何一种方法来探究，或者根据该方法所规定的术语来陈述。因为每一种简化都是过度简化，所以，对理论的批判不能以"真或假"这样的问题开始，而应当指出该理论的适用范围和超出该范围后它就会失效。它是对部分真理毫无防备的陈述。它的某些术语体现了某种一般概念，这种一般概念在用于特殊情况时则会出错，并且它的另一些术语则过于一般，因而需要区分它们可能适用的特殊情况。

第二节 哲学是个棘手学科

哲学是个棘手的学科，从柏拉图时代开始直到现在，都为一些微妙的复杂问题所困扰。而正是由于存在这些由话语的共同明显性所产生的复杂问题，哲学这一主题才得以存在。因此，哲学的目的正是要深入到这些表面清晰的共同话语背后进行探究。在这个方面，只需要参看一下苏格拉底的哲学就够了。另一种说明存在于《智者篇》中，柏拉图在其中说道，"非存在"也是一种"存在"形式。这一陈述既是语言崩溃的极端例子，也说明了一个深刻的形而上学真理，本章的讨论正是以此真理为基础的。

第三节 思辨哲学的定义

思辨哲学可被定义[①]为努力构建一个内在融贯的、合乎逻辑的和必然的一般观念体系，根据这个体系，我们经验中的每一个要素都可以得到解释。这里的"解释"是指每一个要素都将具有这一普遍体系的特殊例证的特性。

因此，思辨哲学体现着所谓"工作假设"方法。哲学的这一工作假设的目的，就是要协调对人类经验的现行表达方式，即存在于普通话语、社会制度、各种行为、各种特殊科学原理中的描述，以阐明和谐，并揭示差异。任何体系化思想，若是脱离了某种恰当的一般工作假设，只是适合于其自身的特殊主题，那就不会取得进步。这样的假设指引着观察，并决定着各种证据之间的相互关系。简言之，这种假设规定着方法。要想不畏艰险探索富有成果的

---

① 参见《过程与实在》第一部分，第一章第一节。

思想，同时又没有这样的明确理论，那就要使自己听任前人学说的摆布了。

在认识的初级阶段，坚持某种任意的标准是完全可能的。因此，进步是非常缓慢的，且大多数努力都是徒劳无功的。此时即使有不合适的工作假设，只要在某种程度上适合于事实，那也是了胜于无，因为它可对过程予以协调。

任何合理发展起来的科学，其进展都是双重的。一方面，受制于占支配地位的工作假设，该方法内部的详细知识有了发展，另一方面，这种工作假设会得到修正，这是由流行的不完善正统观念所造成的。

有时，一门科学有必要同时采用两个或更多的工作假设，而每一个工作假设都有其自身的成功和失败之处。这一类假设的陈述是自相矛盾的，因而科学需要通过产生范围更广的工作假设而有待于它们能相互协调。当提出新的工作假设时，它必须根据其自身的观点受到批判。例如，根据亚里士多德的理论体系来反对牛顿力学的如下观点，即认为地球表面的松散事物必定会被地球的运动抛留在后面，这是徒劳无功的。

哲学一直受到一种教条主义谬误的伤害，这种教条主义谬误相信关于哲学的工作假设的各种原理是清晰明白且不可改变的。随后，作为对这种谬误的反应，它又滑向另一个极端，这就是完全地抛弃方法。哲学家们吹嘘说他们不坚持任何体系。于是，他们成为超然表达方式的虚幻清晰性的牺牲品，而这种超然表达方式正是他们的科学所要超越的目标。另一种反应是经常默而不宣地设想，如果能有任何理智的分析，那它一定是根据某种被抛弃的教条主义方法进行的，并因而推论出理智内在地与各种错误的虚构联系在一起。这一类观点在尼采和伯格森的反理智主义学说中得到说明，并且影响着美国的实效主义。

第四节　对经验的不同追问

方法乃是根据证据来处理材料的手段。那么，什么是哲学所要诉诸的证据？

人们习惯于把古希腊人的客观方法同现代人的主观方法相对比。现代人的主观方法始于笛卡尔，洛克和休谟进一步加以强调。

但是，无论我们是古代人还是现代人，我们只能处理在某种意义是可被经验到的事物。古希腊人处理的是他们认为他们所经验到的事物，而休谟则只是问道，我们可经验到什么？而这恰恰是柏拉图和亚里士多德认为他们在回答的问题。

不管谈论任何事物，正是因为这个谈话，在某种意义上这就是在谈论作为该经验活动之组成部分的某个事物。在某种意义上，正是借此才知道它是存在的。这就是柏拉图在写下"非存在本身是一种存在"时所指出的意思。

谈话是由声音或一些可见形态构成的，它们引起了对一些不同于其自身的事物的经验。只要这些声音不能引起声音特性或形态特性的东西与意义稳定地相协调，这些声音便不能起到话语的作用。而且只要某个意思没有在某种意义上直接地被经验到，那就没有传达任何意义。未指向任何东西等于没有指向。

把同一事物说两次，这表明该事物的存在独立于任何一次说话行为，除非我们相信这两个行为是互为前提的，或者它们两者都是所谈论的那个事物的先决条件。如果我们不能把同一事物说两次，知识就连同哲学一起消失不见了。因此，由于话语可以重复，因而所谈论的事物便具有某种确定的存在，这种存在不依赖于包含有该话语行为在内的经验发生。

古代人和现代人的区别在于，古代人问的是我们经验到了什么，而现代人问的是我们能经验什么。但是，在这两种情形下，他们所问的事物都是超越询问的发生这种经验行为的。

第五节　休谟的问题转换

休谟把"我们在经验什么"转化为"我们能经验什么"，这一问题转换造成了重大区别，虽然在其《人性论》中，休谟多次进行这种转换，但他却未做明确的评论。对现代认识论而言，这个问题的后一种形式——把"在"换成了"能"——伴随着隐含的方法预设，即把我们自身的注意力置于沉思默想状态，以便通过反省、猜测、情绪反应和施加目的的作用,来决定那些给定的经验成分,使之脱离我们私人的主观反应方式。

在这种注意力高度集中状态下,对这种答案不会有任何怀疑。这些材料就是由感觉器官所提供的感觉对象的模式。这就是洛克和休谟的感觉主义学说。后来,康德把这些模式解释为由接受者所提供的接受方式所引入的形式。在这里康德引入了莱布尼兹的经验主体自我发展的概念。所以,对康德来说,这些材料比休谟的材料要狭隘一些:它们是没有其自身模式的感觉材料。休谟对这个学说的结论所进行的一般分析是不可动摇的,他的最后反省,即他认为,哲学学说不能证明日常生活实践,也是不可动摇的。对现代认识论这种方法的证明是双重的,并且其两个分支都是建立在错误之上的。这些错误可追溯到希腊哲学家那里,而现代认识论的错误则在于唯一地依赖于它们而已。

第六节 五种感觉器官

第一个错误是假设了有几个明确的同外部交流的通道,即五种感觉器官。这便导致这样一种预设,即寻求感觉材料就是局限于这样的问题:什么材料是由感觉器官——首先是眼睛——的活动所直接提供的?这种感觉器官学说具有模糊的和一般的真理性,对实际事务是非常重要的。尤其是所有精确的科学观察都是源自于这样的材料。科学的思想范畴则是在其他地方获得的。

但是，有生命的经验器官就是作为整体的有生命的身体。在身体任何部位，每一种不稳定——不管是化学的、物理的或者是摩尔的——都会在整个有机体中施加某种调节活动。在这种物理活动过程中，人的经验产生了。对这类经验的貌似合理的解释是，它是这一类高级有机体功能中所包含的自然活动之一。自然界的各种现实性必须这样解释才能说明这一事实。这正是哲学体系中旨在解决的一个迫切问题。

这一类经验似乎尤其与大脑的活动有关。但是，一种精确的学说到底在多大程度上能建立在这个假设之上，则是我们的观察决定不了的。我们不能决定大脑以什么分子开始，也不能决定身体其他部分以什么分子结束。更有甚者，我们不可能知道身体以什么分子开始，也不可能知道外部世界以什么分子开始。真实的情况是大脑与身体是连续的，而身体与其余自然界是连续的。人的经验是一种自我产生的活动，它包含着整个自然，以聚焦于某个区域的视域为界限，① 位于该身体内部，但不一定与大脑的特定部位持续地保持固定不变的协调。

第七节　内省分析活动

第二个错误便是预设，考察经验的唯一方法是依赖于

---

① 参见《过程与实在》第二部分第三章，尤其是第四节至第十一节，以及第四部分第四章和第五章。

有意识的内省分析活动。这种把内省唯一地置于首位的学说在心理学领域中已遭到摒弃。每一种经验发生都有其自身的个体模式。每一个发生都会把某些成分提升到首要位置，而把另一些成分撤回到背景之中，以丰富整体的享有。这种内省态度与所有的其他经验发生一样都有这种特征。它会把那些清晰的感觉材料提升到首位，同时会遮蔽掉那些组成主要经验材料的模糊强制力和派生物。尤其是它会排除掉那些由身体产生的亲密感，这便是我们会本能地把我们的身体等同于我们自己的原因。

为了发现一些重要范畴，以便我们可用来把种类无限的经验成分做出分类，我们必须诉诸同每一种发生相关的证据。无论什么经验都不能忽略，这些经验包括醉酒的经验和清醒的经验，睡眠的经验和清醒的经验，昏昏欲睡的经验和清醒敞亮的经验，有自我意识的经验和自己不记得的经验，理智的经验和肉体的经验，宗教的经验和怀疑的经验，焦虑不安的经验和无忧无虑的经验，前瞻的经验和反省的经验，快乐的经验和悲伤的经验，由情绪支配的经验和自我克制的经验，光明中的经验和黑暗中的经验，正常的经验和反常的经验，等等。

第八节　语言传递证据

我们现在已到达我们的话题的核心了。哲学应当以何种原始的证据来展开其讨论，这些证据的宝库又是什么？

观念的探险

而且哲学的讨论应当用什么样的术语来表述呢?

关于人类经验的这一类广泛的证据,其主要来源是语言、社会制度和行为,因而还包括这三者的融合,即可解释行为和社会制度的语言。

语言通常以三种形式来传递证据:一是词语的意义,二是隐含在语法形式中的意义,三是超越单个语词和语法形式的意义,例如在伟大的文学作品中神奇地显现的意义。

语言是不完整的和碎片化的,只是表示超越猿猴智力水平后智力平均发展的某个阶段。但是,所有的人都享有偶尔闪现的洞察力,这些洞察力会超越词源学和语法中已固定下来的意义。正因如此,才有了文学的作用、特殊科学的作用和哲学的作用:它们以各自不同的方式在从事于寻找新的语言表达方式,以表达那些尚未表达过的意义。

作为一个特别的例子,请考虑一下欧里庇得斯①的一首诗,其中有一行半诗句表达了从他那个时代起直到现在仍在困扰欧洲思想的主要哲学问题:

"宙斯,不论你是自然的强制力,抑或是人类的理智,

我都向你祈祷。"

请考虑一下其中包含的观念:"宙斯""自然的强制力"

---

① 参见《特洛伊妇女》,第886—887页。

"人类的理智""祈祷"。这些诗句历经数个时代而幸存下来,对现代人仍栩栩如生,极具吸引力,正如它们当初曾使雅典听众激动不已一样。一位现代政治家的传记作者①曾引用这些观念来表达具有宗教情感的生命何等壮丽庄严。

然而,休谟不可能发现由任何"感觉印象"中可派生出"宙斯"或"强制力"或"理智",或我们称之为"祈祷"的那种我们所期待的"说服力"。约翰·莫利本人选择了这些诗句,尽管他自己的实证主义偏见应当会轻视这些意义。同时,也许即使对其原作者来说,这些诗句所表现的,也是激动人心的直觉对变幻无常的怀疑主义的胜利。

如果用人类的普遍语言来解释,这种普通实践所讲的也是同样的故事。一位政治家或公司总裁,设定了"对最近事件的强制力",以之作为对未来所设定的无情的条件。他依据这一假设来制定"政策",并要求人们"执行",由此他还假设这些强加的条件给人们留有余地,使人们有"选择"和发挥"理智"的空间。他假设了与直接事实相对比的可供选择的方案。他认为这种理想是可以实现的,也是可能会被错过的。他认为这一类理想的效果与它们被人接受的程度是成正比的。他赞扬和谴责这一类理想都是以这一信念为依据的。

在这个世界上,存在着有序和无序的元素,因此它们是以事物之间存在本质的相互联系为预设前提的。因为无

---

① 参见约翰·莫利的《格莱斯顿的生平》,第十章。

序与有序具有如下共同的特征,即它们包含着许多事物都是相互联系的含义。

每一个经验者都对这个世界享有某种视域的理解,并且正是由于这种"摄入",他也同样成为这个世界中的要素,因为该"摄入"把它固定在超越其自身经验的世界中了。由于它属于这个视域的性质所产生的,所以如此这般揭示的这个世界就会宣称其自身是超越该揭示的。对每一块盾牌来说,都有其隐藏的另一面。

因此,不论是诉诸文学、普通语言还是普通实践,都同时会使我们脱离由直接反省所揭示的感觉材料提供的狭隘认识论基础。经验之内的世界与经验之外的世界是完全相同的,经验的发生处于世界之内,而世界处于经验发生之内。这些范畴必须要阐明事物之间相联系这一悖论:这些事物既外在又内在于同一个世界。

第九节 哲学方法易犯的错误

欧洲哲学是建立在柏拉图对话录基础之上的。这些对话以其自己的方法,主要是力图通过辩证地讨论语言的意义,并通过与人的行为和自然力量的敏锐观察相结合,从而推导出哲学的各个范畴。

但是,在《智者篇》这一对话中,柏拉图明确地思考过哲学方法。其结论之一就是指出了普通话语是有局限的。未经批判的单纯辩证法是一种错误的工具,这是《智者篇》

的特点。例如，柏拉图坚持认为，非存在本身是一种存在形式。因此，在哲学中语言讨论只是手段，永远不应当以此为主。无论在其语词上还是在其形式上，语言都是不完善的。因此我们发现哲学方法容易犯两种主要错误，一是毫无批判地相信语言具有充分性，另一个是毫无批判地相信高度集中的内省态度是认识论的根基。

但是，自柏拉图在世的时代至今，将近两千五百年过去了，其中包括欧洲哲学思想连续不断的活动，既有异教的、基督教的，也有世俗的。人们广泛认为，一套稳定的、众所周知的哲学词汇已经被精心阐述出来了，并且在哲学讨论中，任何僭越这一范围的言语都是生造杜撰，毫无必要，因而应当深以为憾。

然而，这种所谓事实尚需审查拷问。首先，如果人们声称的这个事实是真的，那是非常了不起的。这会把哲学与其他更特殊的科学明确地区分开来。现代数学是科学中最可靠和最具权威性的，然而数学所使用的大部分术语和符号是八十年前的人所不能辨认的。在现代物理学中，凡是仍在使用它们的地方，其所代表的意义已有所不同，而新的词语则是非常丰富的。但是，一一列举那些受这些旧术语束缚的科学是没有多大用处的，即使进行最粗疏的考查，其结论也是非常明显的。

第十节　哲学易受旧文献的支配

毫无疑问，同任何其他科学相比，哲学在更大程度上受到其过去文献的支配。并且这也是正确的。但是，声称哲学已获得一套技术术语，且这些术语已足以能实现它的目的并能穷尽它的意义，这就完全没有根据了。实际上，哲学文献汗牛充栋，哲学思想派别林立，种类繁多，即使对其术语用法有所不知，也有大量证据表明这是特别值得原谅的。

近来有个例子可说明哲学术语的模糊性。逻辑学是迄今哲学分支中最系统化的学科，它有一套稳定的技术语言。请考虑一下判断和命题这样的术语，我不是在给逻辑学写序言，因此我将把自己限定在这样一个断言：逻辑学家对这两个术语的使用是各式各样的。

同时，我们也有理由问一下，这两个术语——判断和命题，是否有哪些意义上的微妙变化，因而远远超出了这两个术语的能力范围？例如，约瑟夫[①]先生考查了 W. F. 约翰逊先生在其著名的逻辑学著作中是如何使用命题这一术语的。约瑟夫先生发现了二十种不同的意义。不要忘记，我们在此所说的是两位最敏锐的逻辑学家。约瑟夫先生是否正确地解释了约翰逊先生的术语，这无关紧要。如果约

[①]　参见《心灵》第36、37卷，"新系列"。

瑟夫先生确实发现了二十种虽然是同类但却有区别的意义与命题一词有密切联系，那么就确实存在二十种这样的意义，即使此刻它们的差异似乎对约翰逊先生和约瑟夫先生无关紧要。这种重要性取决于目的和观点。所以，在任何时候，二十个新术语也许是逻辑学理论向某种微妙精深之处发展所需要的。此外，如果约翰逊先生实际使用了二十种不同的意义，那是因为它们与他的论点有关，尽管他的论点尚需进一步完善，因为它们仍有未被注意到的不同意义。

第十一节　关系和联系的不同

另外一个例子可以从那些表达事物联系性的术语中得来，而我所使用的词语，① 譬如摄入、感受、满足，部分地与之相关。对这个话题来说，这个重要哲学术语就是"关系"一词。对于关系，有各种各样的争论，不必一一清晰地提及。但是，有一种讨论可说明我们现在这个话题。

一般而言，人们认为关系是普遍的，所以 A 与 B 的关系同 C 与 D 的关系可以是相同的。例如，"爱某人或某事""相信某事""在……之间""大于"，表达的都是一些关系，对此观点，人们不会有任何反对意见，因为这只是个

---

① 参见《科学与近代世界》第四章及其他各处，以及《过程与实在》第一部分第二章及其他各处。

定义而已。那些需要两个或两个以上的特殊概念来说明的普遍概念，则需要某个术语来表示它们，而关系正是这样的语词。

但是，即使这个术语有这种意义，一种关系却不能表示构成现实历史进程的现实个体事物之间具有的现实联系。例如，纽约位于波士顿和费城之间，但是，这三个城市的联系却是地球表面实在的具体事实，其包含着美国东海岸具体的组成部分。这种联系并不是普遍的"在……之间"的抽象意思，而是复杂的现实事实，同其他事物一样，它是那种抽象的"在……之间"这种普遍特性的具体表现。

布拉德雷坚持认为，各种关系并不相互联系——他提出这种反对意见的根据正是出于这一考虑。三个城市加上一个抽象的普遍概念即关系，并不等于三个联系起来的城市。因此，我们需要一种关于联系的学说。布拉德雷写道："归根结底有没有诸如仅仅在术语之间的关系这样的东西？或者另一方面，关系不是暗示某种潜在的统一和包罗万象的整体吗？"①

布拉德雷所说的"包罗万象的整体"，就是我们在寻求的联系。在所引述的这一章中，布拉德雷使用了"感受"一词，以此来表示位于经验根基中的主要活动。它就是原初经验本身，具有最少量的分析。对感受的分析永远不能

---

① 参见《论真理与实在论文集》第六章"论我们的直接经验的知识"，附录，第193页。所引参考资料见1914年牛津版，也可参考第六章附录各处，以及该附录补充注释。

揭示经验发生本质以外的任何东西。因此，布拉德雷称之为"非关系性的"。当然，我自己的学说与布拉德雷的学说有重大区别。这就是我在某种程度上既不依赖于他的所说，同时又承认他的所说的前提下阐明我自己观点的原因。① 无疑，选择专业术语的恰当方法，是采用那些来自某个著名的同类学说的著作之中的术语。它使我们有兴趣认识到，要相信那些在哲学中占重要地位的约定俗成的专业用语。一位颇有成就的哲学家著文指责我，说我的"感受"一词，是在哲学中从未使用过的意义上使用的。

我不妨多说几句，威廉·詹姆士在其心理学中以几乎相同的意义也使用过这个词。例如，在该书第一章他写道："感觉是对最初事物的感受"。在该书第二章他又写道："一般地说，这种关于事物的高级意识叫做知觉，而仅仅关于它们存在的模糊感受，在我们只是有它的意义上，则叫做感觉。在某种程度上，我们似乎能进入这种模糊的感受之中，此刻我们的注意力是完全分散的。"从布拉德雷的著作中摘录一些话，以说明我为什么固执地坚持他在其著作中表达的感受学说，这是有趣的。"在我的一般感受中，任何时刻在我面前都不只是有客体，并且任何关于客体的知觉都不能穷尽活生生的情感感觉。"②

根据布拉德雷的这一学说，我把感受（或摄入）分析为"材料"，即布拉德雷所说的"我面前的客体"，分析为

---

① 参见《过程与实在》相关各处。
② 参见布拉德雷的《真理与实在论文集》，第159页。

"主体性形式",即布拉德雷所说的"活生生的情感",还可分析为"主体",即布拉德雷所说的"我"。我之所以使用"主体性形式"这一术语,是因为我引申了它的含义,使之超越了"情感"。例如,意识如果是存在的,那它就是这种主体性形式中的一种元素。这当然是严重背离布拉德雷的观点的。主体性形式乃是由某种被摄入的材料造成的主体所呈现出来的特性。

但是,从整体上看,我赞同布拉德雷的主体性形式的功能概念。例如,"这些难题是不可解决的,除非我所感受到的,且不同于我面前的客体的东西是存在的和能动的。这种被感受到的元素已经被用于并且一定会被用于使我满足的客体的构成之中。"①

根据我的观点来看,这一陈述中的含义是模糊不清的,但是不论哪一种含义我都赞同。

那种"不同于我面前的客体的东西",即那种感受的成分,乃是主体性形式。如果布拉德雷说的是这些感受的主体性形式决定着该整合的过程,我完全同意。正如布拉德雷所说,其结果便是"满足",此乃是终止永不停息的创造性进展的终极感受。

然而,布拉德雷所说的"我所感受到的,且不同于我面前的客体的东西",可能是指我所说的"否定性摄入"。这种"摄入"通过把它的主体性形式贡献给了创造性过程,

---

① 参见布拉德雷的《真理与实在论文集》,第161页。

因而是能动的，但是却使它的"客体"没有可能进入最终满足的材料之中。这种最终的复合材料就是布拉德雷所说的"使我满足的客体"。我同样赞同这个观点。

"活生生的情感"必然包含着每一种具体的主体—客体情形的展示，这一学说早在布拉德雷之前就出现了。我们可发现它萌芽于柏拉图，布拉德雷坚持认为，整体特性是与充分的知识相一致的。他在暗中拒绝把"活生生的情感"与纯粹的理智知觉相分离，并因此而将美德与知识相等同。心理学的进步增加了我们的有意识的分辨力，但是并未改变这一事实，即知觉不可避免地"披着情感的外衣"。

这一学说的历史意义，乔治·富特·穆尔曾经陈述过："只有在众多人们为了共同目标而一道工作的地方，文明才会得以发展。这种统一在很大程度上并不是由纯粹观念共同体造成的，而是由感受共同体造成的，正是通过这些感受，观念才能得以'情感化'，并可成为信仰和动机。"①

在认识论理论中流行的那些传统的抽象观念，距离经验的具体事实是非常遥远的。"感受"这个词的优点具有双重意义，它既保留了主体性形式，也保留了对客体的领悟，从而避免了由抽象所造成的残缺不全。②

---

① 参见为 J. H. 丹尼森的《作为文明基础的情感》一书所写的序言："一部有意义的著作"。
② 原著作者注：在我写的"符号的意义和效果"以及《过程与实在》第二部分第八章及整个第三部分中，有我起初描述的"情感化"的演变过程。

第十二节　经验发生是联系的基础

因此，人的经验发生是对所需要的联系学说的说明。

布拉德雷的权威论述可以被引用来作为支持。他写道："在我的经验阶段中的任何时刻，不管它是什么，都是我可直接觉察到的整体。它是一个被经验到的、非关系性的、'多'处于'一'中的统一体。"① 这里布拉德雷使用的"非关系性的"显然地是指经验不是经验者与外在于它的某物的关系，而是其本身就是那种"包罗万象的整体"，即是所需要的"一中之多"之间的联系。

对此，我完全同意。我坚持认为，事物的联系不过是事物在经验发生之中的共在。当然，这种发生只是人的经验中罕见的发生。

特别奇怪的是，休谟也同意这一观点。因为在他的学说中感觉印象在不同的时间乃是不同的存在，因而他的唯一感觉印象之流的共在是以联想的"柔和力量"存在的，这种力量一定完全地处于经验发生之内。这也是康德学说的一个方面，即经验发生可提供联系的形式。

当然，所有这些学说之间都有重要差异。但是，它们在基本原理方面是一致的——都把经验发生看作联系的基础。

---

① 参见布拉德雷的《真理与实在论文集》，第175页。

第十三节 "摄入"的涵义

同样,莱布尼兹也可发现,除了完全处于个体的单子经验,包括那个最高单子的经验之中的实在以外,实在之间并没有其他联系。他使用了"知觉"和"统觉"这两个术语,以此来表示一个单子用来说明另一单子的低级和高级方式,即说明觉察的方式。但是这些术语同意识的概念联系过于紧密了,而意识概念在我的学说中则不是必然的伴随物。同时,它们也与我所拒斥的表象知觉概念全都纠缠在一起。但是,有一个术语叫做"领悟",① 其意义是"透彻的理解"。因此,模仿莱布尼兹的做法,我用"摄入"这个术语来表示经验发生能用来把任何其他存在——不论是另一种经验发生还是另一种类型的存在——包含在其自身之中,作为其自身之本质的一部分的一般方式。这一术语既没有任何意识的意思,也没有任何表象知觉的意义。感受就是肯定性"摄入"。在这些肯定性"摄入"中,"材料"被保存为最终的复合客体的一部分,这种最终客体"满足"了自我形成的过程,并因而使该发生得以完成。

"构造"这个术语是为了符合如下条件:当发展一个理论时,其专业术语应当从奠定其基础的大师们的用法中生发出来。在任何哲学流派中,任何时候所流行的直

---

① 这个术语被 L. T. 霍布豪斯用于其《认识论》一书第一、二章中。

接用语，都不过是从哲学传统的整个词汇中所挑选出来的一小部分而已。就学说的各种不同变化而言，情形确实如此。

当前流行的这些惯用语可以表达流行的思想学派的学说，也可表达其被认可的某种变化形态。有人要求在历史传统中具有其他根源的不同学说应当受到限制，它们只能选择这些术语。这种要求相当于这样一种教条主义断言：某些初步的假定永远不应当修正。唯有那些以这些神圣术语来表达的思想学派才将会得到允许。合理的要求则应当是，每一种学说都应当把自己的词汇置于其自身恰当的传统之上。如果采取这样的预防措施，那么对另铸新词的呼吁就是衡量无意识的教条主义的尺度了。

第十四节　哲学的主要方法是概括

哲学处理其自身证据的主要方法是描述性的概括方法。社会制度的具体表现是各具特色的，任何事实都是多元的，同时具体地表现出诸多特色，这些特色全都置根于其所处时代的特殊性之中。哲学概括所把握的是那些具有持续重要性的特征，而把那些微不足道和转瞬即逝的东西抛在一边。因此，这里有从具体的事物，或者从事物的种上升到事物的属的概括，并有具体的例证来予以说明。

须注意，与此相反的方法是不可能的。一个单纯的属不可能下降为具体的事实，或者下降为种，因为事实和种都是各种属相混合的产物。没有哪一种属以其自己的本质来表示与之相容的其他属。例如，脊柱的概念就不表示哺育幼儿或在水中游泳的概念。因此，对脊椎动物的任何思考，就这种思考本身而言，都不会使人想起哺乳动物或鱼类，甚至连抽象的可能都不会。无论是种还是具体实例，都不是单独由属来揭示的，因为它们二者包含的形式都不是由该属所"给定的"。种是属的潜在结合，而个别的实例除其他事物以外还包含许多种的现实结合。三段论就是证明这些结合方式的工具。

因此，逻辑学的任务不是分析普遍规则，而是分析普通规则的结合。①

哲学乃是向普遍原理的上升，同时还要理解它们结合的可能性。因此，发现新的普遍原理便是给那些已经认识到的普遍原理中增砖添瓦，使成果更丰富。这使得各种新的可能结合进入人们的眼界。

第十五节 合生与共在

对某个重要原理即使只有模糊的领悟，都可能会使其自身包含强烈的情感力量。错综复杂的具体行动通常产生于这类复杂的感受，并具有它们深层的直觉核心，而在原始时代，这些行动常常是粗俗野蛮和鄙陋不堪的。最终，

---

① 参见柏拉图的《智者篇》，第253页。

观念的探险

文明化语言提供了一整套语词,每个语词都具体体现了依据其自身普遍原理的一般观念。如果我们想达到这些不同的普遍概括所共有的普遍原理,我们就必须把这一整套语词整合在一起,并寄希望于辨识它们的共同元素。这是为达到哲学的概括目的而必不可少的程序方法。不成熟地使用一个熟悉的语词,必然会限制所需要的概括,因为这个词还带有人们所熟悉的特殊含义。

例如,让我们的工作假设是:终极实在是处于生成过程之中的事件。那么,每一个事件,若以其分离的个体性来看,就是两个理想端点之间的流变,也就是说,它的那些以其理想的分离式多样性形式存在的成分流变到这些以其具体的共在形式存在的成分之中。① 对于这个过程,现行有两种学说。一个学说认为,存在一个外在的造物主,它能无中生有,从无中引出了这个终极的共在。另一个学说认为,有一种形而上学原理属于事物的本质,因而宇宙中除了这个流变的实例和这些实例的成分以外,什么也没有。假设我们采用这后一种学说,那么,创造性一词便表示这样的概念,即:每一个事件都是一个产生新生事物的过程。同时,如果对这种内在的创造性,或者自我创造性予以限定性的保护,就会避免对超验造物主的暗示。但是,单是"创造性"一词本身就暗示着造物主,因而这整个学说便具有某种自相矛盾或泛神论的意味。尽管如此,它仍然传达

---

① 参见《过程与实在》一书各处,下面所说的第二种学说就是从这部著作中发展起来的。

着创生新生事物的意思。"合生"一词源于一个熟悉的拉丁语动词，意思是指"共同成长"。该词还有一个优点是，其中的词根"concrete"经常被用来指称完全物质性的实在概念。因此，"合生"非常适合于表达获得了完整复杂统一性的诸多事物。但是，它并不具有"其中包含创造性的新生事物"的意思。例如，它省略了源于原生材料之合生的个体性特征。它没有表达出事件所具有的"情感化"意味，也就是说，没有表达出事件的"主体性形式"。

此外，"共在"一词是哲学中被误用得最严重的术语之一。它是被无数不同种类的种所说明过的一个表示属的术语。因此，如果认为在使用它时，仿佛它以不同的说明表达了确定的意义，这完全是在诡辩。在分析经验发生的不同阶段时，都可以发现"共在"所具有的每一种不同的意义。除了在经验中以外，任何事物都不是"共在"的；并且除了作为经验中的成分，或者作为自我创造中的发生这种直接过程中的成分以外，任何事物都是不存在的，不管在"存在"的任何意义上都是如此。

第十六节　哲学概括的涵义

因此，要达到哲学的概括，就需要那些明显具有丰富内涵的术语。哲学概括是指具有终极现实性的概念，它们可表示对经验行为的概括，并且这些词语是相互修正和相互补充的。由此,我们获得了这样一些概念,① 即"共在""创造性""合生""摄入""感受""主体性形式""材料""现实性""生成""过程"等。

第十七节 事件生成又消亡

在这一概括阶段,出现了一系列新思想。事件生成又消亡。在它们的生成中,它们是直接当下的存在,然后它们又消亡而成为过去。它们一去不复返了,它们消亡了,它们不再存在了,成为非存在。柏拉图把它们称为"永远在生成但永远并不真正存在"的事物。② 但是,在柏拉图写出这个论述之前,就已经做出了他那重要的形而上学概括。他的这个发现构成了现在这个讨论的基础。他在《智者篇》中写道,非存在本身也是一种存在形式。他仅仅把这一学说应用于他的永恒形式。他本来应当把这一学说应用于不断消亡的事物。如果是这样,他就会阐明哲学概括方法的另一方面。当获得一种一般观念时,不应当武断地把它局限于其产生的话题上。

在建构哲学体系时,应当使每一个形而上学概念的程度都达到极致。只有以这种方式,才能探究到如何对观念进行真正的调整。如下这一学说甚至比奥卡姆剃刀的思维经

---

① 参见《过程与实在》全书以及《科学与近代世界》。
② 参见《蒂迈欧篇》。

济原则更为重要——如果它不是同一学说的另一方面——即：形而上学原理的范围不应当受到其必要意义以外的东西的限制。

因此，我们应当用消亡学说来平衡亚里士多德的——或者更为正确地说，柏拉图的——生成学说。当它们消亡时，这些发生从直接存在流变为非直接存在。但是，这并不意味着它们是虚无。它们仍然是"不可改变的事实"：永恒而不朽。

人类的这些共同表达方式从三个方面，即从因果关系、记忆和我们的能动转换方面塑造了我们的过去，把我们直接的过去经验转换为我们现在对其予以修正的根基。因此，"消亡"就是超验未来中某种作用的呈现。这些发生的非存在就是它们的"客观不朽性"。纯粹的物质性摄入乃是一个发生以其直接存在来吸纳另一个发生，即那个已经流变为其非存在的客观不朽的发生。这就是过去如何生存于现在的方式；这就是因果关系，这就是记忆，这就是对产生的知觉；这就是与既定情形情感上的符合，是过去与现在情感上的连续性；这就是造成每一个暂时发生的自我创造的基本元素。因此，消亡乃是生成的开端，过去如何消亡，未来就如何生成。

第四部分

文明

第十六章 真

第一节 作为调节属性的真和美

真和美是两个重要的调节属性，凭借这两个特性，现象证明自身对经验主体的直接决定来说是正确的。这种证明决定了它在直接发生中的地位。摄入的主体性形式既可包含直接的强调，也可包含直接的减弱，既能包含延伸到未来之中的目的，也能包含排除的目的。真和美是强调和延伸的终极根据。当然，现在可以为未来牺牲，因此未来的真或美可以成为其中任何一个立即衰减的原因。

第二节 真是现象与实在的符合

真是仅仅适用于现象的品格。实在就是其本身，问它是真还是假，这是无意义的。真是现象与实在的符合。这种符合的程度有多少之分，也有直接或间接之别。因此，真是一种属的性质，具有不同的程度和方式。在法庭上，某种错误的真有可能相当于伪证。例如，一张肖像画可能非常逼真可信，以至用眼睛都看不出真假，而正是它的这种真才具有欺骗性。镜子里反射的影像既是真实的现象，也是骗人的现象。伪君子的微笑是骗人的，而慈善家的微笑则可能是真实的，但二者的微笑却都是真实的。

第三节　真必须适时出现

真的概念可以被一般化，以避免对现象有任何明显参照。两个客体可以是这样的情况：（1）两者都可能不是对方的成分；（2）它们的构成性质中可能包含着共同因素，虽然在这一术语的充分意义上它们的"本质"是不同的。因此可以说，这两个客体之间彼此具有真值关系。考察它们之中的一个，就可揭示属于另一客体之本质的某种因素。换言之，抽象是可以进行的，该完整模式中的某些因素是可以省略的。由此而获得的这种部分模式可以说是从原来的模式中抽象而来的。当一种完全相同的部分模式可以从它们二者中抽象出来时，就可以说有一种真值关系把这两个摄入的客观内容联系起来了。它们两者中每一个都展现这种相同的部分模式，虽然它们省略掉的元素包含着属于它们的不同个体性的差异。柏拉图使用"分有"一词来表达合成事实与其所说明的某个部分模式的关系。只是他将这种部分模式的概念局限于某种纯粹抽象的性质元素模式，同时排除了作为合成实在之成分的具体的特殊实在概念。这个限制具有误导性。因此，我们将会谈论一种处于其模式化元素之中的、有可能包含具体的特殊存在的模式。根据这种经过扩大的意义，我们就可以说，当两个客观内容分别地分有这同一个模式时，它们便能以真值关系结合起来。两者之中任何一方都可以说明另一方部分地是什么。因此，它们可以相互解释。但是，如果我们问"真"的意义是什么，我们就只能回答说，当两个复合事实分有相同的模式时，这里就存在着真值关系。因此，就这种真值关系的扩展而言，关于一个事实的认识包含着对另一事实的认识。

在经验中实现的这种真值关系，永远包含着现象的某种元素。因为对两个复合事实的分别摄入已经被整合为一体，因而这两个客体已处在相互对立的统一体之中。我们可以直觉到，在这种不同本质的对立中包含着有限的同一模式。由于这种同一性，这里存在着主体性形式从一种主体感受向另一种主体感受的转化。适合于一个主体的，也适合于另一主体。直觉上对"就是这样的"承认就是这种主体性形式，其本身包含着认为它自身从该对立一方的主体向另一方的客体的转变是合理的。

这样一来，一个客体作为实在的事实，因为其类似于另一客体，便获得了对其因素的相关价值的重新调整。换言之，它成为具有现象意味的实在事实。就其自身来说，它的因素将不会在这些程度上被感受到。部分地认识到真乃是对宇宙的歪曲。例如，只能数到十的野蛮人会极大地夸大小数目的重要性，而且我们也是一样，当遇到数百万数目时，我们的想象力就会不中用了。那种认为认识了真相就必然是善的观点，乃是错误的道德说教。小真可能会产生大恶，并且这种大恶可能会以大错形式出现。亨利·彭加勒指出，精确的工具若使用不当就会阻碍科学进步。例如，如果牛顿的想象是由现代观察所揭示的开普勒定律中的错误所支配，那这个世界就可能迄今仍然要等待万有引力定律。真也是必须适时地出现的。

第四节　命题和感官知觉

在人类经验中，关于真值关系的两个显著例子是由命题和感官知觉提供的。命题就是某个特殊的现实聚合体实现某个永恒客体的抽象可能性，它既可能是简单的，也可能是简单客体的复杂模式。这种实现可能是：（1）关涉到完整的聚合体，作为其成分的发生具有指定的功能；（2）它可能关涉到由一些或所有的作为其成分的发生所造成的永恒客体的个体实现；（3）它可能关涉到与某些尚未特殊化的次要聚合体的共同实现。所有这些不同的可能选择只是关涉到各种类型的命题的可能性，这对形式逻辑的目的来说是非常重要的。

但是,对目前讨论来说,我们只需考虑的明显事实是,命题是说明某个指定模式的指定聚合体所具有的抽象可能性。

任何语词构成的句子都不只是在阐明一个命题。它永远包含着某种刺激,在摄入指示这个命题时,它会导致产生某种指定的心理态度。换言之,它要努力地把这种主体性形式固定下来,因为它包含着对作为材料的该命题的感受。这里可能会有某种刺激来激发起相信,或者怀疑,或者享受,或者服从。这种刺激部分地是由动词的语法情态和时态传达的,部分地是由该句子的整个含义传达的,部分地是由一部著作的全部内容传达的,部分地是由这部著作的物质成分——包括其封面——传达的,部分地是由作者的名字和出版社的名称传达的。在讨论命题的性质时,许多混乱就是由这种心理刺激与命题本身相混淆所造成的。

命题乃是关于各种现实性的观念,是关于事物的某种意见、理论和假定。在经验中对命题的采纳会有助于实现许多目的。它是现象的极端情形。因为作为逻辑主词的现实事物被认为是要说明谓项的。无意识地采纳命题的时期,就是处在从经验起始阶段的实在向终极阶段的现象转化的时期。在最低类型的现实事物中,由于它们的过程几乎不可能产生命题,这里实际上不存在任何现象能区分出最终的和起始的阶段。

命题是有趣的要比它是真的更重要。这个陈述几乎是同义反复。因为在经验发生中,命题起作用的效力就在于其趣味性和重要性。但是，真命题当然比假命题更有可能是有趣的。同时，与命题的情感诱导力相一致的行动更容易出成果，如果这个命题是真的。而且除了行动之外，对真的思索也自有其趣味性。但是，在作了所有这些说明和限定以后，命题的重要性在于其趣味性依然是真的。最能说明专门科学之危险性的莫过于这样的混乱，即把命题毫无例外地交给逻辑学家，由他们对之进行理论思考。命题的真就在于它与作为其逻辑主词的聚合体的真值关系。一个命题只有在该聚合体的确在实在中具体表现了作为该命题之谓语的模式时才是真的。因此，在分析其所包含的各种构成因素时，该命题若是真的，那似乎与该聚合体是同一的。因为这里包含有同样的现实发生和同样的永恒客体。但是，在所有的分析中，有一个容易被忽略的高级因素，即共在方式。聚合体把永恒客体包含在实现的方式之中。而在真命题中，聚合体与永恒客体的共在则属于抽象可能方式。这样一来，永恒客体就同作为纯粹"谓项"的聚合体结合在一起了。因此，聚合体和命题属于不同的存在范畴。它们的同一性是纯粹的胡说八道。它与那种时髦的把物质事实与纯粹数学公式相等同是同一类型的胡说八道。

就像直接经验以外的其他所有事物一样，命题只有在经验中被接纳时才是存在的。正是由于精神极的这种独特功能，它的摄入的客观内容只能以可能方式而存在。但是，凡是事实在本质上都包含着精神极。因此，在分析现实发生时，我们必然地会发现属于这种可能方式的成分。关于真和假的最明显例子，就源于这种可能方式的存在与现实方式的存在之间的对比。

第五节 感觉材料与情绪基调

对于这个地球上的动物来说，感官知觉就是最高级的现象。那些源于过去的身体活动的感觉材料出现在当前世界的区域之中，这便消除了假设的意味，即纯粹可能的建议意味。对知觉者来说，这些区域似乎其本身就有与这些感觉材料相联系的性质。该现象此时便是感觉材料限制这些区域。

这样，问题便出现了：这些感觉材料事实上确实是在限制这些区域吗？其答案取决于"事实上"是什么意思，以及"限制"意味着什么。正是在这里真和假的概念适用于感官知觉。但是，在真理的王国里有很多"大厦"；我们不得不分析能被感官知觉所感知到的真和假的类型。

首先，作为情绪基调限制物的感觉材料，其基本地位我们一定要牢记在心。它们主要地是作为这种限制物而被继承下来的，随后通过"演变"，被客观地当作这些区域的限制物。感觉材料的巨大审美意义就是由这种感觉材料的地位所造成的。因为作为摄入材料中的因素，这种感觉材料强迫自身作为情绪基调的限制因素，该情绪基调就是这种摄入的主体性形式。因此，情绪基调的模式就由作为材料的感觉材料模式一致地生产出来了。这样，当一个区域在感官知觉中显现为红色时，便会提出这样的问题：红色是否在以任何重要方式限制着事实上构成该区域的那些现实事物的情调？

如果答案是肯定的，那么在这个意义上，该区域的实在性与它对当下知觉者的现象之间就会有真值关系。例如，如果光经过了镜子的反射，那么镜子里该区域的现象就不会提供任何根据，可被人们据以猜测它所构成的现实事物的情绪基调。

感觉材料可作为情绪基调限制物，这个概念对哲学来说是自相矛盾的，虽然它对常识是相当明白的。情绪暴怒在神经遭受折磨的人和公牛中是常见现象。而对春天里一片绿色林地的知觉，其情绪基调只能根据绿色的微妙变化来定义。这是以春天的绿色为限制的强烈审美情感。理智则执著于作为材料的气味：动物把它体验为对其主体性感受的限制。我们发达的意识则专注于作为材料的感觉材料：我们基本的动物经验把它接受为主体性感受。这种经验是以通过气味而感受开始的，进而由精神发展成为对那种气味的感受。

我们也能观察到对那些将要成为感觉材料的情绪的限制，事实上情绪对婴儿来说就具有感觉材料的功能，它们被成人发达的理智排除在那一范畴之外。例如，一位给婴儿喂奶的母亲，她的脸庞上充满感情，情绪满满，诸如慈爱、高兴、沮丧或生气等，都可以被这个婴儿直接感知到，并且会作出反应。的确，认识论者用来获得其知识的那些微妙思想极不可能出现在这些不会说话的婴儿身上，也不可能出现在狗和马身上。在这些情形下，对这一类情绪的直接知觉，必定是与其他感觉材料以同等条件进入的。但是，关于对这一类情绪的知觉，动物身体的功能在传达感觉材料方面的作用是非常不同，千变万化的。因此，受过教育的知识分子乃是不同类型的一类人。

但是，在任何情况下，婴儿都会感受到母亲的快乐，会把这种快乐当作感觉材料，并且会以这种情绪基调来一致地去感受。这种感觉材料源自过去，直接的过去。它出现在由发生的聚合体所占据的这个当前区域，这些发生构成了该母亲肉体和灵魂存在的复杂事实。对这个婴儿来说，该现象包含着对快乐情绪的限制。并且在这个方面，它与当下这位实在的母亲可能有——常常的确有——在"真"的一词最充分意义上的真值关系。

第六节 感官知觉与当下发生

感官知觉与当下发生的关系也可具体说明现象与实在之间的另一种真值关系。

感官知觉是由健康的动物身体的正常功能所产生的。对个体灵魂先前诸发生的连续继承，同样具有这种健康的正常功能。此外，所讨论的具体身体和灵魂也会使它们的反应符合于那些主要的在外部流动的能量活动，这是保存那个动物物种的前提。在给定这些正常条件以后，所产生的现象将是在那种情况下该动物物种所特有的现象。这乃是自然事实,并且这种现象表现了一条自然规律,它属于那个宇宙时期,并且属于该时期内更特殊的条件。这是现象与实在之间的真值关系,相对于第一种真值关系,这种真值关系具有更间接的特征。它所涉及的范围更广阔、更模糊,更为漫无边际。我们已经认识到我们同类中那些全面发展的个体在这些条件下所能认识的东西。

第七节 精神极不受透视法则的制约

在任何种类的真值关系中都会有区分。实在在过去发挥作用,而现象则可在当前被感知。在没有月光的漆黑夜晚,被称作银河的那一片群星闪烁的天空,是当前世界的现象,也就是说,它仿佛是那个世界"容器"中广袤无垠的区域。但是,这种实在虽然其功能导致产生了那个现象,却是一道流动的光能,它穿越了浩渺深邃的空间,并且根据我们的想象,也穿越了无限的时间。

在我们可见的银河系之外,在难以界定的无限距离以外,即在把我们同遥远的共时空间分开的障碍以外,光能传播这种遥远的活动仍然作为共时事实在持续着吗?或许这些发生的相互联系构成了那个遥远的距离,它们已经改变了自己行进的秩序。有些恒星闪烁了几天或者几年,它们的光芒已经熄灭。这些共时区域的现象与过去有真值关系,并且与共时实在有真值关系。这些后面的真值关系只能根据想象的跳跃来估计，它与过去具有真值关系，同我们对相关秩序类型的稳定经验有真值关系，并且这是它用来证明自己正确的根据。

或许在相互内在的发生中，虽然那些先行发生和后来发生——即过去、现在和未来——仍然对物质极和精神极同样有效，然而精神极相互之间的关系却不受制于物质极所受制的那些相同透视法则。可测量时间和可测量空间因而便与它们的相互联系毫不相干了。因此，在某些种类的现象方面，就可能会有某种直接元素同该共时世界的精神方面有其他关系。其他种类的现象，诸如感官知觉中那些已被确定位置的感觉材料，可能会依赖于那些表现源自相互内在的物质极透视的时间和空间。

如果情况是这样，那么，某些种类的现象就会比其他现象与共时实在具有更直接的关系。

第八节　符号真值关系

还有第三种类型的真值关系，它比上面考察过的第二种类型的真值关系更为模糊和更为间接。它可被称为"符号真值关系"。这种类型的真可以包含在第二种类型之下，作为其极端例证。但是，从整体上看，把它看作不同类别则会更加清晰。

当存在符号性的真时，现象与实在的关系是：对于某些类别的知觉者来说，对该现象的摄入会导致对该实在的摄入，因而这两种摄入的主体性形式是相符的。然而，现象和实在之间并无直接因果关系；所以，在任何直接意义上，现象都不是实在的原因，或者实在都不是现象的原因。当那些现象和那些实在被摄入在这些知觉者的经验中时，一组偶然情况便会造成现象和实在的这种联系。根据其自身性质，这些现象并不能说明实在，实在也不能说明现象，除了它们在一组受到特殊条件制约的知觉者经验中以外。语言及其意义是这种第三类真值关系的例子。声音或者纸上的视觉符号与它们所传达的命题之间具有间接真值关系。我们将把本讨论局限在书面或口头句子与命题之间的关系上。在受到恰当条件限制的人群中，对任何具体语言都会有正确和错误的用法。同时，考虑到文学的审美意义，语言不仅传达客观意义，而且包含着传达主体性形式。

音乐、礼仪服饰、礼仪氛围和礼仪中有节奏的视觉表现，也有符号性的真或符号性的假。在后面这些例子中，对客观意义的传达是最少量的，而对适当主体性形式的传达则达到了一定高度。音乐在诠释了某种强烈情感时，不管是爱国的、尚武的还是宗教的，都是一个例证，因为它所提供的情绪使追随者们无形之中感到，应当把这种情绪同其对民族生活、国家冲突或上帝活动的理解结合起来。音乐把某种混乱感受引入清晰的领悟。它之所以能从事这种服务，或者提供相反的服务，是因为它可以引入情感外衣，这会把昏暗模糊的客观实在变成清晰明了的现象，从而与它的摄入所提供的主体性形式相匹配。

这样，通过主体性形式的共同体，在音乐及其导致的现象之间便有了模糊的真值关系。在现象与实在之间——即在民族生活，或者国家间冲突，或者上帝本质这种实在之间——也存在着真值关系。这种复杂真值关系的融合，以及其中混杂的它们的各种虚假关系，构成了艺术间接的诠释力量，以此来表达事物性质的真。当然，出于方便说明的缘故，所给出的例子有点粗糙，甚至几近粗俗。但是，艺术微妙的内在之真则大多属于此类。

第九节 习惯的起源

本讨论要离题说明一下，那些在人类社会中广泛传播的行为习惯和解释习惯，它们的起源是什么。观念通常产生于先前确立的与之相关的人类活动方式。它起初具体地体现在人类历史之中，潜伏在意识的阴影里，未被人们所辨识和表达出来。在历史学家看来，在后来的时代里，由于逐渐模糊地意识到使部落区别于其他部落的那些作用的重要性，因而观念便逐渐地显现出来。但是，不久便发生了逆转。这些作用方式被这些部落中某些不安于现状的理智之士作了解释。因此，这些行为模式，除了它们对部落生活的固有价值以外，也具有了表达工具的作用，因而它们便逐渐地与理智建设联系起来了。这些行为模式，及其交织的复杂情绪，引起了对这种理智建设的理解。相反，对这种建设的接受则构成了对这些行为方式的渴求。这样一来,这些礼仪及其产生的情绪便成为观念的表达方式;而这些观念则成为对礼仪的解释。这就说明了观念最初是如何与表达手段相联系的。

观念与其自身表达方式之间的联系,我们在上面把它描述为"解释"。现在有必要对这个"解释"概念做一下分析。两种行为模式,只有在经验的某种共同因素在任一模式之中得以实现时,才可以相互解释。这种共同因素构成了从一种模式转向另一种模式的理由。每一种模式都把另一种模式解释为该共同因素的表达。这里,行为模式只不过是经验方式的另一种说法而已。因此,在这个意义上,相信一种神话是一种行为模式,而欣赏一种部落舞蹈,或者一种宫廷礼仪,则是另一种行为模式。

第十节 感官知觉的真

但是,不管如何,我们想要的是那种坦率的真。要最终满足我们的目的,所需要的就不只是粗俗的替代物,或者微妙的遁词,不论其有多么委婉。对真理的各种间接表达永远不会使我们满意。我们的目的是要在纯粹事实中寻求它们主要的合理性证明。其他一切不论多么重要,都是这个基础的附属物。脱离了率真,我们的生命就会颓然堕入提醒和暗示的气氛之中。

我们所需要的率真,就是清晰明白的现象与实在之间一致的符合。在人类经验中,清晰明白的现象主要是感官知觉。感官知觉所要求的率真乃是第一种类型的真值关系，在本章第四节我们已部分地给予讨论。在那一节中，这一学说得以发展，即对感觉材料的摄入，也就是把它作为限制一个区域的明显客体来摄入，对该摄入来说，涉及主体性形式，这种主体性形式也把感觉材料作为因素包含在自身之中。例如，我们享有春天的绿叶时，心中充满绿意；我们享有夕阳余晖时，我们的情感模式元素中包含着丰富色彩和视觉对比。正因此才使得艺术成为可能，正因此才使得人们知觉到的自然赢得了光彩。因为知觉的主体性形式如若同客观知觉对象不符合，那么知觉对象的价值就只好由该经验中其他成分的偶然构成来决定了。例如，在直觉由三四个客体构成的复合体时，单纯的数字并不会施加任何主体性形式。它不过是调节某种模式的有效成分的条件而已。脱离了这些成分，单纯的三位一体是不能表示摄入的任何主体性形式的，但是绿色却能有这样的表示。而这正是感觉材料和抽象数学形式之间的区别。

这些源于感官知觉的既有价值，即使被视而不见，即使它与其他情感发生冲突，也依然是存在的，因为这些感觉材料本身已进入它们的物质性摄入的主体性形式之中了。

第十一节　绿色是否存在于草叶上

需要决定的关键问题是，春天的绿草地，是否像它向我们显示的那样，能以任何直接方式同草地这一区域中发生的事件相一致，或者更具体地说，是否同绿草叶片这些区域中发生的事件相一致？我们是否有任何理由相信，当我们的感官知觉到这些区域时，那些事物真的是以某种方式存在于这些区域之中？首先，这种符合或一致显然地不能产生于自然的必然性。虚幻知觉可以证明这一点。由光的反射和折射造成的双重影像表明，这些区域的现象有可能与这些区域发生的事情毫不相干。现象最终受制于动物的身体功能。这些功能和这些共时区域里发生的事情，都产生于共同的过去，二者高度相关。所以，恰当的问题是要问这个动物身体与这些外部区域是否合拍，因而在正常情况下，这些现象与该区域内的自然是否相符合。

只有当自然中的高级动物生命达到完善程度时，才能达到这样的符合，但并非必然地会这样。显然，失败、干扰和只是局部的调整是存在的。但是，我们不得不追问自然界是否在其自身中包含着趋向于协调一致和追求完善的爱欲。① 不超越真值关系的狭隘基础，我们就不可能讨论这个问题。

---

① 译者注：怀特海认为，自然界有一种内在的追求完善的倾向，其背后的力量是爱或爱欲。

第十七章 美

第一节 美的定义

美是经验发生中各个因素的相互适应。因此,就其主要意义而言,美是在现实发生中找到其具体例证的性质;或者反过来说,美是这一类发生能各自分有的性质。美有不同等级,美的种类也有不同等级。

"适应"暗示着某种目的。因此,只有在"适应"的目的得以分析之后,才可对美予以界定。这种目的是双重的。首先,在各种摄入中由于不存在相互抑制,它们是不会相互抑制的,因而主体性形式的强度自然地和恰当地——或者用一个词来说是相符地——产生于不同摄入的客观内容。当这个目的得到保证后,就会存在较小形式的美,即没有痛苦的冲突,没有粗俗不堪。其次,存在着重大形式的美。这种重大形式的美是以较小形式的美为前提的,并给其增加一个条件，即各种各样的摄入结合在一种综合体中，便引入了新的客观内容与主观内容的对比。这些对比又引入了对它们中每一个都是自然的和相符合的新感受强度，并因此而提高了原始感受成分中相符感受的强度。因此，这些部分便有助于该整体的宏大感受，而该整体则有助于这些部分的感受强度。因此，这些摄入的主体性形式分别地但却共同地交织在这些模式化对比之中。换言之，完善的美可以定义为完善的和谐；而完善的和谐则可根据详细的和最终得以综合的完善主体性形式来定义。同时，这种完善的主体性形式可根据"力量"来定义。根据这里所说的含义，力量有两个因素，一是具有效力对比的多种细节，即体量宏大；一是强度适当，亦即与性质种类无关的相对大小。但是，最大的强度适当最终取决于体量宏大。

第二节　与美相关的三种学说

为了理解美的这一定义，有必要牢记三个学说，它们都属于本书各个章节里用来解释世界的形而上学体系。这三个学说分别关注以下的相互关系：（1）摄入的客观内容和该摄入的主体性形式之间的相互关系；（2）同一发生中各种不同摄入的主体性形式之间的相互关系；（3）摄入的主体性形式与正在进行摄入活动的那个发生的主体性目的中所包含的自发性之间的相互关系。这些学说是相互联系的，但它们中每一个学说都会引入其他两个学说没有说清

楚的原理。现在依次对它们说明如下:

第一种学说认为,宇宙中每一个性质因素主要是对主体性形式的某种限制,因而种类无限的性质便包含着种类无限可能的具体表现这些性质的主体性形式。这并不意味着这些具体表现各种性质的主体性形式在人的意识中全都是同样突出的。意识是多变的不确定元素,它不确定地闪烁在经验表面。但是,这个学说的一部分认为,那个被摄入客体的性质内容已进入具体表现在该摄入主体性形式中的诸性质之中。这是下述学说中所包含的一般原理:第一,完整感受的学说,① 这些感受构成了该发生的初级阶段;第二,性质评价学说,这些评价形成了精神极的活动;第三,评价学说,这种评价是包含在神的原初性质之中的,在这里也可被称为宇宙的爱欲。由此可得出结论说,摄入的主体性形式部分地受该摄入客观内容中的性质元素所支配。事实上这里有最初的符合。上面就曾反复说到,正是这种符合才使艺术成为可能。宇宙中的强制决定论因素也依赖于这一原理。

这种符合学说只适用于客观材料之内容的质的方面。由此导致关于主体性形式与客观材料符合这种更为普遍的陈述出现了两个例外。这两个例外都是在抽象达到其极端界限时出现的。所有质的元素抽象到极端,就会把模式归结为纯粹的数学形式——例如,三个数一组或者数字集合

---

① 参见前面第三部分和《过程与实在》各处及索引。

的抽象关系，诸如数字 4 的平方。这种形式就其本质而言是不能限制主体性形式的。例如，不存在情绪的平方。因此，除了以间接方式以外——诸如对球体的光滑性、正方形的尖角和音量的质的感受——这种符合学说是不适合数学模式的。在这里纯粹数学在其最严格的现代意义上是成问题的。

另外，现实发生的概念——也就是个体现实的概念——则可以在脱离任何质的或数学的成分情况下被采纳。这些成分在任何意义上都可实现其自身的本质，或者实现为客观材料，或者实现为主体性形式，或者实现为摄入之间的关系。具体现实也可脱离其初级表现方式，因而在后来的经验阶段中被接受①为纯粹的"它"。只有材料中的现实事物，其质的成分才能进入主体性形式之中。这种主体性形式中隐含的唯一现实事物就是自我形成过程中那个直接发生。该主体性形式就是处在这种主观感受状态中的直接主体。在这个意义上，现实性可用来表示客观摄入的纯粹的"它"——在这个意义上，它并没有进入该摄入的主体性形式之中。

第二种学说表达了直接发生在形成过程中的统一性。这些主体性形式只是有助于一个事实，即它是那一个发生的主观感受。在各种不同的摄入中有某种分布，正是由于这个事实，整个客观材料的每一部分都支配着其自身相符

---

① 参见《自然的概念》第一章和《过程与实在》第二部分第九章第三节和第三部分第四章。

合的质在这种主体性形式中的再生。只要相同的性质出现在不同的客观材料中，那么，该主体性形式中该性质的效用就一定会受到某个整合过程的支配，同时也会受到与其他质的感受相容的支配。因此，主体性形式在不同摄入中的分布主要地同相符合的主体性形式的起源有关，而这些主体性形式源于整个客观材料的不同组成成分。

第三种学说表达了该过程最终是自治的。这种由相符合所产生的主体性形式的综合过程不是由材料的先行事实确定下来的。因为这些材料就其自身各自的性质而言并不含有关于它们的综合的任何规范性原理。这种规范性原理源自该新的统一体，这是由构成过程中的新造物强加给它们的。因此，由其自身本质的自发性所产生的直接发生一定会为主体性形式的综合弥补上所缺失的决定。因此，宇宙的未来，虽然会受到其内在于过去的制约，却为了它的完善的决定而等待着新的个体发生的自发性，在它们适当的时候成为存在。

第三节 美的两种意义

现在，对"美"这一术语的两种意义必须作出区分。美有一种基本的意义，这在本章第一节已做了说明。这就是在现实发生里所实现的美，所谓现实发生就是宇宙中完全实在的事物。但是在分析发生时，其客观内容的某些部分可以说是美的，因为它们一致地有助于那个完成的发生使自己的主体性形式达于完善。美这一术语的第二种意义，可以更精确地被看作"美"的定义。在某个发生中所实现的美，既取决于该发生得以产生的客观内容，也取决于该发生的自发性。这种客观内容所以是"美的"，乃是由于这种美将会实现在这个发生之中，这是由于幸运地实行了其自发性所造成的。以同样方式，这种客观内容的任何部分在更为间接的意义上是"美的"，虽然其意义可能稍微有些不同。它之所以可能是美的，乃是因为美将会得以实现，这是由同其他材料幸运的联合所造成的，再加上幸运地实行了由摄入它的发生造成的自发性。但是，这样的最高幸运乃是理想状态，不是这个世界可实现的。使用"美的"这个术语，我们通常是指对一种客观环境的预设，这个环境在一般集合性背景中可以作为预设；也是指对自发性的预设，这种自发性可望来自于所讨论的知觉发生。我们可以想到艺术家，或者现代世界中有教养之人，或者某一给定时代里某一给定城市中的普通人。但是，就其全部意义而言，"美的"是指当美在作为知觉发生中的材料而起作用时，其内在固有的促进美的能力。当"美"被归结为材料中的任何成分时，正是就第二种意义而言的。

第四节 不和谐对美的价值

在对美的初步定义中，我们"完善"的概念被默许引入了。主体性形式的"完善"是指在它之中没有相互抑制的感受成分，因而这些成分都会达到各自应达到的力度。但是，"抑制"有两种含义，必须仔细区分，因为它们中只有一个意义才包含着对完善的损害。而完全的抑制虽是主体性形式有限性的表现，却不会损害"完善"，于是便有了它这种类型的"完善"——也就是说，具有如此这般例外的有限类型的完善。但是，完全受到抑制的主观感受成分并不是这种主体性形式固有的成分，而只是在其他条件里会有的成分。这个抑制的意义将被称为"麻木"。

抑制的另一种意义——即损害完善的意义——是指两种感受成分都是真正实在的存在。在这种情形下，便有了第三种相互损害的感受，因而这些感受成分中就会有一个或另一个，或者两者都不能，获得恰当的力量，即属于它由之产生的该材料之摄入的力量。这便是对最一般意义的恶的感受，即肉体的痛苦或精神的不快，诸如悲伤、恐惧、厌恶。这种类型的抑制将被称为"审美破坏"。审美破坏是主体性形式中的肯定成分，并且是与完善不一致的。审美破坏的主观经验将被称为"不协调感受"。这一类感受是知觉发生的主体性形式中的因素。这种不协调的感受越强烈，离完善的距离就越远。复杂的材料"在客观上是不协调的"，此时在所讨论的这一类知觉者中，通常将会产生不协调感受。

从这一讨论中可得出结论，在美的定义中，有一种区分被忽略了。作为审美破坏的情绪体验这一类主观感受必须被排除在外——或者毋宁说，正如我们将要发现的那样，它们属于要求特殊处理的类。"完善"——这样称呼恰如其分——需要排除这一类感受。进一步考虑，我们将会发现，永远会有不完善的发生比那些实现了某种特定类型的完善的发生更好。事实上存在着高级和低级完善之分，而旨在实现高级完善的不完善，其站位是高于低级完善的。最物质和最感官化的享乐仍然是美的种类。进步建立在不和谐的感受经验之上。自由的社会价值在于它能产生不和谐。完善之上还有完善。所有的实现都是有限的，没有哪一种完善是所有完善的极致状态。不同类型的完善之间也是不和谐的。因此，由不和谐——其本身是破坏性的和恶的——所能提供的对美的贡献是一种肯定性感受，它能感受到有一种目的迅速地从已经消耗殆尽的平淡完善转移到了具有新鲜生命力的其他理想之上。因此，不和谐的价值乃是对不完善的优点所给予的称颂。

第五节 探险是追求新的完善

对古希腊文明的思考可以说明不和谐的价值。希腊民族是由对追求完善的巨大理想所唤醒而前进的。同其周围的文明所创造的理想相比，这一理想是巨大的进步。它所造就和实现的文明获得了自身独特的美，这种美在人类生活中可谓"前无古人，后无来者"。它的艺术，它的理论科学，它的生活方式，它的文学，它的哲学派别，它的宗教仪式，全都共同表现了这一光辉理想的各个方面。它的完善得以实现了，而随着这种实现其灵感却枯萎了。在连续几代人重复之后，它的鲜活性便逐渐地消失殆尽了，陈腐的学究气取代了探险的激情。古希腊人文主义被希腊化时代所替代，天才在这个时代中被单调的重复所窒息。我们可以想象，如果没有蛮族的突然入侵，没有基督教和伊斯兰教这两大新兴宗教的勃起，地中海文明的命运将会是何等样子：古希腊艺术形式将会毫无生气地重复两千多年；古希腊哲学流派，诸如斯多葛学派、伊壁鸠鲁学派、亚里士多德学派、新柏拉图学派，将会对乏味的公式争论不休；历史将是因循守旧的历史，稳定的政府将会谨遵古代的仪式，沿袭习惯的礼俗；文学则会缺乏深度；科学则会根据未经质疑的前提来推导，以此来阐释细节；它的感受虽然精微细腻，却不再有强劲的探险精神。

这幅图景并非纯粹的想象。尽管其间偶尔会有各种暴风骤雨，这种情况就曾在拜占庭持续长达一千年之久；尽管有佛教这一新兴宗教的输入，尽管有鞑靼人的入侵，这种情况也曾发生在广袤的中华帝国，长达一千年之久。中国人和希腊人都获得了某种完善的文明——每一个文明都值得赞扬。但是，即使完善也承受不住无限重复的单调乏味。要想以其最初的激情强度来维持文明，所需要的不只是学问。探险是必不可少的，也就是说，探险乃是要追求新的完善。

第六节 自发性是现实发生的本质

对这个结论没什么可值得惊奇的。自发性，亦即决定的原创性，属于每一个现实发生的本质。此乃是个体性的最高表现：它那一致的主体性形式乃是由自由的享有所产生的享有的自由。鲜活、热情，外加对强度的敏锐，盖源于此。在个人的连续发生中，通向完善理想的向上通道，以它那在望的目标，能给人以震颤心灵的激动和激励，这要比获得了完善而长久停留在完全没有重大变化的阶段使人激动得多。因此，明智的建议是，不要过于完全地停留在任何连续实现同一种完善的状态。在由诸发生构成的集合体中，特别是个人集合体中的每一个发生，都要追求这种热情，也就是说，要寻求由精神极的作用所产生的现象与物质极所继承的实在之间的某种对比。当自发性处在最低位，实际上可忽略不计时，它的作用的最终踪迹就交替存在于这两种模式的往返之间。这就是波的传播在物质世界中十分重要的原因。

但是，考虑一下那些处在最高状态、精神独创性在有效践行的发生，它们在获得完善的阶段上要保持那种热情，首先需要探究所有的变化，看它们是否会引起所获得的这种完善的不和谐。中世纪哥特式建筑物的不同风格和装饰细节可用来作为说明。但是，这一类变化很容易被用尽耗光。因此，便需要大胆的探险——观念的探险，以及与观念相符合的实践的探险。观念所能提供的最好服务乃是逐渐地把另一种完善的理想提升到精神极，使它成为改革的方案。对此，有一个可用来说明的例子是基督教的服务，即它给人类的社会生活引入了新的理想。换言之，它引入了由新的定义特征所产生的全新的社会理想。

第七节 破坏的经验是恶

破坏的经验本身就是恶，这个学说在前面已陈述过了。事实上，它构成了恶的意义。我们现在发现，这个阐述过于简单了，必须引入一些限制条件，虽然它们不会动摇如下基本立场："破坏乃是经验中的主要事实"是对恶的正确定义。

美和恶之所以混合在一起，皆源于三条形而上学原理的共同作用：（1）所有的现实过程都是有限的；（2）有限包含着对可供选择的可能性的排除；（3）精神的作用把主体性形式引入到实现之中，而这些主体性形式与物质性实现的完成所排除的相关可能选择是相符合的。

结果是，对现实世界的关怀偏离了感受的和谐，这是由于精神极引入的不同情感基调所造成的。新的发生，由于它甚至脱离了自身的自发精神，便因此而面临着它从中得以产生的那个现实世界中的基本不和谐。这是幸运的，因为倘若不是这样，现实便会持续地循环往复，只会实现有限的一组可能性。这就是某些古代思想家所坚持的那种狭隘而呆滞的学说。

在个体经验中,有三种方法可处理最初的摄入面临的这种既定的世界不和谐。这些方法中有两种已在对"抑制"这个一般术语的讨论中阐述过了。一种方法被称为"麻木",其不过是一种否定性摄入方法而已。另一种方法是以肯定地感受不和谐而得到的肯定实现。在这种情形下,对单纯不相容的消除伴随着对情绪基调的严重干扰的肯定感受。这种经验就是对质的材料的摄入,这种材料也会把自身一致地施加给主体性形式。第三种方法依赖于另一种原理,即通过重新调整不相容感受的相对强度,在某些情况下可将其调整为相容的感受。这种可能性产生于情绪基调的冲突是强度的冲突,且不仅仅是性质方面在逻辑上的不相容之时。这样一来,两个摄入系统在各自内部可以是和谐的;但是,这两个系统在一个经验统一体中则可能是不协调的,此时它们的主体性形式的两种强度在大小上是差不多的。在感受**这个**系统与感受**那个**系统,或者在感受**那个**系统与感受**这个**系统时,可能会有不协调。但是,如果一个系统处在感受边缘,其强度较低,它就可能会作为另一个系统的背景,给其提供宏大感和种类繁多的感觉。这是人类经验的习惯状态,即巨大而隐约可见的背景,虽然其强度不高,却衬托出清晰显明的前景。这第三种方法,即排除不协调的方法,可被称为"退回背景"法。换一种方式,同样也可称之为"升至前景"法。因为要想避免"麻木",可使有知觉的发生发挥作用,以增强属于这两个系统中任一系统的摄入的主体情绪基调强度。

然而，此时第四种方式展现出自身，并且这种方式是对所有经验发生的第二种和第三种方式的说明，精神在这些经验发生中已发展为高级活动。当第二种和第三种方式事实上还不是第四种方式时，它们便是低级种类的精神活动的例子，可被称为"物质性目的"。① 第四种方式通过该发生的自发性而指引着其自身的精神作用，因而引入了第三个摄入系统，这一系统与那两个不和谐的系统都是相关联的。这个新系统要根本地改变贯穿那两个给定系统的强度分布，并要改变二者在该发生最终经验强度上的重要性。这种方式在事实上引入了现象，并且它的作用是保护实在的质具有恢宏的多样性，以避免否定性摄入对质的简单化。

这种现象对质的多样性保护，其方法是通过由该背景中的实在所恰当产生的强度集中于自身而进行的。这是一种简化方法。例如，在现象中，一个区域取代了构成它的众多个体发生。同时，在实在中广泛地存在于整个发生之中的那些性质，在现象中也内在于由这些发生所占据的区域之中，或者内在于与这类区域具有某种确定联系的区域之中。实在则处于背景之中，这说明了它的丰富多样性得以保存的方法。此外，多种情绪基调此时也转移到了现象之中，其转化的程度使其得以相容。也有大量感受转移到了现象之中，它们或者是对和谐的感受，或者是对不协调

---

① 参见《过程与实在》第三部分第五章第七、八节。

的感受，或者是对粗俗的感受，或者是对完全平庸现象的感受。现象把那些可以从一团乱麻似的事实中拯救出来加以概括的因素提升到清晰的感受之中。这样一来，它便给个体经验强调了广泛流传的感受的性质。主体性形式的宏大性与个体感受的强度略有不同。各种各样的个体强度由于它们的客观差异而是相互阻碍的。现象通过把这些客观差异相统一而把这种宏大性与强度结合起来了。由此，它简化了这些客体，并将这一既定世界的质的内容赋予这个简化过程。它以引起栩栩如生的好坏情感基调体验为代价而拯救了强度和宏大性。它使得高度的美和高度的恶成为可能，因为它使二者避免了顺从的排除或者驯服地按比例缩小。

第八节 和谐的基础

我们现在可以更仔细地思考一下和谐的基础，以及破坏和谐的肯定性感受的基础了。必须记住，正如对失去的和谐具有肯定性整体感受一样，对于获得的和谐也有肯定性整体感受。在经验中不仅有相互认可的事实细节，除此以外，对作为程序的整体也有肯定性感受。同样，对不协调的整体也有肯定性感受。这种感受到底是哪一种感受，这要视情形而定。和谐被如此这般地感受，不协调也是如此。那么，和谐不只是逻辑上的相容，而不协调也不只是逻辑上的不相容。人们不会邀请逻辑学家来给艺术家提建议。这个说明的关键在于理解个体的摄入。这是对每一个作为个体的且具有其自身意义的"它"的客观因素的感受。一个作为"它"的客体的情感意义，当与其质的方面在被呈现的那一瞬间相分离时，便是人性中最强大的力量之一。它是家族情感的根基，是热爱某些特殊物品的基础。这个特性不只是人类才特有的。一只狗嗅一个人，是为了弄清这个人是否是它的情感所系的那个"它"。某个房间或马厩可能充满各种气味，其中许多气味对于一只狗来说更亲切，但并非因为这一类气味好闻这只狗才去闻它，而是为了要发现唤起它的整个情感的那个"它"。一个类似物可能会欺骗它，但是一旦被它发现后就不会再起作用。这种类似物可能会引发情感，但只有原来那个"它"才会激起强烈的感受。这一类兴趣在很大程度上是考古学的基础——一块刻有字迹的石头，在塞纳克里布的指令和亲自监督下完成，人们定会有兴趣。现代工匠制作的仿制品即使真的令人称羡，人们对之也不会有多大兴趣，除非为了某种学术目的。这种对文物的崇拜如今已达到病态的程度。

无疑，对特殊个体的情感价值源于对情感的概括，以便消除它们那单纯的感觉元素。这一类被概括出来的情感属性就是爱、钦佩、高雅的感受、价值感受、仇恨、恐惧、一般的联系感等等，这是对与一个人自身的存在纠缠在一起难解难分的特殊客体的感受。在灵魂的生命中，一个发生接一个发生，它们连续的相互内在，将会在那个生命的当下发生中，包含着对某个特殊客体连续摄入的积累。在对它的各种摄入中，新的性质会确保突出明显，而原初性质则会带有某种差异而存在。因此，有一些更特殊的性质因变化多端和起伏不定而被逐渐消除，即在最终摄入的情调中消除了相符的效果。而这些被概括出来的一般感受则取代了它们的位置——这些基本的感受就是终生的忠诚、终生的排斥或者卓越的审美。因此，那个"它"的表现，部分地通过其在经验模式中的地位，部分地通过它对这些次要性质的直接展示，产生了强烈而鲜明的情绪基调，这一情调具有重要意义。这种意义并不只是其在直接知觉者主体性形式方面的普遍复杂性，而且还会反射回到原初那个客观的"它"。这样一来，由地位和性质的次要细节所表现的那个"它"，最终被摄入在现象之中，把"它"作为其自身永恒的特征。

对感觉主义学派的认识论来说，这种最终的摄入可被理解为是对原初感觉印象的解释。但是，在这种最终摄入中，没有任何逻辑链条，不管是归纳的还是演绎的，都不存在。该知觉者直接地把该灵魂先行生命发生中那个客体的先行实在功能整合在一起。所谓"解释"就是对真实历史的合并，而不是作表面文章似的猜测。把纯粹质的感觉印象当作经验之源，这一概念在直接的直觉中是没有任何根据的。

要理解和谐与不协调，根本的是要记住，经验的力量，就其宏大性和强度而言，取决于由有意义的个体所构成的细节这一基础。现象有幸地得以构成之时，便是它把那些从个体上看无意义的杂乱发生加以简化，使之成为一些有意义的个体事物之时。它根据从世界中获得的因素来"解释"世界——因而每一个解释因素都可被直接的直觉实体化——如果意识至此能做分析的话。这就是幸运的经验。它从同时出现的有意义的个体性客体中获得了力量，同时它自身的存在也给那些客体添加了意义。这就是享有了和谐，并且这种享有中的一个因素便是这样的直觉——未来即是和谐基础的增长，和谐的客观不朽正在于未来。破坏在这里是不存在的。

但是，有可能存在不和谐的强烈经验。在这种事件中，存在单个客体的重要特征的破坏。当对这一类破坏的直接感受支配整个事件时，那就会直接感受到恶，并会预见到对未来的破坏性材料或被弱化的材料。和谐是与保存细节的个体意义密切相关的，而不协调则在于对它的破坏。在不协调中永远存在着挫败。但是，即使不协调也比缓慢地沦为普遍的麻木，或者作为其前奏的驯服这种感受好。低层次的完善逊于具有更高目的的不完善。

在经验中，单纯质的和谐，即相对缺乏重大意义的客体，是低质量的和谐，其特征是顺从、模糊、缺乏轮廓和意图。一个美的客体系统通常有一种属性，这就是当它被接纳到使自己感到享受的一系列发生中时，很快会建立起具有充沛活力特性的明显客体系统。那些在沙特尔大教堂著名门廊里的雕塑，既以其明确的特性展示了个体的意义，同时又作为整体中的细节发挥了作用。并不存在以单纯模式来表现的质的美。这里有这些雕塑，每个雕塑具有其个体的美，并且所有的雕塑又使其自身构成那整体的美。细节上各不相同而持续存在的个体乃是强烈经验的支柱。

最高级的艺术以具体例证表明了绝对性与相对性相互交织的形而上学学说。在艺术作品中，相对性生成作品结构的和谐，而绝对性则是各个个体通过其构成因素而前进的要求。我们也明白现象如何导致了亚里士多德式的实体学说，即认为存在着那个具有其本质特征的持续存在的"它"。这一观点表达了重要的真理，因而具有其明显性。这一明显个体的审美意义在于它要求关注。就现象与实在具有真值关系而言，这一类持久个体表示有一个实在的集合体，它对控制未来是有重要意义的。因此，对审美关注的要求表征着预期和目的作为直接知觉者直接享有中的因素具有间接意义。"十字路口"的危险在于，对行人来说，它在这个明显地点的审美价值中，是个规范性因素。脱离行动和目的的完全被动的沉思默想，这个概念是个错误的极端观念，它忽略了审美情结中最终的规范性因素。但是，当然会有大量错综复杂的行动与目的。最终的关键在于，在评价现象时，决不能忽视现象赖以立足的这一实在基础。

第十八章
真与美

第一节 系统的美和恶

从这一部分前两章的讨论来看,美是比真更宽泛和更根本的概念。当然,这里对这两个术语,都是在非常一般的意义上使用的。除了对重要性与琐碎性的习惯性预设以外,任何东西都没有把更狭义的用法从这里所使用的宽泛意义中区分出来。美是各种经验成分相互之间内在的符合一致,以产生最大的效果。因此,美关涉到各种实在成分的内在关系,也关涉到各种现象成分的内在关系,还关涉到现象与实在的关系。所以,经验的任何部分都可能是美的。宇宙的目的论指向产生美。这样一来,在任何广义上由美的事物所构成的任何系统,在这个程度上都可证明其存在是合理的。然而在另一种意义上,即在它所抑制的美多于它所创造的美的意义上,却并非如此。因此,该系统虽然在一定意义上是美的，而从整体上看，它在那个环境中却是恶的。但是，真在两个方面具有更狭窄的意义。首先，在任何重要意义上，真只是关涉到现象与实在的关系。它是现象与实在的符合。其次，在真的情形中的"符合"概念比在美的情形中意义更窄。因为真值关系要求两个关系项具有某个共同因素。

就其本身而言，若是脱离了其他因素，真值关系似乎并无特别意义。只存在这样的单纯事实，即某种有限的同一关系。在这样的事实中，不存在任何事物，只会必然地表示这种知觉发生中任何相应类型的主体性形式。更不会有任何理由可说明为什么作为真值关系对主体性形式施加的这一类影响，竟然会指向促进美。换言之，一种真值关系并不必然是美的。它甚至可能不是中性的，而可能是恶的。因此，剩下的情形便是，美是一种目的，根据其自身的本性，其合理性是自证的。宇宙间的不协调源于如下事实：美的样态是多种多样的，并且它们并非必然地是相容的。而某种不协调的混合物却是从样态到样态的转变中必然存在的因素。过去和未来在当下之中的客观生命是不可避免的干扰元素。不协调既可采取鲜活或希望的形式，也可以是恐惧或痛苦。在高级精神活动中，取代的基调特别强烈地把自身质的特性施加于主体性形式之上：要么迎接，要么对抗。宽广的目的就其自身本性而言是美的，因为它有助于增加经验的宏大性。它会增加经验主体的维度，扩大经验主体的疆域。那么，为了达到目的而对直接现实的破坏，从表面上看，便是为和谐所做的牺牲。

第二节 真对美的意义

尽管真值关系可能是不合时宜的，真对促进美的一般重要性却是压倒性的。不管前面已经说过什么，真值关系依然是实现和谐的简单而直接的方式。其他方式都是间接的，而间接性则要听凭环境的支配。真具有率直的力量，就其在摄入中的主体性形式而言，这种力量类似于清洁力——也就是说，它能消除那些不需要的和毫不相关的不洁之物。它自身所携带的那种直接感维持着良好的个体性，这是一个复合体的美所必不可少的。而假则是侵蚀性的。

就其程度、样态和相关性而言，真是各式各样的。但是，一个明显的客体，倘若它的美超过了期望的预先想象，当它在经验中发挥作用时，那就是在以无可比拟的热情实现某种潜在而深刻的真。终极的美所要求的真乃是发现，而不是重演。这一类极端的美所要求的真就是真值关系，现象就是凭借这种关系而从实在深处召唤出新的感受之源。它是感受的真，而不是言辞表达的真。实在中的关系者一定隐藏在言语思想这些陈腐的预设前提之中。至高无上的美之真超越于语词的辞典意义之上。

在某种重要的直接意义上，当现象与实在具有真值关系时，已获得的美就有了可靠性，也就是说，获得了未来的保证。

从真服务于美的这些功能来看，真的实现本身已成为促进感受之美的元素。意识以其模糊的直觉欢迎一般地处在正确方面的因素，欢迎习惯上必不可少的因素。在真的影响下，这种预期元素在深刻意义上获得了满足，并因而给直接的和谐增加了某个因素。因此，就其本身而言，并且除了相反的特殊原因以外，真已成为自证合理的东西。真在最深邃的和谐中伴随着某种正确感。但是，真是在服务于美的促进中获得这种自证合理性力量的。脱离了美，真就无所谓好坏或善恶。

第三节 艺术是现象对实在的有目的的适应

艺术是现象对实在的有目的的适应。既然是"有目的的适应"，那就暗示了某种目的，某种或多或少要成功实现的目的。即艺术的目的是双重的——亦即真和美。艺术的完善只有一个目的，这就是真实的美。但是，当获得了真或美之时，那就是获得了某种程度的成功。缺乏了真，美只是低层次的，且有臃肿的缺陷。而缺少了美，真则沦为浅薄平庸。因为有美，真才重要。

"现象"与"实在"的关系乃是这样的：在经验的终极阶段（即"满足"或"预想"阶段），其初级阶段的实在就被主体性形式所摄入，仿佛它分有了"现象"的质的特性。当事实上实在确实是如此进行分有时，这种关系才是真实的。而当它没有如此分有时，这种关系则是虚假的。

单就美在现象中的具体表现而言，美并不必然地包含着获得了真。而当构成现象的质的客体交织为模式化的对比，因而整体对其部分的摄入产生了相互支撑的最充分的和谐之时，现象就是美的。这样说是指，只要整体和部分的质的特性进入了它们的摄入的主体性形式之中，该整体就会提高其各部分的感受，而各部分也会提高该整体的感受，且是相互提高的。这就是感受的和谐；而有了感受的和谐，其客观内容就是美的。

显然，当现象既获得了真又加上美之时，更广义的和谐就得以产生了。因为在这种意义上，它也包含着现象与实在的关系。因此，当现象适应了实在，获得了真实的美之时，就有了艺术的完善。这就是说，即使有艺术的话也是这样：因为该结果可能是自然界缓慢产生的结果。这样一种结果可能是由于某种广泛的普遍目的所造成的。但是，它将不会缘于由有限的生物所产生的有目的的快速适应所造成，这一类适应通常被称为艺术。

在传统上，人们认为艺术的综合目的是三位一体的，即是真、美、善的统一体，而善是其中第三个成员。而根据这里所采用的观点，则一定会拒绝善在艺术目的中占有一席之地。因为善是属于实在构成中的限制条件，它在其任何个体现实表现中或者是好的或者是坏的。善和恶在深度和广度上都不在现象之中，它们只关涉其在实在世界之内的相互关系。当实在世界是美的时候，它就是善的。艺术在本质上只同那些通过有目的地适应现象而获得的完善有关。以更大的眼界和更深刻的分析来看，艺术完善的某些例子可能会减少善，否则，当它进入其未来的客观现实中时，就会内在于某些特殊情形之中。不合时宜的艺术类似不合时宜的玩笑，亦即在其适当的地方它是善的，而在不适当的地方它便是明确的恶。有个奇特的事实是，那些坚持"为艺术而艺术"学说的艺术爱好者，往往会对因其他利益而禁止艺术的做法表示愤慨。指控其不道德并不能通过指出艺术的完善而加以反驳。当然，捍卫道德是调动愚蠢来反对变化的最佳战斗口号，这的确是真的。也许在无数个世代以前，可敬的变形虫们拒绝从海洋迁徙到干燥的陆地——拒绝的理由是为了捍卫既定的规范。艺术对社会提供的一个附带服务，就在于它的探险精神。

第四节　变化以远大理想为目标

变化的合理性就在于它以远大的理想为目标，这是对纯粹追求新颖的力量的赞美。因此，艺术应当促进这种变化，因为艺术是为了直接的美而对直接现象的适应。为了获得现在，艺术往往会忽略未来的可靠性。这样一来，艺术就容易把自己的美弄得浅薄。但是不管如何，一定会有某种即时收获。宇宙的善不可能处在不明确的延迟之中。最后审判日是个重要概念：那一天永远和我们在一起。因此，艺术关心此时此地直接地完成；并且在这样做时，就容易失去某种深度,因为它的目标是追求直接的实现。它的任务是要把最后审判日在现在就成功地实现。现在对未来的影响则是道德的任务。然而,要将二者分开则并非易事。因为不可避免的预期会给现在增加一种质的元素,而这个元素会深刻地影响其整个质的和谐。

有个道德悖论应当加给艺术。道德存在于追求理想的目的之中,且最低的道德规范也要包含防止向较低层次的沦落。因此,停滞不前乃是道德的死敌。然而,在人类社会中,全力倡导道德的人从总体上说都是新理想的强劲对手。人类一直在受那些低调的道德家的折磨,他们反对把人从某个伊甸园里驱逐出去。而在一定意义上,他们是正确的。因为毕竟除了坚持一套被吸收得很好的习俗以外,也就是说一套道德体系以外,我们没有任何东西可作为目标。幸运的变化是通过"手拉手,缓慢地漫步"而实现的。

第五节 使艺术成为可能的经验因素是意识

使艺术成为可能的经验因素是意识。[①] 当然,就像其他所有事物一样,意识在一定意义上是不可定义的。它就是其本身,并且一定是可经验的。但是,也像其他事物一样,

---

① 参见《过程与实在》第二部分第七章第二节,第三部分第二章第四节和第四、五章。

它是突现的性质，可由各种情况相结合的本质来说明。它是这种结合的质的方面。所以，我们可以要求分析那些细节在经验中的结合如何产生了意识。

意识是这样一种性质，即它作为事实与关于该事实的假设相结合的结果，可突现为该结果的客观内容。它可从复杂的客体一致地进入摄入的主体性形式之中。它是现实性与理想性，也就是，经验中的物质极和精神极产物之间的对比中内在固有的性质。当这种对比是经验中的微弱因素时，意识在那里仅处于萌芽状态，只是潜在的能力。只要这种对比得以明确规定并突显出来，该发生就包含着发达的意识。由意识所辐射的这一部分经验只是一种选择。因此，意识乃是一种注意方式，它可提供极端的重点选择。发生的自发性首先在意识的指向性方面找到自己的出口，其次在产生观念方面找到自己的出口，从而使之进入有意识的注意区域。这样一来，意识、自发性和艺术就紧密地联系起来了。但是，在清晰的意识中所产生的艺术，只是在模糊的意识或潜意识经验活动中更广泛分布的艺术的特殊形式。

艺术乃是强化经验发生的人为性的武器。相对于最初实在的重要性而言，它可提升终极现象的重要性。因此，正是现象在意识中是清晰而显明的，而实在则模糊地处在背景之中，它的细节几乎不能在意识中加以分辨。跳入有意识的注意之中的东西是大量关于实在的预设，而不是关于实在本身的直觉。正是在这里容易出现错误。清晰而明显的意识传递要求参照经验中既不清晰也不明显的元素进行批判。相反，它们是模糊的、大量的和重要的。这些模糊元素为艺术提供了最终的情绪基调背景，脱离了这一背景，艺术效果就会平淡乏味。人类艺术追求的真就在于激发这一背景，使之围绕着清晰意识所呈现的客体而发挥作用。

第六节　艺术的人为性和有限性

艺术服务于文明的优点在于它的人为性和有限性。它向意识展示了人类为了在其自身有限范围内获得自身完善所做的一点点有限努力。因此，延长生命以进行更多劳作，或者纯粹为了身体满足，这种盲目目的的单纯劳作，在艺术中被转化为时间之内有意识地实现自足的永恒目的。艺术作品是自然碎片，可是其本身却带着有限创造性努力的标志，因而它是独一无二的个体事物，是从模糊的无限背景中挑选出来的。因此，艺术可提高人类的感觉，可使人产生愉悦的超自然感受。夕阳是辉煌壮丽的，但它却使人类显得渺小，并且它属于一般自然流变。成千上万次夕阳西照并不会激励人类走向文明。这就需要艺术来把那些有待于人类去实现的有限完善唤起，使之进入意识之中。

意识本身是最低形式的艺术产物。因为它就是在理想与实在的对比中产生的，其目的是要把实在重塑为有限和精选的现象。但是，意识一旦从艺术中突现，就立刻会产生有意识动物新的特别艺术——尤其是人类艺术。在某种意义上,艺术是深藏在自然界中的各种功能病态的过度生长。人工化正是艺术的本质。但是,既回归自然同时又依然是艺术,此乃是完美的艺术。简言之,艺术是自然的教化。因此,从最广义上看,艺术乃文明,因为文明不过是不懈地追求重要的完美和谐而已。

第七节 人体是艺术生产的工具

人体是人的灵魂生命中进行艺术生产的工具。它集中关注人类经验中那些经过挑选的元素,这些元素是为主体性形式有意识的知觉强度而挑选的,而主体性形式则源于那些被排除在阴暗背景中的成分。由此,它就加强了现象作为艺术素材的价值。这样看来,艺术作品乃是来自不可见的宇宙深处的信息。它可从精确的意识觉察不到的地方释放出深层的感受。因此,高度发达的人类艺术起点应当到由身体生理作用产生的渴望中去寻找。艺术的起源乃在于对再现的渴望。以某种重复方式,我们需要依靠我们个人的行动或知觉来使过去和未来戏剧化,以便重新体验我们自己的情感生活,或者我们祖先的生活。这里存在着一条生理规律——然而一定不要坚持得太过分——在某种模糊意义上,子宫内的胚胎在其生命历程中会重演其遥远地质时代祖先的特征。因此,艺术的起源存在于仪式的演化之中,① 戏剧、宗教礼仪、部落礼仪、舞蹈、岩洞壁画、诗体文学、散文、音乐就是由此而产生的。这里列举的每一种艺术形式,就其比较简单的形式而言,都铭记着某种努力,即要重现日常生活中必然会闪现的生动经验。但是,艺术的秘密则在于它是自由的。经验本身的情感及其某些元素是在脱离了它们的必要性时才可以被人们重新体验。与原有经验的紧密联系荡然无存了,但是感受强烈的快乐依然存在。起初,这种强烈感受出自某种极端的必要,但是在艺术中,它比作为其起源的强制性存活的时间更长。倘若奥德修斯在冥冥之中能听到荷马吟唱他的《奥德赛》,他就会以酣畅的快乐来重演他在自己游荡途中的各种危险。

文明的艺术有多种起源,既有物质性的来源,也有纯粹想象的来源。但是,它们全都是对某些朴素渴望的升华,以及对这些升华之升华,这些朴素渴望就是要自由地享有鲜活的生命,它们最初源自那时的必需。稍微转移一下我们关注的焦点,就可以把艺术描述为种族对其生存压力的变态反应。根据这一观点,当奥德修斯在倾听荷马时,他是在逃避复仇女神。艺术的这种变态功能在没有对真的确信时就不复存在了。正是在这个意义上,把艺术看作对美的追求,这一概念是肤浅的。当艺术在刹那间揭示出事物本质中隐秘的和绝对的真时,它便在人类经验中具有疗愈

---

① 参见《形成之宗教》,第一章第三节。

的功能。艺术的这一作用甚至受到了微不足道的细节之真的阻碍，这种琐碎的符合突显了感觉经验的浅薄。而具有伟大作用的艺术则是文明的精华。随着这种艺术的生长，精神的探险便超越了生存的物质基础。

科学和艺术是人们对真和美有意识的坚定追求。在科学和艺术中，人类利用其自身的有限意识来追求活力无限的自然。在这种人类精神运动中，各种各样的制度和各种各样的职业便逐渐发展起来了。教会和礼仪、寺庙及其为之终生献身的人们、追求知识的大学、医学、法律、贸易方法——所有这些都代表着人类对文明的追求，人类有意识的经验凭借这种追求保存了这些为己所用的和谐之源。

第十九章 探险

第一节 文明个人与文明社会

虽然文明是个非常令人困惑的概念,但我们都知道它的含义是什么。它给这个星球上的生命提出了某种理想,这一理想既关涉个体的人的存在,也关涉人们所组成的社会。一个人可以是文明的,一个社会整体也可以是文明的,虽然其意义在这两种情形下稍有不同。

然而,文明仍是那些非常难以界定的一般概念之一。我们可对具体的事例发表意见。我们可以说这是文明的,或者那是野蛮的。然而,这个一般概念却有点令人难以捉摸。因此,我们可通过例子来进行说明。在过去六个世纪中,欧洲文化是以榜样来指导自己的。处于鼎盛时期的希腊人和罗马人被视为文明的标准。我们的目标是重现这些社会——尤其是极盛时期的雅典社会——的优点和卓越。

这些标准对欧洲各民族发挥了很好的作用。但是，这种方法有其不足。它是向后看的，并且它只局限于一种类型的社会的优点。今天，世界正在进入其存在的新阶段。新知识和新技术已经改变了事物的均衡。这种古代社会的特殊范例确立了过于静止的理想，并且忽略了整体范围内的机会。只关注古代世界所说和所做的最好样板确实是不够的，因为其结果是静止的、压抑的，并且会助长颓废衰败的心灵习惯。

同时，我要指出，希腊人本身并不是向后看的，或者并不是静止的。与他们的近邻相比，他们特别不是历史上传说的那样。他们擅长于思辨和探险，渴求新生事物。我们所能做的最非希腊的事就是效仿希腊人，因为他们断然不是抄袭者。

在形成我们的文明概念时还有一种危险，这就是唯独关注那些主要与美术有关的被动和批判特性。这一类特性是文明社会中的重要元素，但是文明不只是对美术的欣赏。我们千万不要把文明束缚在博物馆和工作室中。

我要给文明下个一般定义：文明社会表现为真、美、探险、艺术、平和这五种特性。

这里的最后一种特性"平和"，我所指的不是政治关系，而是心灵特性，它坚定地信赖优雅的行为珍藏在事物的本性之中。

在五章不长的篇幅里，我们不可能讨论这些概念所提出的所有各式各样的问题。在本章，我将集中关注哲学和历史中的一些要点，它们会阐明文明中这些元素的各种功能。

第二节　真正现实的本质是过程

根据前三章和对平和的这一简短说明，我们且暂时假定真、美与平和的意思是相当清晰明白的。我们此时集中讨论作为文明必要元素的探险和艺术。正是在关于这两个因素的问题上，流行的文明概念是最薄弱的。

对社会学理论的所有理解——也就是说，对人类生活的所有理解——最根本的在于明白，要静止地维持完善是不可能的。这一公理植根于事物的本性之中。不进则退，这是人类的不二选择。纯粹保守派是在和宇宙的本质相对抗。这个学说需要去证明，从古代思想中产生的学术传统则是在暗中否定这一学说的。

这一学说建立在三条形而上学原理之上。一个原理是，真正现实的本质——亦即完全实在的本质——乃是**过程**。因此，现实事物只能根据其生成和消逝才能得以理解。不存在任何现实性完全停滞，其本身就是静止的状态，且这种状态是由情况变化所产生的限制条件而偶然造成的。与此相反的情况则是真的。

这里所反对的这种静止概念来自古代思想的两个不同渠道。柏拉图在其思想早期，由于受到可用不变的完善来理解的数学之美的欺骗，设想出观念的超级世界，且认为这个世界是永远完善和永远相互交织在一起的。在其思想后期，他有时会否定这一概念，虽然他从未一致地把它从其思想中摒弃。他后来的对话围绕七个概念展开，即理念、物质元素、心灵、爱欲、和谐、数学关系、"容器"。我之所以提到它们，乃是因为我认为，所有哲学在事实上都是要努力地通过对这些概念的某种修正来获得内在融贯的体系。它们除了未能达到任何精确的协调以外，还是大致上说明了它们的一般意义。心灵当然就是灵魂；爱欲则是实现完美理想的渴望。"容器"被柏拉图明确地表达为是个棘手概念；所以我们可以把对它的简易说明放在一边，这样做会安全一些。我自己把它说明为宇宙的本质统一体，这个观点把宇宙设想为现实物，然而它又脱离了"生命和运动"，而所有现实物一定要参与生命和运动。如果我们省略了心灵和爱欲，我们就会获得静止的世界。"生命和运动"是柏拉图后期思想中的实质性观点，它们就是由这两个因素的作用所产生的。但是，柏拉图没有留下任何形而上学的体系。

因此，为了对这七个形而上学概念在现代予以发展，我们就应当从现实出发，因为现实这个概念的本质是过程。这个过程既包含物质的方面，亦即过去在把自身转化为新的创造物时消逝的方面；也包含精神的方面，亦即拥有观念的灵魂。

灵魂由此通过综合而创造了新的事实，即新旧交织而成的现象——接收和预期的合成物，它转而又进入未来之中。这三个复合物的最终综合就是其内在爱欲迫切要求灵魂去实现的目的。它的善就在于实现了许多感受的力量,这些感受在这种新的统一体中相遇时会相互增强。它的恶在于这些生动的感受之间具有冲突,它们相互抵制彼此的扩张。而它的平庸则在于用来回避恶的那种麻木不仁。这样一来,通过纯粹的省略,少量软弱的感受构成了最终的现象。恶乃是完善和平庸之间的妥协,是以力量对抗力量的暴力。

亚里士多德是以另一种概念引入这种静止的谬误,这个概念影响了所有随后的哲学。他把基本的实体看作是静止的,是接收限制的印记的基础。在人的经验这种情形中,这同一概念的现代版本就是洛克对心灵的比喻,即把心灵看作是接收观念印象的"空箱"。因此,在洛克看来,实在并不居于过程之中,而是存在于过程的静态的接受者之中。根据亚里士多德和洛克的观点,一个基本实体不可能是另一基本实体的本质中的成分。因此,基本实体的相互联系一定缺乏基本实体自身实质性的实在。根据这一学说,现实事物的结合一直是整个现代哲学中以不同形式出现的难题——对于形而上学和认识论均是如此。亚里士多德逻辑学的这一干扰使得整个形而上学只强调名词性实词和形容词,忽略介词和连词。整体而言,本书不认可这种亚里士多德学说。过程本身乃是现实,且不需要任何先行的静止"空箱"。同样,过去的各种过程,在它们消逝时,其本身同时又在增强能量,以作为每一个新发生的复杂起源。过去乃是处在每一个新现实之根基中的实在。过程即是通过创造性的爱欲的作用而把过去纳入到具有理想和预期的新的统一体中。

第三节 第二个形而上学原理

我现在进一步讨论第二个形而上学原理。这个学说认为，每一个现实发生就其自身本质而言都是有限的。没有任何整体是全部完善的和谐。在任意一个经验发生中所实现的任何东西，都必然地会排除无限复杂的相反可能性。永远存在着"他者"，它们本来有可能是而现在却不是这个样子。这种有限性并不是恶的结果，或者不完善的结果。它产生于这样的事实，即和谐具有各种可能，既可以在共同实现时产生恶，也可能不能实现这种结合。这个学说在美术中是常识，在政治哲学中也是，或者说应当是常识。只有把历史看成舞台，不同群体的理想主义者在这个舞台上各自在强力推行着与共同实现不相容的理想，才能真正理解历史。你不可能通过分别地思考每一个群体而对历史形成任何正确或错误的判断。恶就在于企图把它们随意结合。

关于内在的不相容性原理，对我们理解神的性质的概念关系重大。世界上有上帝自己也不能逾越的可能性，这是几个世纪以来神学家们所熟悉的观点。实际上，离开这一点就难以设想任何确定的神性。但是十分奇怪的是，就我所知，这种不相容概念从来没有被应用于神性实现的理想。我们一定要把神的爱欲设想为能动的拥有所有的理想，并渴望它们在各自适当的时机有限地实现。因此，过程一定内在于神的性质之中，他的无限性据此会获得实现。

对神学不必再进一步探究了。但是，这里的要义是，在概念上把握不相容性是有可能的，对它们进行概念比较也是可能的。此外，还有概念把握与物质实现的综合。在概念上所把握的观念与具体表现在物质事实中的观念可能是同一的；或者可能是不同的，是相容的或不相容的。这种理想与实在的综合正是每一个有限发生之中所出现的事。

因此，在每一种处于鼎盛时期的文明中，我们都会发现在很大程度上得以实现的某种类型的完善。这种完善将是复杂的，并允许细节上有这样或那样的变化。只要新鲜的试验在这种完善之内是可能的，这种文明就可以维持其在鼎盛时期的高度。但是，当那些细小的变化被穷尽之时，必定会发生以下两个结果中的一个。或许所讨论的这种社会缺乏想象力，因而会滋生陈腐停滞，因为重复会使得生动的鉴赏力逐渐降低，常规占据上风，学术正统观点会压抑探险精神。

独创性的最后光芒表现在残存的讽刺文学中展现。讽刺文学并非必然地暗示社会的堕落，虽然它是在社会制度具有衰落特征时相对繁荣。颇具特色的是，在罗马文化白银时代末期，在小普林尼和塔西陀逝世不久，讽刺文学作家卢奇安诞生了。同时，在文艺复兴文化白银时代末期，在十八世纪期间,伏尔泰和爱德华·吉本以他们的不同风格完善了讽刺文学。讽刺文学对于那个时代是很自然的,因为它是美国革命、法国革命和工业革命的反映。此外,新时代出现了,这就是现代工业主义第一阶段,它繁荣并持续增长了一百五十年。它的核心时期被称为维多利亚时代。在这个时期内,欧洲各民族创造了各种新工业方法;他们的人民移居北美;他们开发了与亚洲各古老文明之间的贸易;他们赋予文学和艺术以新的方向;他们重新构建了自己的政府形式。十九世纪是文明进步的时代——在人道、科学、工业、文学、政治诸方面都有所进步的时代。但是,最后它疲惫不堪。第一次世界大战的爆发标志着这个时代的终结,并且标志着人类生活决定性的转向,而转向的某个新方向当时还尚未被人们所理解。但是,这个时代的终结是以讽刺文学的出现为标志的——在英国以利顿·斯特雷奇为代表,在美国以辛克莱·刘易斯为代表。讽刺文学是逝去的时代中独创性的最后光芒,因为它所面对的是已然开始的停滞不前和乏味呆板。鲜活性已不复存在了,剩下的只有苦涩难耐。陈腐的生命形式拖沓延宕意味着缓慢的堕落衰败,其中只有重复再重复,在价值收获方面没有任何成果。堕落可能也有高强的生存力,因为在不受独创性或外力干扰情况下,堕落是缓慢的过程。但是,生命的价值此时已经在缓慢地衰退,虽然依旧有文明的展示,却没有其任何实在可言。

面对这种缓慢衰亡有另一种选择。一个种族可能在耗尽一种文明形式的同时还没有耗尽其自身具有创造性的独创性源泉。在这种情形下，一个快速的过渡时期可能会出现，它可能会也可能不会伴随着造成广泛不快的混乱。这一类时期就是欧洲的中世纪末期、相对时间长久的宗教改革时期，和欧洲的十八世纪末期。同时，但愿我们当下的时代可被看作是走向文明新方向的变化时期，在其混乱中只包含最少量的人间悲惨痛苦。然而，世界大战的悲惨无疑对任何时代变化来说都无以复加了。

只有当思想走在实现活动之前，这些向新型文明的迅速过渡才是可能的。种族的活力因而才能向前迈进，进入想象的探险，从而可预想有关探索的物质性探险。世界先梦想着事物的出现，继而在适当时机它就会激发自身去实现它们。实际上，所有物质性探险，只要是以预定目的而着手进行的，都包含着把事物看成是未实现的思想探险。在哥伦布扬帆启航前往美洲之前，他就曾经梦想过远东，梦想过地球是圆的，并且梦想过没有航道的海洋。探险鲜有能达到其预先确定的目标。哥伦布虽然从未到过中国，但是他发现了美洲。

有时，探险会在一定限度内进行，这样它就能计算自己的目的并加以实现。这一类探险是变化在一类文明中泛起的涟漪，既定的一类文明时代可依靠这些涟漪而保持自己的鲜活性。但是，只要有探险的热情活力，跳跃的想象迟早会超越这个时代安稳的局限，越过学术的规则允许的界限。这样就会出现混乱和失序，标志着文明化努力的新理想已悄然来临。

一个种族要保持自己的活力，就必须怀抱既定事实与可能事实的真正对比，就必须在这一活力的激励下敢于探险，超越以往的稳妥做法。没有探险，文明就会全然颓败。

正是由于这一原因，把文化定义为说得最好和干得最好的知识是危险的，因为它遗漏了一个重要事实：过去的伟大成就都是以往它们那个时代的探险行为。只有具有探险精神的人才能理解过去的伟大。过去的文学在当时就是一种探险。埃斯库罗斯、索福克勒斯、欧里庇得斯都是思想界的探险家。阅读他们的剧本而对理解世界的新方式没有任何感觉，对世界的情感不能更加丰富，那就领略不到构成他们剧本全部价值的那种生动鲜活性。但是，探险只属于那些具有探险精神的人。因此，被动地了解过去就会失去以往信息中蕴含的全部价值。活的文明需要学习，但并非仅限于此。

第四节 第三个形而上学原理

第三个形而上学原理可称之为个体原理。它涉及的是和谐学说；而忽略这一学说，在我看来，乃是传统上对这一学说的讨论所存在的最大缺陷。实际上，在最近的时代里，由于关于知觉的感觉主义学说占主导地位，描述重要经验特性的现代和谐观已降到最低点。这种感觉主义学说集中关注的是纯粹质的和谐，即相对缺乏有重要意义的客体经验之内质的和谐。"和谐"一词所适用的复合体,被看作纯粹感觉材料的时—空模式。出自这一类复合体的和谐属于低级类型的和谐——平淡乏味、模糊不清、轮廓和目的皆有缺陷,很不充分。充其量,它也只能以某种陌生感或奇异性而令人激动。而其最糟糕的情况,则是凋谢颓废,丧失意义,缺乏任何强壮有力、令人激动的元素,不能激励深层感受。感官知觉尽管在意识中突出明显,却属于经验的表层现象。正是在这里,亚里士多德第一实体学说造成了某些最大的危害。因为根据这一学说,任何个体的第一实体都不能进入在任何经验发生中可观察到的客体组成的复合体之中。因此,灵魂的限制条件被局限于普遍概念。根据我给大家提出的形而上学体系,这种亚里士多德学说是完全错误的。过去的个体和实在事实就存在于我们当下直接经验的根基之中。它们是各种发生由以产生的实在,这些发生的情感源泉就产生于这种实在之中,其各种目的都是从这种实在中所继承而来的,并且其各种激情都是由它所指引的。在经验的根基中存在着一团混乱感受,个体实在就是由此而产生的,或者以它们为指向。因此,对经验的力量来说,我们需要区分这些组成因素,需要把每一个因素都看作个体的"它",且都有其自身的意义。

我们的生命是由持久事物所支配的,每一个持久物都可被经验为统一体,它是由继承的力量维系在一起的许多发生所构成的。每一个这样的个体持续性都会把自身许多发生的变化不定的质汇集到其自身统一体中。或许它是我们的所爱之物，抑或是我们的所恨之物。这里有个纯粹的它——它是过去的实在事实，延伸到了现在，并把源自其众多发生的大量情感集中于自身。这一类持久个体，作为经验中的因素，控制着大量的感受、广阔的目的和规制的力量，这种力量可把属于浩瀚过去的残渣余孽抑制在背景之中。无疑，这一定是笛卡尔所说的客观实在所指的东西，根据他的学说，这些客观实在在不同程度上都依赖于我们的知觉。

281　　一种复合经验，只要包含着对这一类持久个体有意识的关注，就会同时释放大量感受，这些感受不限于从各种模式的感觉材料中产生的任何此类纯粹的感受。重大的和谐就是由这些持久个体构成的和谐，它们在这个背景统一体中联系在一起。正是由于这一原因，自由的概念常常出现在高级文明之中。因为在其多种意义的任何一种意义上，自由都是有力的自我肯定的要求。

　　鉴于过程构成了经验发生的存在，对持久个体的知觉一定属于该发生终止于其中的最终现象。因为在初级阶段，过去凭借对其不同个体发生的强化而启动了这一过程。这就是新的发生由此而兴起的实在。这一过程通过精神极来提供与实在相结合的素材，从而被推向前进。最终，现象出现了，它是经过改造的实在，是在与概念性评价综合之后实现的。这种现象是经过强调和结合过程后得到的简化形式。因此，那些持久个体，因带有它们丰富的情感意义，便表现为由背景所衬托的景象。而大量无法划分的发生则隐没于背景之中，给环境提供了模糊的情调。在一般意义上，现象乃是一件艺术品，它是从基本实在中引出的。只要现象强调事实上居于实在之中的联系和联系的性质，那么现象与实在的关系便是真实的。但是，现象可能会造成联系，并会引入性质，而这些联系和性质在实在中并无对应物。在这种情形下，经验发生本身就带有虚假性，亦即它的现象与它的实在之间并无联系。无论如何，现象是实在的简化，它会把实在归结于由持久个体构成的景象之中，归结于尚未区分的发生构成的背景之中。感官知觉则属于现象。人们把感官知觉解释为是对持久个体的显示，或真实或不真实的显示。

因此，要强烈而深刻地体验和谐，其根据就在于现象具有持久个体的景象，并且这些持久个体还带有主观情绪基调的力量，同时还在于现象具有可提供必要联系的背景。毫无疑问，和谐最终乃是各种质的感受的和谐。但是，持久个体的引入会激发实在产生已实现了和谐的感受力量，这种力量不是感觉材料的表面展示所能产生的。这不是理智解释的问题，这里存在着实在的基本感受的合并融合。

因此，为了追求精致的感受，文明应当如此安排其自身的社会关系，如此安排其成员与自身自然环境的关系，以便在其成员的经验中唤起由强有力的持久事物构成的和谐所支配的现象。换言之，艺术应当旨在其作品的构成成分中生产个体，而不可能依赖于单纯由性质构成的作品。若像后者这样，它就成为平淡乏味和索然无趣的了。艺术一定要有所创造,因而在观赏者经验中才会显现不朽的个体,因为它们能激发心灵深处的感受。正因如此,这样说恐怕不是悖论:与艺术相融合的伟大文明向其成员所呈现的世界披着不朽的现象外衣,它给现象所呈现的个体同样属于永恒。

这正是我们在伟大艺术中所发现的东西。正是艺术作品中那些细节以其自身价值荣耀地生存着。它们既要求自身有个性,也要对整体作出贡献。每一个这样的细节都有机会从整体中得到辉煌,也有权利表现出要求得到关注的个性。

有一个例证,即哥特式教堂——例如沙特尔大教堂——的雕塑和窗饰,可说明细节如何有助于实现和谐。它们既可引导人们的目光投向上面的拱顶,也可引导人们向前平视,看到作为最高象征的祭坛。它们以细节之美来吸引人们的注意力,同时又引导人们的目光去把握整体的意义,以避开对细节的专注。然而,倘若脱离了极其强大的个性,不能以其自身的品格激起大量感受,那么这些雕塑和窗饰就不可能发挥这一作用。每一个细节都因其自身的缘故而要求永恒的存在,同时它们又为了作品整体而放弃了自身。

此外,不协调的价值就产生于这些细节鲜明有力的个性所具有的重要意义。不协调强化了整体,同时又有助于加强其各部分的个性,可使人强烈地感受到这些细节要求凭借其自身的品格而存在。它使得整体不只是质的和谐,从而挽救了整体,使之免于沦为平庸乏味。

同时，真的重要性此时也出现了。信仰之真是重要的，不仅其本身重要，其结果也重要。但最重要的是，现象与实在之间的关系是真的，这具有重要意义。如果真之中有重大缺陷，那就会限制从实在深处唤起任何感受力量的程度。因此，虚假之物不像巫师的魔杖一样，具有创造出言语无力表达之美的魔力。正是由于这些原因，社会的文明才需要真、美、探险和艺术这些品格。

第二十章
平和

第一节 总的说明

284　我们的讨论涉及柏拉图七个一般概念在历史上的特殊表现，这七个概念即是理念、物质元素、心灵、爱欲、和谐、数学关系和容器。我们选择并组织了一些历史参考材料，以阐明西欧各民族如何强化了这七个一般概念的专门化，并促进它们走向自己的文明。

最后，在本书第四部分，也是最后一部分，我们要思考的是一些基本性质，它们在社会生活中的共同实现就构成了文明。至此，我们已考查了其中四类这样的性质，即真、美、探险、艺术。

第二节 文明社会的五种品格

然而，我们仍然缺少某种东西。这种东西难以根据意义宽泛的术语来陈述。同时，如果把它的全部意义区分和揭示得过于明晰，似乎又有点夸张。它习惯于隐身潜伏在意识的边缘，具有修饰的作用。它附着在我们所说的柏拉图的"和谐"概念上，犹如它的某种氛围。它与"爱欲"概念略有差异。另外，柏拉图的"理想"和"数学关系"概念似乎与之势不两立，因为它们没有"生命和运动"。倘若脱离了它，追求"真、美、探险、艺术"就会是无情的、艰难的和残酷的。因此，正如意大利文艺复兴史所表明的那样，没有它就会使文明缺乏某种基本的性质。"温和"和"爱"的概念又太狭隘了，虽然它们有重要意义。我们需要的概念要具有更为一般的性质，"温和"在其中只是以某种专门用语出现的。我们在某种意义上是要寻求一个和谐之和谐的概念，这个概念将会把其他四种性质凝聚在一起，从而从我们的文明概念中排除掉骚动不安的自我中心主义，这种自我中心主义是人们实际上经常追求的。"非个人性"是个太僵化呆板的概念，而"温和"则太狭隘了。所以，我选择"平和"一词来表达和谐之和谐，因为它可以使破坏性的骚动不安平静下来，并能完成文明。因此，当一个社会带有真、美、探险、艺术、平和这五种性质时，就可称之为文明社会。

第三节 平和不同于麻木

平和在这里的意义并非消极的麻木，而是积极的感受，可圆满完成灵魂的"生命和运动"。我们对它难以下定义，也难以说清楚。它既非对未来的希望，也非对当下细节的兴趣，而是对感受的扩大，这种扩大是由深刻的形而上学突现造成的，虽然难以言表，却对价值观的协调至关重要。平和的首要效果是消除了迫切感受的压力，这是由灵魂专注于自身而产生的。因此，平和带有对个性的超越。相关的价值观会有某种颠倒，其主要信赖的是美的功效。它是某种感觉，认为成就的美好犹如一把"钥匙"，可打开那些由事物的狭隘性质隔离得很遥远的"宝藏"。因此，这就会涉及对无限的把握，对超越界限的诉求。平和的情感效果是使起抑制作用的骚动不安沉寂下来。更确切地说，平和能保存能量的源泉，同时还能掌控这些源泉，以驱除使人陷入麻痹的干扰因素。在理性无法揭示细节之处，对美之自证性的信赖会引入信念。

平和的经验在很大程度上超越了目的的控制，表现为某种天赋。刻意地以平和为目的，则很容易进入其低劣的替代品，即麻木不仁。换言之，在应当有"生命和运动"性质的地方，取而代之的是对它们的破坏。因此，平和是消除抑制，不是引入抑制，它导致意识的兴趣范围更广，扩大了注意的领域。因此，平和是最广泛的自我控制——

"自我"在这种广度上不复存在了,兴趣转化为比个性更广泛的协调。这里精神的兴趣乃是真正的动机,而不是散乱无章的观念所做的浅薄游戏。平和得到了这一类表面广度的助益,同时也促进其发展。事实上,正是主要由于这一原因,平和对文明才是如此的必不可少,因为它是阻碍狭隘性的屏障。平和的成果之一是把人当作人来爱的激情,这是休谟曾予以否认的。

第四节 平和是对悲剧的理解和维持

要想使平和的意义得到最清晰的理解,就要把它与事物本质中基本的悲剧问题联系起来思考。平和是对悲剧的理解,同时也是对悲剧的维持。

我们已看到,完善的理想在无限重复中不可能会使文明真正停滞。陈腐性会不请自来,而且这种疲劳感不过是暗中增长的麻木而已,社会群体由此会逐渐堕落为毫无价值的存在。那些界定它们的特征会失去自身的重要性,它们可能不会有痛苦,也不会意识到失去了什么,只有惊异感在缓慢地瓦解,最后荡然无存。除了惊异感以外,感受的强度也萎缩衰败了。

衰败、过渡、损失、位移是创造性进展的本质。目标的新方向是由自发性即混乱因素开启的。历久不衰的集合体,它们的兴衰和鼎盛,都是把和谐与新鲜的必要条件结合起来的手段。自然界中潜在的深层和谐仿佛是流动而灵活的支撑；而那些表面的集合性努力的涟漪，在追求满足的过程中既是彼此和谐的，又是相互冲突的。那些低级物理客体可有巨大的无机生命耐力，而那些高级类型的存在，包括动物生命和主要是精神人格的主导地位，通过从出生、达到高峰再到死亡这种快速连续阶段来保持自身的热情。一旦达到了高度的意识状态，生存的享受就会与痛苦、挫折、失落、悲剧交织在一起。在这么多美、这么多英雄主义、这么多勇敢的消逝中，平和是永恒的直觉。它生动地表现了对悲剧的敏感：把悲剧看作活生生的动因，劝导着世界超越周围事实的萎缩层次，追求美好。每一场悲剧都揭示了某种理想：什么本来可发生却没有发生，什么有可能发生。悲剧并非是徒劳无益的。这种生存动力的力量，由于诉诸美的储备，标志着悲剧性的恶与粗鄙的恶是截然不同的。这种属于对服务于悲剧的把握所带来的内心感受就是平和——即：对情感的净化。

第五节　青春是未受悲剧影响的生命

对青春最深刻的定义是：未受悲剧影响的生命。而青春最美的花朵，就是在经历之前就懂得了教训，毫不含糊。这里要讨论的问题是，平和的直觉除了在悲剧中显露出来之外，是如何坚持自己的。显然，对个人生活早期阶段的观察将会提供最清楚的证据。

年轻人的特点是全心全意地享受个人的快乐和个人的

不快。他们既会及时行乐，也会很快忘记痛苦；他们刚刚还在欢声笑语，瞬间又泪眼婆娑；他们既天真无邪，无忧无虑，却又缺乏自信韧性；他们有时勇敢无比，有时又莫名地恐惧，这些都是青春的共同特征。换句话说，他们能立即专注于工作。在这方面，青年时期的生活充满了变数，不能称之为幸福时期。与其说这是幸福，不如说它是生动。对青春的回忆不如真正地活过，回忆青春并非青春本身。因为除极端情况以外，人的记忆中保留的往往是那些美好时日。从一般意义上讲，青春是不平静的。在年轻时，绝望会压倒一切，因而那时没有明天，没有对灾难的记忆。

年轻人的短视与经验贫乏是十分匹配的。他们看不到自己行为的后果，也许文学能给他们提供认识上的错觉。因此，慷慨和残忍在他们看来是同样自然而然的，因为这些行为的全部影响已超出他们意识中的预期。

这一切表述都是描述青年时最司空见惯的。大量现代社会文献也并未从根本上对此提出什么建设性意见。在此之所以做这些陈述是要指出，这些性格特征属于所有年龄的所有动物，包括处于生命每个阶段的人类，也不例外。差别只在于相对比例不同而已。此外，语言在传递信息方面的成功被大大高估了，尤其是在学术界。语言不仅是高度省略隐晦的，而且没有任何东西可弥补直接经验的缺陷，这一类直接经验同明确提到的事物是同类的。休谟关于第一手印象的必要性学说，其普遍的真理性是不可动摇的。

当然事情也有另一面。年轻人特别容易倾向于追求行为美。他们理解那些与己无关的动机,而这种动机可被理解为有助于扩大自身的利益。因此,他们对个人经验的追求引出了非个人的忘我精神。青春在自己的热情中达到了忘我境界。当然,情况也并非总是如此。因为青春会使人坠入爱河。但可喜的是,如此之多对美好天性的考验可使爱从自私变为奉献,这种更高形式的爱能打破狭隘的利己动机。

当青春一旦抓住了美之所在——以真正的知识,而不仅仅是一些诗歌、圣经或心理学作品中的文学用语——当青春一旦抓住了美,它的自我臣服便是绝对的了。这种幻觉可能会迅疾消失,可能会在一瞬间穿越意识。有些人的天性可能永远不会显露出来。但是,青年人特别容易看到作为和谐的平和,因为它是灵魂活动与超越任何个人满足的理想目标。

第六节 崇高的目标值得追求

文明社会的活力之所以能得以保持,是因为人们普遍认为崇高的目标是值得追求的。充满活力的社会总会有一些过分的目标,以致人们会游离于个人满足的安全保障之外。一切强烈的兴趣都容易变得超脱个人感情的影响,把需要做好的善事变成热爱。对这样的成就他们有和谐感,此乃是由值得做的事所带来的平和。这种个人满足来自于超越人格的目标。

与此相反的趋势至少同样值得注意：追求名利的自私欲望——"这种终极弱点"——乃是与社会冲动相反的力量，但它又是以社会冲动为前提的。这种倾向表现在儿童生活的平凡琐事中，也表现在使人类战栗的某些征服者的生涯中。从最广泛的意义上说，它是对同情的渴望。它包含这样的感觉，即每一个经验行为都是起支配作用的实在，它声称所有的事物都是其自己的。那么，除了满足这些要求之外，这个世界没有任何正当理由。但问题是，除非有合适的听众在场，否则渴望赞赏关注便是徒劳的。常常被举例说明的是，感受的病态就在于为了追名逐利而毁灭观众。当然，也有对命令的纯粹热爱，最终缺乏崇高的目标。人类动机的复杂性及其错综复杂的脉络是无限的。与此相关的关键是，人类探险的热情以其物质计划为前提，其价值超越任何单一场合。无论多么变态，都需要有渴望的热情，以便在这一计划中脱颖而出，以及在运用才能时有纯粹个人乐趣。它是灵魂在退隐到利己主义时所追求的最终满足，这与麻木不仁判然有别。在这一点上，人类无法准确地觉察到这种变态从哪里开始玷污了对平和的直觉。弥尔顿的话道出了整个结论——这是高贵心灵的最后弱点。

名声是个冰冷生硬的概念。在平和的极度沉醉与极端自私欲望之间还有个中间地带，这就是对特定个体事物的热爱。对有限的实在而言，这样的爱几乎必然是完满的，而所有的实在从某种程度上看都是有限的。在诸如母爱这一类极端的爱中，所有个人欲望都转移到被爱者身上了，那是渴望被爱者完满。个人生活在这里显然已超越自身，但却受到特定实在的明确限制。这部分地是基于细节的个性对客观显相的审美价值的重要性。这个问题之前已经讨论过了。① 个人之爱的这一方面只是对自私幸福状态的执着，并没有人格的超越。

但是，某些身份亲密关系，如父母与子女的关系或婚姻关系，可产生自我奉献的爱，被爱者的潜力在这种爱中被强烈地感受到，就像声称它在友好的宇宙中找到了自己一样。这种爱确实是一种强烈的感受，关乎世界的和谐应如何在具体事物中得以实现。它会感受到在美的世界里当正义战胜了不和谐时将会发生什么。它是这种情况下对美好结果的强烈渴望。这样的爱会让人分心，让人心烦意乱。但是，除非被彻底的绝望所蒙蔽，否则，它便会包含对宇宙目标的深刻感受，即尽可能地赢得其自身的胜利。它是爱神的感觉，徘徊在作为青春之冠的平和与作为悲剧问题的平和之间。

第七节　智者的平和理念

社会生活的总体健康是由公式化的道德戒律、公式化的宗教信仰和宗教机构来维护的。所有这些明确表达的教义是，生命的完美存在于超越个人的目标之中。

---

① 参见第十七章第八节和第十九章第四节。

第二十章 平和

这是一种非常普遍的学说,能进行各种各样的专门化,当然并不是所有的专门化都相互一致。例如,可考察一下共和国蓬勃发展时期的罗马的农民的爱国主义。当然,雷古勒斯没有回到迦太基,他因酷刑和死亡的确定性,珍惜任何神秘的另一种生活概念——无论是基督教的天堂,还是佛教的涅槃。他是讲求实际的人,他的理想目标是罗马共和国在这个世界上繁荣昌盛。可是这个目标超越了他的个人人格,为了这个目标,他完全牺牲了受这些限制的一切满足。对他来说,世界上有些东西是不能用纯粹个人满足来表达的——然而,在这样的自我牺牲中,他的个人存在达到了巅峰。他对罗马共和国的价值估计有误。而关键是,他以这种信念牺牲了自己,成就了辉煌。

在这个估计中,雷古勒斯没有以任何方式证明他自己是例外的。他的行为表现出不同寻常的英雄主义。但是,他对这种行为价值的估计得到最广泛的赞同。罗马的农民对此表示同意;一代又一代人在历史变迁中,随着这个故事的流传,他们出于本能的情感冲动而同意了这个说法。

道德准则受到夸大它们的主张的影响。教条式的谬论在这里达到了无以复加的糟糕地步。每一个这样的道德准则都是由位于山巅的上帝,或者洞穴里的圣人,或者坐在宝座上的神圣暴君颁布的,或者至少是由具有后世无可置疑之智慧的祖先颁布的。无论如何,每一种准则都不能改进;不幸的是,它们在细节上彼此并不一致,也不符合我们现有的道德直觉。结果是,当看到圣洁的老人以道德的名义阻碍从法律体系中消除明显的暴行时，全世界都感到震惊或者唏嘘不已。有些诸圣传记与文明背道而驰。

这些道德准则的细节与当时的社会环境有关——阿拉伯沙漠"肥沃边缘"某一时期的生活、喜马拉雅山脉较低山坡上的生活、中国平原或印度平原上的生活、某些大河三角洲上的生活。同样，这些关键术语的含义也在变化，模糊不清，例如，所有权、家庭、婚姻、谋杀、上帝等概念。在某一环境、某一阶段产生和谐满足的行为，在另一环境、另一阶段则是具有破坏性的堕落。每个社会都有它自己的完美类型，在那个阶段忍受某些污点是不可避免的。因此对于地球上、每一个行星上、每一个星系中所有理性的人来说，存在着某些足以精确地规定行为细节的规范观念，而这些观念立刻会被搁置一边。这就是宇宙所追求的完美概念。善的一切实现都是有限的，因而必然地会排斥某些其他形式。

但是，这些道德规范所证明的，以及历史上不同种族的预言家对它们的解释所证明的，是社会完美的目标。这些已实现的事实被认为是事物本性中永恒的完美，它们是所有时代的财富。这不是空想，而是自然事实。例如，从某种意义上说，罗马共和国衰亡了；从另一种意义上说，它在宇宙中存在过是不可改变的事实。消亡就是要在生成过程中承担新的功能。对于那些自己的目的与维护国家利益相一致的人来说，对国家的忠诚放大了个人满足感的类型。这种超越个人局限的目标与理想的契合，就是智者能从容地面对自己的命运、面对主宰自己灵魂的平和理念。

第八节 集合体概念

"集合体"这个概念的广泛范围需要引起注意。超越开始于从直接发生的现实性到个人存在概念的飞跃，个人存在是各种发生的集合体。就人的生命而言，灵魂就是一个集合体。对个人存在之未来的关心，对其过去的遗憾或骄傲，都是同样的感受，它们超越了当前纯粹现实的界限。由于"他者"的内在性，在"现在"的本性中，它应该因此而超越自身。但是，这一自然事实所应当受到的重视程度是没有必要的。它属于意识放大了大范围的和谐这样的文明。

在灵魂之外，还有其他集合体，以及集合体之集合体。这里有动物的身体服务于灵魂，有家族、家族群体、国家、物种，包括不同物种的群体共同参与维持生命的事业。在这些不同的集合体中，每一个集合体都有自己的标准，都要求忠诚和爱。在人类历史上，对这些要求的各种回应揭示了每个个体现实性超越自身的本质超越性。每个人的绝对自我成就这一不可改变的现实，与关系性联系在一起，它从关系性出发，又进入关系性之中。对关系性各个分支的分析就是对宇宙的集合性结构的分析，就像在这个时代一样。

尽管特定的道德准则或多或少不完美地反映了有关社

会结构的特殊情况，但寻求一些高度普遍的原则是很自然的，这些原则是所有这些准则的基础。这种概括应该反映出和谐的调和，以及个别现实作为唯一真实的现实概念。这就是和谐的普遍性原则和个人的重要性原则。第一个意思是"秩序"，第二个意思是"爱"。二者之间有对立迹象。因为"秩序"是非个人的；而"爱"最重要的是个人的。这个对立的解决办法是，根据各种秩序在放大个人现实方面的成功程度，也就是说，在促进经验的力量方面，对它们的相对重要性进行评级。也包括在双重基础上对个人进行评级，部分是根据其自身经验的内在力量，部分是根据其在促进高级秩序方面的影响力。这两个理由部分地结合在一起。因为弱小的个体只能产生微弱的影响。平和的本质是，个人的经验力量建立在这种终极直觉之上，从而扩大了一切秩序之源的影响。

道德规范是一种行为模式，这种行为模式在为其设计的环境中，将会促进该环境朝着其适当的完美发展。

第九节　平和的本质是获得真理

平和的本质是获得真理。这句话的意思是，构成平和之实现的直觉把和谐当作其自己的目标，而和谐的内在联系则包含着真理。真理的缺陷是和谐的某种局限。如果美在自身内部隐藏着虚假的错位，它便不可能有任何可靠的功效。

在对真理的这种要求中，命题的真或假并不会直接地切中要害。因为每个命题都与一个矛盾的命题相关联，并且因为其中有一个必定是真命题，另一个必定是假命题，所以假命题的数量必然地与真命题的数量一样多。命题的这种纯粹的"真或假"是影响智力话语兴趣的相对肤浅的因素。平和所要求的基本真理是使现象符合现实。这里有经验发生由之产生的实在——即摆脱不掉的、不可改变的事实构成的实在；这里有使经验发生达到其终极个体性的现象——即通过简化、评价、演变、预期来调整宇宙的现象。使现象与实在相脱节的感受乃是终极的破坏力，它剥夺了生命对探险的热情。由于它消除了文明存在的根本理由，因而它预示着文明的衰落。

不可能有支配这种符合的必然性。主导事物现象的感官知觉，在其本性上是重新排列的，因而在某种程度上是扭曲的。而且关于它所提供的现象，也不可能有单纯的直率真理。就其本质而言，感官知觉是一种解释，而这种解释可能完全是误导。如果现象与现实必然会符合，那么道德就会消失。就像乘法表是没有道德可言的，它的条目是必然联系在一起的。艺术也将是毫无意义的术语，因为它以目的的效能为前提。艺术本是探险的产物。

要讨论的问题是，宇宙中是否存在某种因素，能构成使现象与实在相符合的普遍驱动力。这种驱动力因而会在每一个发生中构成某个因素，促使人们去追求与所讨论的特殊现象相适应的真理。这种适用于每一特殊现象的真理概念，意味着现象本身并不是由产生它的实在之外的因素所构成的。这样，现象就会是概括和对强调的适应，而不是引进一些在实在中没有任何相应例证的性质和关系。这种真理概念实际上否定了康德《纯粹理性批判》肤浅的现象学说。这是对他关于"先天综合判断如何可能"这个问题的回答的否定。这一概念至少引入了一些保护性的限制条件，而康德在那部著作中并未明确地引入这些限制条件。

第十节 经验模式的影响

294　　对这个问题，必须根据对解释个体经验因素的调查来回答——每一个发生都是由之前的世界产生的，这个由诸多发生构成的世界为新的造物呈现出和谐与不和谐：麻木的捷径，不和谐因素被忽略，成为无关紧要的了；精神极的活动将概念性经验构建成可拯救不和谐的感受模式丧失；心理活动的自发性及其被关联感所说服；意识的选择性本质及其最初未能区分更深层的感受来源；脱离现实发生就没有动因，并且存在涉及动因的意义；许多发生的统一感，其价值超过任何单个发生，例如灵魂、完整的动物、社会群体动物、物质性的身体、物理性的时代；旨在直接个人满足的目的。

　　源于这一组因素的建议，其正当理由必须主要建立在它们对第一手经验的直接说明之上。它们不是，也不应该是争论的结果。因为一切论证都必须建立在比结论更根本的前提之上。对基本概念的讨论仅仅是为了揭示它们的连贯性、相容性以及由它们的结合而产生的专门化。

上述这一套形而上学概念是建立在人类普通的、一般的经验之上的，而且是经过适当解释的概念。但是，还有一组经验的吸引力在于在某种程度上是例外的发生和经验模式。必须记住，目前人类清醒时的平均体验水平在人类祖先中一度是例外的。因此，我们有理由求助于那些根据我们的直接判断高于平均水平的经验模式。这些模式的逐渐出现，以及它们对人类历史的影响，一直是本书诉诸历史的主题之一。我们发现了艺术的成长：它逐渐升华为对真和美的追求；因为它包含了超越的整体，利己主义的目的得到了升华；在这种超越的目的中有青春的热情，有悲剧感、邪恶感、对超越完美的探险的说服，以及平和感。

第十一节 探险属于文明的本质

文明的概念发展到这个阶段，本质上仍然是不完整的。任何合乎逻辑的论证都无法证明这种差距。这样的论证仅仅是对自觉地实现形而上学直觉的辅助性帮助——"上帝并不喜悦辩证法"，红衣主教纽曼引用的这句话应该成为每个形而上学家的座右铭。[①] 在他猿猴般的意识朦胧深处，在字典语言所触及不到的地方，他在寻找一切推理中所隐含

---

① 《赞同原理》。

的前提。形而上学的思辨方法是危险的，很容易被歪曲。所有的探险都是如此，但探险属于文明的本质。

这个概念的不完整性与超越的概念有关，这种感受对于探险、热情与平和至关重要。为了理解这种感受，我们需要补充爱欲的概念，把它包括在作为整体的宇宙探险概念之中。这个探险包含了所有特定的发生，但作为现实的事实，它超越了其中任何一个发生。可以说，它是柏拉图"容器"说的补充，是与它完全相反的东西，但对于一切事物的统一性来说，它同样是必需的。在任何方面，它都是与"容器"相反的。"容器"是没有任何形式的；探险的统一体中包括着爱欲，它是对所有可能性的生命冲动，是要求实现它们的美好。而柏拉图式的"容器"则是空虚的，是从所有个体发生中抽象出来的；探险的统一体中包含了所有个体的实在，每一个都具有其所属的个人的或社会事实的重要性。这种个体在组成部分中的重要性属于美的本质。在这个最高级的探险中，探险将实在转化为它的统一外观，要求前进的世界中实在的发生每一个都要求其应有的关注。这种为人所欣赏的表象，就是那终极之美，宇宙借由它实现了自身存在的合理性。这种美始终包含着世俗世界的进步所带来的更新。这是伟大事实的无所不在，这个事实包含着最初的爱欲和这种终极美，它们构成了属于文明巅峰的那种忘我超越的热情。

在事物本质的核心中，总有青春的梦想和悲剧的收获。宇宙的探险从梦想开始，收获着悲剧之美。这就是热情与平和相结合的秘密——痛苦在诸和谐之和谐中结束。这种终极事实的直接经验,加之青春与悲剧相结合,就是平和感。以这种方式,世界接受了它的说服,使它趋向于各种不同个体发生所可能达到的完美。

专有姓名索引[*]

Adrian the Sixth, 阿德里安六世, 108

Aeschylus, 埃斯库罗斯, 279

Akhnaton, 阿肯纳顿, 49

Alexander the Great, 亚历山大大帝, 12, 53, 62

Alexandria, 亚里山大里亚, (104-107), 107

America, 美洲, 美国, 20, 28

Aquinas, 阿奎那, 22

Archytas, 阿尔库塔斯, 149

Aristarchas, 阿利斯塔克, 106

Aristotle, 亚里士多德, 55, 62, 104, 107, 117, 121, 132-135, (137), 140-143, (146), 148-151, 156, 223, 237, 276

Arius, 阿里乌, 105

---

[*] 术语后面的数字为英文原书页码。

Asquith, 阿斯奎斯, 34

Athanasius, 亚塔那修, 105

Athens, 雅典, 104

Atticus, 阿提克斯, 64, 65

Attila, 阿提拉, 匈奴王阿提拉, 6, 22, 53, 81, 106, 120, 130, 160, 164

Augustine, 奥古斯丁, 120, 160, 164

Augustus, 奥古斯都, 21, (53), 62

Bacon, Francis, 弗兰西斯·培根, 19, 29, 32, 59

Bacon, Roger, 罗杰·培根, 152

Bailey, Cyril, 西里尔·贝利, viii, 123

Bentham, 边沁, 36-38

Bergson, 伯格森, 223

Bradley, F. H., 布拉德雷, (157), 230-233

Bright, John, 约翰·布赖特, 34

Burke, Edmund, 爱德蒙特·伯克, 19, 45

Casar, 凯撒, 12, 50, 130, 160, 165

Calvin, 加尔文, 22

Campbell-Bannerman, 坎贝尔-班纳曼, 34

Charles the Second, 查理二世, 60

China, 中国, (74), 75, 77, 78, 103

Cicero, 西塞罗, 12, 14, 20, 21, 53, 64

Claudius,克劳迪亚斯,54

Clement of Alexandria,亚历山大里亚的克莱门,6,18,41

Cleon,克里昂,12

Clerk-Maxwell,克拉克-麦克斯韦,185

Cobden,科布登,34

Columbus,哥伦布,279

Comte, Auguste,奥古斯特·孔德,36,37,38,129

Constantine the Great,康斯坦丁大帝,50

Cotes, Roger,罗杰·柯特斯,157

Cranmer,克兰默,165

Crete,克里特,克里特岛,103

Cyril (of Alexandria),(亚历山大里亚的)西里尔,105

Dante,但丁,30

Darwin, Charles,查尔斯·达尔文,35,36,38

Democritus,德谟克利特,121,122,125

Denison, J. H.,丹尼森,232

Descartes,笛卡尔,59,114,131,132,134,175,190,(204),205,211,223,280

Dionysius, The Younger,小狄俄尼索斯,31

Disraeli,迪斯雷利,34

Donham, Dean, W. B.,多纳姆牧师,viii

Dutch Republic,荷兰共和国,50

Edwards, Jonathan,乔纳森·爱德华兹,165

Egypt, 埃及, 103, 104

Epicurus, 伊比鸠鲁, 107, 116, 121, 122, 125, 130, 134, 135, 142, 156

Erasmus, 伊拉斯谟, (50), 59, 165

Euclid, 欧几里得, 85, 105

Euripides, 欧里庇得斯, 227, 279

Europe, 欧洲, 8, (75)

Fox, George, 乔治·福克斯, 165, 166

France, 法国, 20

Franklin, B., 富兰克林, 29

Galba, 加尔巴, 54

Galen, 伽林, 60

Galileo, 伽利略, 59, 114, 146, 150, 190

Galton, Francis, 弗兰西斯·高尔顿, 36

Gandhi, Mahatma, 圣雄甘地, 160

Gerbert (Silvester the Second), 吉尔伯特（西尔维斯特第二）, 152, 155

Gibbon, Edward, 爱德华·吉本, vii, 5, 64, 278

Gladstone, W. E., 格莱斯顿, 134, 227, 292

Grace, 格雷斯, 160

Greece, 希腊, 103, 104

Gregory the Great, 格雷戈里大帝, 28, 80

Halévy, Elie, 哈勒维, 以利亚, 22
Harmmond, Barbara, 芭芭拉·哈蒙德, 34
Harmmond, J. L., 哈蒙德, 34
Hanno, 汉诺, 79
Hartington, Lord, 哈廷顿勋爵, 34
Hervey, 赫维, 59
Hipparchus, 希帕克斯, 149
Hobhouse, L. T., 霍布豪斯, 234
Hooker, Richard, 理查德·胡克, 22
Hume, 休谟, 28-30, 36-38, (111), 125, 126, 129, 132, 175, 180, 182, 184, 186, 190, (218), 220-224, (227), 233, 286, (287)
Huss, John, 约翰·胡斯, 165
Huxley, 赫胥黎, 129

Ignatius, Loyola, 洛约拉·伊格内修斯, 165
India, 印度, 75, 77, 78, 103
Irwin, Lord, 欧文勋爵, 160

James, William, 威廉·詹姆斯, 186, 231
Jefferson, 杰弗逊, 29
Jerome, 杰罗姆, 22
Johnson, W. E., 约翰逊, 229
Joseph, Mr. H. W. B., 约瑟夫, 229

Jowett, B., 106

Justinian, 查士丁尼, (65), 81

Kant, 康德, 224, 233, 293

Kepler, 开普勒, 243

Lamarck, 拉马克, 36

Leibniz, 莱布尼兹, 22, 59, 131-135, 233

Leo the Tenth, 利奥十世, 108

Leonardo da Vinci, 列奥纳多·达芬奇, 60

Leonardo of Pisa, 比萨的列奥纳多, 60

Lewis, Sinclair, 辛克莱·路易斯, 278

Locke, John, 约翰·洛克, 19, 22, 29, 50, 131, 162, 175, 190, 223, 224, 276

Lovejoy, Professor, 拉夫乔伊教授, 190

Lowell, Percy, 珀西·洛厄尔, 127-8

Lucian, 卢西恩, 54, 277

Lucretius, 卢克莱修, 53, 107, 121-124, 131-135, 177

Luther, 路德, 22, 50, (59), 108, 142, 160, 165, 166

Macaulay, 麦考利, 4

Malthus, 马尔萨斯 74, 75

Marcus Aurelius, 马可·奥里利乌斯, 15

Marius, 马吕斯, 12

Marx, Karl, 卡尔·马克思, 35

Mendel, 孟德尔, 36

Mesopotamia, 美索不达米亚, 103

Mill, J. S., 米尔, 穆勒, 129

Milton, 弥尔顿, 52

Monro, H. A. J., 门罗, 123

Moore, George Foot, 乔治·福特·摩尔, 232

Morley, John, 约翰·莫利, 227

Near East, The, 近东, 8, 75, 77 – 85

Nero, 尼禄, 54

Nestorius, 聂斯托里, 105

Newman, Cardinal, 红衣主教纽曼, vii, 295

Newton, Isaac, 艾萨克·牛顿, 19, 29, 37, 85, 113, 114, 122, 123, 131 – 132, 135, 146, 150, 156, 157, 190

Nietzsche, 尼采, 223

Occam, 奥卡姆, 237

Paine, T., 潘恩, 30, 37

Palestine, 巴勒斯坦, 104

Paul, St., 圣保罗, 53 – 54, (165)

Pearson, Karl, 卡尔·皮尔逊, 36

Pelagius，贝拉基，106，160

Pericles，伯里克利，12，51，55，170

Phanicia，腓尼基，103

Pitt，William（Chatham），威廉·皮特（查塔姆），45

Plato，柏拉图，5，11-16，20，21，22-25，31-32，38，39，42，51，54，55，62，63，65，67，81，83，(92)，99，104-107，118-122，127-136，142-143，146-154，156，158，159，160，163，166-169，172，175，187-190，208，(217)，222，223，228，(232)，237，275，295

Pliny，蒲林尼，14，55，(65)，277

Poincaré，Henri，亨利·庞加莱，亦译"亨利·彭加勒"，243

Poynting，波因廷，185

Price，H. H.，普赖斯，217

Ptolemy，托勒密，106，149

Pythagoras，毕达哥拉斯，142

Roman Empire，罗马帝国，14，17，80，107

Rome，罗马，20，21

Rousseau，卢梭，22

Santayana，桑塔亚那，217

Sarpi, Paul，保罗·萨尔皮，vii

Shaftesbury, Lord，沙夫茨伯里勋爵 34

Sidonius Apollinaris，西多尼斯·阿波利纳里斯，65

Silvester the Second (Gerbert)，西尔维斯特二世（格伯特），152，155

Smith, Adam，亚当·斯密，29

Socrates，苏格拉底，51，54

Solomon，所罗门，(51)，85

Sophocles，索福克勒斯，279

Spinoza，斯宾诺莎，105

Stephen, Leslie，莱斯利·斯蒂芬，vii

Strachey, Lytton，林顿·斯特莱彻，11，278

Suarez，苏亚雷斯，22

Sulla，苏拉，12

Tacitus，塔西佗，277

Taylor, A. E.，泰勒，viii，106

Taylor, H. O. 泰勒，vii，55

Thales，泰勒斯，140

Thomson, Sir J. J.，汤姆森，185

Thucydides，修昔底德，51

Trajan，图拉真，55

Varus，瓦鲁斯，80

Vauban，沃邦，60

Vesalius，维萨里，60

Virgil,维吉尔,21,53

Voltaire,伏尔泰,22,(277)

Walpole,Robert,罗伯特·沃波尔,45

Watt,James,詹姆斯·瓦特,60

Wesley,John,约翰·卫斯理,46,165

William the Conqueror,征服者威廉,27

Woolman,John,约翰·伍尔曼,23,30,37

Wycliffe,威克利夫,165

术语索引*

Absolute Being, 绝对存在, 142

Absolute Individuality, 绝对个体, 80, 235

Absolute Reality, 绝对实在, 227

Absolute Self-Attainment, 绝对自我成就, 227

Absoluteness, 绝对, 绝对性, 54 – 56

Abstraction, 抽象, 抽象概念, 187

Actuality, 现实, 现实性, 现实事物, 172, 230, 242, 347, 354

Adventure, 探险, vii, 332, 350, 352 – 381

Aesthetic Destruction, 审美破坏, 330

Affective Tone, 情调, 情感基调, 226, 315

Agencies, Intellectual, 智力作用, 13

Agency, 力量, 253, 254

---

* 术语后面的数字为英文原书页码。

Agriculture, 农业, 139-141

Alexandrian Scholarship, 亚历山大学术, 150, 155

Alexandrian Theologians, 亚历山大神学家, 166, 167

American Civil War, 美国南北战争, 26, 29

Anaesthesia, 麻木, 麻木不仁, 329, 334, 355, 367, 368

Anglican Settlement, 英国国教协议, 205???

Animal Body, 动物躯体, 动物身体, 263, 275, 376

Anticipation, 预示, 预期, 248, 249, 340, 343, 344

Appeal to History, 诉诸历史, 207, 208, 211

Appearance, 显相, 现象, 309-322, 332-348, 355, 362, 363, 377*8i

Appearance and Reality, 显相与实在, 268-282

Arabs, 阿拉伯人, 133

Argument, 争论, 辩论, 论点, 379

Arian Solution, 阿里乌斯派信徒的解决方案, 216???

Aristotle's Logic, 亚里士多德逻辑, 169-171, 356

Art, 艺术, 277, 320, 321, 344-353, 364-366

Association, 联想, 联盟, 300

Association of Ideas, 观念的联想, 234

Atomicity, 原子性, 238

Atomism, 原子论, 159, 160, 168

Atoms, 原子, 155, 156, 159, 169, 227

Autonomy, 自治, 自主, 327, 328

Background, 背景, 334

Beautiful, 漂亮的, 美丽的, 328, 329

Beauty, 美, 12, 153, 154, 190, 309, 324 – 351, 365 – 381

Body, 身体, 243

Body, Animal, 动物身体, 263, 275, 376

Body, Human, 人类身体, 人的身体, 242, 243, 274, 275, 281, 349

Brain, 大脑, 290

British Government, The, 英国政府, 23

Brotherhood, 四海之内皆兄弟的信念, 兄弟关系, 46

Brotherhood of Man, 人类大同, 28, 35, 37

Buddhism, 佛教, 41

Business Mind, 商业头脑, 商业思维, 123 – 125

Byzantines, 拜占庭, 104

Capriciousness, 变幻莫测, 反复无常, 141

Carthaginians, 迦太基人, 30

Catholic Church, 天主教会, 34, 74, 107

Catholic Missionaries, 天主教传教士, 28, 37

Catholic Theology, 天主教神学, 212

Causal Action, 因果行为, 153

Causal Independence, 因果独立, 251, 252, 278

Causation, 因果关系, 因果作用, 237, 251

Certainties of Science, 科学的确定性, 198

Chance,机遇,157,158

Chaos,混沌,147

Christian Ethics,基督教伦理学,105,107

Christianity,基督教,18-20,41,102,108,133

Christians,基督徒,69

Cities,都市,城市,120-122

Civilization,文明,文明社会,vii,ix,9,10,25,95,96,105-108,127,140,181,188,212,218-220,348-352,357-363,380

Classification,Aristotelian,亚里士多德分类法,120-122,176,183,196

Coercive Forces,强制力,213

Commerce,贸易,83,88-125

Common Law,普通法,36,81

Communal Customs,公共习俗,52

Communication,交往,171,172

Compatibility,共存,和睦相处,188

Competition,竞争,35,38,39,42

Complete Fact,完整的事实,203

Composition,成分,创作,197

Compulsion,冲动,义务,6,71,87,89,106,108,213,218

Conceptual Order, The,概念序列,概念顺序,198

Conceptual Prehensions,概念性摄入,250

Concern, 关怀, 担忧, 226, 232

Concrescence, 合生, 303, 304

Conformal Feeling, 完整感受, 235, 236, 326

Conformal Inheritance, 完整继承, 239

Conformal Reception, 完整接收, 249

Conformation, 符合, 一致, 322

Connectedness, 联系性, 关联性, 197, 293, 306

Consciousness, 意识, 226, 232, 347

Constraint, 限制, 255

Contemporary Events, 共时事件, 当下事件, 251–255

Contemporary Occasions, 共时发生, 共时事态, 316–318

Contemporary World, 共时世界, 当代世界, 281

Contiguity, 邻近, 接触, 259, 260

Continuity of Nature, 自然的连续性, 235, 238, 239

Continuity of Subjective Form, 主体性形式的连续性, 236, 242

Contract, 协议, 契约, 81

Contractual Freedom, 契约自由, 80

Conventional Interpretation, 习惯解释, 152, 173, 177

Coördination, 协调, 37, 38, 43, 44

Corporate Action, 公司行为, 法人行为, 68, 70, 82

Corporations, 83

Corporal Substances, 物质实体, 255

Cosmological Principles, 宇宙论原理, 10

Cosmology, 宇宙论, 14, 131

Crafts, 手艺, 工艺, 技巧, 73

Creative Advance, 创造性进展, 369

Creative Urge, 创造性冲动, 248, 249

Creativity, 创造性, 生生, 230, 303, 304

Custom, 习惯, 习俗, 7, 236

Customary Status, 习惯地位, 习俗状况, 80

Data, 材料, 230

Decadence, 堕落, 衰落, 358, 359

Defining Characteristic, 定义特征, 典型特征, 261, 265

Definition of Being, 存在的定义, 153

Deism, 自然神论, 144, 145

Democracy, 民主, 民主政体, 23, 24, 29

Description, 描述, 152, 156, 157

Descriptive Generalization, 描述性概括, 301

Destruction, 解构, 破坏, 339

Dimensionality, 维度, 243

Discord, 不和, 不和谐音, 330, 334 – 338, 342, 364

Disorder, 无序, 混乱, 189

Distortion, 扭曲, 281, 311

Divine Eros, 神圣的爱欲, 爱神, 357

Divine Immanence, 神的无所不在, 206

Division, Platonic, 柏拉图的分有, 176, 183

Dogmatic Fallacy, 185, 287

Dogmatic Finality, 教条式的终极物, 208

Dualism, 二元论, 244, 245

Economic Interpretation of History, 历史的经济解释, 84

Economic Man, 经济人, 119

Elimination, 消除, 334

Empty Cabinet, 空柜, 空箱, 355

Empty Continents, 空大陆, 96, 101

Endurance, 持久性, 持久力, 持续性, 262, 263

Enduring Individuality, 持久个体, 339, 361 - 364

Enduring Objects, 持续客体, 255, 265

Enduring Person, 持续个体, 250

Enduring Unity, 持续统一体, 257

Energy, 能量, 能, 239

Energy, Flux of, 能量流, 237, 239

Enjoyment, 享有, 享受, 249

Epistemology, 认识论, 159, 170

Epochs, 时期, 纪元, 251

Eros, 爱欲, 厄洛斯, 爱神, 13, 84, 188, 189, 203, 256, 323, 354, 355, 366

Essential Character, 本质特征, 257

Ethics, 伦理学, 19

Events, 事件, 255

Evidence,证据,291

Evil,恶,邪恶,333,336,345

Exact Science,精密科学,精确科学,136

Excessiveness,过度,冗余,138

Experience,经验,体验,经历,228

Experience, Structure of,经验的结构,225 - 245

Explanation,说明,143

Explanatory Description,说明性描述,164

Expression,表达,表达式,320

External Relations,外部关系,144,201

Fame,名誉,名气,371,372

Feeling,感受,295,296

Feudal System,封建制度,37

Feudalism,封建主义,33,34,74

Finitude,有限,界限,333,356

Flatness,平坦,单调,278

Fluent,流利的,流畅的,流动的,165

Flux of Energy,能量流,236,238,242

Flux of Impressions,印象流,36,37

Force,力,力量,105

Foreground,前景,显著位置,334

Foresight,先见之明,预见,110 - 125

Freedom,自由,15,29,42. 61 - 65,68,77,83 - 86,251,

255, 362, 369

Future Occasions, 未来的发生, 未来事态, 246–257

Galilean Peasantry, 加利利的农民, 19

General Description, 一般描述, 概括性介绍, 164

Geometry in an Epoch, 某个纪元的几何, 某个时期的几何, 258

Gnostics, 诺斯底教派, 167

God, 上帝, 神, 13

Gold, 金, 黄金, 金币, 89, 90

Golden Mean, 中庸之道, 黄金中道, 138

Goodness, 345, 346

Grammar, 语法, 133

Greatest Happiness Principle, 最大幸福原则, 45, 47, 50

Greek, 希腊, 10

Grouping of Occasions, 发生的分类, 事态的分类, 258–267

Harmony, 和谐, 39, 40, 188, 190, 194, 196, 197, 203, 205, 325, 333–344, 349, 354, 356, 360–367, 377

Hebrew, 希伯来人, 犹太人, 10

Hebrew Prophets, 希伯来先知书, 62, 63

Hellenic, 希腊的, 希腊人的, 希腊语的, 10

Hellenic Mentality, 希腊人的心态或思维方式, 104, 137

Hellenic Speculation, 希腊人的思辨, 136

Hellenism,希腊精神,希腊化,70,82,86,104,134,150,151,331

Hellenistic,希腊风格的,希腊文化的,希腊化的,10

History,历史,3,4,8,207,208

History of Religion,宗教史,220

Human Body,人体,人的身体,242,243,274,275,281,349

Humanitarian Ideal,人道主义理想,35-53

Humanitarian Principles,人道主义原理或原则,38

Humanitarian Spirit,人道主义精神,105

Hume's Dialogues on Natural Religion,休谟的自然宗教谈话录,217

Icon,偶像,215

Ideality,理想,理想性,347,349

Ideals,理想,理念,6,109,215

Ideas,理念,18-21,30,105,127,165,187,189,203,215,333,354,366

Idolatry,偶像崇拜,12

Imitation,模仿,215

Immanence,无处不在,内在,152-158,172,216,217,241,246-257,259

Immanence,Nonsymmetrical,不对称的无处不在,254

Immanence of God,上帝的无处不在,神的无处不在,166,

167

Immanence of Occasions, 发生的无处不在，事态的无处不在，237

Immanent Law, 内在规律，143, 145, 165, 166

Immediate Existence, 直接存在，246

Immediate Future, 直接的未来，247

Immediate Past, 直接的过去，233, 234, 247

Imposed Law, 强制性规律，144, 165-167 ???

Imposition, 强加，无理要求，152, 154, 156

Impression of Sensation, 感觉印象，159, 232

Incompatibility, 不相容（性），188, 357

Individual Identity, 个人身份，209

Individual Substance, 个别实体，170

Individual Thing, 个别事物，197

Individualism, 个人主义，42, 44, 74

Individuality, 个性，个体，156, 177, 183, 258, 376

Induction, 归纳，归纳法，143

Industrial Slavery, 工业奴隶制，42

Industrial System, 工业制度，产业制度，41, 43

Inheritance, 遗产，80, 243, 278

Inhibition, 抑制，阻止，324, 329

Instinct, 本能，天性，58, 60

Intelligence, 智能，智力，59, 60

Intensity, 强度，325, 334

Interconnection, 互连, 相互连接, 169, 170

Interdependence, 互相依赖, 142

Internal Relations, 内在关系, 144, 201

Interpretation, 解释, 诠释, 279, 320

Introspection, 内省, 反省, 290, 293

Irrelevance, 无关连, 不相关, 255

"It," 它, 327, 336–339, 361

Jesuits, 耶稣会士, 47

Jews, 犹太人, 82, 105

Judgment, 判断, 229

Knowledge, 知识, 4, 177

Language, 语言, 120, 163, 164, 226, 228

Law, 法则, 规律, 法律, 139, 141

Law, Natural, 自然法则, 自然规律, 152

Law as Convention, 习惯法则, 142

Law as Description, 描述的法则, 142, 147

Law as Immanent, 内在固有的法则或规律, 142, 153

Law as Imposed, 强加的法则或规律, 142

Law as Statistical, 统计规律或法则, 143

Law of Gravitation, 引力法则, 181

Laws of Nature, 自然法则, 自然规律, 51, 52, 172, 173,

175, 177, 257

Learned Professions, 学术行业, 136

Learned Tradition, 学术传统, 133

Legal Organization, 法定组织, 105

Liberalism, 自由主义, 41-47, 79

Liberty, 自由, 68, 71, 74

Life, 生命, 102, 264, 266

Life and Mind, 生命与大脑, 154

Life and Motion, 生命与运动, 188, 355, 367

Life of Christ, 基督的生命, 214

Living Bodies, 活体, 有生命的身体, 266, 267

Living Organisms, 生命有机体, 生物体, 255

Logic, 逻辑, 150

Logic, Aristotelian, 亚里士多德逻辑, 196

Love, 爱, 热爱, 372, 373, 376

Lowell Observatory, 洛厄尔天文台或气象台, 161

Mahometans, 伊斯兰教徒, 103, 104, 133

Malthusian Law, 马尔萨斯定律, 35, 44, 91-98

Man, 人, 264

Manichaean Doctrine, 二元论学说, 166

Mariners' Compass, 船用罗盘, 107

Massiveness, 巨大, 大量, 325, 336

Mathematical Formulae, 数学公式, 203

Mathematical Relations, 数学关系, 188, 191, 194, 196, 203, 326, 354, 366
Mathematics, 数学, 150, 161, 174, 176, 191, 196 – 199
Matter, Aristotelian, 亚里士多德的物质或质料, 156, 192
Memory, 记忆（力）, 回忆, 237
Mental Pole, 精神极, 326, 333
Mentality, 心态, 思维方式, 271, 272
Metaphysics, 形而上学, 163, 164
Method, 方法, 185, 283 – 305
Mind, 心灵, 思维, 263, 269
Mind and Nature, 心灵与自然, 239
Mingling of Genera, 属的混合, 302
Mode of Togetherness, 共在方式, 313
Modern Scholarship, 现代学术, 137
Monads, 单子, 171
Monads of Leibniz, 莱布尼兹的单子, 168
Moral Codes, 道德规范, 374 – 377
Moral Order, 道德秩序, 132
Morals, 道德规范, 品行, 345, 346

Nature, 自然（界）12, 131
Natural Law, 自然规律, 自然法则, 152
Natural Selection, 自然选择, 44
Necessity, 必然性, 必要性, 9, 88, 250, 251, 254, 258,

259

Negative Prehension,否定性摄入,334

Neologisms,新词(语),294

Non-Sensuous Perception,非感官知觉,231,236

Novelty,新颖(性),新生事物,10,273

Objective Immortality,客观不朽,客体永恒,248,305

Objects and Subjects,客体和主体,225-245

Observation,观察,136,164

Observational Order, The,观察顺序(秩序),198

Occasion of Experience,经验的发生,经验事态,230

Order,秩序,顺序,376

Order, Types of;秩序类型,251,256,257

Order of Nature,自然秩序,131,132,167

Original Contract,原始契约,社会契约,71

Originality,独创性(能力)359

Other-Formation,其他构成,248

Otherness,他性,他物,他者,231

Participation,参与,分有,310

Passivity,被动性,272

Past Occasions,过去的发生(事态),246-257

Pattern,模式,310-312,315

Patterned Nexus,有模式的聚合体,260

Peace, 平和, 353, 366-381

Perception, 知觉, 229, 231

Perceptual Acceptance, 知觉接受, 279

Perfection, 完善, 完美, 329, 330, 333, 348, 354

Perishing, 消逝, 262, 304, 305, 355, 375

Permanence, 恒久（性）, 持久（性）, 369

Persians, 波斯（人）, 104

Personal Identity, 个人身份, 237, 240

Personal Order, 个体秩序, 242, 244

Personal Societies, 个体集合体, 263-267, 271

Personal Unity, 个体统一性, 240

Personality, 个性, 239

Persons, 个人, 个体, 自然人, 255, 262, 263, 264

Perspective, 视角, 视域, 255, 256, 280

Persuasion, 劝说, 劝导, 31, 53, 87, 88, 105, 109, 189, 205, 206, 214, 241, 381

Persuasive Agency, 劝导作用, 213-216

Phoenician Sailors, 腓尼基水手, 100, 101

Physical Elements, 物理要素, 188, 203, 354, 366

Physical Entities, 物质存在, 202

Plato's Seven Notions, 柏拉图的七个概念, 354, 366

Political Economy, 政治经济学, 90, 91

Population, 人口, 92-94

Positivist Doctrine, 实证主义学说, 146-148, 158-167

Potentiality, 潜力（能），潜在性，230

Power, 力量，权力，12, 106, 165

Predication, 断定，谓词，170, 314

Pre-established Harmony, 前定和谐，预定和谐，171

Prehension, 摄入，227, 232, 295, 298, 300

Present Occasions, 当下发生，当下事态，346 – 357

Primary Phase, 初级阶段，230

Primary Substance, 第一实体，170, 356, 361

Primordial Nature of God, 神（上帝）的原初性质，362

Printing, 印刷，107

Private Actions, 私人行动，70

Private Life, 私人生活，39

Private Property, 私有财产，私人财产，80

Probability, 可能性，几率，或然性，158, 160

Process, 过程，192, 354, 355

Process of Becoming, 生成过程，226

Professional Institutions, 专业机构，职业团体，74, 77, 79

Professional Qualifications, 专业资格，72, 73, 77

Professions, 行业，职业，76

Program for Reform, 改革纲领，17, 18, 52, 333

Prophets, 先知书，183

Proportion, 比例，份额，190

Propositions, 命题，248, 294, 295, 312

Protestant Christianity, 新教基督教，205

Protestant Theology, 新教神学, 217

Psyche, 灵魂, 12, 188, 189, 203, 350, 354, 355, 366

Purpose, 目的, 266, 340, 342

Quakers, 贵格会, 贵格会信徒, 29, 63

Qualitative Valuation, 定性评价, 269, 326

Quanta, 量子, 239

Real Agency, 实在作用（者）, 269

Realitas Objectiva, 客观实在, 362

Reality, 实在, 309, 317 - 321, 332, 335, 340, 345, 34 - 8, 349, 362 - 365, 377, 378

Realization, 实现, 254

Reasoning, 推理, 107

Receptacle, 容器, 接受器, 156, 171, 172, 188, 192, 197, 203, 241, 242, 258, 317, 354, 366

Re-enaction, 再现, 248, 249, 349

Reformation, New, 新教改革运动, 宗教改革运动, 206

Reformation, Protestant, 新教改革运动, 212

Regions, 区域, 领域, 254

Relativity, 相关性, 相对性, 54 - 56, 61, 197

Relevance, 相关性, 284, 286

Religion, 宗教, 宗教信仰, 95, 96, 207

Religion, Mystical, 神性的宗教, 41

Religion and Science, 宗教与科学, 50

Religion of Humanity, 人类的宗教, 45, 47

Renaissance Monarchs, 文艺复兴时期的君主, 40

Repetition, 重复, 333

Revelation of St. John, 圣约翰启示录, 219

Rights of Man, 人的权利, 人权, 15, 22

Roads, 道路, 107

Romans, 罗马人, 罗马书, 104

Routine, 常规, 113 – 116, 180

Satire, 讽刺, 讽刺文学, 358

Satisfaction, 满足, 248, 295, 298, 301, 344

Scholars, 学者, 149, 154

Scholarship, 学术, 学问, 131, 137, 138

Scholasticism, 经院哲学, 遵循旧教, 134, 137

Scholastics, 经院学派, 149, 155

Science, 科学, 350

Scientists, 科学家, 149

Self-Formation, 自我形成, 248, 269

Self-Identity, 自我认同, 自我同一性, 241, 262

Sensa, 感觉材料, 276, 277, 314, 315, 321, 322

Sensationalist Doctrine, 感觉主义学说, 360, 361

Sense-Organs, 感官器官, 289

Sense-Perception, 感官—知觉 228, 232, 269, 274, 276 –

279, 316
Senseless Forces, 无知觉的力量, 无意识的力量, 21
Sensible World, 可感世界, 165
Sentences, 句子, 312
Serial Order, 系列秩序, 259, 260, 263
Seriality, 连续性, 243
Simple Location, 简单位置, 201, 202
Simplification, 简单化, 简化, 273, 335
Slave-Trade, 奴隶贸易, 23, 33, 34
Slavery, 奴隶制, 奴隶身份, 14, 15, 28
Slaves, 奴隶, 106
Social Institutions, 社会制度, 68
Social Order, 社会秩序, 261
Societies, 集合体, 社会, 255, 260 - 264, 375
Sociological Defense, 社会问题防御, 102
Sociological Functions, 社会学的功能, 10
Sociological Ideals, 社会学理念, 32
Soul, 灵魂, 18, 22, 29, 36, 64, 156, 189, 241, 243, 263, 267, 271, 276, 337, 354, 355
Space-Time, 空间—时间, 时—空, 192, 241
Speculation, 思辨, 推测, 66, 67, 131, 133, 137, 153
Speculative Philosophy, 思辨哲学, 30, 285, 286
Speech of Pericles, 伯里克利的演说, 219
Spontaneity, 自发性, 59, 64, 80, 266, 325, 32& 332

Sporadic Occurrence, 偶发现象, 255

Statistics, 统计学, 161

Status, Social, 社会地位, 11

Stoics, 斯多噶学派, 禁欲主义者, 16

Straightness, 率真, 277, 278

Strength, 力量, 325

Strife, 冲突, 40, 41

Structure of Experience, 经验的结构, 225–245, 247

Subjective Aim, 主体性目的, 269, 325

Subjective Form, 主体性形式, 227, 236, 269, 277, 297, 325

Subjects and Objects, 主体与客体, 225–245, 247, 268

Sublimation, 升华, 350

Substance, 实体, 145, 172

Substratum, 基础, 281

Subtlety, 微妙, 精细, 273

Supreme Craftsman, 杰出工匠, 189

Swerve (Lucretian), 背离（卢克莱修的）157

Symbolic Truth, 符号真理, 318

Systems, 系统, 体系, 203

Tartars, 鞑靼人, 匈奴人, 104

Technology, 技术, 33, 95–97

Teleological Self-Creation, 技术的自我创造, 251, 252

Teleology，目的论，249，259

Temporal World，时间世界，暂时世界，世俗世界，381

Theologians，神学家，165，166

Thinking Substance，思维实体，240，263

Time-Spans，时间-空间，116-118

Together，共在，169，303，304

Tolerance，忍受，容忍，63-65

Topics of Physical Science，物理科学的主题，49

Tragedy，悲剧，36B-381

Transcendence，超越，超越性，超然存在，154，166，167，375，376

Transition，过渡，转变，8

Transmutation，变化，演变，274，276，315

Truth，真理，真值，12，309-323，34-35i，353，364，366-381

Truth and Beauty，真与美，341-351

Truth and Falsehood，真与假，314

Truth-Relation，真值关系，真理关系，310-323，340-342

Turks，土耳其人，105

Types of Order，秩序类型，318

Uniform Relations，统一关系，一致关系，253

Uniformity of Nature，自然的一致性，自然的齐一性，99，241

Uniformity of Space,空间的一致性,253

Unity of Nature,自然的统一性,241

Universities,大学,高等院校,73,74

University Professors,大学教授,133

Vacuous Inherence,空洞的内在,281

Valuation,评价,269

Vatican Council,梵谛冈会议,211

Violence,暴力,暴行,6

Void,空的,无效的,156,168,171,172

Wave-Theory,波动说,波动理论,200

Wesleyan Revival,卫理公会教的复兴,27

Western Civilization,西方文明,137

Wisdom,智慧,59,60

Women,妇女,106

Working Hypothesis,工作假说,286

World-Soul,世界灵魂,166

Youth,青春,青年,369,370,381

Zest,热情,强烈兴趣,38

后 记

在本书的英文原典之中，仅"第三部分 哲学的观念"里的第十一章"客体和主体"设有节标题，其余节标题皆由译者添设，旨在为读者的阅读与理解提供便利。

本书的翻译与出版，承蒙北师香港浸会大学怀特海研究中心的鼎力襄助，在此，我们致以最诚挚的感激。在出版资源极为紧俏的当下，中央编译出版社的领导独具慧眼，欣然应允出版这一套《怀特海全集》。此乃怀特海过程哲学（或称有机体哲学）之幸事，亦是国内怀特海过程哲学研究领域以及爱好者们的幸事。深信本套全集的问世，必将为汉语读者全面了解与深入研究怀特海过程哲学提供极大助力。在此，我们尤其要向中央编译出版社的郗卫东社长、张远航副社长表达诚挚的谢意，亦对为编辑本书不辞辛劳的王岗编辑等致以由衷的感激。

编辑和出版《怀特海全集》，于国内外学术界而言，均属首次。盖因怀特海著作的英文原版，亦未曾编辑出版过如此全集。怀特海的著作与学术论文，皆随其学术思想的演进，在英国和美国陆续出版。从 1898 年最早出版的数学著作《普遍代数论》，至 1947 年出版的最后一本学术著作《科学与哲学文集》，怀特海著作的出版时间跨度达近半个世纪。与此同时，他陆续发表的一些学术论文，散见于英美诸多学术期刊，其中部分期刊，如《亚里士多德学会会刊》等，如今或许已不再发行。这无疑给过程哲学的研究者与爱好者们全面、系统地了解和研究怀特海思想增添了诸多困难与阻碍。再者，怀特海辞世后，其家人遵照遗愿，将他的著作与手稿尽数销毁，这亦为学界探究怀特海思想的发展历程带来了极大挑战。

因此，我们将怀特海在近 50 年间发表的论文与出版的著作精心汇编为《怀特海全集》，并把他的学术论文作为附录，附于主题相近、年代相近的著作之中。我们由衷期望，这一努力能为学界研究怀特海思想提供莫大的便利。本套《怀特海全集》的主要译者杨富斌教授、郭海鹏教授、曲跃厚教授、谢邦秀教授、彭小令副教授（博士）、陈伟功（博士），皆为对怀特海思想潜心研习、深入研究多年的教授或博士。杨富斌教授与郭海鹏教授共同担纲本套全集的主编之责，杨富斌教授负责怀特海哲学与教育方面著作的译校及最终定稿，郭海鹏教授则负责怀特海数学著作的译校与定稿。